# Excel 2016
# Grundlagen für Einsteiger

**Inge Baumeister, Anja Schmid**

Verlag:
BILDNER Verlag GmbH
Bahnhofstraße 8
94032 Passau

http://www.bildner-verlag.de
info@bildner-verlag.de

Tel.: +49 851-6700
Fax: +49 851-6624

ISBN: 978-3-8328-0291-2

Bestellnummer: RP-313


Autorinnen: Inge Baumeister, Anja Schmid
Covergestaltung: Christian Dadlhuber
Herausgeber: Christian Bildner


Bildquellen:
Cover: © contrastwerkstatt - Fotolia.com
Kapitelbild: © arbalest - Fotolia.com


© 2017 BILDNER Verlag GmbH Passau, 2. Auflage April 2018

# Auf einen Blick

# Vorwort

Microsoft Excel ist der Rechenkünstler unter den Office-Anwendungen. Die Einsatzmöglichkeiten reichen aber noch weiter: angefangen von der Organisation auch größerer Datenmengen in Tabellen bis hin zu Diagrammen. Für diese Aufgaben bringt Excel einen umfangreichen Katalog an Werkzeugen mit, die nicht nur Einsteiger, sondern auch Anwender mit ersten Erfahrungen zunächst überfordern können.

Das möchten wir mit diesem Buch ändern. Wir konzentrieren uns auf die Programmfunktionen, die Sie im Alltag auch wirklich benötigen, egal ob Sie Excel privat, in Schule, Studium oder im Beruf einsetzen. Außerdem zeigen wir Ihnen, wie Sie Ihre Arbeit erleichtern, indem Sie Routineaufgaben und wiederkehrende Berechnungen mit Formeln und Funktionen in Excel-Tabellen lösen. Vielleicht können wir sogar etwas Begeisterung für Excel in Ihnen wecken.

 Grundlegende Programmfunktionen

 Praktische Problemlösungen

Das Buch setzt keinerlei Vorwissen voraus und führt Einsteiger mit detaillierten Anleitungen, zahlreichen Bildern und Beispielen in das Arbeiten mit Excel ein. Von Excel-Nutzern, die bereits erste Erfahrungen mitbringen oder von einer älteren Version auf Excel 2016 umsteigen möchten, kann es auch als Nachschlagewerk bei alltäglichen Aufgaben genutzt werden.

 Einsteiger und fortgeschrittene Einsteiger

Jedes Kapitel beginnt mit einer Übersicht der behandelten Inhalte und Sie sehen auf einen Blick, welche Kenntnisse vorausgesetzt werden. Leicht nachvollziehbare Beispiele und detaillierte und bebilderte Schritt-für-Schritt Anleitungen bilden den Schwerpunkt jedes Kapitels. Darüber hinaus erleichtern zahlreiche Tipps und Tricks den Einstieg. Zur Vertiefung enthält jedes Kapitel am Ende Übungsaufgaben, die Sie auch kostenlos einschließlich der Lösungen von unserer Homepage herunterladen können.

 Übersichtliche Darstellung

 Erläuternde Grafiken

 Übungen zum Download

Da sich Fachbegriffe trotz aller Bemühungen nicht immer vermeiden lassen, finden Sie im Anhang ein Glossar, in dem Sie unbekannte Begriffe nachschlagen können. Ebenfalls im Anhang findet sich eine Zusammenstellung wichtiger und nützlicher Tastenkombinationen.

### Und noch ein Hinweis

Excel 2016 existiert in zwei Versionen, die sich in manchen Punkten geringfügig voneinander unterscheiden. Die Kaufversion, mit der Sie Office 2016 im Paket erwerben und Office 365, das Sie oder Ihre Firma abonniert haben. Der Unterschied: Office 365 wird von Microsoft laufend aktualisiert und Excel 2016 durch neue Berechnungsfunktionen ergänzt, die in der Kaufversion nicht verfügbar sind. Dieses Buch basiert im wesentlichen auf der Kaufversion. Trotzdem wollten wir Ihnen aber auch einige arbeitssparende Funktionen aktueller Updates nicht vorenthalten, die leider ausschließlich mit Office 365 zur Verfügung stehen. Diese Funktionen sind im Buch entsprechend gekennzeichnet.

**Schreibweise**: Befehle, Bezeichnungen von Schaltflächen und Beschriftungen von Dialogfenstern sind zur besseren Unterscheidung farbig und kursiv hervorgehoben, zum Beispiel Register *Start*, Schaltfläche *Kopieren*.

Die verwendeten Beispiele, Übungen und dazugehörigen Lösungen können Sie hier kostenlos herunterladen.

**www.bildner-verlag.de/00313**

Viel Spaß und Erfolg mit dem Buch wünschen Ihnen
Anja Schmid und Inge Baumeister

# Inhalt

# 4

# Mit Tabellen arbeiten........................................... 93

# 7 Einfache Berechnungen ............................................ 159

# 8 Mehr zum Thema Funktionen ........................................ 191

# 9

# Diagramme und grafische Elemente ........................ 229

# Übersicht Videos/Links

# 1 Die ersten Schritte mit Excel 2016

**In diesem Kapitel erhalten Sie...**

- einen ersten Überblick, wie Sie eine Excel-Arbeitsmappe erstellen, drucken und speichern

- eine Einführung in den Aufbau einer Excel-Arbeitsmappe

- eine Übersicht über die Programm-oberfläche und die Möglichkeiten der Befehlseingabe

**Das sollten Sie bereits wissen**

- Grundsätzlicher Umgang mit dem PC

- Mausbedienung

- Text über die Tastatur eingeben und löschen

## 1.1  Excel 2016 starten

Excel 2016

Zum Starten von Excel 2016 gibt es unter Windows 10 verschiedene Möglichkeiten:

▶ Falls sich die Kachel Excel 2016 im Startmenü von Windows befindet, so klicken Sie auf diese. Oder klicken Sie in der alphabetischen Liste auf *Excel 2016*.

▶ Am einfachsten tippen Sie den Suchbegriff „excel" in das Suchfeld der Taskleiste ein und klicken in der Liste der Suchergebnisse auf Excel 2016.

▶ Wenn die Sprachassistentin Cortana aktiviert ist, können Sie auch Cortana damit beauftragen, etwa mit der Anweisung „Öffne Excel".

*Falls Sie beim allerersten Start von Excel 2016 auch aufgefordert werden, das Standarddateiformat für Microsoft Office festzulegen, so klicken Sie auf Office Open XML-Formate.*

Microsoft veröffentlicht nicht nur für Windows, sondern auch für Office 2016 laufend Updates, um Sicherheitslücken zu beseitigen oder Fehler zu korrigieren. Wenn Sie Excel 2016 zum ersten Mal starten, wird Ihre Zustimmung zur automatischen Installation von Updates angefordert. Klicken Sie auf die Option *Nur Updates installieren* und dann auf die Schaltfläche *Zustimmen*.

### Der Startbildschirm von Excel

Beim Starten von Excel erhalten Sie zunächst die unten abgebildete Übersicht, die auch als Startbildschirm bezeichnet wird. Hier haben Sie die Möglichkeit, eine *Leere Arbeitsmappe* ❶ durch Anklicken zu verwenden und anschließend zu bearbeiten oder eine andere Vorlage ❷ durch einen Doppelklick zu übernehmen.

*Bild 1.1 Ansicht Excel bei Programmstart - Startbildschirm*

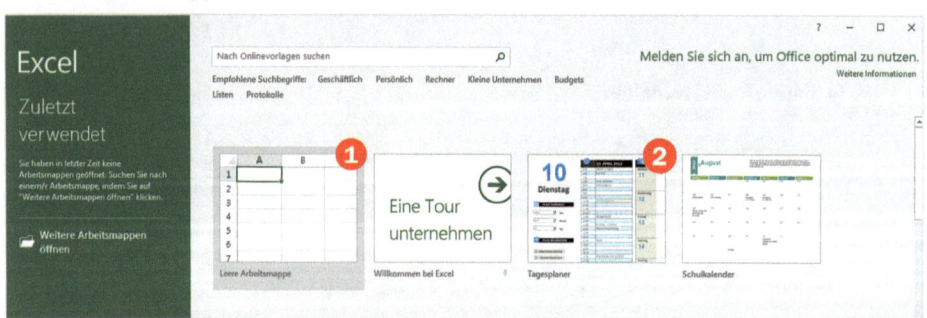

> Falls der Startbildschirm nicht angezeigt werden sollte, so klicken Sie auf *Datei* und anschließend auf *Neu*. Hier sind alle Vorlagen ebenfalls verfügbar.

*Bild 1.2 Klicken Sie auf Datei - Neu*

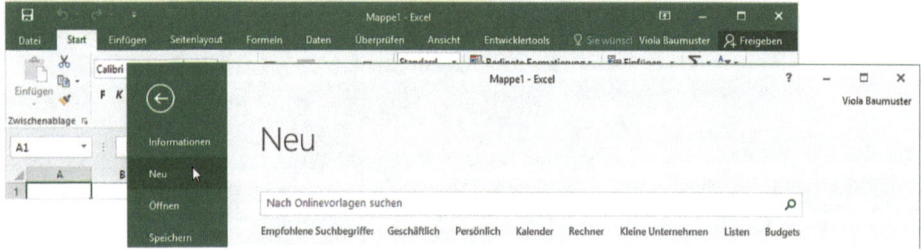

## 1.2    Beispiel: Eine Monatsplanung mittels Vorlage erstellen

Vorlagen lassen sich mit Vordrucken vergleichen, beispielsweise einem Rechnungsformular oder einem Reisekostenvordruck. Sie können Texte, Formatierungen, Grafiken oder Formeln enthalten. In der Vorlage sind alle Elemente eingetragen oder hinterlegt, die in der Regel benötigt werden. Es müssen nach Auswahl einer Vorlage nur noch die neuen Daten eingegeben und die Arbeitsmappe gespeichert werden.

*Eine Vorlage selbst erstellen und bereitstellen: siehe Kapitel 11.*

Der Vorteil einer Vorlage besteht darin, dass diese durch Ihre Eingabe nicht verändert wird. Die Informationen der Vorlage und Ihre eingegebenen Daten werden zusammen in einer neuen Datei abgespeichert.

### Vorlage auswählen

▶ Klicken Sie auf eine Vorlage, um eine vergrößerte Vorschau zusammen mit einer Beschreibung zu erhalten.

▶ Entspricht die Vorlage nicht Ihren Vorstellungen, so navigieren Sie mittels der weißen Pfeile zur nächsten Vorlage und wieder zurück.

Wenn die Vorlage aus mehreren Seiten besteht - in Excel nennt man die Seiten Tabellenblätter - dann können Sie durch Anklicken der Dreiecke bei *Weitere Bilder* die Inhalte der einzelnen Tabellenblätter anzeigen.

▶ Wenn Sie dagegen die ausgewählte Vorlage verwenden möchten, dann klicken Sie auf *Erstellen*.

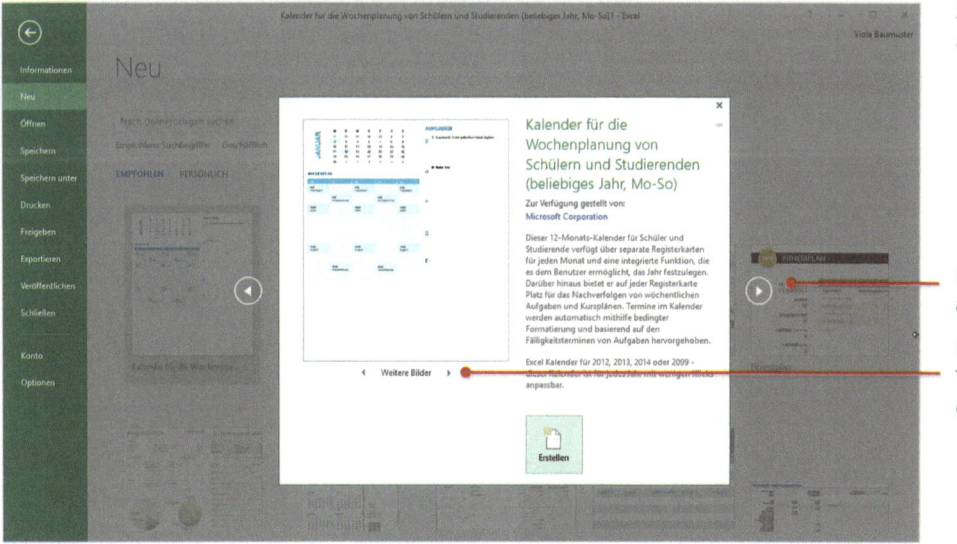

*Bild 1.3 Eine Vorlage auswählen*

Die nächste Vorlage anzeigen

Den Inhalt des nächsten Tabellenblatts der Vorlage anzeigen

### Weitere Vorlagen online suchen

Ist Ihr Computer mit dem Internet verbunden, stehen durch Eingabe eines Suchbegriffs im Feld *Nach Onlinevorlagen suchen* ❶ weitere Vorlagen zur Verfügung. Tippen Sie einen Begriff ein und drücken Sie dann die Enter-Taste. Alternativ wählen Sie einen der angebotenen Suchbegriffe ❷ aus, z. B. *Persönlich*. Je nach Suchbegriff kann es etwas dauern, bis Ergebnisse erscheinen. Durch Anklicken einer Vorlage zeigen Sie wieder die Vorschau an. Falls nichts Passendes dabei ist, kehren Sie durch Anklicken von *Start* ❸ wieder zur allgemeinen Übersicht zurück.

*Bild 1.4 Online-Vorlagen suchen*

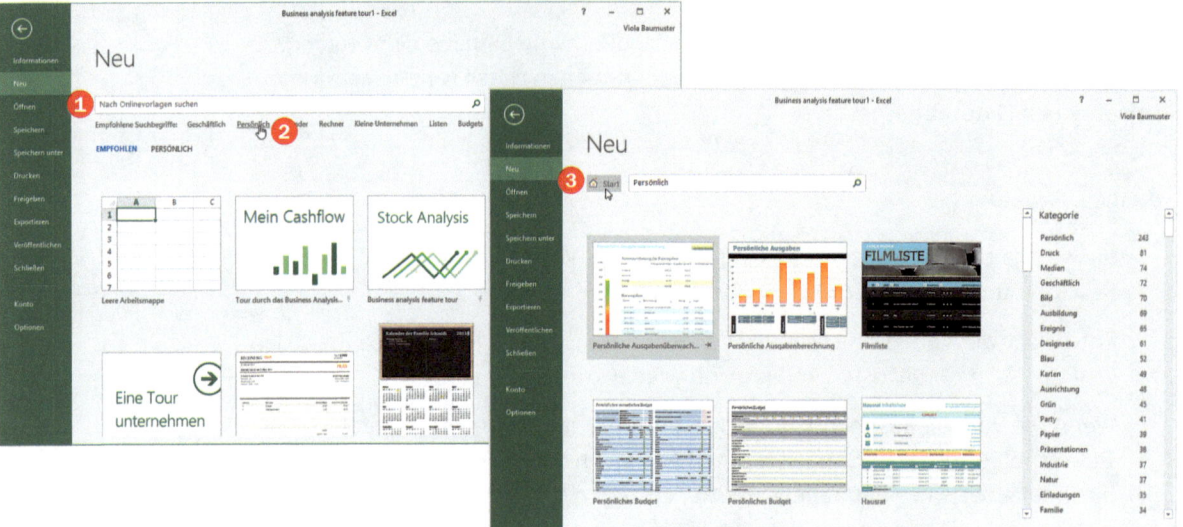

Wenn Sie eine Online-Vorlage zur Verwendung ausgewählt haben, dann muss diese zunächst heruntergeladen werden. Es kann also einige Sekunden dauern, bis die Vorlage geöffnet wird und Sie mit der Eingabe beginnen können.

## Vorlage am Bildschirm ausfüllen

Nachdem Sie eine Vorlage ausgewählt und auf *Erstellen* geklickt haben, erscheint diese zusammen mit der eigentlichen Arbeitsoberfläche von Excel. Wir verwenden für das folgende Beispiel die Vorlage *Kalender für die Wochenplanung von Schülern und Studierenden*. Hier steht Ihnen für jeden Monat ein Kalender zur Verfügung und ein Wochenplan, in den Sie Termine, die jede Woche wiederkehren, eintragen. Daneben im Bereich Aufgaben vermerken Sie mit Datum passend zum einzelnen Wochentag besondere Ereignisse des Monats.

▶ Wählen Sie zunächst das aktuelle Jahr durch Anklicken des Steuerelements ❶ rechts oben. Beobachten Sie, wie sich der Kalender links automatisch an das ausgewählte Jahr anpasst. Dies geschieht aufgrund von Formeln, die im Kalender für die einzelnen Zahlen hinterlegt sind. Dazu mehr in den Kapiteln 7 und 8.

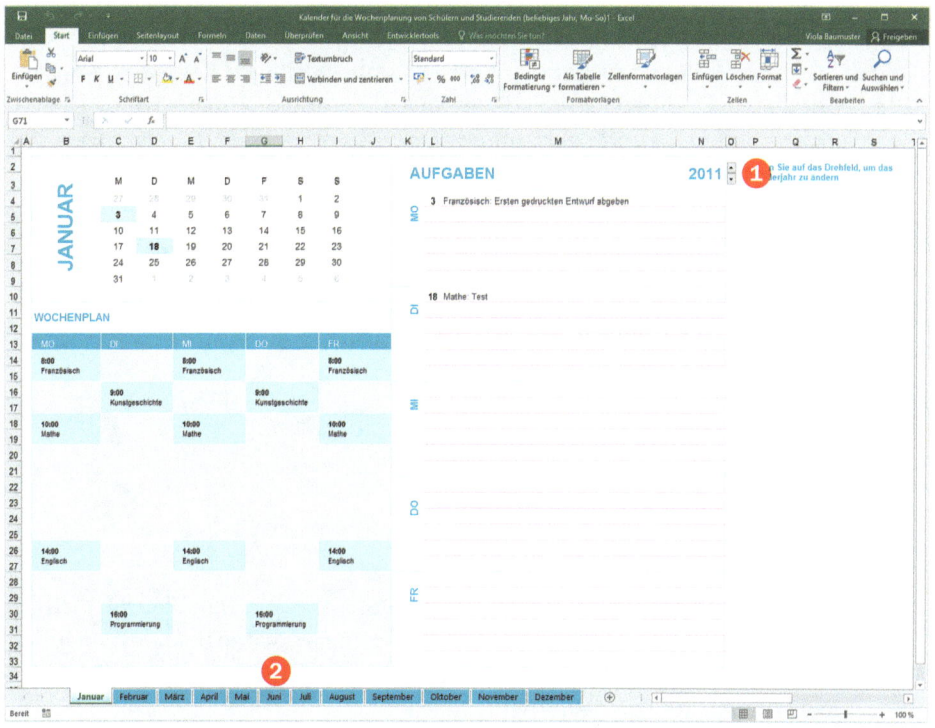

*Bild 1.5 Vorlage Kalender*

▶ Am unteren Rand des Fensters finden Sie das Blattregister benannt mit den einzelnen Monaten. Durch Anklicken eines Monats wechseln Sie zwischen den einzelnen Tabellenblättern. Klicken Sie den aktuellen Monat ❷ an.

▶ Das Excel-Tabellenblatt besteht aus vielen einzelnen Feldern, deren Begrenzungen normalerweise sichtbar sind. Dieses Gitternetz ist in vielen Vorlagen aus optischen Gründen ausgeblendet. Jedes dieser Felder kann durch Anklicken ausgewählt werden. Klicken Sie beispielsweise unter *Mo* auf *8:00*. Sie sehen einen grünen Rahmen - das Feld ist markiert. Das nächste Feld darunter enthält den Inhalt *Französisch*.

▶ Füllen Sie jetzt den Wochenplan mit eigenen Informationen. Markieren Sie eine Zelle und tippen Sie Beginn bzw. eine Beschreibung ein. Wenn das Feld bereits Inhalte enthält, werden diese überschrieben.

▶ Inhalte, die Sie nicht benötigen, können gelöscht werden. Klicken Sie auf das Feld und drücken Sie die Entf-Taste.

▶ Das Besondere an dieser Vorlage: Sobald Sie eine Zelle im Wochenplan mit Inhalt füllen, erhält sie einen blauen Hintergrund. Dieser verschwindet, wenn Sie den Inhalt löschen. Dies ist das Ergebnis einer benutzerdefinierten Formatierung. Wie das geht, erfahren Sie im Kapitel 5.

## Schnelle Hilfe zu verschiedenen Aufgaben

Sie möchten den fertigen Wochenplan drucken und speichern? Kein Problem, Excel 2016 unterstützt Sie bei den verschiedenen Aufgaben und der Suche nach Befehlen. Diese Funktion finden Sie unter der Aufforderung *Was möchten Sie tun?* im oberen Bereich des Excel-Fensters.

*Bild 1.6 Klicken Sie in das Feld „Was möchten Sie tun?"*

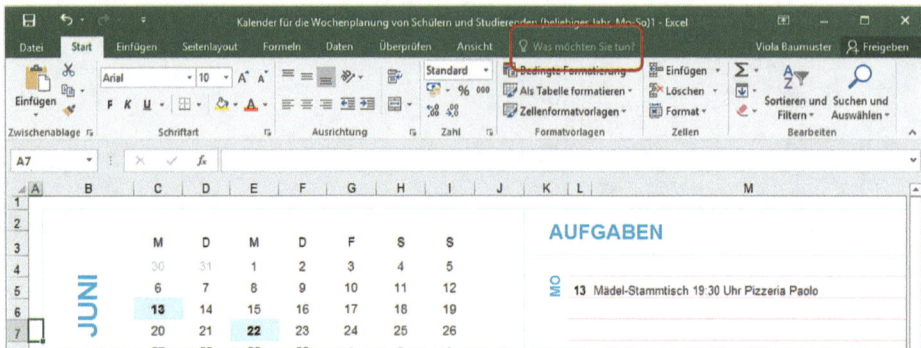

▶ Ein Klick unmittelbar darauf öffnet eine Liste von Aufgaben. Vielleicht ist hier *Drucken* bereits aufgeführt. Haben Sie auf diesem Weg schon Befehle aufgerufen, so werden diese unter der Überschrift *Zuletzt verwendet* aufgelistet. Klicken Sie zum Ausführen auf den gewünschten Befehl.

*Bild 1.7 Befehl suchen*

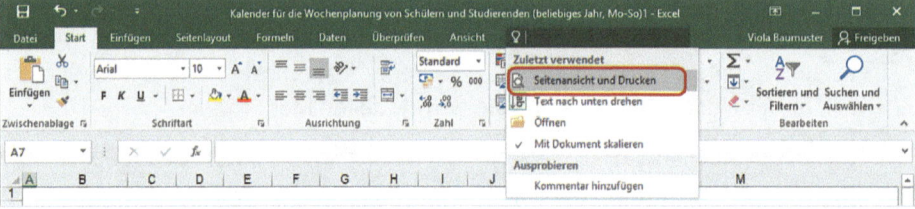

▶ Ist das Gesuchte hier nicht dabei, tippen Sie ein Stichwort, z. B. *Drucken*, in das Feld ein. In diesem Fall erscheint eine entsprechend angepasste Liste und Sie brauchen nur auf den gewünschten Befehl klicken.

▶ Falls Sie umfassendere Hilfe zu einer Aufgabe benötigen, dann geben Sie ebenfalls zuerst das entsprechende Stichwort ein und klicken dann in der Liste der Vorschläge auf *Hilfe zu …. erhalten*. Die Excel 2016 Hilfe wird in einem gesonderten Fenster geöffnet und schlägt verschiedene Themen vor.

*Bild 1.8 Hilfe zum Thema*

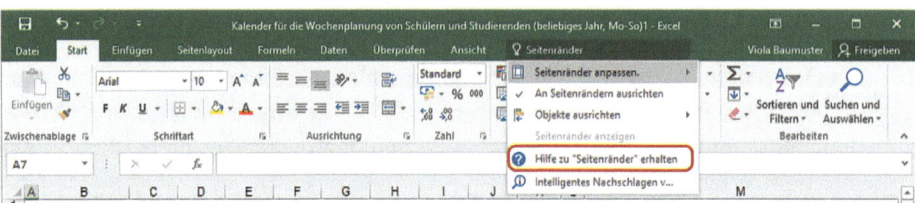

## Den Monatsplan ausdrucken

Um den Monatsplan auszudrucken, klicken Sie also auf *Was möchten Sie tun?* und geben den Begriff *Drucken* im Feld ein. Klicken Sie anschließend auf *Seitenansicht und drucken*.

*Bild 1.9 Monatsplan drucken*

Rechts erscheint der Monatsplan verkleinert in einer Vorschau. Klicken Sie auf die Schaltfläche *Drucken* ❶, um den Druckvorgang zu starten.

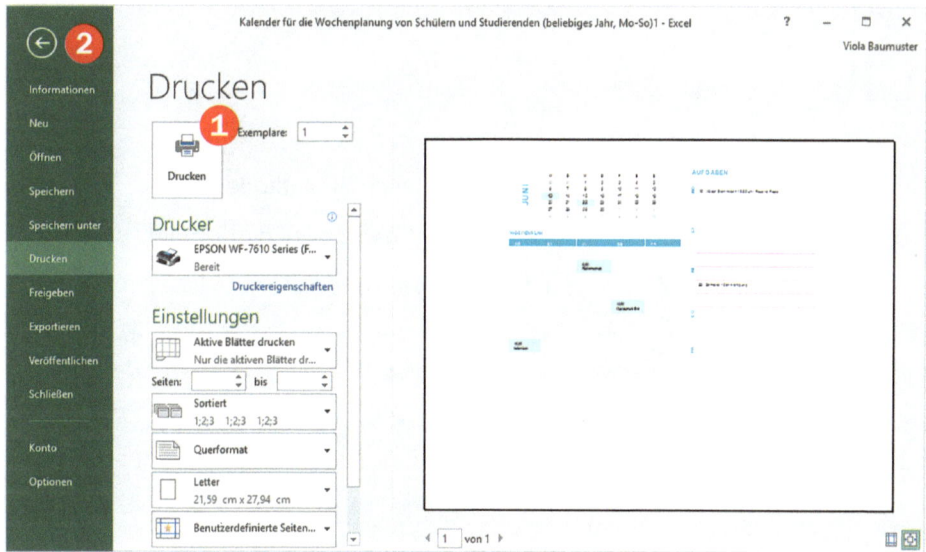

*Bild 1.10 Druckvorschau und Druckbefehle*

Wenn Sie zur Bearbeitung der Arbeitsmappe ohne Drucken zurückkehren möchten, dann klicken Sie entweder in der linken oberen Ecke auf den Pfeil ❷ oder betätigen auf der Tastatur die Esc-Taste.

## Den Monatsplan speichern

Was jetzt noch fehlt ist die Speicherung der Monatsübersicht:

1   Sie können jetzt nach dem Befehl *Speichern* suchen: Klicken Sie auf *Was möchten Sie tun?* und tippen Sie *Speichern* in das Feld ein. Klicken Sie dann auf *Speichern*. Oder klicken Sie in der linken oberen Ecke des Excel-Fensters auf das Diskettensymbol (beim Zeigen auf das Symbol erscheint der Infotext *Speichern*).

2   Klicken Sie auf *Durchsuchen*. Das Fenster *Speichern unter* öffnet sich. Wählen Sie als Speicherort für unser Beispiel links *Dokumente* aus.

**3**    Geben Sie im Feld *Dateiname* einen aussagefähigen Dateinamen ein. Klicken Sie zuletzt auf die Schaltfläche *Speichern*.

*Bild 1.11 Kalender speichern*

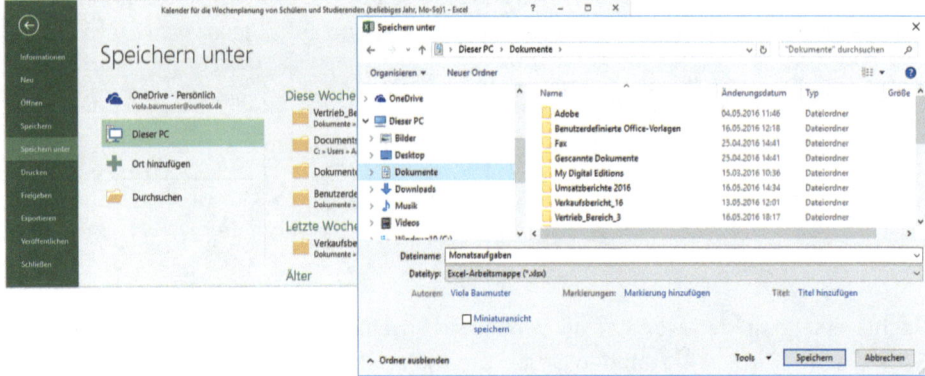

## 1.3    Excel beenden

Um Excel zu beenden, benutzen Sie eine der folgenden Methoden:

▶   Klicken Sie in der rechten oberen Ecke des Fensters auf das Symbol *Schließen*.

▶   Oder klicken Sie auf *Datei* und dann in der linken Spalte auf *Schließen*.

Wenn Sie vor dem letzten Speichern Änderungen am Inhalt vorgenommen haben, dann erscheint vor dem Beenden eine Rückfrage zur Speicherung der Änderungen:

*Bild 1.12 Klicken Sie auf Änderungen speichern*

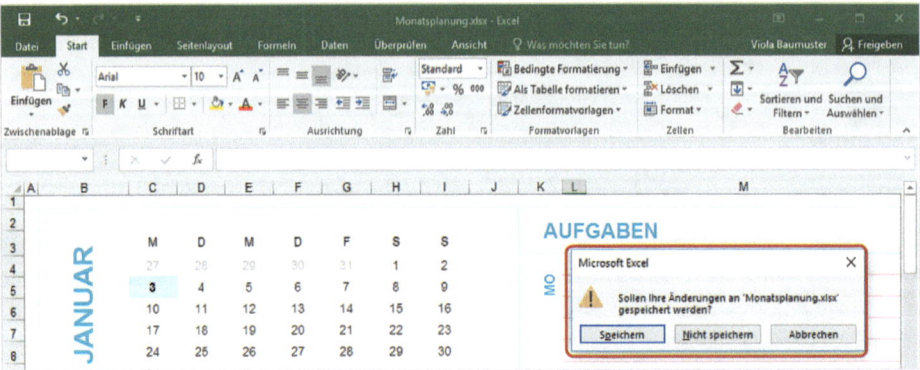

▶   Klicken Sie auf *Speichern*, wenn Sie Ihre letzten Änderungen speichern und Excel beenden möchten.

▶   *Nicht speichern* bedeutet, Änderungen werden nicht gespeichert, Excel wird aber trotzdem beendet.

▶   Klicken Sie dagegen auf *Abbrechen*, so passiert überhaupt nichts; Änderungen werden nicht gespeichert und Excel wird nicht beendet.

## 1.4   Eine persönliche Telefonliste eingeben

### Mit einer leeren Tabelle beginnen

Als nächstes Beispiel erstellen wir eine kleine Telefonliste. Dazu verwenden wir keine Vorlage, sondern geben die Liste einfach in eine leere Tabelle ein.

**1**   Wenn Sie ohne Vorlage Daten in eine Tabelle eingeben möchten, dann klicken Sie nach dem Start von Excel auf der Startseite auf *Leere Arbeitsmappe*.

*Bild 1.13 Ohne Vorlage arbeiten*

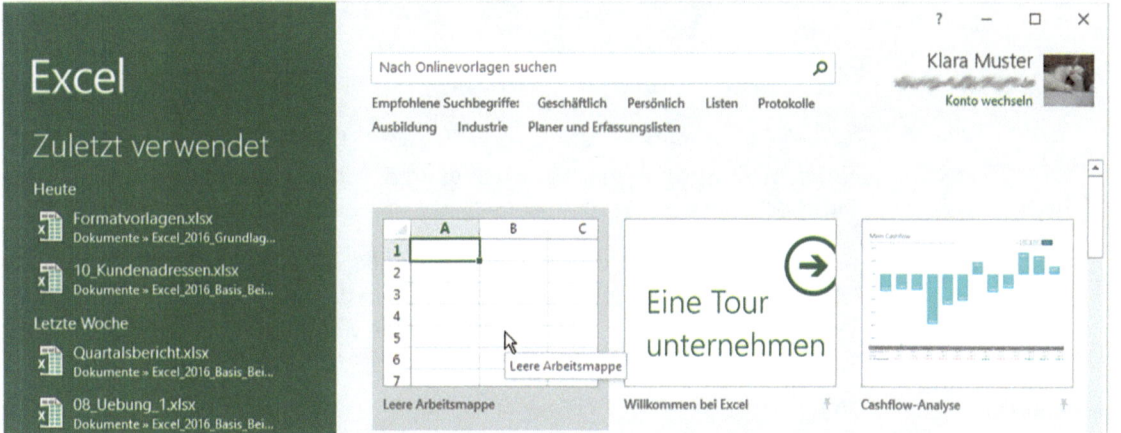

**2**   Excel öffnet daraufhin die Arbeitsmappe mit einer leeren Tabelle. Zur besseren Orientierung sind die Tabellenlinien am Bildschirm sichtbar, werden jedoch nicht gedruckt. Die erste Zelle der Tabelle links oben ist markiert, leicht am Rahmen zu erkennen.

*Bild 1.14 Leere Tabelle, die erste Zelle links oben ist markiert*

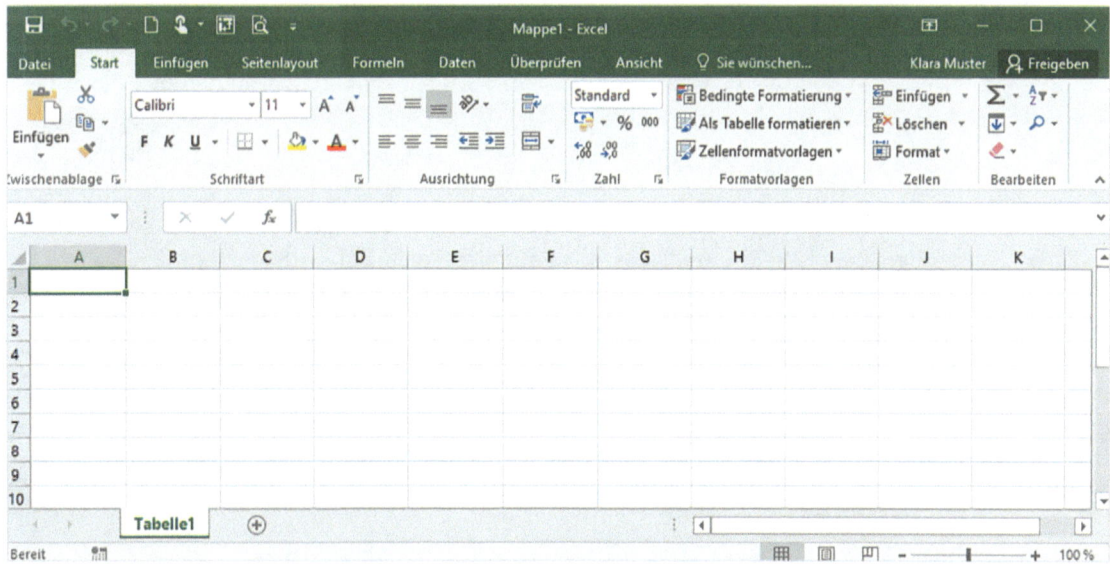

**3**      Tippen Sie nun über die Tastatur die Überschrift Telefonliste ein und betätigen Sie anschließend die **Eingabe-Taste (Enter)**.

**4**      Excel markiert nun die darunterliegende Zelle (Bild 1.16).

*Bild 1.15 Geben Sie in die markierte Zelle die Überschrift ein*

*Bild 1.16 Nach Drücken der Enter-Taste wird die Zelle darunter markiert*

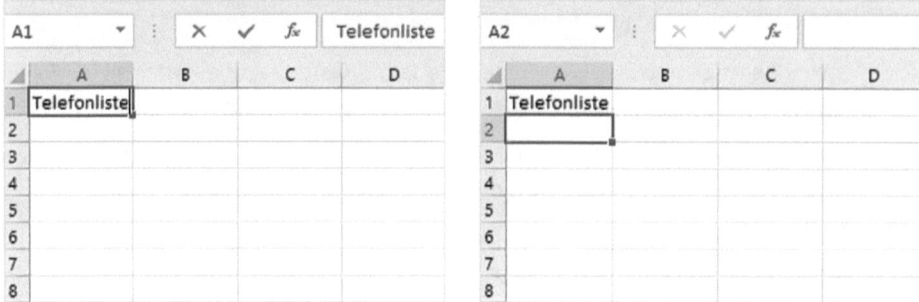

**5**      Da die eigentliche Telefonliste erst weiter unten beginnen soll, klicken Sie vor der nächsten Eingabe mit der Maus auf die gewünschte Zelle in der ersten Spalte, wie im Bild unten. Jetzt ist diese Zelle mit einem Markierungsrahmen versehen.

**6**      Tippen Sie hier den ersten Nachnamen ein (Bild 1.17) und betätigen Sie dann die **Tab-Taste**. jetzt erhält die Zelle rechts daneben den Markierungsrahmen. Geben Sie hier den Vornamen ein und betätigen Sie wieder die Tab-Taste. In die dritte Spalte geben Sie nun die Telefonnummer ein (Bild 1.18).

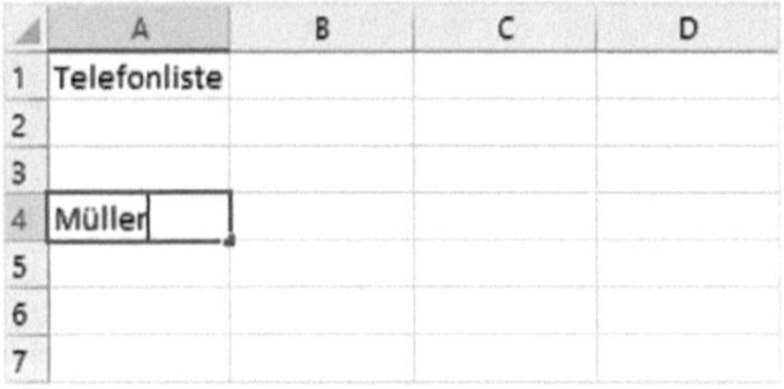

*Bild 1.17 Tippen Sie den Nachnamen ein und markieren Sie mit der Tab-Taste die nächste Zelle rechts*

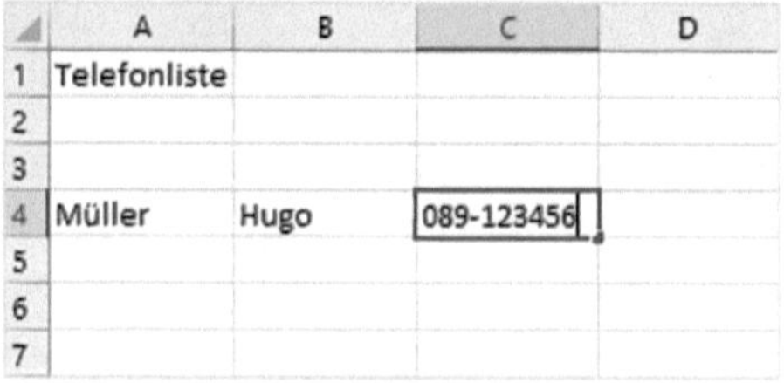

*Bild 1.18 Geben Sie die Telefonnummer ein*

| | A | B | C | D |
|---|---|---|---|---|
| 1 | Telefonliste | | | |
| 2 | | | | |
| 3 | | | | |
| 4 | Müller | | | |
| 5 | | | | |
| 6 | | | | |
| 7 | | | | |

| | A | B | C | D |
|---|---|---|---|---|
| 1 | Telefonliste | | | |
| 2 | | | | |
| 3 | | | | |
| 4 | Müller | Hugo | 089-123456 | |
| 5 | | | | |
| 6 | | | | |
| 7 | | | | |

**7**      Klicken Sie dann in der ersten Spalte in die Zelle unterhalb des Nachnamens und wiederholen Sie Schritt 6 zur Eingabe der zweiten Telefonnummer.

### Name zu lang für die Zelle?

Manche Namen umfassen mehr Zeichen, als auf der ersten Blick in der Zelle Platz finden. Dies ist kein Grund, den Inhalt auf zwei Spalten zu verteilen, sondern Sie verbreitern einfach die Spalte. Nachdem Sie den Vornamen eingetippt haben, erscheint der Nachname zunächst abgeschnitten (Bild 1.19).

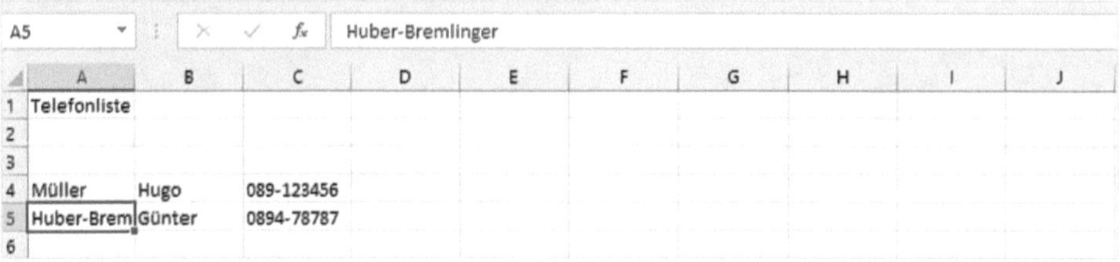

*Bild 1.19 Wenn die Spalte zu schmal ist, erscheint der Inhalt abgeschnitten*

A5    fx   Huber-Bremlinger

| | A | B | C | D | E | F | G | H | I | J |
|---|---|---|---|---|---|---|---|---|---|---|
| 1 | Telefonliste | | | | | | | | | |
| 2 | | | | | | | | | | |
| 3 | | | | | | | | | | |
| 4 | Müller | Hugo | 089-123456 | | | | | | | |
| 5 | Huber-Brem | Günter | 0894-78787 | | | | | | | |
| 6 | | | | | | | | | | |

**1** Zeigen Sie mit der Maus oberhalb der Tabelle auf die rechte Begrenzungslinie der Spalte A. Als Mauszeiger erscheint ein waagrechter Doppelpfeil.

**2** Nun ziehen Sie mit gedrückter Maustaste die Linie nach rechts, bis der vollständige Name wieder sichtbar ist.

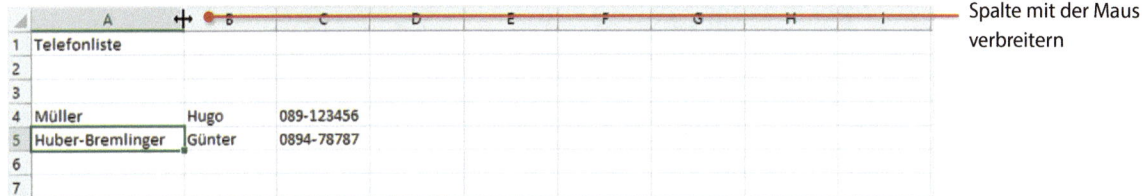

Spalte mit der Maus verbreitern

Die übrigen Spalten können Sie mit dieser Methode ebenfalls nach Belieben verbreitern. Zuletzt erhalten die Spalten noch je eine Überschrift.

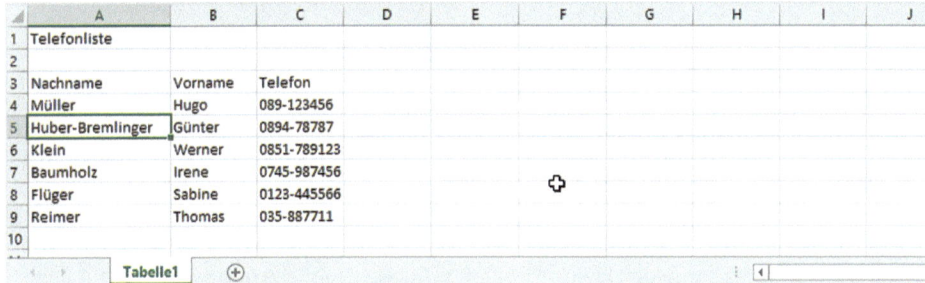

*Bild 1.20 So könnte die Tabelle aussehen*

## Die Tabelle mit Farben und Linien verschönern

**1** Jetzt kommt die optische Gestaltung der Tabelle an die Reihe. Klicken Sie innerhalb der Telefonliste auf eine beliebige Zelle ❶ und oben im Menüband auf das Register *Start* ❷.

**2** Klicken Sie auf die Schaltfläche *Als Tabelle formatieren* ❸ und hier auf eine der Vorlagen ❹.

*Bild 1.21 Tabelle optisch gestalten*

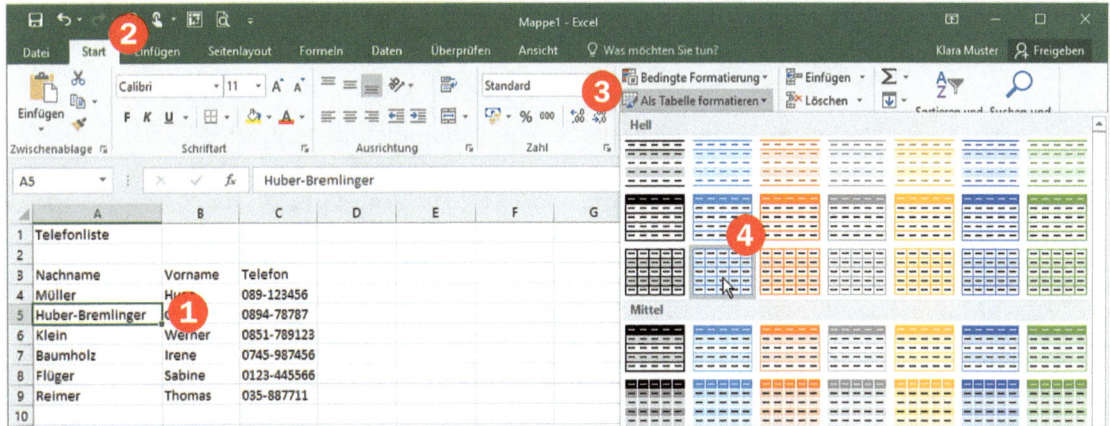

**3** Anschließen öffnet sich ein kleines Fenster mit der Frage *Wo sind die Daten für Ihre Tabelle?*. Kontrollieren Sie Ihre Tabelle: Wenn diese von einem gestrichelten Rahmen umgeben ist (Bild 1.22), dann hat Excel die Tabelle richtig erkannt.

**4** Klicken Sie außerdem auf das Kontrollkästchen *Tabelle hat Überschriften* (Häkchen) und dann auf *OK*.

*Bild 1.22 Datenbereich kontrollieren*

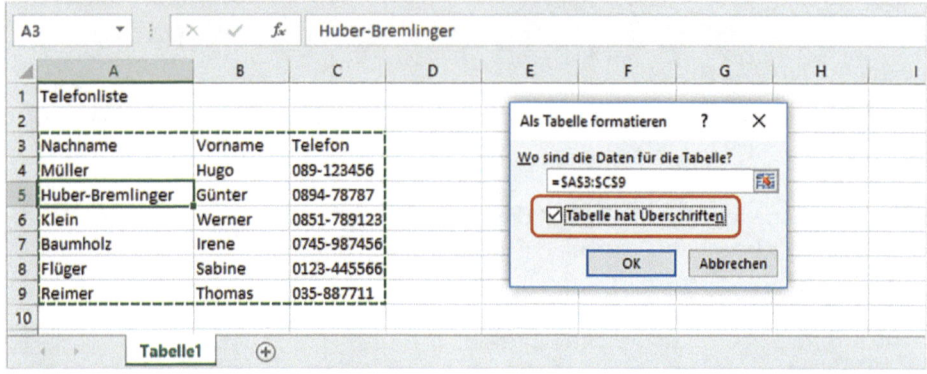

## Telefonliste nach Namen sortieren

Die Telefonliste erhält nun das ausgewählte Aussehen, zusätzlich befindet sich neben jeder Spaltenüberschrift ein kleiner Pfeil. Da Telefonnummern in einer alphabetisch sortierten Liste schneller aufzufinden sind, soll die Liste jetzt nach Nachnamen sortiert werden. Dazu klicken Sie mit der Maus auf den kleinen Pfeil der Spaltenüberschrift *Nachname*. Es öffnet sich ein kleines Menü, klicken Sie auf *Von A bis Z sortieren*.

*Bild 1.23 Klicken Sie auf den Pfeil der Spaltenüberschrift*

*Bild 1.24 Sortieren*

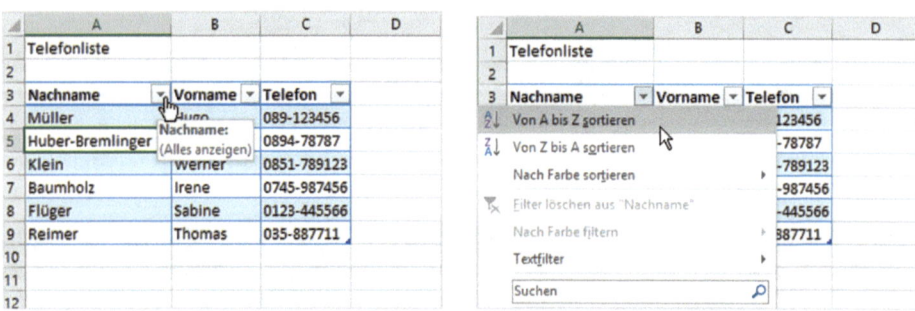

Sie können der Liste jederzeit weitere Telefonnummern hinzufügen. Das Aussehen wird automatisch auf die neuen Zeilen übernommen, dies gilt auch bei abwechselnden Zeilenfarben. Allerdings müssen Sie die Liste neu sortieren, dies passiert nicht automatisch.

### Telefonliste speichern

Klicken Sie in der linken oberen Ecke des Excel-Fensters auf das Symbol *Speichern*. Klicken Sie anschließend wieder auf *Durchsuchen*, wählen Sie einen Speicherort aus und geben Sie einen Dateinamen an, z. B. Telefonliste.

## 1.5 Elemente der Excel-Arbeitsumgebung

Nach Start von Microsoft Excel 2016 wird der Startbildschirm angezeigt. Im vorigen Punkt haben Sie eine Excel-Tabelle mittels einer Vorlage gestaltet und eine persönliche Telefonliste erstellt. Nun geht es darum, sich mit den einzelnen Bestandteilen des Programms vertraut zu machen, dazu wählen Sie am besten nach dem Start von Excel *Leere Arbeitsmappe*.

*Bild 1.25 Der Excel-Bildschirm*

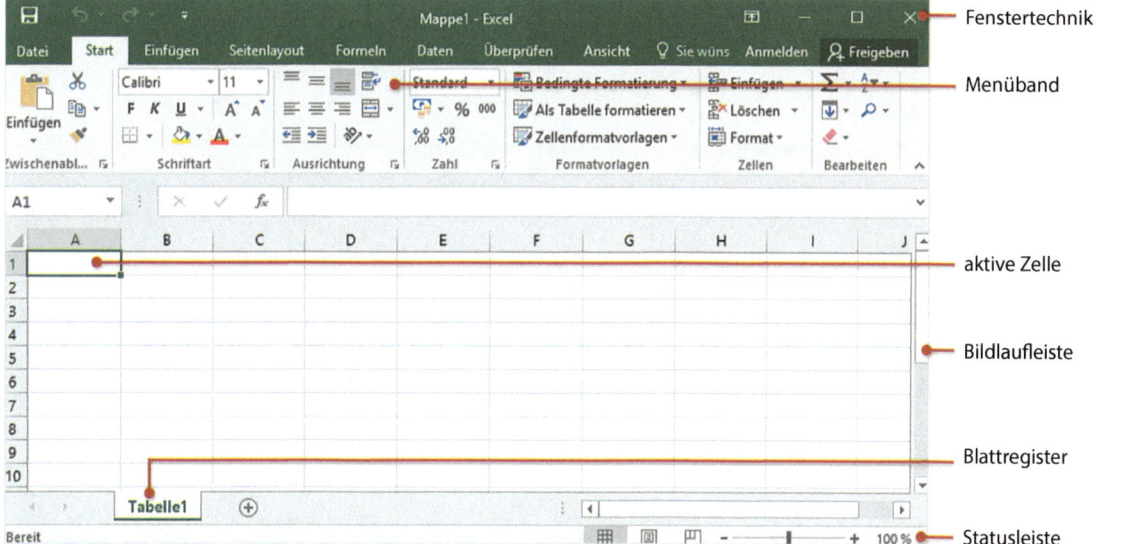

- Fenstertechnik
- Menüband
- aktive Zelle
- Bildlaufleiste
- Blattregister
- Statusleiste

### Arbeitsmappen

Excel-Dateien werden als Arbeitsmappen bezeichnet. Eine Arbeitsmappe enthält standardmäßig ein **Tabellenblatt** bezeichnet als *Tabelle 1*. Weitere Tabellenblätter können hinzugefügt werden, so dass in der Regel eine Arbeitsmappe eine Zusammenstellung mehrerer Tabellenblätter enthält, die in einer einzigen Datei unter einem gemeinsamen Dateinamen gespeichert werden. So sind zusammengehörige Daten schnell verfügbar.

### Blattregister

Das Blattregister am unteren Bildschirmrand dient der Auswahl der Tabellenblätter. Klicken Sie einfach auf den Namen der gewünschten Tabelle. Hier können auch weitere Tabellenblätter hinzugefügt werden.

### Tabellenblätter

Alle Tabellenblätter verfügen über eine einheitliche Tabellenstruktur mit 1.048.576 Zeilen und 16.384 Spalten. Am linken Rand des Tabellenblattes befindet sich die fortlaufende **Zeilennummerierung** von 1 bis 1.048.576. Die **Spalten** sind von links nach rechts mit den Buchstaben A bis Z nummeriert, danach wird die Nummerierung fortgesetzt mit AA, AB, bis zur Spalte XFD.

*Bild 1.26 Elemente des Excel-Fensters*

Das aktuelle Tabellenblatt zeigt nur einen Ausschnitt der gesamten Tabelle an. Der sichtbare Bereich ist abhänig von: der Größe und Auflösung Ihres Bildschirms, von der Breite und Höhe der Zellen, sowie vom eingestellten Zoomfaktor (Zoom, siehe Seite 31).

Namenfeld: Enthält die Zelladresse der markierten Zelle

Bearbeitungsleiste: Zeigt den Inhalt der markierten Zelle

markierte Zelle = aktive Zelle

Blattregister

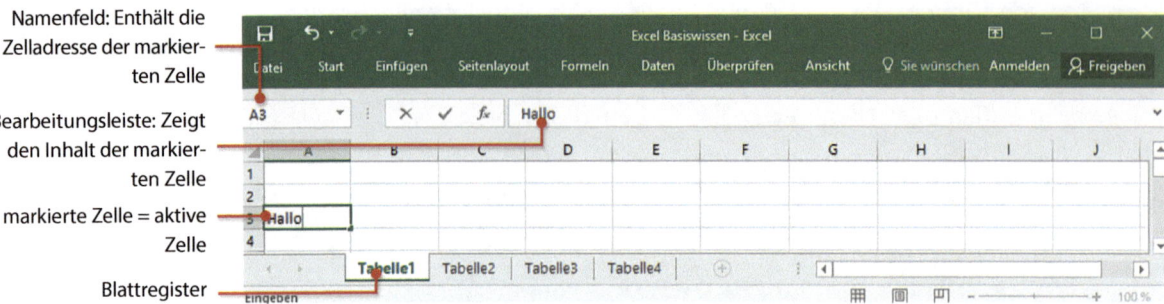

Die grundlegende Einheit einer Tabelle ist die Zelle. Jede Zelle verfügt über eine eindeutige **Adresse**, zusammengesetzt aus Spalten- und Zeilennummer. Die Adresse der ersten Zelle eines Arbeitsblattes lautet also A1. Mindestens eine Zelle ist immer markiert, Sie erkennen dies an der Umrandung der Zelle oder des Zellbereichs. Zum Markieren einer Zelle klicken Sie entweder mit der Maus auf die Zelle oder verwenden die Pfeiltasten der Tastatur. Diese markierte Zelle wird als **aktive Zelle** bezeichnet. Über dem Arbeitsblatt befindet sich die **Bearbeitungsleiste** mit dem **Namenfeld**. Hier wird der Inhalt bzw. die Adresse der markierten Zelle angezeigt.

# 1.6 Bildschirmanzeige und Ansichten

### Fenstergröße

Die Titelleiste des Anwendungsfensters enthält den Namen des Programms und der Arbeitsmappe (z. B. Mappe1), sowie ganz rechts die Schaltflächen zur Steuerung der Größe des Fensters (minimiert, Vollbild/ Teilbild) und zum Schließen des Fensters.

▶ Mit einem Mausklick auf das Symbol *Schließen* beenden Sie Excel. Nicht gespeicherte Daten würden verloren gehen, speichern Sie daher Ihre Eingaben.

▶ Mit einem Mausklick auf dieses Symbol wechselt das gesamte Fenster zwischen beliebiger Fenstergröße (*Verkleinern*) und Vollbildmodus (*Maximieren*). Maximieren bedeutet, die Fenstergröße wird automatisch an die Größe des Bildschirms angepasst.

▶ Mit dem Symbol *Minimieren* können Sie das geöffnete Fenster auf die Größe einer Schaltfläche in der Taskleiste reduzieren. Mit einem Mausklick auf die Schaltfläche stellen Sie das ursprüngliche Fenster wieder her. Die Anwendung wird nicht geschlossen, Ihre Daten gehen dabei also nicht verloren.

## Bildlaufleisten

Die Bildlaufleisten am rechten und unteren Rand des Fensters verwenden Sie, um in der Tabelle den sichtbaren Bildschirmausschnitt zu verschieben. Alternativ können Sie dazu auch das Rad der Maus verwenden (Scrollen).

## Statusleiste mit Zoom

Am unteren Rand des Fensters befindet sich die Statusleiste. Sie zeigt den aktuellen Arbeitsstatus an und erlaubt schnelles Zoomen der Bildschirmansicht, sowie Wechseln zwischen verschiedenen Ansichten.

Wollen Sie die Tabelle im eigentlichen Arbeitsbereich auf dem Bildschirm vergrößert, bzw. verkleinert darstellen (zoomen), so finden Sie dazu am rechten unteren Rand des Bildschirms in der Statusleiste einen kleinen Schieberegler. Standardmäßig wird ein Tabellenblatt mit 100% dargestellt, zum Vergrößern oder Verkleinern ziehen Sie den Regler mit gedrückter linker Maustaste in die gewünschte Richtung oder klicken mehrmals auf die Symbole + oder -.

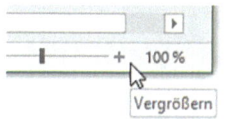

Einstellungen zum Zoom können Sie auch auf dem Menüband im Register *Ansicht*, Gruppe *Zoom* vornehmen. Erläuterungen zum Umgang mit dem Menüband erhalten Sie ab Seite 33.

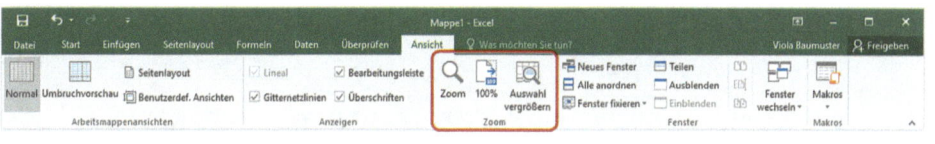

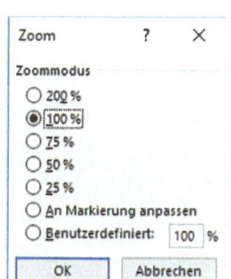

*Bild 1.27 Zoomfaktor einstellen*

▶ Klicken Sie auf das Register *Ansicht* und auf die Schaltfläche *Zoom*. Wählen Sie einen Faktor aus oder geben Sie im Feld *Benutzerdefiniert* selbst einen Prozentwert ein.

▶ Mit Klick auf die Schaltfläche *100%* erhalten Sie wieder einen Zoom von 100%.

▶ Praktisch ist die Schaltfläche *Auswahl vergrößern*. Damit können Sie auf einen Bereich zoomen, den Sie zuvor markiert haben.

> **Tipp:** Sie können auch mit der Maus zoomen. Drücken Sie dazu die **Strg-Taste** und halten Sie die Taste gedrückt, während Sie das Mausrad drehen.

## Ansichten

Zusätzlich zur normalen Ansicht unterstützt Excel auch andere Darstellungen Ihres Tabellenblatts. Wählen Sie zum Wechseln zwischen den Ansichten das Register *Ansicht*, Gruppe *Arbeitsmappenansichten* oder verwenden Sie die Symbole auf der Statusleiste zum Aufrufen einer anderen Ansicht.

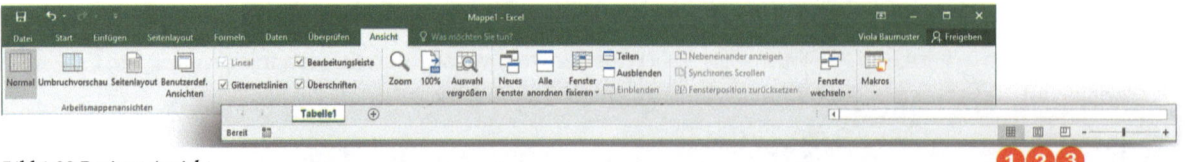

| Ansicht | Darstellung |
|---------|-------------|
| Normal ❶ | Standardansicht von Excel; hier werden Tabellen erstellt und bearbeitet. |
| Seitenlayout ❷ | Diese Ansicht zeigt Ihre Tabelle so an, wie sie später gedruckt wird. Hier können Sie wie in der Ansicht *Normal* Daten eingeben und bearbeiten. Darüber hinaus können Sie in dieser Ansicht auch die Inhalte von Kopf- und Fußzeilen hinzufügen und bearbeiten. |
| Umbruchvorschau ❸ | Diese Ansicht benötigen Sie zum Drucken umfangreicher Tabellen. Hier können Sie leicht die Seitenumbrüche festlegen. |

### Gitternetzlinien

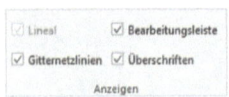

Das Tabellenblatt ist standardmäßig mit einem Raster versehen, welches die einzelnen Zellen visuell trennt. Das Gitternetz kann bei Bedarf ausgeblendet werden, um das Tabellenblatt beispielsweise mit wenigen Rahmenlinien und Hintergrundfarben auf weißem Hintergrund visuell ansprechend zu gestalten. Sie deaktivieren bzw. aktivieren die Anzeige der Gitternetzlinien über Register *Ansicht* ▶ Gruppe *Anzeige* ▶ *Gitternetzlinien*.

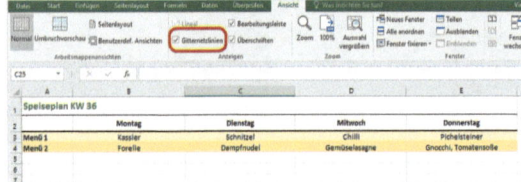 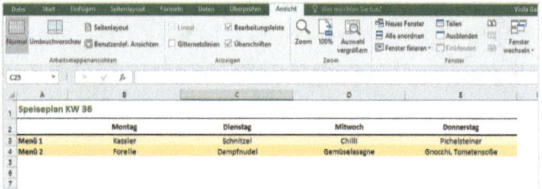

### Überschriften

Mit Überschriften bezeichnet Excel im Register *Ansicht* ▶ Gruppe *Anzeige* ▶ *Überschriften* die Spaltenbuchstaben oben und Zeilennummern rechts. Diese benötigen Sie zur Orientierung auf dem Tabellenblatt und in Formeln. In der Regel ist es nicht sinnvoll, diese auszublenden.

### Bearbeitungsleiste

Die Bearbeitungsleiste benötigen Sie für die Eingabe von Formeln, aber auch bei der Dateneingabe ist die Leiste nützlich. Die Anzeige steuern Sie über *Ansicht* ▶ Gruppe *Anzeige* ▶ *Bearbeitungsleiste*.

Bearbeitungsleiste

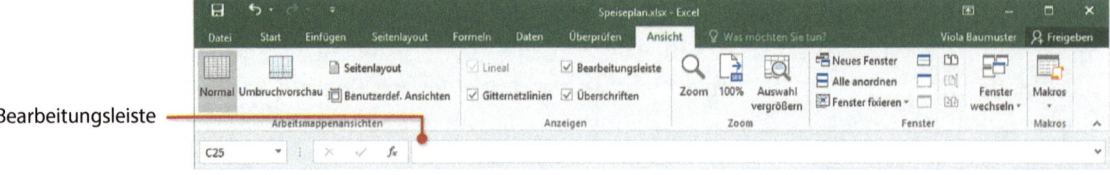

## 1.7 Die Möglichkeiten der Befehlseingabe

### So finden Sie sich im Menüband zurecht

Das Menüband (engl. ribbon) fasst grundlegende Aufgabenstellungen in Registerkarten zusammen. So finden Sie im Register *Start* die am häufigsten benötigten Befehle, unter anderem die Schaltflächen zur Formatierung von Text und Zahlen. Das Register *Einfügen* enthält Schaltflächen zum Einfügen von Bildern, Diagrammen, Symbolen, etc. und im Register *Ansicht* steuern Sie z. B. die Bildschirmanzeige.

Die Befehle des Menübands sind nicht sichtbar?

Dann lesen Sie auf Seite 36 mehr zum Ein- und Ausblenden des Menübands

▶ Zur Anzeige der Inhalte einer Registerkarte klicken Sie einfach auf den Namen, bzw. den Reiter des Registers.

▶ Wenn Sie mit dem Mauszeiger auf das Menüband zeigen, können Sie auch mit dem Mausrad durch die Register wechseln.

*Bild 1.32 Menüband, Register Start*

### Das Register Datei

Unter den Registern des Menübands sticht das Register *Datei* durch seine alternative Anzeige hervor. Das Register *Datei* enthält alle Befehle zum Erstellen, Speichern, Öffnen und Drucken von Arbeitsmappen. Hier erhalten Sie Informationen zur aktuellen Datei und legen Einstellungen fest, die für die gesamte Excel-Anwendung gelten. Das Register *Datei* wird auch als Backstage-Ansicht (deutsch: hinter der Bühne) bezeichnet.

*Bild 1.33 Register Datei oder Backstage-Ansicht*

▶ Mit einem Mausklick auf *Datei* zeigen Sie den Inhalt des Registers an. Dabei wird das gesamte Excel-Fenster ausgefüllt. Das Tabellenblatt ist nicht sichtbar.

▶ Das Register *Datei* ist in einzelne Bereiche unterteilt, z. B. *Neu*, *Öffnen*, *Speichern* oder *Konto* . Sie zeigen deren Inhalte an, indem Sie links auf den Namen des Bereichs klicken. Die Inhalte werden rechts angezeigt. Hier befinden sich weitere Schaltflächen, mit denen Sie zusätzliche Aktionen ausführen.

Mit einem Mausklick auf *Optionen* wird das Dialogfenster *Excel-Optionen* geöffnet. Auch hier finden Sie links die einzelnen Aufgaben, z. B. *Allgemein*, *Speichern* oder *Erweitert*, die Sie durch Anklicken auswählen.

*Bild 1.34 Die Excel-Optionen*

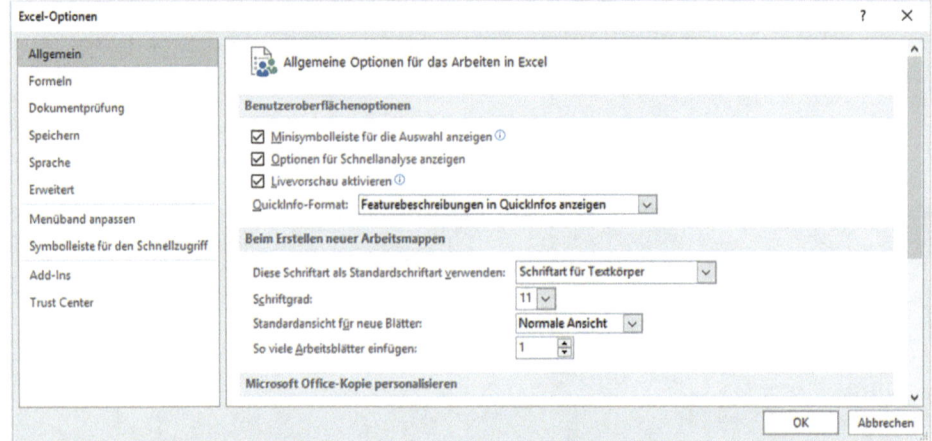

▶ Um das Register *Datei* zu verlassen, klicken Sie entweder auf das Pfeilsymbol oder drücken die Esc-Taste.

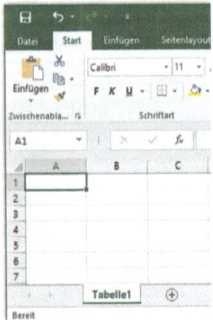

*Bild 1.35 Darstellung der Gruppe Zwischenablage bei verschieden großen Anwendungsfenstern*

### Gruppen

Innerhalb der Register sind Befehle zu Gruppen zusammengefasst. Das Register *Start* enthält z. B. die Gruppe *Schriftart* zur Zeichenformatierung und die Gruppe *Zahl* zur Formatierung von Zahlen.

In einer Gruppe passt sich die Darstellung der Schaltflächen automatisch an die Größe des Anwendungsfensters an. Bei stark verkleinertem Anwendungsfenster kann anstelle der Schaltflächen auch nur noch der Name der Gruppe angezeigt werden. Die dazugehörigen Befehle erscheinen dann erst, wenn Sie auf den Dropdown-Pfeil der Gruppe klicken.

**Alle Befehle einer Gruppe anzeigen**

Manche Gruppen stellen eine Zusammenfassung aller Befehle in einem Dialogfenster über ein Pfeilsymbol ⌐ zur Verfügung. Hier finden Sie auch Befehle, die im Menüband nicht verfügbar sind. Im Beispiel unten wird das Dialogfenster *Zellen formatieren* der Gruppe *Schriftart* durch Anklicken des Pfeilsymbols angezeigt.

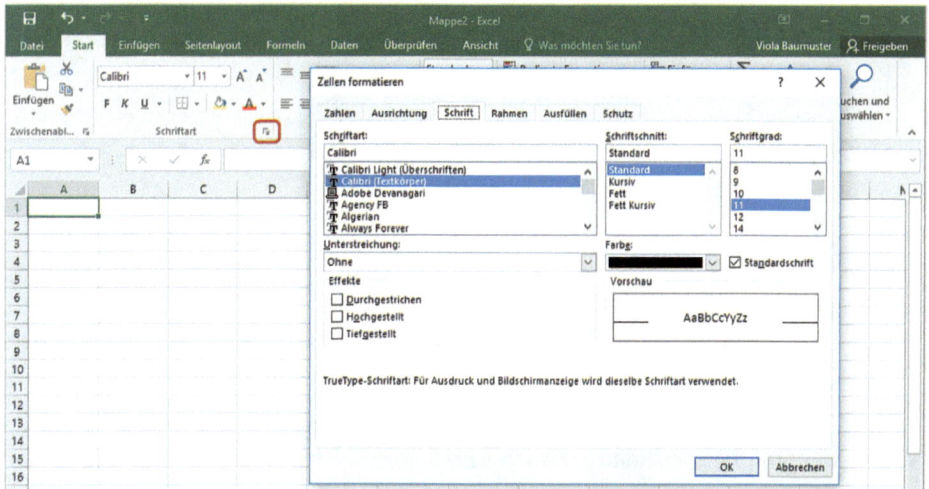

*Bild 1.36 Dialogfenster der Gruppe Schriftart*

**Schaltflächen**

▷ Informationen zur Funktion der einzelnen Schaltflächen erhalten Sie, wenn Sie mit der Maus auf diese zeigen.

*Bild 1.37 Informationen zu Schaltflächen*

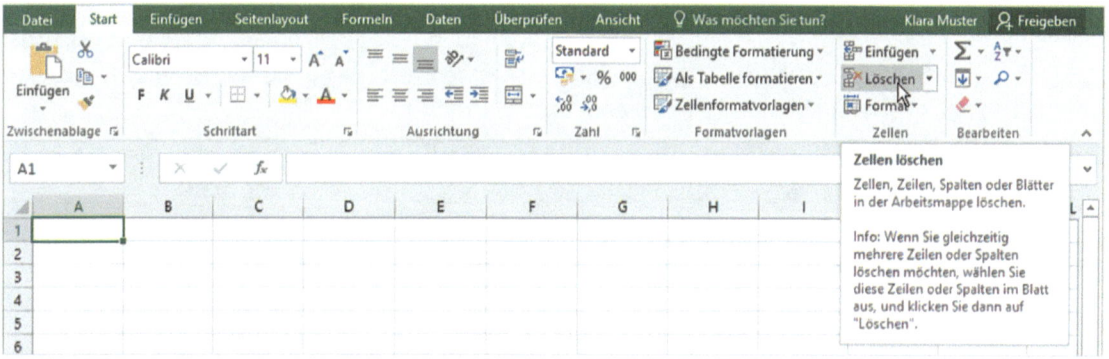

▷ Einige Schaltflächen sind mit einem Dropdown-Pfeil versehen, ein Mausklick darauf öffnet eine Liste mit Auswahlmöglichkeiten.

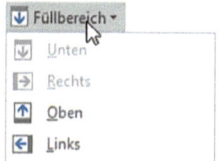

▷ Beachten Sie, dass manche Schaltflächen zweigeteilt sind. Ein Mausklick direkt auf das Symbol der Schaltfläche liefert die Standardeinstellung. Ein Mausklick auf den dazugehörigen Dropdown-Pfeil öffnet dagegen eine Auswahlliste.

*Bild 1.38 Weitere Optionen anzeigen*

**Beispiel:** Durch Anklicken der Schaltfläche *Löschen* im Register *Start*, Gruppe *Zellen* wird der markierte Zellbereich gelöscht. Klicken Sie auf den Drop-down-Pfeil (schwarzes Dreieck), um weitere Optionen zum Löschen anzuzeigen.

**Menüband minimieren und ausblenden**

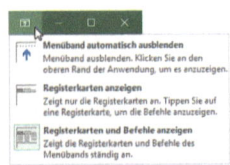

Bei Bedarf kann das Menüband verkleinert oder ganz ausgeblendet werden, um mehr Platz für den eigentlichen Arbeitsbereich zu schaffen. Dazu benutzen Sie die Schaltfläche *Menüband-Anzeigeoptionen* in der oberen rechten Ecke des Anwendungsfensters:

▶ In der Standardeinstellung *Registerkarten und Befehle anzeigen* ist das Menüband vollständig sichtbar.

*Bild 1.39 vollständig ang-zeigtes Menüband*

▶ *Registerkarten anzeigen*: Vom Menüband sind nur die Registernamen sichtbar. Die dazugehörigen Befehle erscheinen erst, wenn Sie auf ein Register klicken und blenden dann wieder ab.

*Bild 1.40 minimiertes Menüband*

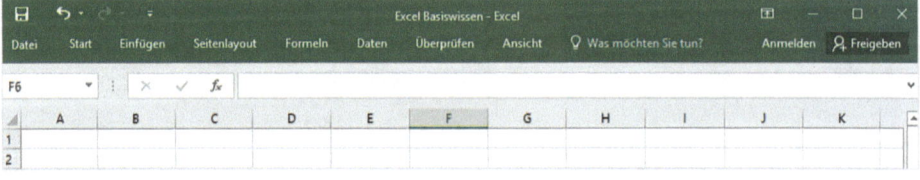

▶ *Menüband automatisch ausblenden*: Das Menüband und alle anderen Bedienelemente der Anwendung sind vollständig ausgeblendet. Das Fenster wird im Vollbildmodus angezeigt. Das Menüband erscheint erst, wenn Sie an den oberen Rand des Fensters oder rechts auf das Dreipunkte-Symbol klicken. Der Bereich wird grün eingefärbt, sobald Sie mit der Maus darauf zeigen. Das Menüband blendet nach Auswahl eines Befehls wieder ab.

*Bild 1.41 ausgeblendetes Menüband*

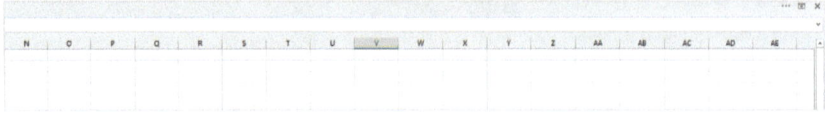

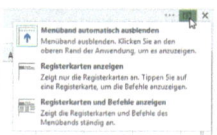

Um das Menüband wieder dauerhaft einzublenden, klicken Sie auf die Schaltfläche *Menüband-Anzeigeoptionen* und auf *Registerkarten und Befehle anzeigen*.

> Auch ein Doppelklick auf den Namen des aktuellen Registers reduziert das Menüband bis auf die Registernamen und ein weiterer Doppelklick auf ein beliebiges Register stellt wieder eine dauerhafte Anzeige her.

### Kontextbezogene Register

Um die Anzahl an Registern überschaubar zu halten, werden nicht alle vorhandenen angezeigt, z. B. fehlen zunächst die Register zur Bearbeitung von Diagrammen, Grafiken oder Formen (Zeichentools, wie z. B. Pfeile). Diese Register werden erst eingeblendet, wenn ein entsprechendes Element dem Tabellenblatt hinzugefügt wurde und markiert ist. Aus diesem Grund nennt man die Register auch kontextbezogene Register. Sie werden immer rechts hinter dem letzten Standardregister angezeigt und blenden automatisch ab, sobald das Element nicht mehr markiert ist.

Kontextbezogene Register enthalten alle Befehle, die zur Bearbeitung des markierten Objekts zur Verfügung stehen.

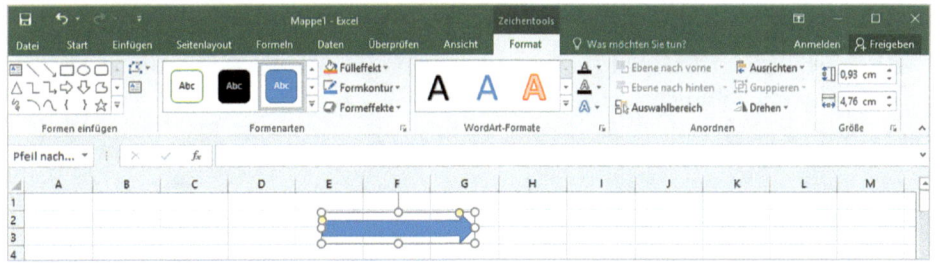

*Bild 1.42 kontextbezogenes Register Zeichentools-Format*

## Schneller Befehlsaufruf in der Symbolleiste für den Schnellzugriff

Zum schnellen Aufrufen häufig benötigter Befehle steht in der linken oberen Ecke des Anwendungsfensters die *Symbolleiste für den Schnellzugriff* zur Verfügung. Sie enthält standardmäßig die Symbole *Speichern*, sowie *Rückgängig* und *Wiederherstellen* und kann beliebig um weitere Befehle ergänzt werden.

### Symbole hinzufügen

Zum Hinzufügen weiterer Schaltflächen klicken Sie am rechten Ende der Leiste auf die Schaltfläche *Symbolleiste für den Schnellzugriff anpassen* ▾.

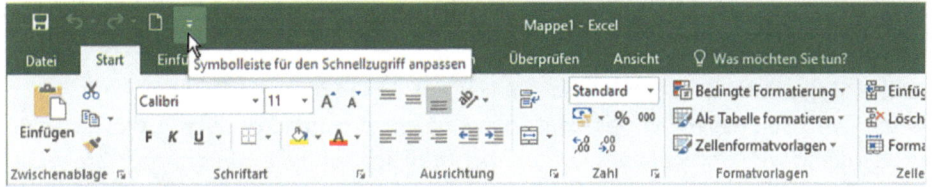

*Bild 1.43 Symbolleiste für den Schnellzugriff anpassen*

Eine Liste häufig benötigter Befehle erscheint. Mit einem Mausklick aktivieren oder deaktivieren Sie deren Anzeige auf der Symbolleiste.

*Bild 1.44 Symbolleiste anpassen*

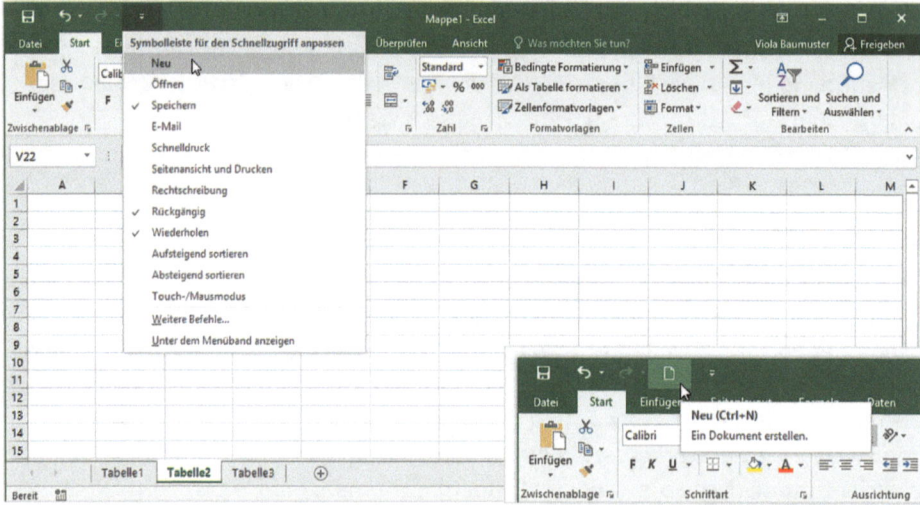

Der Befehl *Neu* zur Erstellung einer neuen, leeren Arbeitsmappe sollte unbedingt auf die Symbolleiste für den Schnellzugriff.

### Position der Symbolleiste

Bei Bedarf kann die Symbolleiste für den Schnellzugriff auch unterhalb des Menübandes positioniert werden: Klicken Sie auf die Schaltfläche *Symbolleiste für den Schnellzugriff anpassen* und wählen Sie *Unter dem Menüband anzeigen*.

*Bild 1.45 Symbolleiste wird unterhalb des Menübands angezeigt*

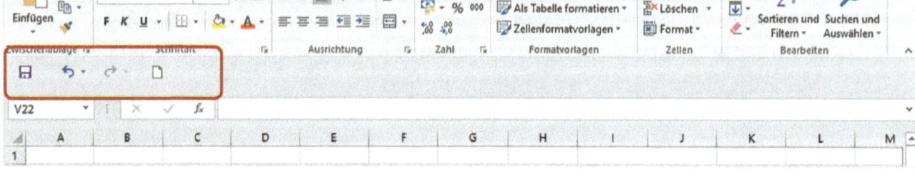

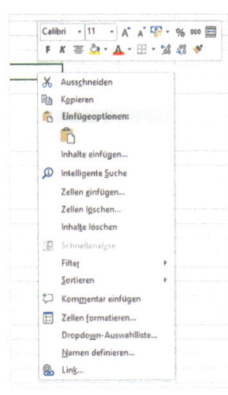

### Kontextmenü und Minisymbolleiste

Das Kontextmenü erscheint, wenn Sie mit der rechten Maustaste klicken. Die Befehle des Menüs beziehen sich ausschließlich auf den markierten Bereich. Aus diesem Grund wechselt der Inhalt des Kontextmenüs entsprechend der Stelle, die Sie anklicken. Häufig wird oberhalb des Kontextmenüs gleichzeitig die Minisymbolleiste angezeigt. Diese enthält die wichtigsten Formatierungen, wie z. B. Schriftgrad, Fett, Formatierung als Eurobetrag etc.

*Bild 1.46 Kontextmenü und Minisymbolleiste*

**Tipp!** Das Kontextmenü kann helfen, wenn Sie einen Befehl nicht finden. Klicken Sie einfach mit der rechten Maustaste den Inhalt an, den Sie bearbeiten möchten. Meist ist der gesuchte Befehl dabei.

## Tasten und Tastenkombinationen

Als Alternative zur Maus können Register und deren Befehle auch über die Tastatur aufgerufen werden.

▶ Durch Drücken der Alt-Taste werden die Tasten zur Auswahl der Register des Menübands angezeigt.

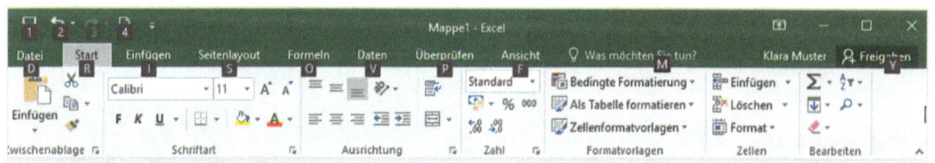

*Bild 1.47 Tasten zur Anzeige der einzelnen Register*

▶ Durch Auswahl eines Registers, z. B. des Registers *Start* mit der Taste R, werden die Tasten zur Auswahl der Registerinhalte angezeigt, z. B. *TS*, zum Einfärben einer Zelle. So blenden Sie beispielsweise mit der Tastenkombination *Alt + F + X* die Gitternetzlinien des Tabellenblatts ein bzw. aus.

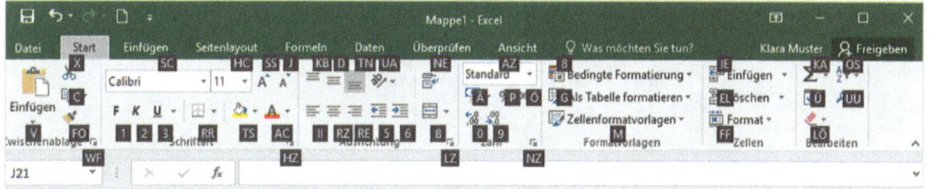

*Bild 1.48 Tasten zum Ausführen einzelner Befehle auf einem Register*

▶ Zum Ausblenden der angezeigten Buchstaben drücken Sie entweder erneut die Alt-Taste oder verwenden die Esc-Taste.

### Weitere Tastenkombinationen (Short-Cuts)

Darüber hinaus gibt es weitere Tastenkombinationen, die zum Teil im Infotext der einzelnen Schaltfläche angezeigt werden und in der Regel die Strg-Taste verwenden. So kann mit **Strg + X** ein Zellinhalt ausgeschnitten werden. Eine Übersicht gängiger Tastenkombinationen finden Sie am Ende dieses Buchs.

*Bild 1.49 Beispiele Tasten-kombinationen*

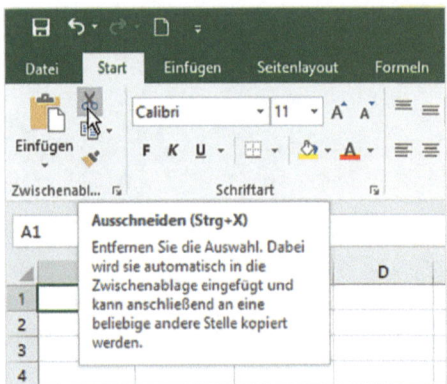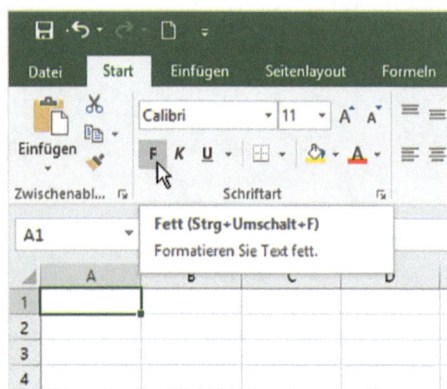

## Schaltflächen im Arbeitsblatt nutzen

### Schaltfläche Einfügeoptionen

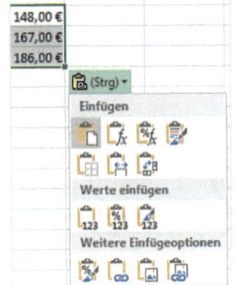

Nach dem Einfügen kopierter Elemente, erscheint im Tabellenblatt die Schaltfläche *Einfügeoptionen*. Zur Anzeige der verfügbaren Optionen klicken Sie auf das Symbol. Die Schaltfläche verschwindet automatisch, wenn eine weitere Eingabe erfolgt oder ein Befehl ausgewählt wird. Wie Sie diese Schaltfläche sinnvoll nutzen erfahren Sie im Verlauf des Buchs.

### Schnellanalysetool

Wenn Sie einen nicht leeren Zellbereich markieren, wird die Schaltfläche *Schnellanalyse* angezeigt. Mit einem Klick auf die Schaltfläche öffnen Sie eine Übersicht verschiedener Bearbeitungsangebote. Durch Anklicken der Register *Formatierung*, *Diagramme*, *Ergebnisse* etc. wechseln Sie zwischen den einzelnen Angebotskategorien.

Bereich markieren

Symbol Schnellanalyse anklicken

gewünschtes Register auswählen

Befehl anklicken

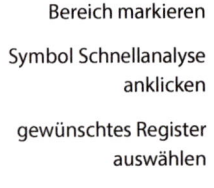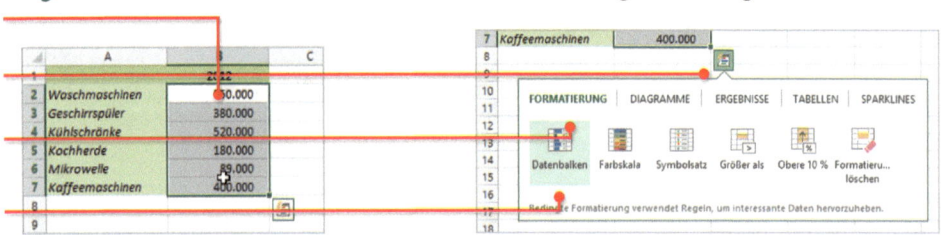

Die Schaltfläche *Schnellanalysetools* bietet Abkürzungen zu Befehlen, die Sie auch im Menüband auswählen könnten. Lernen Sie zunächst in den folgenden Kapiteln die einzelnen Funktionen von Excel kennen und entscheiden Sie dann, ob Sie den Befehl lieber über das Menüband oder die Schnellanalysetools auswählen.

| Register | enthält... | siehe Kapitel... |
|---|---|---|
| FORMATIERUNG | Auswahl bedingter Formatierungen | 6.5 |
| DIAGRAMME | Bietet die wichtigsten Diagrammtypen an | 10 |
| ERGEBNISSE | Häufig benötigte Funktionen werden hier zur Verfügung gestellt | 9.2 |
| TABELLEN | Bereich als Tabelle formatieren | 11.5 |
| SPARKLINES | Minidiagramme erstellen | 10.6 |

## Fingersteuerung per Touchscreen

Neben der klassischen Eingabe mit Maus und Tastatur kann Excel 2016 in Verbindung mit Windows 10 auch mit den Fingern oder einem entsprechenden Stift über einen Touchscreen bedient werden.

### Vorbereitung

▶ Falls nicht schon automatisch geschehen, können Sie unter Windows 10 den Tabletmodus aktivieren. Damit wechseln Sie in eine für die Touchbedienung optimierte Darstellung. Tippen Sie entweder auf das Symbol *Info-Center* in der Taskleiste oder wischen Sie vom rechten Bildschirmrand nach innen und tippen Sie dann auf *Tabletmodus*.

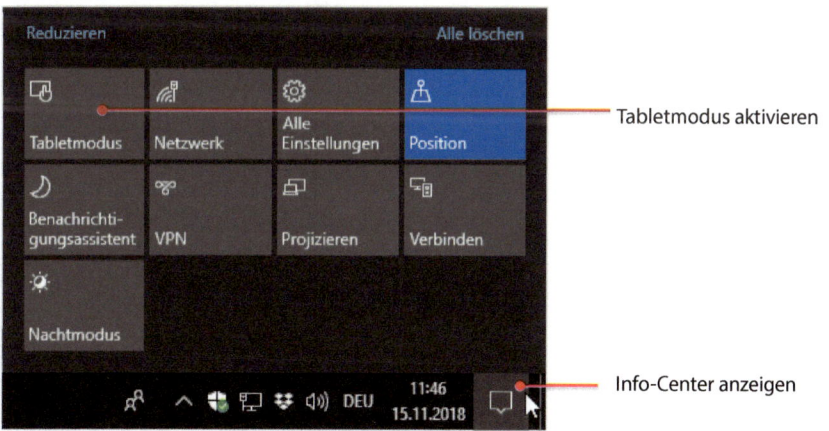

*Bild 1.50 Tabletmodus unter Windows 10*

▶ Zur erleichterten Auswahl von Befehlen mit dem Finger in Excel kann der Platz zwischen den einzelnen Schaltflächen vergrößert werden. Fügen Sie dazu auf der Symbolleiste für den Schnellzugriff das Symbol *Touch-/Mausmodus* hinzu. Tippen Sie den Befehl an und wählen Sie *Fingereingabe* aus.

*Bild 1.51 Fingereingabe in Excel*

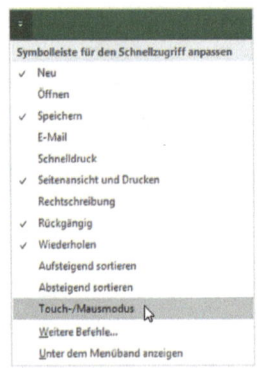

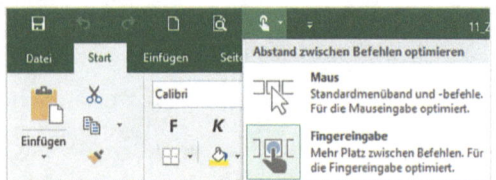

> Der Modus *Fingereingabe* bewirkt auch, dass beispielsweise die Schaltflächen *Füllfarbe*, *Schriftfarbe* und *Summe* (Register *Start*) nicht mehr zweigeteilt sind. Beim Anklicken wird immer eine Dropdown-Liste geöffnet.

### Zellen markieren

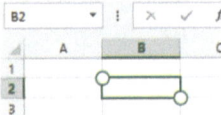

Eine Zelle markieren Sie, indem Sie diese mit dem Finger antippen. Excel zeigt um die Zelle zwei Kreise an. Tippen Sie auf einen Kreis und ziehen Sie mit dem Finger über den Bildschirm, um die Markierung auf einen Zellbereich zu erweitern. Um eine Spalte zu markieren, tippen Sie auf den Spaltenkopf. Die Markierung der Zeile erfolgt analog.

### Zellinhalte bearbeiten

Den Doppelklick führen Sie analog zur Maus mit dem Finger aus. Damit steht der Cursor im Text und Inhalte können gelöscht oder hinzugefügt werden.

### Bildschirmtastatur verwenden

*Bild 1.52 Bildschirmtastatur aufrufen*

Bildschirmtastatur schließen

Tastaturlayout wechseln

Bildschirmtastatur aufrufen

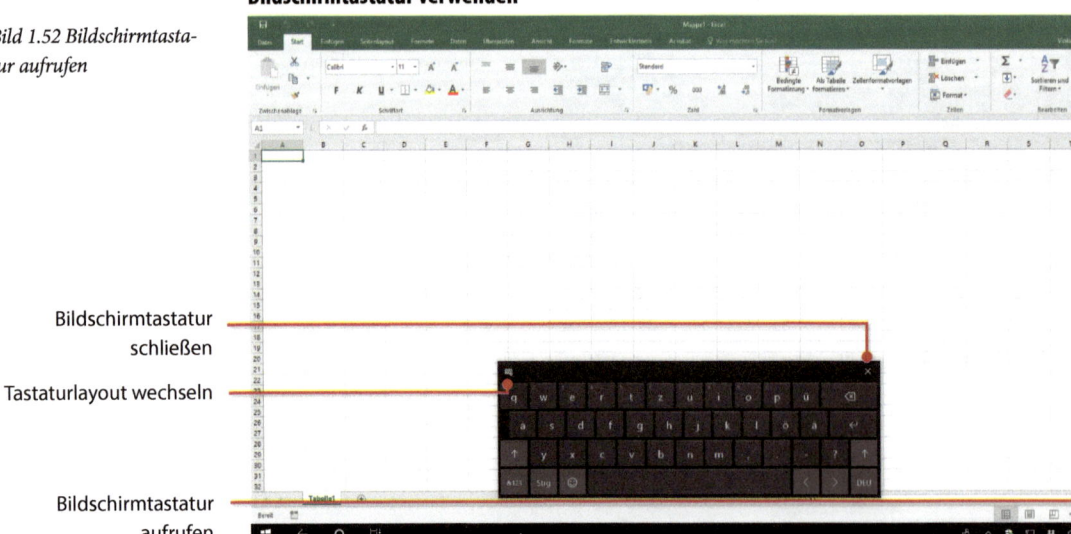

▶ Die Tastatur rufen Sie über das Symbol *Bildschirmtastatur* in der Taskleiste auf. Durch Berührung der Tasten wird der Text in die markierte Zelle in Excel eingefügt. Zur Eingabe von Zahlen muss das Tastaturlayout geändert werden. Klicken Sie auf der Bildschirmtastatur auf die Taste *&123*. Mit derselben Taste gelangen Sie auch wieder zurück.

▶ Die Bildschirmtastatur blenden Sie wieder ab über das *Schließen-Symbol* in der rechten oberen Ecke der Tastatur oder Sie klicken erneut auf das *Tastatursymbol* in der Taskleiste.

▶ Sollte das Tastatursymbol in der Taskleiste nicht angezeigt werden, tippen Sie etwas länger mit dem Finger auf die Taskleiste und wählen dann *Bildschirmtastatur anzeigen* (Schaltfläche) aus.

### Kontextmenü aufrufen und Inhalte löschen

Auch mit den Fingern kann ein Kontextmenü geöffnet werden. Diese wird horizontal angezeigt. Zeigen Sie auf die Zelle und bleiben Sie mit dem Finger darauf, bis das Kontextmenü erscheint. Im Kontextmenü wählen Sie beispielsweise zum Löschen des Zellinhalts *Markierung löschen*.

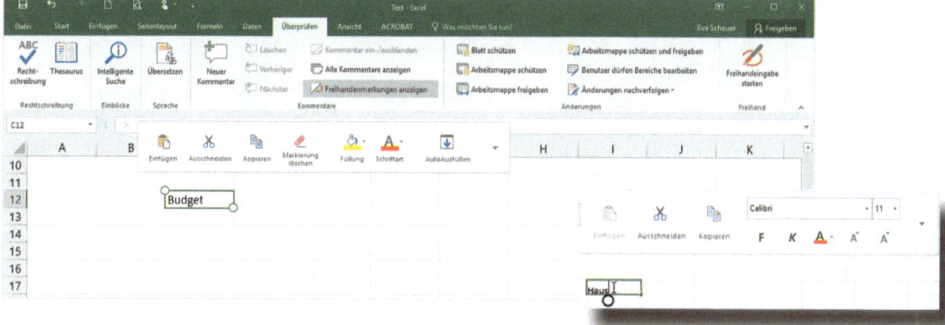

*Bild 1.53 Kontextmenü*

Darstellung Kontextmenü bei Doppelklick auf Zelle

Mit dem Finger können sogar Reihen ausgefüllt werden. Geben Sie z. B. Montag in eine Zelle ein. Tippen Sie die Zelle an und berühren Sie die Zelle bis das Kontextmenü erscheint. Wählen Sie *AutoAusfüllen* aus. Im der rechten unteren Ecke der Zelle erscheint das Symbol *Füllbereich*. Tippen Sie auf das Symbol und ziehen Sie nach unten oder nach rechts.

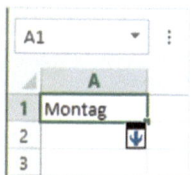

**Notizen:**

.......................................................................................................................

.......................................................................................................................

.......................................................................................................................

.......................................................................................................................

.......................................................................................................................

.......................................................................................................................

.......................................................................................................................

.......................................................................................................................

.......................................................................................................................

.......................................................................................................................

.......................................................................................................................

.......................................................................................................................

.......................................................................................................................

.......................................................................................................................

# 2 Arbeitsmappen erstellen, speichern und öffnen

**In diesem Kapitel lernen Sie...**

- neue Arbeitsmappen erstellen
- Arbeitsmappen speichern und öffnen
- Dateiformate von Excel
- Microsoft Konto verwenden
- OneDrive nutzen

**Das sollten Sie bereits wissen**

- Grundlagen der Dateiverwaltung (Windows)
- Excel-Arbeitsumgebung

## 2.1 Übersicht und Begriffe

Microsoft-Konto

Backstage-Ansicht verlassen

Bereiche Neu, Öffnen, Speichern etc. zur Anzeige der Inhalte anklicken

Integration des Cloud-Speichers OneDrive

Datei als PDF speichern

Bereich Optionen enthält allgemeine Einstellungsmöglichkeiten

Über das Register *Datei* öffnen, erstellen oder speichern Sie Excel-Arbeitsmappen. Mit einem Microsoft-Konto erhalten Sie Zugang zu OneDrive - also zu einem Speicherplatz in der Cloud.

## 2.2 Eine neue Arbeitsmappe erstellen

**Bei Programmstart neue Datei erstellen**

Beim Starten von Excel wird zunächst der Startbildschirm angezeigt. Klicken Sie hier auf *Leere Arbeitsmappe*. Wie Sie eine Vorlage verwenden, haben Sie bereits in Kapitel 1 erfahren.

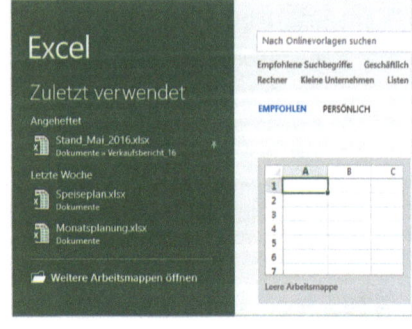

**Eine weitere neue Arbeitsmappe erstellen**

▶ Zum Erstellen einer neuen Arbeitsmappe bei bereits geöffnetem Excel wählen Sie *Datei ▶ Bereich Neu ▶ Leere Arbeitsmappe* durch einen einfachen Klick oder eine andere Vorlage durch Doppelklick aus.

▶ Alternativ kann auch die Symbolleiste für den Schnellzugriff zur Erstellung einer *Leeren Arbeitsmappe* verwendet werden. Fügen Sie dazu den Befehl *Neu* der Symbolleiste hinzu. Wie das geht, lesen Sie auf Seite 37.

▶ Oder Sie drücken die Tastenkombination **Strg + N** um eine neue Arbeitsmappe aufzurufen.

# 2.3 Arbeitsmappen speichern

Beim Speichern einer Arbeitsmappe vergeben Sie einen Namen für die Datei und bestimmen, wo die Arbeitsmappe abgelegt werden soll. Dabei entscheiden Sie, ob die Datei auf der lokalen Festplatte, auf einem angeschlossenen Gerät, z. B. USB-Stick oder auf OneDrive gespeichert wird.

## Der Cloud-Speicher OneDrive

Je nach Office-Version steht Ihnen unter der Bezeichnung *OneDrive* oder *Office 365 SharePoint* zusätzlicher Speicherplatz in der Cloud, genauer gesagt auf einem Microsoft-Server, zur Verfügung. Diesen Speicher können Sie wie eine zusätzliche Festplatte nutzen. In der kostenlosen Standardversion erhalten Sie 5 GB Online-Speicherplatz, der kostenpflichtig erweitert werden kann.

▶ **Vorteil**: Sie haben von jedem PC aus Zugang auf Ihre, auf *OneDrive* gespeicherten, Daten. Die auf OneDrive abgelegten Daten können auch im Webbrowser angezeigt werden. Außerdem können die Arbeitsmappen mit anderen Personen geteilt und gemeinsam bearbeitet werden.

▶ **Nachteil**: Auf einem Cloud-Speicherplatz liegen Ihre Daten außerhalb Ihres direkten Einflussbereichs auf einem Microsoft-Server.

> Um OneDrive verwenden zu können, benötigen Sie ein Microsoft-Konto. Zur Nutzung von Office 365 im Unternehmen erhält jeder Mitarbeiter ein Organisationskonto.

## Mit einem Microsoft-Konto arbeiten

Ob und unter welchem Namen Sie mit einem Microsoft-Konto angemeldet sind, sehen Sie mit einem Blick in die rechte obere Ecke des Excel-Fensters.

*Bild 2.1 Als Viola Baumuster angemeldet*

*Bild 2.2 Nicht angemeldet*

Ist Windows 10 als Betriebssystem auf Ihrem PC installiert und melden Sie sich mit einem Microsoft-Konto am PC an, dann sind Sie damit automatisch auch bei allen Office-Anwendungen angemeldet. Nicht angemeldet sind Sie dagegen, wenn Sie zur Anmeldung am PC ein lokales Konto benutzen.

Um zu sehen, wie Sie an Ihrem Windows 10 Rechner angemeldet sind, öffnen Sie das Startmenü ⊞, klicken oben links auf das Benutzerkonto und auf *Kontoeinstellungen ändern*. Das Bild zeigt, dass Viola Baumuster mit einem Microsoft-Konto angemeldet ist.

*Bild 2.3 Microsoft-Konto*

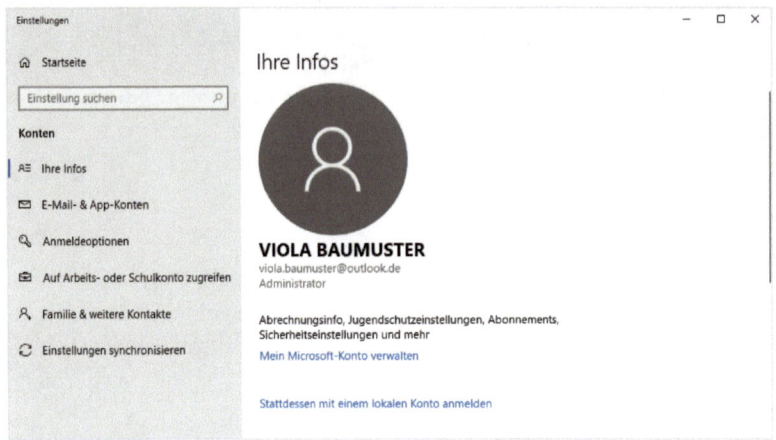

### Ein Microsoft-Konto registrieren

Das Microsoft-Konto besteht aus einer E-Mail-Adresse und dem dazugehörigen Kennwort. Zur Erstellung eines Microsoft-Kontos registrieren Sie sich unter *www.outlook.de*.

Sind Sie bereits bei einem Microsoft E-Mail-Dienst wie z. B. outlook.de, outlook.com oder dem Vorgänger hotmail.com angemeldet, dann verfügen Sie automatisch über ein Microsoft-Konto.

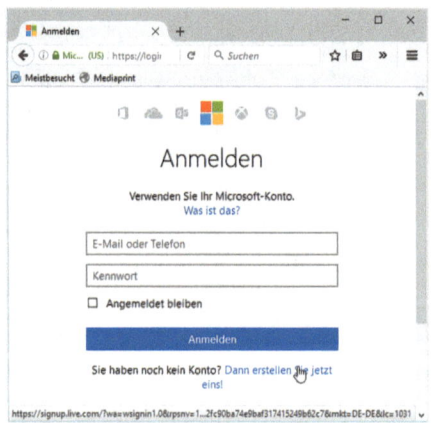

Alternativ registrieren Sie ein Microsoft-Konto wie folgt:

Microsoft-Konto
anmelden

Öffnen Sie Excel und klicken Sie rechts oben auf *Anmelden*. Geben Sie Ihre E-Mail-Adresse ein. Diese kann bei einem beliebigen Anbieter registriert sein. Tippen Sie dann auf *Weiter*. Microsoft erkennt nun, dass mit dieser E-Mail-Adresse noch kein Microsoft-Konto erstellt wurde. Klicken Sie jetzt auf *Registrieren*. Nun wird das Formular für die Erstellung eines Kontos angezeigt. Standardmäßig kann zwischen den Domains outlook.de, outlook.com und hotmail.com gewählt werden. Wenn Sie, wie in unserem Beispiel die E-Mail-Adresse eines anderen E-Mail-Anbieters verwenden möchten, z. B. web.de, dann klicken Sie auf *Sie können auch Ihre Lieblings-E-Mail-Adresse verwenden*.

> Der Vorteil dieser Methode ist, dass Sie hier nicht die von Microsoft angebotenen Domains (outlook.de, outlook.com, hotmail.com) verwenden müssen.

*Bild 2.6 Neues Micro-soft-Konto registrieren*

### Mit einem bestehenden Microsoft-Konto anmelden

Wenn Sie schon über ein Microsoft-Konto verfügen oder sich gerade auf der Webseite registriert haben, dann öffnen Sie Excel und klicken rechts oben auf *Anmelden*. Geben Sie Ihre E-Mail Adresse ein und klicken auf *Weiter*. Im nächsten Fenster geben Sie das dazugehörige Kennwort ein und klicken auf *Anmelden*.

Alternativ wählen Sie im Register *Datei* den Bereich *Konto* und klicken hier auf *Anmelden*.

*Bild 2.7 Mit Micro-soft-Konto anmelden*

Nachdem Sie diese Vorbereitungen nachvollzogen haben, können Excel-Dateien nun auch auf OneDrive gespeichert werden.

**Tipp:** Im Bereich *Konto* können Sie Design und Hintergrund für alle Office-Programme gleichzeitig ändern. Bei *Office-Hintergrund* legen Sie die grafischen Elemente rechts oben auf der Titelleiste fest. Mit *Office-Design* bestimmen Sie die Farbe des Hintergrunds, der Menüleiste und des Registers Datei.

### Excel-Arbeitsmappe speichern

Bevor Sie Excel beenden, sollten Sie nicht vergessen Ihre Daten zu speichern. Beim ersten Speichern der Excel-Arbeitsmappe vergeben Sie einen Dateinamen und legen einen Speicherort fest.

*Alternative: Tastenkombination:*
*Strg + S*

▶  Klicken Sie dazu entweder in der Symbolleiste für den Schnellzugriff auf das Symbol *Speichern* 🖫 oder wählen Sie Register *Datei* ▶ *Speichern* oder *Speichern unter*.

Wurde die Arbeitsmappe noch nicht gespeichert, so zeigt Excel in allen Fällen in der Backstage-Ansicht rechts den Bereich *Speichern unter*. Sie können Ihre Excel Arbeitsmappe nun entweder auf OneDrive (sofern Sie mit einem Microsoft-Konto angemeldet sind) oder in einem Ordner auf Ihrem Computer speichern.

#### Auf der Festplatte des Computers speichern:

Abhängig vom verwendeten Betriebssystem (Windows 7 oder Windows 10) ergeben sich hier kleine Unterschiede in der Darstellung und in den Bezeichnungen. Unter Windows 7 wurde die Festplatte des Rechners als *Computer* bezeichnet, während Windows 10 *Dieser PC* verwendet. Die folgende Darstellung bezieht sich auf einen Rechner mit Windows 10:

**1**  Wählen Sie im Bereich *Speichern unter* zunächst *Dieser PC* aus. Klicken Sie dann rechts den gewünschten Ordner an oder klicken Sie auf die Schaltfläche *Durchsuchen*. In beiden Fällen wird das Dialogfenster *Speichern unter* geöffnet.

**2**  Geben Sie im Feld *Dateiname* einen aussagekräftigen Dateinamen ein und wählen Sie, falls nicht schon geschehen, über den Navigationsbereich auf der linken Seite einen passenden Ordner als Speicherort aus.

Benötigen Sie zum Speichern einen neuen Ordner, dann klicken Sie auf die Schaltfläche *Neuer Ordner*, um diesen zu erstellen.

**3**  Hier kann auch ein Dateityp festgelegt werden. In der Regel verwenden Sie *Excel-Arbeitsmappe*. Mehr zu Dateityp auf Seite 53.

*Bild 2.8 Speichern unter Dieser PC*

**4**  Zuletzt klicken Sie auf die Schaltfläche *Speichern*.

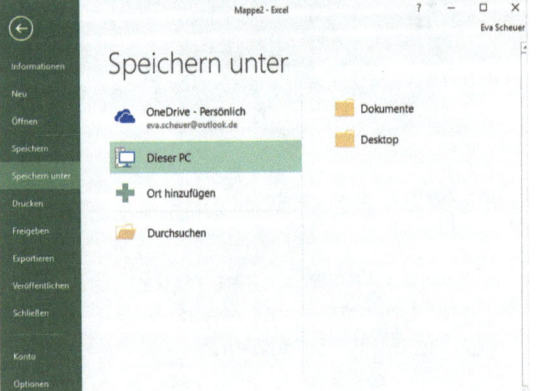
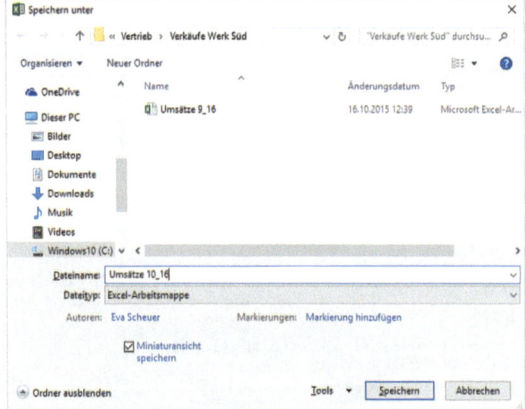

Sollte der Navigationsbereich im Dialogfenster *Speichern unter* nicht sichtbar sein, dann klicken Sie auf die Schaltfläche *Ordner durchsuchen*.

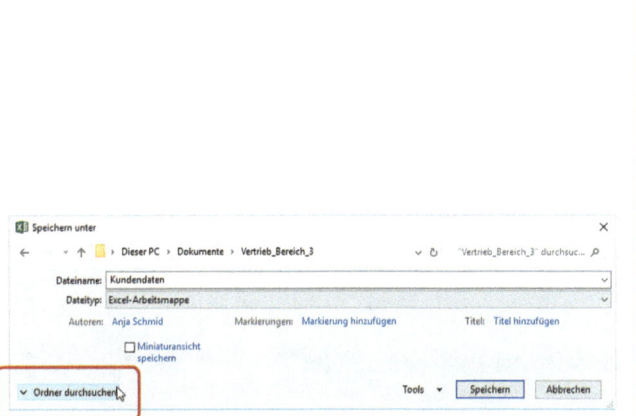
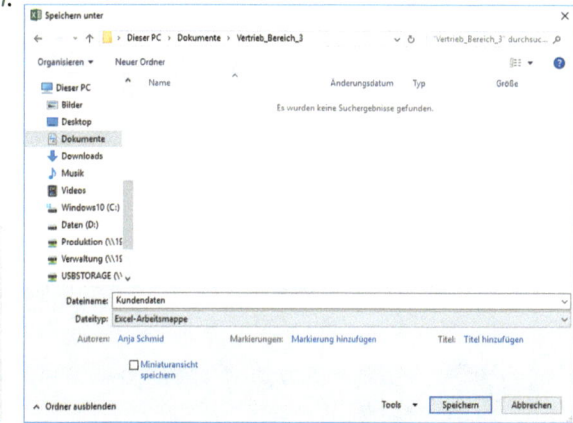

*Bild 2.9 Navigationsbereich links anzeigen*

**Auf OneDrive speichern:**

**1** Wählen Sie *Datei* ▶ *Speichern unter* ▶ *OneDrive - Persönlich* (Links: In der Regel bereits markiert) ▶ *OneDrive - Persönlich (*Rechts).

**2** Das Dialogfenster *Speichern unter* wird angezeigt. OneDrive enthält standardmäßig die Ordner *Bilder* und *Dokumente*.

**3** Vergeben Sie einen Dateinamen und wählen Sie einen der Standardordner als Speicherort aus oder legen Sie einen neuen Ordner an.

*Bild 2.10 Speicher unter OneDrive*

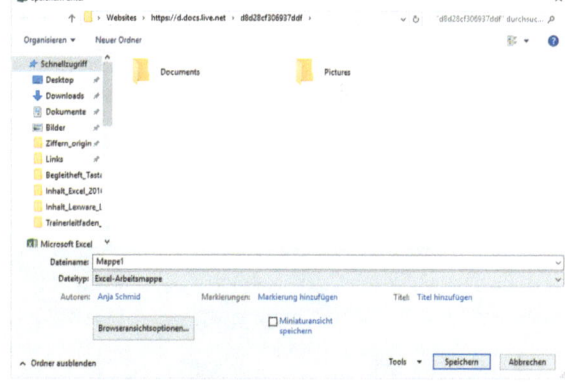

**4** Klicken Sie auf *Speichern*. Dadurch erfolgt automatisch der Upload der Datei auf OneDrive. In der Statusleiste der Excel-Arbeitsmappe wird angezeigt, ob der Upload noch andauert.

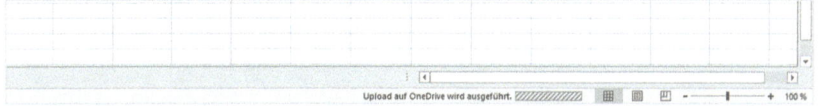

*Bild 2.11 Statusleiste zeigt Upload auf OneDrive*

Der Vorgang des Speicherns in der Cloud kann bei umfangreichen Arbeitsmappen durchaus etwas Zeit in Anspruch nehmen. Sollten Sie an einer derartigen Arbeitsmappe arbeiten, ist es vorteilhaft, die Datei zunächst auf der lokalen Festplatte zu speichern und sie nach Fertigstellung mit *Speichern unter* auf OneDrive zu speichern.

Dateien auf OneDrive können ebenfalls im Browser betrachtet werden. So haben Sie auch von anderen Geräten Zugriff auf Ihre Dateien. Ebenso können Sie anderen Personen den Zugriff auf eine Datei ermöglichen. Lesen Sie dazu mehr in Kapitel 11.

### Der Unterschied zwischen Speichern und Speichern unter

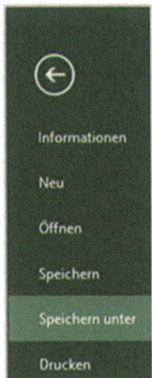

Im Register *Datei* finden Sie sowohl den Bereich *Speichern* als auch den Bereich *Speichern unter*. Der Unterschied zwischen beiden ergibt sich aus der Frage, ob die Datei schon einmal gespeichert wurde:

▶ Wenn Sie eine neue Arbeitsmappe das erste Mal speichern, dann müssen Sie Dateiname und Speicherort festlegen. In diesem Fall können Sie *Speichern* oder *Speichern unter* wählen, Excel öffnet immer den Bereich *Speichern unter* und folglich das Dialogfenster *Speichern unter*.

▶ Ist eine Arbeitsmappe dagegen gespeichert, dann verfügt sie bereits über einen Dateinamen. Dann reicht es aus, Änderungen am Inhalt mit *Speichern* zu sichern.

▶ Möchten Sie die geöffnete und zuvor bereits gespeicherte Arbeitsmappe unter einem anderen Dateinamen oder an einem anderen Speicherort ein weiteres Mal speichern, dann klicken Sie im Register *Datei* auf *Speichern unter* und bestimmen hier einen anderen Dateinamen und/ oder einen anderen Speicherort.

So gehen Sie z. B. vor, wenn Sie eine Datei nicht nur auf der Festplatte speichern möchten, sondern auch noch auf einem USB-Stick: Speichern Sie die Arbeitsmappe zunächst auf der Festplatte. Schließen Sie den USB-Stick an. Klicken Sie dann auf *Datei* ▶ *Speichern unter* ▶ *Durchsuchen* und wählen Sie links im Navigationsbereich das *USB-Laufwerk* (Wechseldatenträger oder Name des Herstellers) aus und klicken Sie dann auf *Speichern*.

*Bild 2.12 Datei auf USB-Stick speichern*

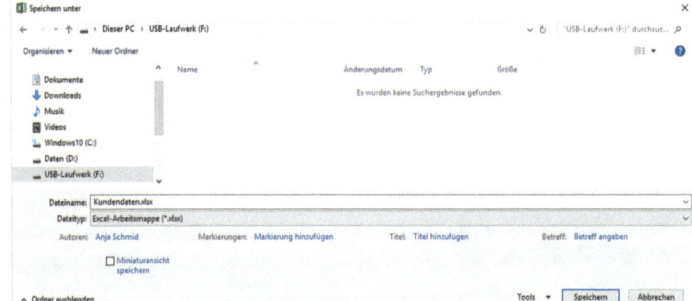

## Die wichtigsten Excel-Dateitypen

### Das Standarddateiformat

Standardmäßig speichert Excel 2016 die Datei als *Excel-Arbeitsmappe* mit der Datei-namenerweiterung *.xlsx*. Dieses Dateiformat wird seit der Version 2007 als Standard-format verwendet.

### Im Dateiformat älterer Versionen speichern

Allerdings können Arbeitsmappen in diesem Format nicht mit älteren Versionen von Excel geöffnet werden. Um sicherzustellen, dass eine Mappe auch mit Excel 2003 ge-öffnet werden kann, müssen Sie beim Speichern den entsprechenden Dateityp aus-wählen: Klicken Sie dazu im Dialogfenster *Speichern unter* unterhalb des Dateinamens auf den Dropdown-Pfeil im Feld *Dateityp* und wählen Sie *Excel 97-2003-Arbeitsmappe*.

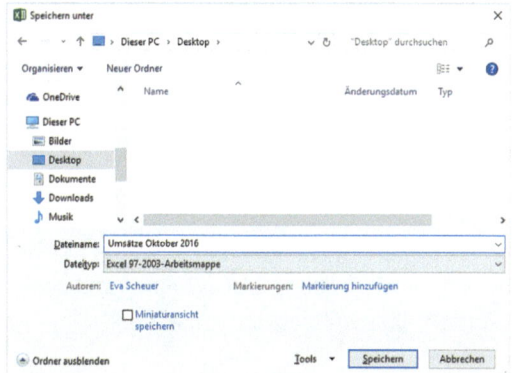
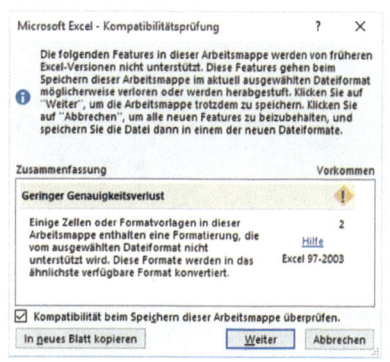

*Bild 2.13 Dialogfenster Speichern unter*

*Bild 2.14 Kompatibilitäts-prüfung*

> Beim Speichern in einem älteren Dateiformat können Informationen verloren gehen, beispielsweise die Designfarben. Während an Ihrem Bildschirm die Far-ben wie gewünscht angezeigt werden, ist die Darstellung in Excel 2003 oder einer noch niedrigeren Version anders.

Falls ein Kompatibilitätsproblem vorliegt, erhalten Sie eine Meldung (siehe Bild 2.14). Klicken Sie in diesem Fall auf *Weiter*, um mit der Speicherung fortzufahren. Die Spei-cherung der Datei in einem anderen Dateiformat visualisiert Excel im Datei-Explorer durch ein anderes Symbol.

*Bild 2.15 Explorer mit zwei verschiedenen Excel-Dateiformaten*

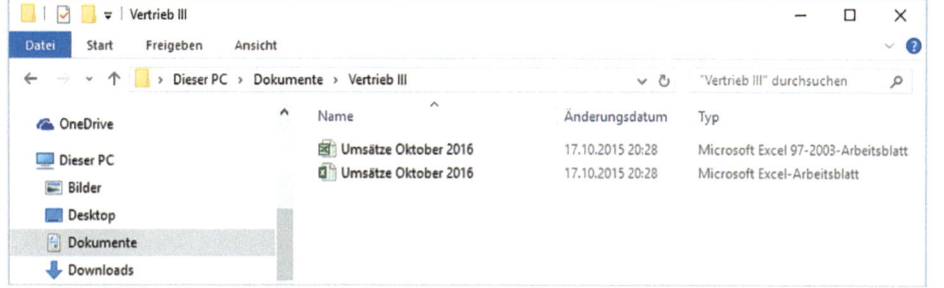

Excel-Arbeitsmappe mit Makros

### Excel Arbeitsmappe mit ausführbarer Datei

Excel Arbeitsmappe mit Makros: In Makros werden häufig wiederkehrende Befehlsfolgen gespeichert und schnell ausgeführt. Die einzelnen Makros sind in der Programmiersprache VBA hinterlegt und können nur ausgeführt werden, wenn die Arbeitsmappe mit dem Dateityp *.xlsm* als *Excel-Arbeitsmappe mit Makros* gespeichert wird.

*Bild 2.16 Dateityp
Excel-Arbeitsmappe mit
Makros*

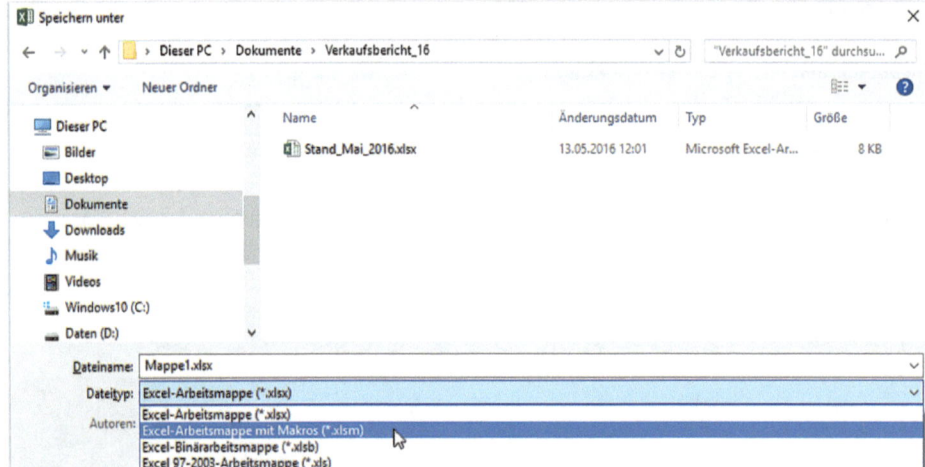

Wird eine solche Datei geöffnet, erhalten Sie in der Regel eine Meldung, dass die Makros zunächst zu Ihrer Sicherheit deaktiviert wurden. Wenn Sie auf *Inhalt aktivieren* klicken, können die Makros ausgeführt werden. Dies sollten Sie nur machen, wenn Sie dem Urheber der Datei vertrauen.

*Bild 2.17 Makros wurden
deaktiviert*

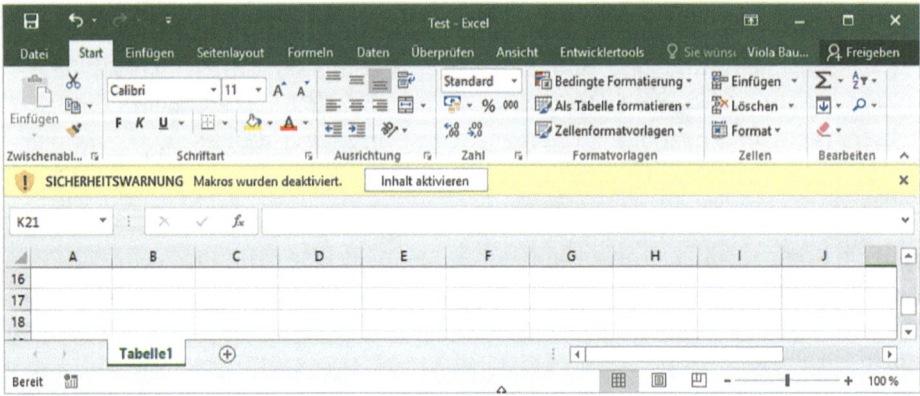

Excel-Vorlage für neue
Arbeitsmappen

### Vorlagen für Excel

Benötigen Sie häufig Tabellen gleichen Aufbaus, z. B. für ein Kassenbuch, kann für diese Zwecke eine Arbeitsmappe mit der Dateinamenerweiterung *.xltx* als Vorlage abgespeichert werden. Mehr zur Erstellung von Vorlagen erfahren Sie im Kapitel 11, Vorlagen und Weitergabe von Arbeitsmappen.

## Excel-Arbeitsmappe als PDF-Datei speichern

Excel 2016 bietet standardmäßig auch das Speichern im PDF-Dateiformat an. Damit werden alle Formate beibehalten und die Datei kann, unabhängig vom Betriebssystem auf allen Computern geöffnet und gelesen werden, vorausgesetzt ein Leseprogramm, wie z. B. der Adobe Reader, ist installiert.

**1** Wählen Sie *Datei* ▶ *Exportieren* ▶ Schaltfläche *PDF/XPS-Dokument erstellen*.

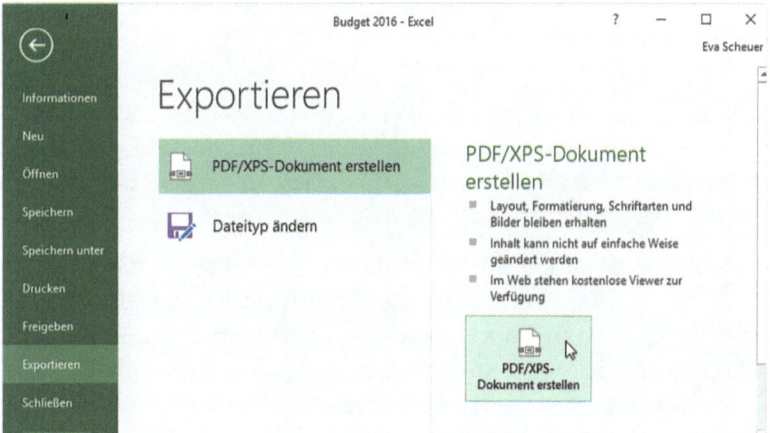

Bild 2.18 PDF erzeugen

**2** Das Dialogfenster *Als PDF oder XPS veröffentlichen* öffnet sich. Geben Sie im Feld *Dateiname* eine Bezeichnung ein und wählen Sie einen Speicherort aus.

**3** Bei *Optimieren für* belassen Sie *Standard* oder wählen *Minimale Größe (Onlineveröffentlichung)* aus. Dadurch wird die Dateigröße reduziert.

**4** Klicken Sie dann auf die Schaltfläche *Veröffentlichen*. Die PDF-Datei wird erstellt und geöffnet. Wenn Sie eine Änderung vornehmen möchten, dann muss dazu die Excel Datei bearbeitet und ein neues PDF erstellt werden.

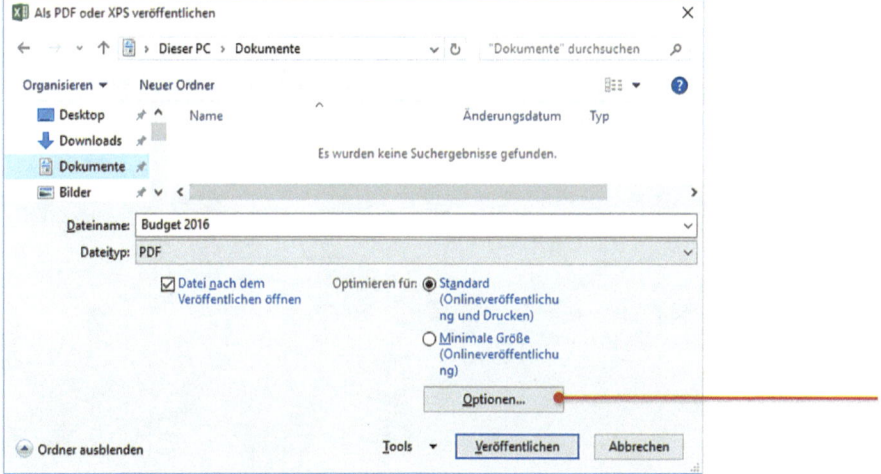

Bild 2.19 PDF speichern

Zur Auswahl bestimmter Seiten, die in ein PDF umgewandelt werden sollen, klicken Sie auf *Optionen*.

### Nicht gespeicherte Mappe wiederherstellen

Excel verfügt über eine Funktion, die während der Arbeit die Arbeitsmappe im Hintergrund in bestimmten Intervallen automatisch speichert. Im Fall eines Programmabsturzes oder wenn Sie versehentlich die Mappe geschlossen haben, ohne zuvor zu speichern, kann beim nächsten Öffnen auf die automatisch gespeicherte Version zurückgegriffen werden.

#### Automatisches Speichern aktivieren

Voraussetzung ist, dass die AutoWiederherstellen-Funktion aktiviert ist. Die Einstellungen dazu finden Sie im Register *Datei* ▶ *Optionen*. Wählen Sie im Dialogfenster *Excel-Optionen* die Kategorie *Speichern*. Achten Sie darauf, dass das Kontrollkästchen *AutoWiederherstellen-Informationen speichern* aktiviert ist. Im Feld dahinter legen Sie das Speicherintervall in Minuten fest.

Die automatische Speicherung erfolgt in eine temporäre Datei, die beim Beenden von Excel wieder gelöscht wird, im Fall eines Programmabsturzes dagegen erhalten bleibt. Damit Sie auf die Datei auch zurückgreifen können, wenn Sie Excel aus Versehen schließen, muss auch das Kontrollkästchen *Beim Schließen ohne Speichern die letzte automatisch gespeicherte Version beibehalten* aktiviert sein.

*Bild 2.20 Automatische Speicherung ist aktiv*

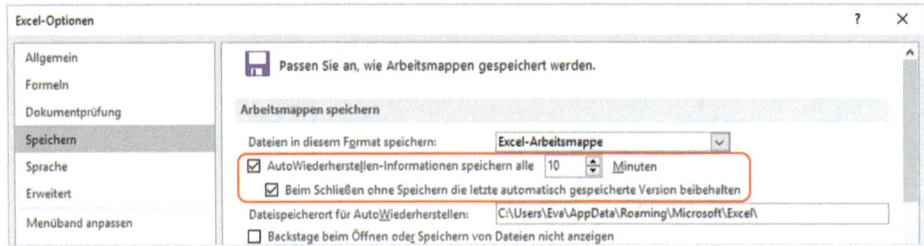

#### Mappe wiederherstellen

*Bild 2.21 Wiederherstellung*

▶ Öffnen Sie das Register *Datei* und wählen Sie, falls nicht schon markiert, den Bereich *Öffnen* aus. Im rechten Bereich unten klicken Sie auf die Schaltfläche *Nicht gespeicherte Arbeitsmappen wiederherstellen* ❶. Das Dialogfenster *Öffnen* wird geöffnet und der Inhalt des Ordners *UnsavedFiles* ❷ angezeigt.

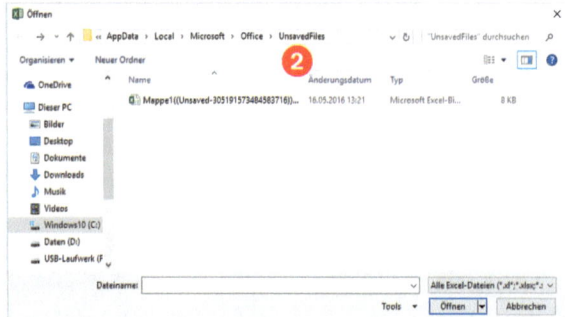

▶ Wählen Sie die Mappe aus, die Sie wiederherstellen möchten und klicken Sie auf *Öffnen*. Oberhalb der Bearbeitungsleiste erscheint eine Infozeile, die Sie daran erinnert, dass die wiederhergestellte Arbeitsmappe nur temporär gespeichert wurde. Sie sollten daher spätestens jetzt die Mappe dauerhaft speichern.

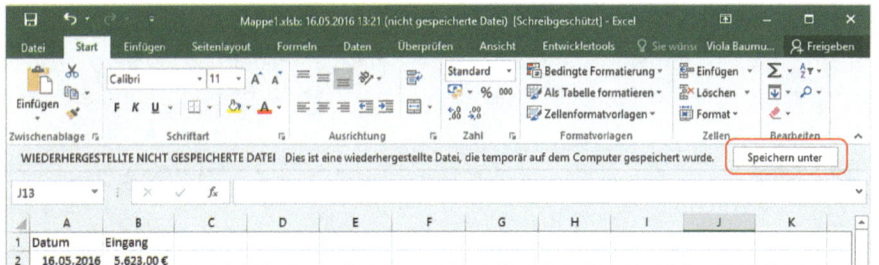

*Bild 2.22 Wiederhergestellte Mappe speichern*

> Wenn Sie eine Arbeitsmappe speichern, dann weiteren Inhalt hinzufügen und beim Schließen der Arbeitsmappe auf die Schaltfläche *Nicht speichern* klicken, ist der hinzugefügte Inhalt verloren und kann auch nicht über die AutoWiederherstellen-Funktion gerettet werden.

## Arbeitsmappe mit einem Kennwort sichern

Kennwörter schützen Arbeitsmappen mit persönlichem oder vertraulichem Inhalt. Vergeben Sie beispielsweise ein Kennwort, wenn die Arbeitsmappe auf einem Netzlaufwerk liegt und Kollegen keinen Einblick in die Datei erhalten sollen.

### Kennwort festlegen

Um die Mappe mit einem Kennwort zu schützen, wählen Sie *Datei* ▶ *Informationen* ▶ Schaltfläche *Arbeitsmappe schützen* ▶ Dropdown-Liste *Mit Kennwort verschlüsseln*. Geben Sie dann in das folgende Fenster ein Kennwort ein, klicken auf *OK* und wiederholen das Kennwort ein zweites Mal. Wie bei allen Kennwörtern wird nach Groß- und Kleinschreibung unterschieden. Wenn Sie das Kennwort vergessen, können natürlich auch Sie die Datei nicht mehr öffnen.

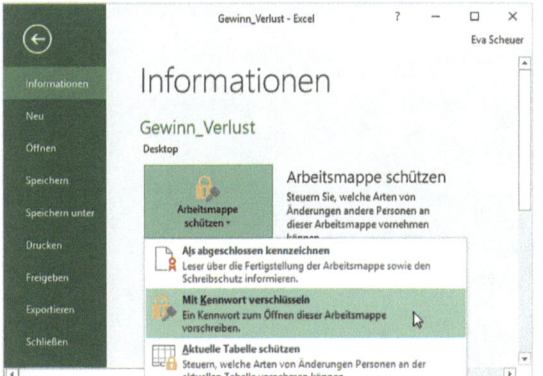
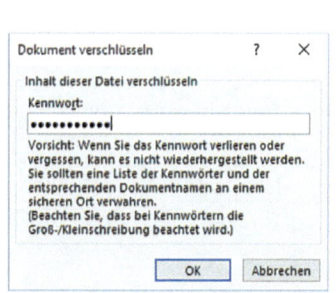

*Bild 2.23 Arbeitsmappe schützen*

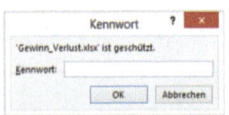

### Kennwortgeschützte Datei öffnen

Beim Öffnen der Datei wird das Kennwort abgefragt. Dann erst wird der Inhalt der Arbeitsmappe angezeigt.

### Kennwort entfernen

Wenn Sie eine kennwortgeschützte Arbeitsmappe wieder freigeben, d.h. das Kennwort entfernen möchten, dann müssen Sie zuerst die Mappe unter Angabe des Kennwortes öffnen. Wählen Sie dann *Datei* ▶ Bereich *Informationen* ▶ Schaltfläche *Arbeitsmappe schützen* ▶ *Mit Kennwort verschlüsseln*. Löschen Sie das Kennwort, bestätigen Sie mit *OK* und speichern Sie die Arbeitsmappe.

Sobald das Kennwort entfernt wurde, verschwindet auch der gelbe Hintergrund im Bereich *Datei - Informationen - Arbeitsmappe schützen*.

*Bild 2.24 Schutz aufheben*

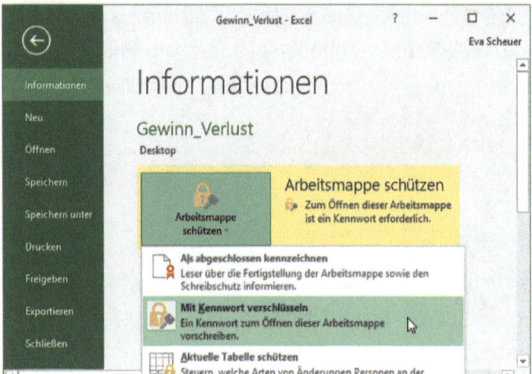
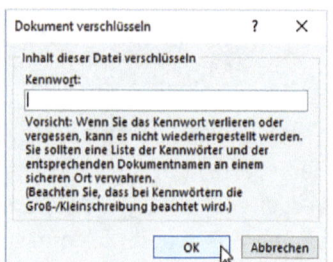

## 2.4 Gespeicherte Arbeitsmappe anzeigen

### Möglichkeiten zum Öffnen von Arbeitsmappen

#### Datei-Explorer

Sicherlich bekannt ist das Arbeiten mit dem Datei-Explorer von Windows (Windows-Explorer) zur Anzeige und Öffnen von Dateien. Sie finden diesen als angeheftetes Programm auf der Taskleiste. Öffnen Sie den Explorer, navigieren Sie zum Speicherort Ihrer Datei und öffnen Sie diese mit einem Doppelklick.

#### OneDrive

Ähnlich öffnen Sie Inhalte von OneDrive. Voraussetzung ist natürlich, dass Sie mit einem Microsoft-Konto angemeldet sind. Unter Windows 10 ist OneDrive Bestandteil des Explorers und wird dort angezeigt. Hier können Sie einen der Ordner auswählen und die Datei mit einem Doppelklick öffnen.

*Bild 2.25 Dateien von OneDrive öffnen*

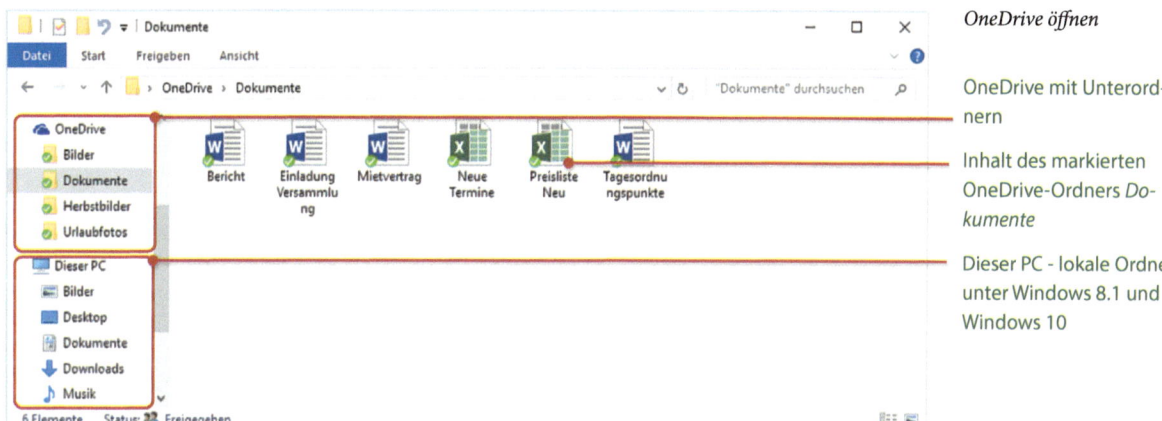

OneDrive mit Unterordnern

Inhalt des markierten OneDrive-Ordners *Dokumente*

Dieser PC - lokale Ordner unter Windows 8.1 und Windows 10

Falls Sie mit Windows 7 arbeiten, ist OneDrive nicht in den Explorer integriert. Dann können Sie sich mit der **OneDrive App** behelfen, die Sie bei Microsoft kostenlos herunterladen können. Nach Öffnen der OneDrive App werden zunächst die OneDrive Ordner abgebildet, deren Inhalte Sie mit einem Klick auf den Ordner anzeigen. Mit einem weiteren Klick öffnen Sie die Excel-Datei.

#### Arbeitsmappe öffnen beim Start von Excel

Wenn Sie Excel starten, erscheint zunächst der Startbildschirm des Programms. Im Bereich *Zuletzt verwendet* werden die Arbeitsmappen angezeigt, die jüngst bearbeitet wurden. Hier sehen Sie sowohl Excel-Dateien, die lokal, als auch auf OneDrive gespeichert wurden. Durch Anklicken öffnen Sie die Datei. Ist die gesuchte Arbeitsmappe nicht dabei, klicken Sie auf *Weitere Arbeitsmappen öffnen*.

*Bild 2.26 Öffnen vom Excel-Startbildschirm*

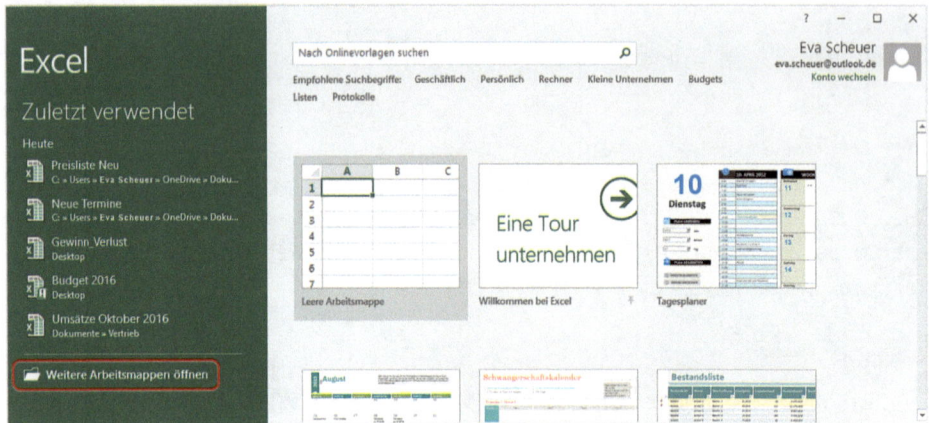

> **Achtung**: Der Bereich *Zuletzt verwendet* kann Arbeitsmappen enthalten, die zwischenzeitlich umbenannt, verschoben oder gelöscht wurden. In diesem Fall erhalten Sie beim Öffnen eine Fehlermeldung.

### Öffnen aus Excel heraus

Um eine Datei aus Excel heraus zu öffnen, wählen Sie *Datei* ▶ Bereich *Öffnen* und klicken *Zuletzt verwendet*, *OneDrive* oder *Dieser PC* (unter Windows 7 *Computer*) an. Bei Auswahl von *OneDrive* oder *Dieser PC* werden die Ordner angezeigt, in denen Sie jüngst gespeichert haben. Über die Schaltfläche *Durchsuchen* wird das Dialogfenster *Öffnen* angezeigt. Hier können Sie zu jedem beliebigen Speicherort navigieren.

*Bild 2.27 Öffnen aus einer Arbeitsmappe*

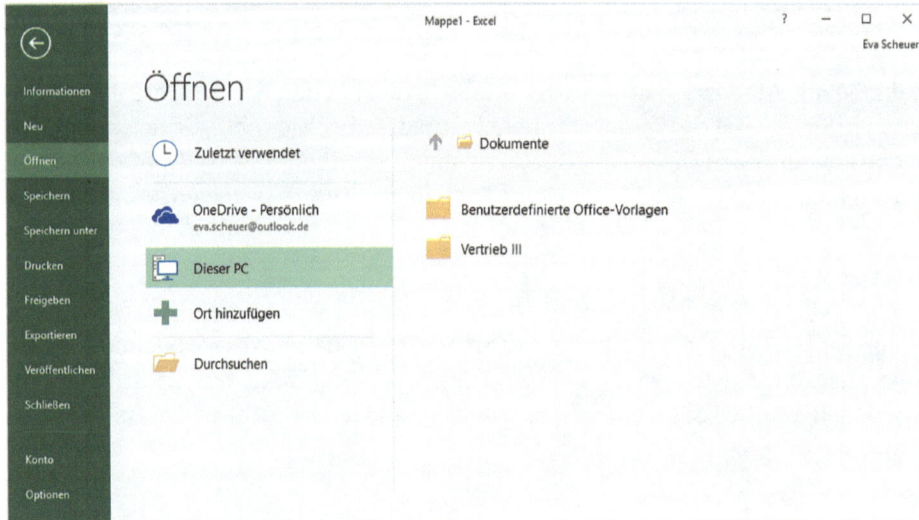

## Kompatibilitätsmodus

Arbeitsmappen mit der Dateinamenerweiterung .xls, die beispielsweise mit Excel 2003 erstellt wurden, werden automatisch im Kompatibilitätsmodus geöffnet. Ein entsprechender Hinweis erscheint in der Titelleiste.

*Bild 2.28 Excel Arbeitsmappe im Kompatibilitätsmodus*

*Bild 2.29 Kompatibilitätsmodus konvertieren*

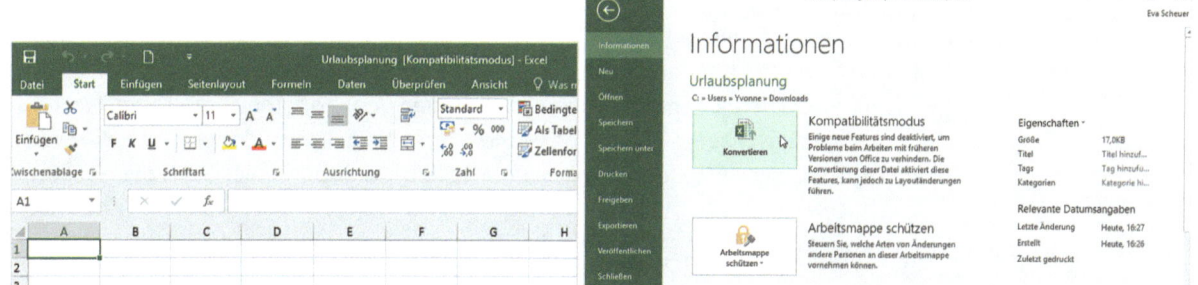

Im Kompatibilitätsmodus stehen nicht alle Funktionen von Excel 2016 zur Verfügung. Um den vollen Funktionsumfang für diese Datei zu nutzen, wählen Sie *Datei* ▶ Bereich *Informationen* ▶ *Konvertieren*. Dadurch wird die Datei in das neue Dateiformat mit der Dateinamenserweiterung .xlsx umgewandelt. Die Umwandlung kann aber zu Veränderungen des Layouts führen. Außerdem kann die Datei nicht mehr mit der Excel Version 2003 oder älter angezeigt werden.

## OneDrive Inhalte im Browser anzeigen

Auch wenn Sie an einem fremden Rechner arbeiten, erhalten Sie Zugriff auf Ihre OneDrive-Dateien. Rufen Sie die Seite *www.onedrive.de* in Microsoft Edge, Google Chrome oder einem anderen Browser auf und melden Sie sich mit den Benutzerinformationen Ihres Microsoft-Kontos an.

*Bild 2.30 Inhalt von OneDrive im Browser anzeigen*

*Bild 2.31 Excel online bearbeiten*

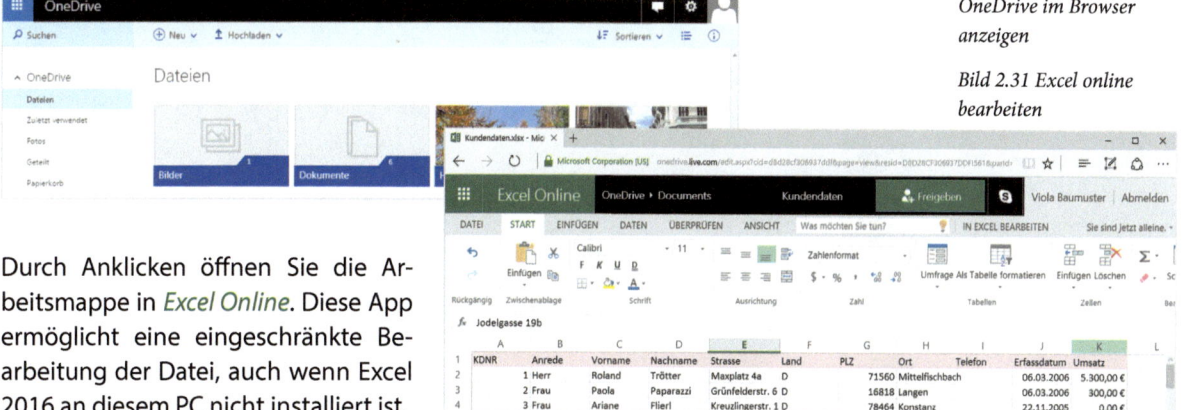

Durch Anklicken öffnen Sie die Arbeitsmappe in *Excel Online*. Diese App ermöglicht eine eingeschränkte Bearbeitung der Datei, auch wenn Excel 2016 an diesem PC nicht installiert ist.

## 2.5    Speichern und Öffnen anpassen

### Datei bzw. Speicherort anheften

Sowohl für das Speichern wie auch für das Öffnen von Dateien ist es von Vorteil, wenn Sie schnell Zugriff auf den gewünschten Speicherort erhalten. Aus diesem Grund werden in beiden Bereichen die in den letzten Tagen verwendeten Ordner und Excel-Dateien angezeigt. Diese Listen sind ständig im Wandel. Aus diesem Grund können wichtige Speicherorte und häufig benötigte Arbeitsmappen hier auch dauerhaft angeheftet werden:

Standardmäßig werden in den Bereichen *Datei* ▶ *Optionen* ▶ *Speichern* bzw. *Datei* ▶ *Optionen* ▶ *Öffnen* maximal 20 Ordner angezeigt, in denen zuletzt gespeichert wurde bzw. 25 Excel-Arbeitsmappen, die kürzlich bearbeitet wurden. Soll eine häufig benötigte Arbeitsmappe bzw. ein nützlicher Speicherort dauerhaft in der Liste aufgeführt sein, dann klicken Sie auf das Pinsymbol. Dieses erscheint, wenn Sie mit der Maus auf eine Datei oder einen Ordner zeigen. Klicken Sie auf das Pinsymbol, um die Arbeitsmappe bzw. den Ordner dauerhaft in der Liste anzuzeigen. Nochmaliges Anklicken löst die Datei oder den Ordner wieder von der Liste.

*Bild 2.32 Dateien anheften bzw. lösen*

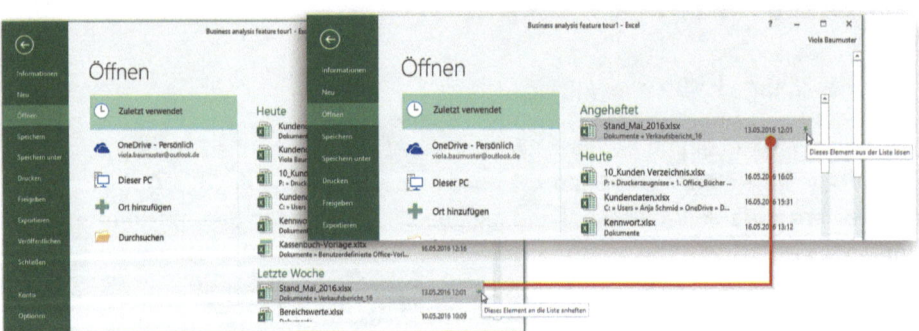

*Bild 2.33 Ordner anheften*

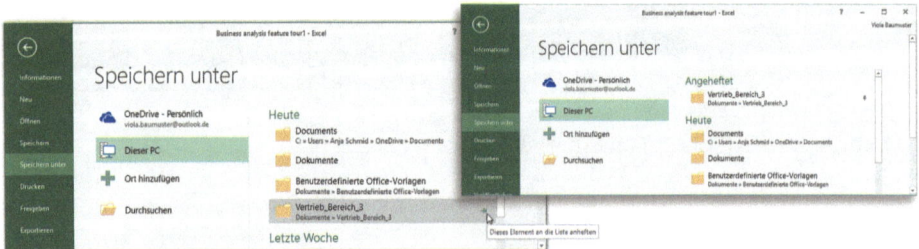

## Beim Start von Excel eine leere Arbeitsmappe anzeigen

Die Anzeige des Startbildschirms und einige Einstellungen zum Speichern können Sie an Ihre Bedürfnisse anpassen. Diese Einstellungen, die für alle Arbeitsmappen Geltung besitzen, nehmen Sie in den *Excel-Optionen* vor.

Wenn Sie dauerhaft auf die Anzeige des Startbildschirms verzichten möchten, wählen Sie *Datei ▶ Optionen ▶ Allgemein* und entfernen Sie bei *Startoptionen* das Häkchen vor *Startbildschirm beim Start dieser Anwendung anzeigen*. Ab jetzt öffnet Excel beim Start automatisch eine leere Arbeitsmappe. Vorlagen erhalten Sie nur noch über das Register *Datei - Neu*.

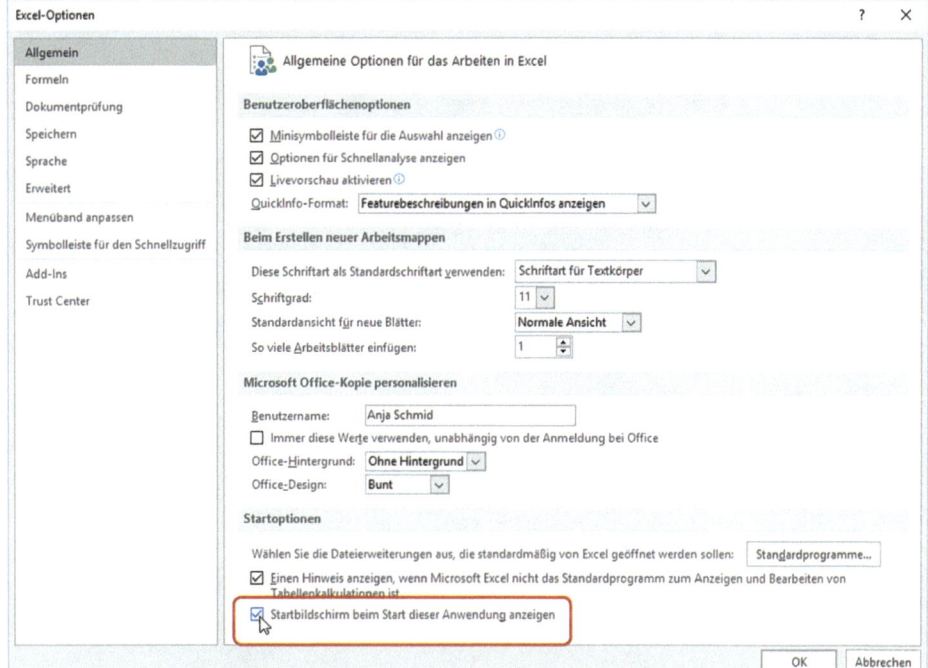

*Bild 2.34 Startbildschirm deaktivieren*

## Speichereinstellungen und Standardspeicherorte

Wählen Sie *Datei ▶ Optionen ▶ Speichern*.

1   Beim Speichern kann sofort das Dialogfenster *Speichern unter* angezeigt werden. Setzen Sie dazu ein Häkchen bei *Backstage beim Öffnen oder Speichern von Dateien nicht anzeigen* ❶ (siehe Bild nächste Seite).

2   Bei Verwendung eines Microsoft-Kontos ist als Speicherort im Bereich *Speichern unter* OneDrive markiert. Soll hier standardmäßig *Dieser PC* angeboten werden, dann setzen Sie ein Häkchen bei *Standardmäßig auf Computer speichern* ❷.

Falls Sie mit Windows 7 arbeiten, wird die lokale Festplatte bzw. werden lokale Speicherorte nicht unter *Dieser PC* sondern unter der Bezeichnung *Computer* zusammengefasst.

**3**    Im Feld *Lokaler Standardspeicherort für Datei:* können Sie bei Bedarf den Pfad zu dem Ordner eingeben, in den Sie meistens speichern ❸. Dieser erscheint dann beim Speichern automatisch statt des Ordners Dokumente.

*Bild 2.35 Speichereinstellungen anpassen*

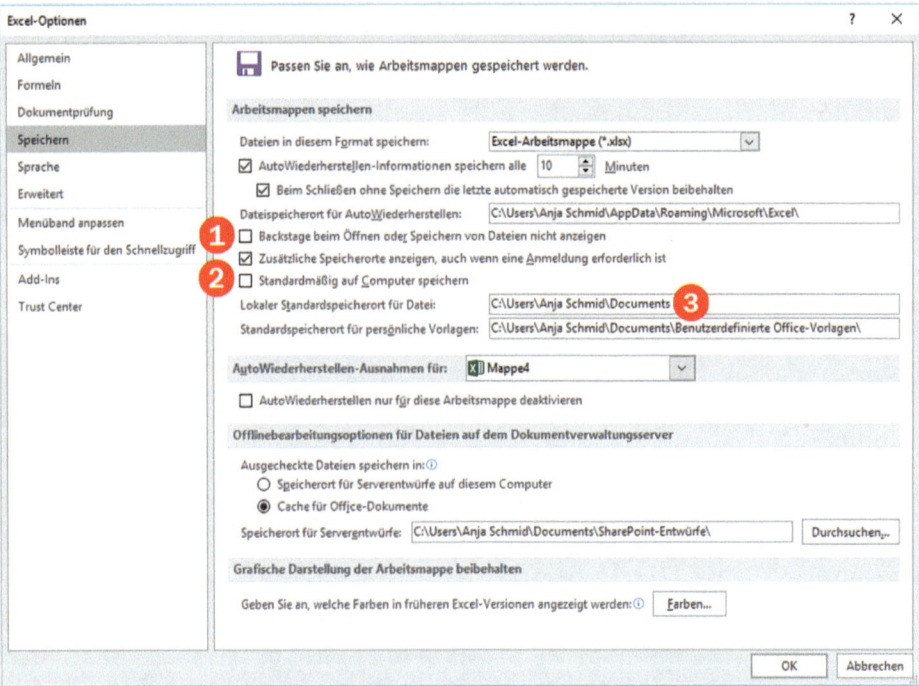

# 3 Daten in Tabellen eingeben

**In diesem Kapitel lernen Sie...**

- Text, Zahlen und Datum eingeben
- Zellinhalte löschen oder überschreiben
- Nachträgliche Korrekturen
- Das Aussehen von Zahlen und Datumswerten mit Formaten ändern
- Umgang mit Prozentzahlen
- Reihen ausfüllen
- Zellinhalte trennen und zusammenfügen

**Das sollten Sie bereits wissen**

- Excel Arbeitsumgebung und Befehleingabe

## 3.1    Übersicht und Begriffe

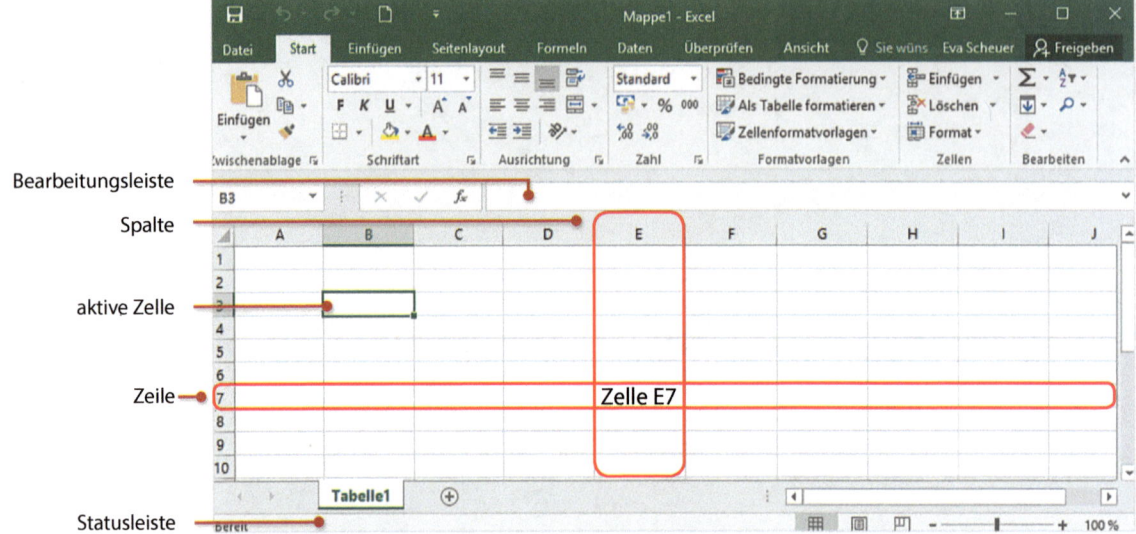

Vor der Eingabe bzw. dem Anlegen einer Tabelle sollten Sie überlegen, wie die Tabelle aufgebaut sein soll und welche Spalten Sie benötigen. Beachten Sie dabei nach Möglichkeit die folgenden Grundregeln:

Siehe Kapitel 6.

▶   Eine Tabelle kann in jeder beliebigen Zeile und Spalte beginnen, die Ausrichtung auf einer Druckseite können Sie gesondert vornehmen.

▶   Innerhalb von zusammenhängenden Tabellenbereichen sollten Sie leere Zeilen und Spalten vermeiden. Die Funktionalität weiterführender Bearbeitungsmöglichkeiten (Diagramme, Sortierung, Filterung etc.) wird dadurch beeinträchtigt.

▶   Wenn Sie zur Visualisierung oder besseren Lesbarkeit Abstände benötigen, erhöhen Sie die Spaltenbreite oder die Zeilenhöhe. Dazu mehr in Punkt 3.2.

## 3.2    Daten eingeben

### Zelle auswählen und Eingabe übernehmen

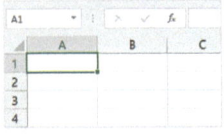

In einer neuen Arbeitsmappe steht Ihnen zur Eingabe zunächst ein Tabellenblatt zur Verfügung. Dieses ist aufgeteilt in Spalten (A, B, C...) und Zeilen (1, 2, 3...). Die kleinste abgeschlossene Einheit des Tabellenblatts ist die Zelle, die durch eine Buchstaben-Zahl-Kombination genau bezeichnet ist, z. B. A1oder E7. Die Eingabe erfolgt immer in der markierten Zelle. Beim Öffnen einer neuen Arbeitsmappe ist standardmäßig die erste Zelle markiert. Sie erkennen diese am grünen Markierungsrahmen. Diese Zelle wird als **aktive Zelle** bezeichnet.

Zum Markieren einer anderen Zelle genügt ein einfacher Mausklick auf die Zelle. Wenn im Tabellenblatt der **Mauszeiger** als **weißes Kreuz** ⊕ dargestellt wird, dann können Sie mit einem Mausklick eine Zelle oder einen Zellbereich markieren.

Zellen markieren siehe auch Kapitel 4.2.

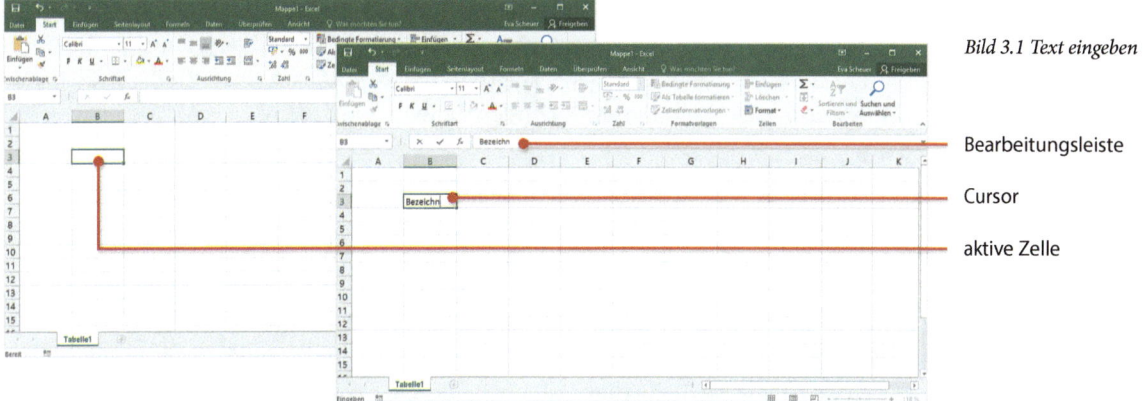

*Bild 3.1 Text eingeben*

Bearbeitungsleiste

Cursor

aktive Zelle

Nach Eingabe des ersten Zeichens wird in der Zelle auch der Cursor (Einfügemarke) sichtbar, gleichzeitig erscheint der eingegebene Text in der **Bearbeitungsleiste** darüber. Sie müssen bei der Eingabe keine Rücksicht auf die Spaltenbreite nehmen, da diese jederzeit angepasst werden kann.

Die Bearbeitungsleiste zeigt nur den Inhalt der markierten Zelle an. Hier erscheint auch der vollständige Inhalt, für den Fall, dass er im Tabellenblatt abgeschnitten sein sollte.

**Eingabe bestätigen bzw. abbrechen**

▶ In der Bearbeitungsleiste finden Sie zwei Schaltflächen, mit denen Sie die Eingabe abschließen ✓ oder abbrechen ✕ können.

▶ Oder drücken Sie die Enter-Taste (Eingabe- oder Return-Taste), um den eingegebenen Inhalt zu bestätigen.

| | |
|---|---|
| **Enter-Taste** | Markiert standardmäßig die Zelle unterhalb; diese Einstellung kann geändert werden. |
| **Tab- (Tabulator-) Taste** | Die Zelle rechts von der aktiven Zelle wird markiert. |
| **Esc (Escape)** | Abbrechen - die Eingabe wird nicht übernommen. |

Die Eingabe wird ebenfalls abgeschlossen, wenn Sie eine andere Zelle markieren. Bei der Eingabe von Formeln verändert diese Vorgehensweise allerdings die Formel nochmals und führt zu einem falschen Ergebnis. Wenn Sie Excel erlernen, sollten Sie besser auf diese Methode verzichten.

**Tipps zur schnellen Eingabe**

▷ **Mit der Tab-Taste**

Häufig erfolgt die Eingabe in Tabellen zeilenweise. Dann können Sie die Eingabe vereinfachen, indem Sie innerhalb der Zeile die Eingabe jeweils mit der Tab-Taste abschließen und somit gleichzeitig die Zelle rechts markieren. Drücken Sie dann am Ende der Zeile die Enter-Taste, so markiert Excel automatisch die Zelle in der ersten Spalte der darunterliegenden Zeile.

▷ **Durch Markierung**

Markieren Sie mit gedrückter linker Maustaste zuerst den Tabellenbereich, indem die Eingabe erfolgen soll, z. B. Bereich von A3 bis C7. Dann beginnen Sie mit der Eingabe.

- Verwenden Sie die Tab-Taste, um den markierten Bereich zeilenweise zu durchlaufen.
- Mit der Enter-Taste durchlaufen Sie den Bereich spaltenweise.

Am Ende der Markierung gelangen Sie automatisch in die nächste Zeile bzw. Spalte.

*Bild 3.2 Bereich markieren*

Lesen Sie mehr zum Thema Markierung eines Bereichs in Kapitel 4.2.

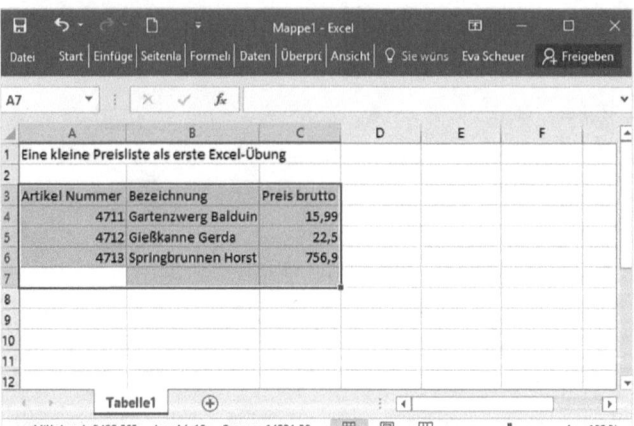

## Text und Zahlen eingeben

Excel unterscheidet bei der Eingabe zwischen Text und Zahlen:

▷ Als **Text** wird von Excel jede beliebige Kombination aus Buchstaben, Zahlen oder Sonderzeichen interpretiert, z. B. Hauptstr. 4 oder § 823 etc. Text erscheint wie eingegeben und wird automatisch in der Zelle **linksbündig** ausgerichtet.

▷ Bei der Eingabe von Zahlen verwenden Sie nach deutschen Vorgaben als Dezimaltrennzeichen das Komma und als Tausendertrennzeichen den Punkt. In den USA gilt eine andere Schreibweise. Aus diesem Grund ist die Verwendung von Punkt und Komma bei der Eingabe von Zahlen standardmäßig abhängig von den Einstellungen Ihres Windows-Betriebssystems bei *Region und Sprache*.

▶ Da spätere Berechnungen nur mit gültigen Zahlen möglich sind, sollten Sie berücksichtigen, dass bei der Eingabe von Zahlen ausschließlich die folgenden Zeichen zulässig sind.

| | |
|---|---|
| Ziffern von 0 bis 9 | 299 |
| Vorzeichen + - | -100 |
| Komma als Dezimalzeichen | 45,99 |
| Punkt als Tausendertrennzeichen* | 1.000.000 |
| Klammern | -(20) |
| Prozentzeichen* | 15% |

* Diese Zeichen können auch über ein Zahlenformat zugewiesen werden.

▶ **Zahlen** werden in Excel **rechtsbündig** angezeigt. Wird eine Zahl in der Zelle linksbündig dargestellt, dann handelt es sich eigentlich um Text und Sie können mit dieser Zahl keine Berechnungen vornehmen.

▶ Die unterschiedliche Ausrichtung von Text und Zahlen in der Zelle hilft, Fehler zu vermeiden.

▶ Geben Sie Text und Zahlen nicht zusammen in eine einzige Zelle ein, wenn Sie die Zahlen später in Formeln verwenden möchten, z. B. interpretiert Excel die Eingabe *20 kg* als Text.

▶ Geben Sie Zahlen so einfach wie möglich ein. So vermeiden Sie Fehler und sind schneller. Die Zahl 7.500,55 € wird in Excel als 7500,55 eingetippt. Das Tausendertrennzeichen und das Eurozeichen werden später als Format hinzugefügt.

▶ Eine Führungsnull, z. B. 0815, wird von Excel bei der Eingabe in 815 abgeändert. Zur Anzeige der Null muss die Zahl als Text eingegeben werden.

▶ Nachkommastellen mit Nullen, z. B. 12,50 verwandelt Excel in 12,5. Die Anzeige der Dezimalstellen steuern Sie über eine Formatierung.

**1** Die Eingabe wird nicht als Zahl erkannt, da anstelle eines Kommas ein Punkt eingegeben wurde.

**2** Hier stehen Zahlen und Text in einer Zeile; erst durch die Trennung kann mit der Zahl gerechnet werden.

**3** Auch bei ,-- handelt es sich um Text, der keine Berechnung zulässt.

## Was Sie bei der Eingabe von Datum und Uhrzeit beachten sollten

Auch Datum und Uhrzeit werden von Excel wie Zahlen behandelt, d.h. sie werden automatisch rechtsbündig ausgerichtet und können später für Berechnungen herangezogen werden. Beachten Sie, dass Excel erst Datumswerte ab dem 01.01.1900 als Datum erkennt, ein früheres Datum wird als Text behandelt.

▶ Zur Anzeige von Datumswerten verwendet Excel standardmäßig den Punkt als Trennzeichen. Eine Eingabe, wie z. B. 3.12.16 wird von Excel automatisch als Datum erkannt und die Zelle mit dem Datumsformat versehen. Für die Eingabe von Datumswerten können alternativ auch der Schrägstrich / oder der Bindestrich - als Trennzeichen verwendet werden.

**Achtung**: Wenn bei der Eingabe einer Dezimalzahl versehentlich statt des Kommas ein Punkt eingegeben wurde, wandelt Excel Ihre Zahl häufig in ein Datum um. Abhilfe schafft in solchen Fällen das Löschen des Formats, siehe weiter unten.

▶ Bei der Eingabe von Uhrzeiten verwenden Sie den Doppelpunkt.

> Nützliche Tastenkombinationen: **Strg + Punkt** (.) fügt das aktuelle Datum ein und **Strg + Umschalt + Punkt** (.) fügt die aktuelle Uhrzeit ein.

Bei der Eingabe sind folgende Schreibweisen zulässig:

| Eingabe | Ergebnis |
|---------|----------|
| 1.1.8 | 01.01.2008 |
| 5.6 | 05. Jun<br>des aktuellen Jahres; dieses wird zunächst nur in der Bearbeitungsleiste angezeigt, kann aber im Tabellenblatt umformatiert werden |
| 22-2-11 | 22.02.2011 |
| 1/1/80 | 01.01.1980 |
| 14:3 | 14:03 |
| 17: | 17:00 |

> Excel interpretiert zweistellige Jahresangaben zwischen 00 und 29 als die Jahre 2000 bis 2029. Alle Jahreszahlen vor 1930 müssen daher unbedingt bei der Eingabe vierstellig eingegeben werden!

Datumsformate siehe Punkt 3.3.

Unabhängig von der Schreibweise bei der Eingabe zeigt Excel Datum und Uhrzeit zunächst immer in der Standard-Schreibweise an. Diese kann später über eine entsprechende Formatierung geändert werden.

## Spaltenbreite an den Zellinhalt anpassen

Reicht die Spaltenbreite zur vollständigen Anzeige nicht aus, so wird Text nur dann ganz angezeigt, wenn die rechts angrenzende Zelle leer ist. Andernfalls erscheint der Text zunächst abgeschnitten und wird erst wieder vollständig angezeigt, wenn Sie die Spaltenbreite entsprechend anpassen. In der Bearbeitungsleiste sehen Sie immer den kompletten Text.

Zahlen und Datumswerte werden im Gegensatz zum Text nicht abgeschnitten. Wenn die Zelle zu klein für die vollständige Anzeige ist, werden sehr große Zahlen in Exponentialschreibweise angezeigt und Dezimalzahlen automatisch gerundet. In einigen Fällen erscheinen anstelle der Zahl auch Platzhalterzeichen (####). Die ursprünglich eingegebene Zahl bleibt in jedem Fall erhalten. Markieren Sie die Zellen und werfen Sie einen Blick in die Bearbeitungsleiste.

> Zum schnellen Verbreitern einer Spalte ziehen Sie einfach mit gedrückter Maustaste im Bereich der Spaltenköpfe die rechte Trennlinie der Spalte nach rechts.

*Näheres zum Anpassen von Spaltenbreite und Zeilenhöhe siehe Kapitel 4.3.*

*Bild 3.3 Anzeige von Zahlen und Text*

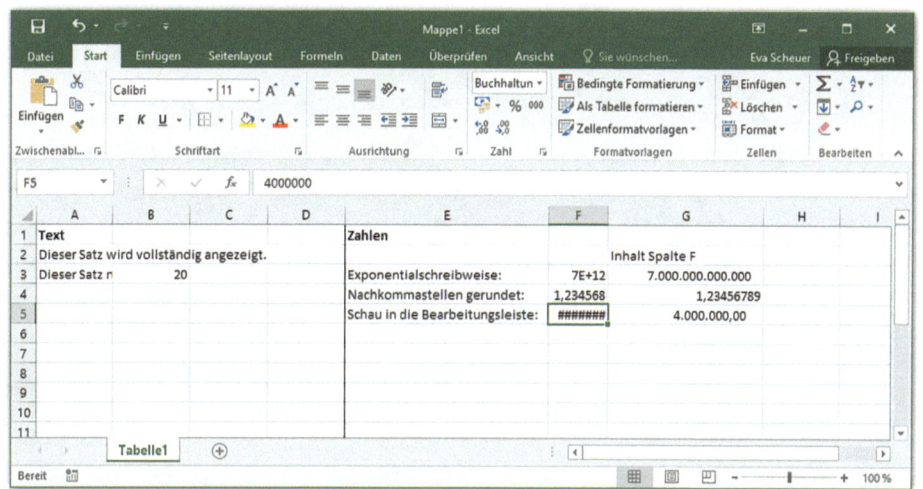

## Zellinhalte nachträglich ändern

▶ **Überschreiben**
Um den Inhalt einer Zelle zu überschreiben, markieren Sie die Zelle, geben den neuen Wert ein und übernehmen die Eingabe mit der Enter- oder der Tab-Taste. Damit wird der Inhalt der Zelle automatisch überschrieben.

▶ **Zellinhalte ändern**
Sollen einzelne Zeichen des Inhalts korrigiert und nicht ersetzt werden, dann...
▪ markieren Sie die Zelle. Klicken Sie in die **Bearbeitungsleiste** und nehmen Sie hier Ihre Änderungen vor

- oder markieren Sie die Zelle und drücken Sie die Funktionstaste **F2**.
- oder klicken Sie *doppelt* auf die Zelle.

Mit jeder der drei Methoden wechseln Sie in den Bearbeiten-Modus: Der Cursor wird in der Zelle angezeigt, siehe Bild 3.4 unten, und Excel verhält sich ähnlich wie eine Textverarbeitung. Jetzt verwenden Sie die Maus oder die Pfeiltasten, um den Cursor innerhalb der Zelle zu bewegen. Sie fügen Zeichen an der Cursorposition ein oder entfernen diese mit der Löschen- bzw. Entf-Taste, auch das Markieren einzelner Zeichen mit gedrückter Maustaste ist möglich.

**Diese Tasten können Sie zur nachträglichen Korrektur verwenden:**

Pos1, Ende und die Pfeiltasten verwenden Sie außerhalb des Bearbeiten-Modus zur Navigation im Tabellenblatt.

| Taste | Beschreibung |
|---|---|
| Pos1 | Setzt den Cursor an den Anfang des Zellinhalts. |
| Ende | Setzt den Cursor an das Ende des Zellinhalts. |
| Pfeiltasten rechts / links | Bewegt den Cursor um ein Zeichen nach rechts / links. |
| Löschen-Taste | Löscht Zeichen links vom Cursor. |
| Entf- (Del-) Taste | Löscht Zeichen rechts vom Cursor. |

**Hinweis**: Ob Sie sich gerade im Bearbeiten-Modus befinden, sehen Sie auch an der Information *Bearbeiten* in der Statusleiste (Bild unten). In diesem Modus sind auch die meisten Befehle im Menüband deaktiviert. Sie müssen daher den Modus zuerst beenden, bevor Sie weiterarbeiten können. Sie verlassen den Bearbeiten-Modus so, wie Sie auch die Eingabe abschließen, mit der Enter-Taste.

*Bild 3.4 Zellinhalt im Bearbeitungs-Modus korrigieren*

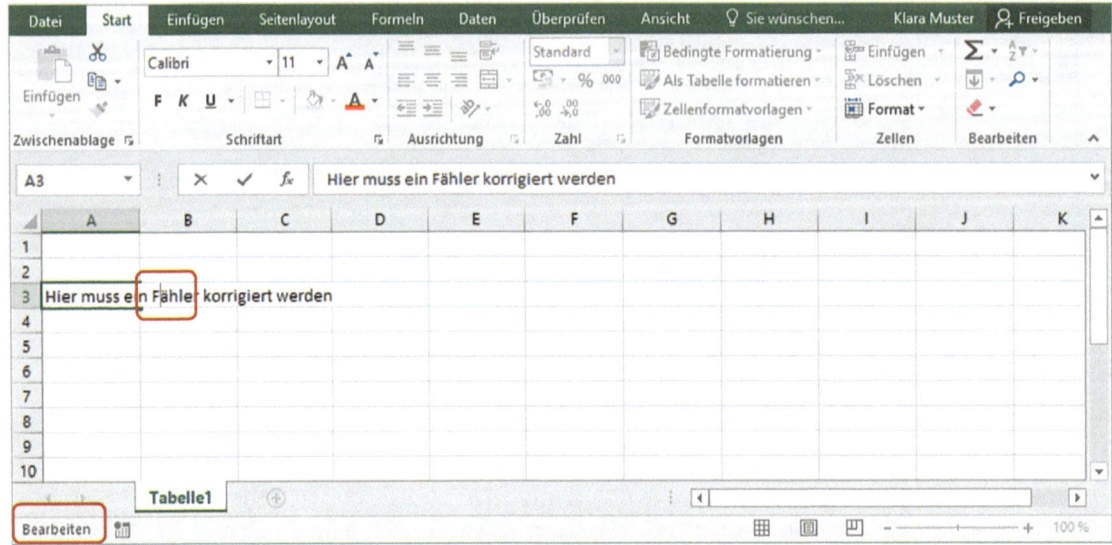

## Zellinhalte/Formate löschen

Um den gesamten Inhalt einer Zelle zu löschen, markieren Sie die Zelle und verwenden die **Entf-Taste**.

> **Achtung:** Die Entf-Taste löscht ausschließlich den Inhalt der markierten Zellen, die Formatierung bleibt erhalten!

**Beispiel**: Sie haben in eine Zelle ein Datum eingegeben, möchten aber jetzt anstelle des Datums eine Zahl eingeben. Nach der Eingabe erscheint immer wieder ein Datum, auch wenn Sie das Datum zuvor mit der Entf-Taste gelöscht haben, z. B. Eingabe der Zahl 5, Anzeige des Datums 05.01.1900.

Die Ursache: Hier wurde durch die Eingabe eines Datums gleichzeitig automatisch ein Datumsformat festgelegt. Ein Format lässt sich mit der Entf-Taste nicht löschen. In diesem Fall gehen Sie so vor:

### Formate löschen

1  Markieren Sie die Zelle durch Anklicken. Die Zelle erhält einen grünen Markierungsrahmen.

2  Klicken Sie im Register *Start*, Gruppe *Bearbeiten*, auf die Schaltfläche *Löschen*.

3  Wählen Sie anschließend *Formate löschen* (das Datumsformat wird aus der Zelle entfernt), *Inhalte löschen* (Alternative zur Verwendung der Entf-Taste) oder *Alle löschen* (Inhalte und Formate) aus.

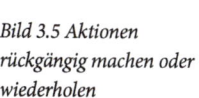

## Befehle rückgängig machen

Aktionen wie Eingeben, Löschen oder nachträgliche Korrekturen können Sie anschließend wieder rückgängig machen. Das Symbol dazu finden Sie in der Symbolleiste für den Schnellzugriff in der oberen linken Ecke des Excel-Fensters. Ein Mausklick auf das Symbol *Rückgängig* macht die zuletzt ausgeführte Aktion rückgängig. Mit jedem weiteren Mausklick machen Sie einen weiteren Bearbeitungsschritt rückgängig usw..

*Bild 3.5 Aktionen rückgängig machen oder wiederholen*

▶  Mit dem Symbol *Rückgängig* machen Sie die letzte Bearbeitung rückgängig. Klicken Sie auf das kleine Dreieck rechts neben dem Symbol, um mehrere Aktionen anzuzeigen.

▶  Haben Sie versehentlich zu viel rückgängig gemacht, so können Sie mit dem Symbol *Wiederholen* die Rücknahme wieder rückgängig machen.

## 3.3   Zahlen- und Datumsformate

### Währung und Dezimalstellen

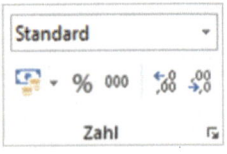

Mit Ausnahme von Datum, Uhrzeit und Prozentzahlen erhalten alle Zahlen und auch Text bei der Eingabe das Format *Standard*. Das aktuelle Format wird bei *Zahlenformat* (Register *Start*, Gruppe *Zahl*) angezeigt.

Wie Sie oben bereits gesehen haben, werden Zahlen unter Umständen anders angezeigt, als ursprünglich eingegeben. Die Zahl 12,50 wird beispielsweise nach der Eingabe als 12,5 angezeigt. Nicht benötigte Dezimalstellen entfallen. Mit Hilfe von Zahlenformaten legen Sie die Anzahl der Nachkommastellen fest oder fügen ein Währungssymbol hinzu. Die Schaltflächen für die wichtigsten Zahlenformate finden Sie im Register *Start*, Gruppe *Zahl*.

### Dezimalstelle hinzufügen und löschen

▶ Markieren Sie die Zelle oder den Zellbereich. Wenn in der gesamten Spalte nur Zahlen gleichen Typs eingegeben werden sollen, können Sie auch gleich die gesamte Spalte oder Zeile zu markieren.

▶ Klicken Sie auf die Schaltfläche *Dezimalstellen hinzufügen* ⬆⁰, um weitere Nachkommastellen anzuzeigen, bzw. auf die Schaltfläche *Dezimalstellen löschen* ⬇⁰, um weniger Nachkommastellen anzuzeigen. Jeder Mausklick erzeugt eine weitere Dezimalstelle bzw. entfernt diese.

▶ Wenn Nachkommastellen entfernt wurden, werden die Zahlen kaufmännisch auf- oder abgerundet auf dem Tabellenblatt angezeigt. Allerdings bleiben die ursprünglichen Nachkommastellen erhalten und werden nicht gelöscht. Sie werden nach wie vor in der Bearbeitungsleiste angezeigt.

*Bild 3.6 Dezimalstellen hinzufügen oder entfernen*

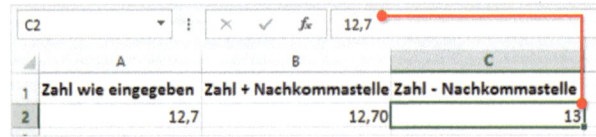

**Achtung Rundungsfehler!** Wenn Sie mit einer vermeintlich gerundeten Zahl rechnen, werden alle vorhandenen Nachkommastellen einbezogen. Multipliziert man im Bild oben den Inhalt der Zelle C2 mit 2, dann ist das Ergebnis 25,4.

Um Zahlen tatsächlich zu runden, stehen in Excel Rundungsfunktionen zur Verfügung. Mehr dazu erfahren Sie in Kapitel 8.7.

### Zahl als Euro-Betrag formatieren

Die Schaltfläche *Buchhaltungszahlenformat* versieht Zahlen mit zwei Dezimalstellen und einem Währungssymbol, standardmäßig mit dem Euro-Symbol € und rückt die Zahl rechts etwas ein (siehe Bild oben rechts). Ein Mausklick auf den Dropdown-Pfeil öffnet weitere Optionen - Formatierung als US-Dollar.

### 1.000er-Trennzeichen anzeigen

Mit der Schaltfläche *1.000er Trennzeichen* erhält die Zahl einen Punkt als Trennzeichen sowie zwei Dezimalstellen und wird von rechts eingerückt (rechter Einzug).

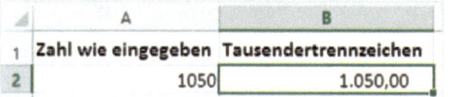

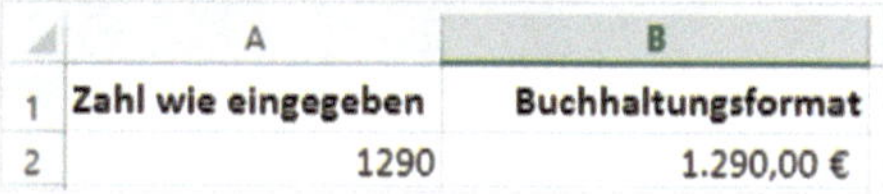

*Bild 3.7 Tausendertrennzeichen*

*Bild 3.8 Buchhaltungsformat*

### Zahlenformat entfernen

Die Auswahl des Formats *Standard* setzt Zahlen wieder auf ihr ursprüngliches Eingabeformat zurück. Im Beispiel unten soll in Zelle A1 anstelle von 20,00 € (Buchhaltung) wieder nur 20 erscheinen. Dazu klicken Sie das Dropdown-Menü in der Gruppe *Zahl* an und wählen *Standard*.

*Bild 3.9 Zahl wieder als Standardzahl formatieren*

## Prozentzahlen

**Achtung bei Verwendung des Prozentformats!** Diese Schaltfläche versieht eine Zahl nicht nur mit dem Prozentzeichen %, sondern zeigt die Zahl gleichzeitig mit 100 multipliziert an. Für die Eingabe von Prozentzahlen sollten Sie daher eine der beiden folgenden Vorgehensweise wählen:

▶ Geben Sie die Zahl zusammen mit dem Prozentzeichen ein, z. B. 19%.

▶ Oder markieren Sie zunächst die leere Zelle, klicken auf die Schaltfläche *Prozentformat* und geben erst danach die Zahl ein. Dann erscheint während der Eingabe der Zahl, z. B. 19 bereits das Prozentzeichen.

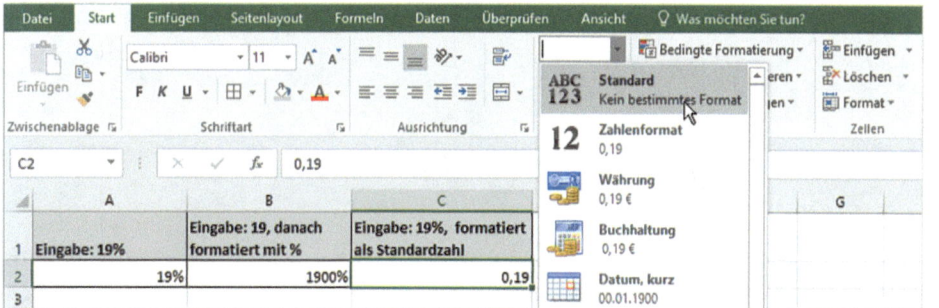

*Bild 3.10 Prozentwerte eingeben*

**3**

Daten in Tabellen eingeben

Wenn Sie dagegen zuerst die Zahl 19 eingeben und dieser anschließend das Prozentformat zuweisen, dann zeigt Excel als Ergebnis 1900% an (Bild 3.10).

> Durch das Prozentformat wird eine Zahl mit 100 multipliziert angezeigt. 19% entspricht der Zahl 0,19 und mit dieser Zahl wird in Formeln auch gerechnet.

Sie sehen sehr schön, mit welcher Zahl Excel eigentlich rechnet, wenn Sie von einer Prozentzahl das Zahlenformat entfernen. Markieren Sie dazu die Zelle und wählen Sie als *Zahlenformat* wieder *Standard* aus (Bild 3.10).

Prozentzahlen erscheinen trotz Eingabe einer Nachkommastelle zunächst ohne. Wenn Sie Nachkommastellen benötigen, müssen Sie die Schaltfläche *Dezimalstelle hinzufügen* verwenden.

### Weitere Zahlenformate

Weitere Zahlenformate finden Sie entweder in der Dropdown-Liste der Schaltfläche *Zahlenformat* oder im Dialogfenster *Zellen formatieren* - Register *Zahlen*. Zum Öffnen des Dialogfensters klicken Sie auf *Mehr...* oder auf das Pfeilsymbol in der rechten unteren Ecke der Gruppe *Zahl*. Wählen Sie dann die gewünschte Kategorie aus und legen Sie rechts weitere Optionen fest.

*Bild 3.11 Weitere Zahlenformate auswählen*

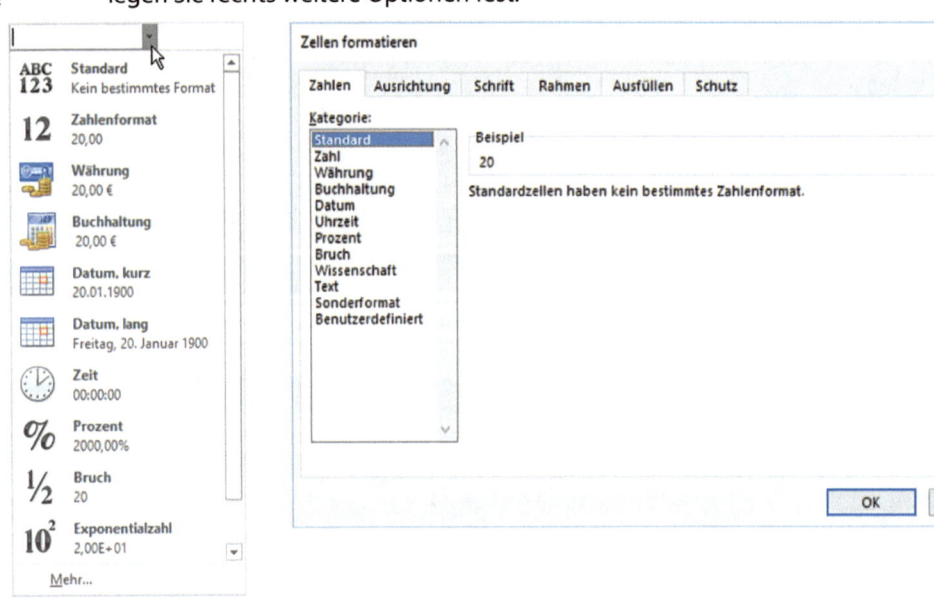

### Zahl

Mit dem Format *Zahl* können Sie kein Währungssymbol anzeigen, dafür aber die Anzahl der Dezimalstellen festlegen und das Tausendertrennzeichen über ein Kontrollkästchen aktivieren. Zusätzlich legen Sie fest, ob negative Zahlen mit oder ohne Vorzeichen und/oder in roter Schrift angezeigt werden (Bild 3.12).

### Währung

Auch dieses Zahlenformat bietet die Möglichkeit, die Anzahl der Dezimalstellen und die Anzeige negativer Zahlen festzulegen. Darüber hinaus kann ein Währungssymbol gewählt werden. Das €-Symbol kann z. B. links oder rechts von der Zahl angezeigt werden, mit der Auswahl von *Keine* wird die Zahl ohne Währungssymbol dargestellt.

Bild 3.12 Zahl

Bild 3.13 Währung

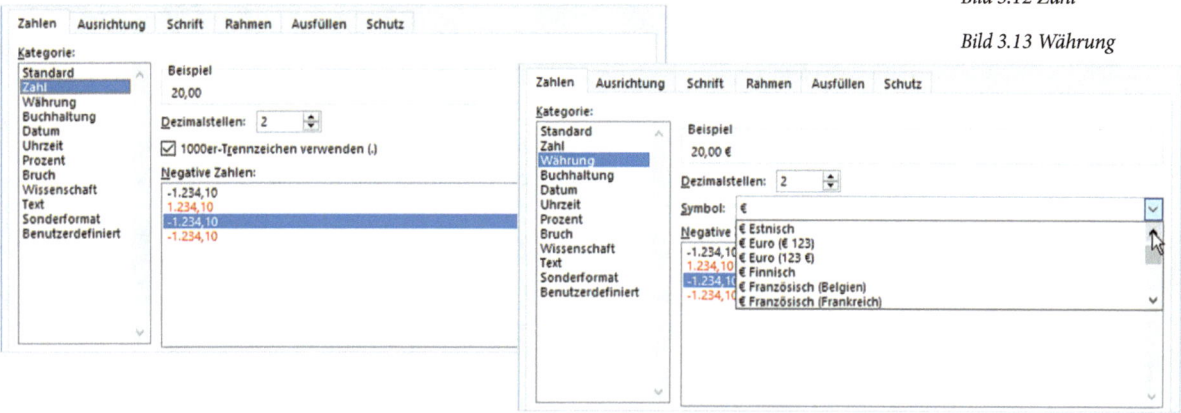

### Buchhaltung

Wie beim Format *Währung* legen Sie die Anzahl der Dezimalstellen und das Währungssymbol fest. Außerdem erhalten die Zahlen automatisch ein Tausender-Trennzeichen und werden in der Spalte rechts eingerückt. Dadurch lassen sich Zahlen mit und ohne Währungssymbol am Komma exakt untereinander ausrichten. Im Gegensatz zum Format *Währung* werden negative Vorzeichen linksbündig ausgerichtet.

### Bruch

Das Zahlenformat *Bruch* wandelt Ihre Eingabe z.B. 0,25 in 1/4 um. Der Bruch wird gerundet angezeigt. Bei *Typ* entscheiden Sie wieviele Stellen der Nenner (z. B. Zweistellig) hat oder wie der Bruch angezeigt werden soll, z. B. *Als Achtel*. Bei einer Eingabe von 1/4 ohne Format *Bruch* wird die Zahl als Datum angezeigt.

| | A | B | C |
|---|---|---|---|
| 1 | Eingabe | Eintstellig | Zweistellig |
| 2 | 0,25 | 1/4 | 1/4 |
| 3 | 2,5 | 2 1/2 | 2 1/2 |
| 4 | 24,75 | 24 3/4 | 24 3/4 |
| 5 | 0,63 | 5/8 | 46/73 |

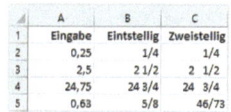

Bild 3.14 Buchhaltung

Bild 3.15 Bruch

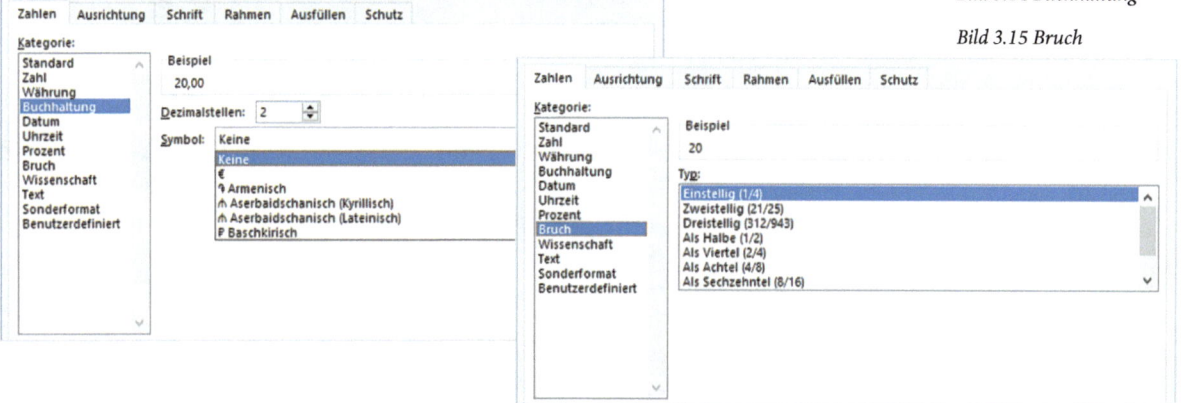

### Datums- und Uhrzeitformate

#### Datum

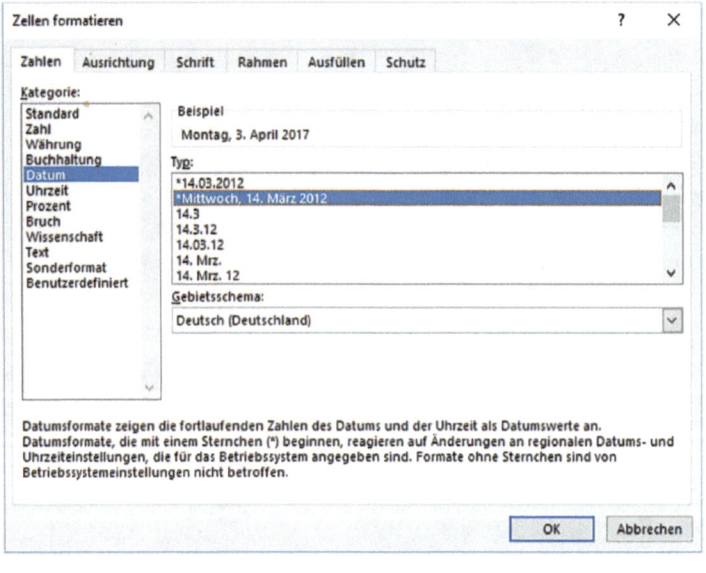

Das Standard-Datumsformat von Excel zeigt Tag und Monat zweistellig, das Jahr vierstellig an. Die lange Datumsschreibweise mit der Anzeige des Wochentages bietet Excel über die Dropdown-Liste der Schaltfläche *Zahlenformat* als *Datum lang* zur Auswahl an. Weitere Datumsformate finden Sie wieder im Dialogfenster *Zellen formatieren*. Markieren Sie die Kategorie *Datum* und klicken Sie auf die gewünschte Schreibweise.

> Lassen Sie das Jahr bei der Eingabe weg, so ergänzt Excel automatisch das aktuelle Jahr. Geben Sie z. B. 3.4 ein, so erscheint zunächst 03.Apr.. Dieses Datum kann schnell in 03.04.2017 umformatiert werden.

*Bild 3.16 Datumsformate im Dialogfenster Zellen formatieren*

Weitere Möglichkeiten der Datumschreibweise finden Sie im Fenster *Zellen formatieren*, Register *Zahlenformate*, das Sie mit Klick auf das Pfeilsymbol ⤢ der Gruppe *Zahl* öffnen.

#### Uhrzeit

Geben Sie bei der Eingabe von Uhrzeiten immer den Doppelpunkt ein, z. B. 8:00.

Gleiches gilt auch für die Formatierung von Uhrzeitangaben, verschiedene Formate hierfür finden Sie in der Kategorie *Uhrzeit*. Beachten Sie bei der Eingabe von Uhrzeiten den Doppelpunkt zwischen Stunde, Minute und ggf. Sekunde. Das Standard-Uhrzeitformat beinhaltet auch Sekunden. Deren Anzeige lässt sich durch Auswahl eines anderen Typs leicht verhindern.

> **Achtung**: Die Uhrzeitformate bilden in der Regel nur 24 Std. ab. Sollen mehr als 24 Std. angezeigt werden, wählen Sie bei *Typ 37:30:55* aus.

## Führungsnull anzeigen - Zahlen als Text formatieren

Probleme können bei der Eingabe von Zahlen dann auftauchen, wenn Sie Telefonnummern, Postleitzahlen oder Artikelnummern eingeben wollen, die mit der Ziffer 0 beginnen. Excel interpretiert Ihre Eingabe als Zahl und die führende Null verschwindet. Damit die 0 in diesem Fall trotzdem angezeigt wird, stehen die folgenden Möglichkeiten zur Auswahl:

▶ **Zellen vor der Eingabe als Text formatieren**

Formatieren Sie den entsprechenden Zellbereich bereits vor der Eingabe als Text. Nachträgliche Formatierung stellt eine bereits verloren gegangene 0 nicht wieder her! Öffnen Sie das Dialogfenster *Zellen formatieren* und markieren im Register *Zahl* die Kategorie *Text*.

▶ **Als Text eingeben**

Oder stellen Sie bei der Eingabe das Apostroph-Zeichen voran, Beispiel '01234. Damit wird Ihre Eingabe als Text formatiert. Das Apostroph-Zeichen erscheint später nicht in der Zelle und der Inhalt wird als 01234 linksbündig angezeigt.

Allerdings macht Excel mit einem grünen Dreieck in der oberen linken Ecke der Zelle und einer entsprechenden Meldung darauf aufmerksam, dass Sie eine Zahl als Text formatiert haben. Wenn Sie die Formatierung beibehalten wollen, markieren Sie die Zelle(n), klicken auf das Dreieck, um die Drop-Down-Liste zur öffnen und wählen *Fehler ignorieren* aus.

*Bild 3.17 Fehlerhinweis aufgrund des verwendeten Apostroph-Zeichens*

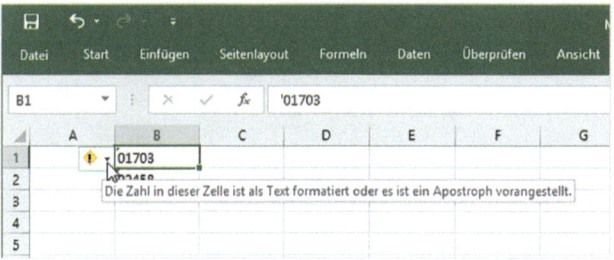

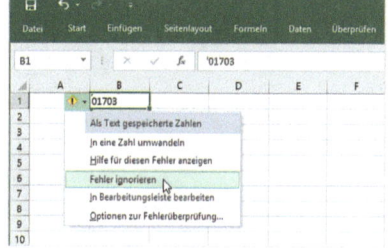

▶ **Sonderformate verwenden**

Als weitere Möglichkeit können Sie auf verschiedene Sonderformate, z. B. für Postleitzahlen oder ISBN-Nummern zurückgreifen. Öffnen Sie das Dialogfenster *Zellen formatieren*, markieren Sie die Kategorie *Sonderformate* und wählen Sie die gewünschte Vorlage aus.

▶ **Benutzerdefiniertes Format erstellen**

Oder Sie verwenden für die Zellen ein Benutzerdefiniertes Format (siehe nächster Punkt unten) beispielsweise vom Typ 00000, dann wird einer Eingabe von vier Ziffern eine Null vorangestellt.

> Achten Sie unbedingt innerhalb einer Spalte auf ein einheitliches Format, da sonst nicht korrekt sortiert werden kann.

## Benutzerdefinierte Formate

### Maßeinheiten hinzufügen

Nicht jede Zahl ist eine Währung. Manchmal benötigen Sie auch Zusätze wie kg, mm, Kw oder arbeiten mit Einheiten wie z. B. *Stück pro Tag*. Möchten Sie diese Zusatzangaben zusammen mit der Zahl in einer Zelle anzeigen und später Berechnungen durchführen, dann müssen Sie ein entsprechendes Zahlenformat definieren.

**1**    Markieren Sie die Zelle (den Zellbereich) oder auch die gesamte Spalte / Zeile, auf die das neue Zahlenformat angewendet werden soll.

**2**    Öffnen Sie das Dialogfenster *Zellen formatieren*. Der Inhalt des Registers *Zahlen* wird angezeigt. Wählen Sie die Kategorie *Benutzerdefiniert* aus.

**3**    Markieren Sie ein Zahlenformat, das Ihren Vorstellungen am nächsten kommt.

**4**    Das markierte Zahlenformat erscheint im Feld *Typ*. Hier können Sie das Format nun bearbeiten. Zusätze die mehr als ein Zeichen umfassen, wie etwa km oder kg müssen in Anführungszeichen eingegeben werden. Oberhalb im Feld *Beispiel* sehen Sie eine Vorschau auf das Ergebnis. Mit der Schaltfläche *OK* übernehmen Sie das Format.

*Bild 3.18 Ein benutzerdefiniertes Zahlenformat erstellen*

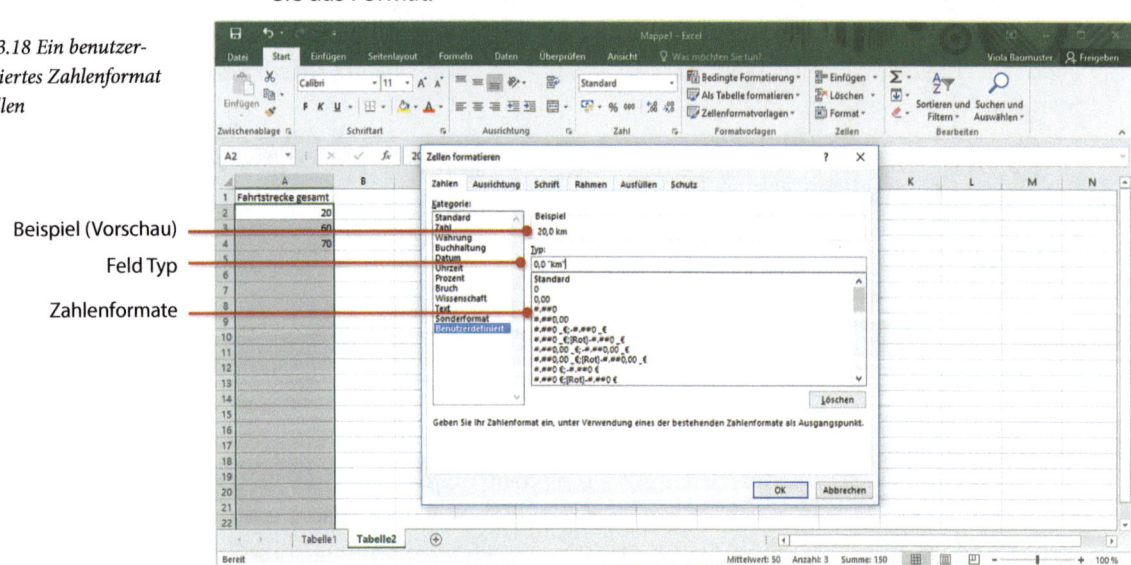

Beispiel (Vorschau)

Feld Typ

Zahlenformate

> Um Abstände zu erzeugen, geben Sie Leerzeichen ein. Ganz korrekt wäre es, diese auch in Anführungszeichen zu setzen, aber es funktioniert auch ohne.

### Platzhalter in Zahlenformaten

Die Zahlenformate, die im Feld *Typ* zur Auswahl stehen, verwenden Platzhalter für jede einzelne Stelle einer Zahl, in der Tabelle weiter unten finden Sie einige Beispiele.

**0** Null zeigt in jedem Fall eine Ziffer an. Wurde keine Ziffer eingegeben, so erscheint 0, beispielsweise als Nachkommastelle.

**#** Die Raute zeigt nur Ziffern an, nicht benötige Nullen werden unterdrückt. Dieses Zeichen wird benötigt, um die Position des Tausender-Trennzeichens festzulegen.

▶ Einige der vorgegebenen Formate bestehen aus zwei Abschnitten, die durch ein Semikolon ; getrennt sind. Der erste Abschnitt wird für positive Zahlen, der zweite Abschnitt für negative Zahlen verwendet.

▶ Eine optionale Angabe in eckigen Klammern legt die Farbe für die Anzeige des jeweiligen Abschnittes fest.

▶ Sonderzeichen, wie z. B. + - Klammern () und $-Zeichen können einem Zahlenformat einfach ohne Anführungszeichen hinzugefügt werden.

▶ Texte hingegen müssen in Anführungszeichen eingegeben werden.

▶ Ein * füllt den Abstand zwischen Zusatztext und der rechtsbündig ausgerichteten Zahl mit Leerzeichen auf.

▶ Die nach dem @ Zeichen eingegebenen Informationen bestimmen die Formatierung der Zelle, falls anstelle einer Zahl Text eingegeben wird.

**Einige Beispiele**

| Format | Eingabe | Anzeige |
|---|---|---|
| #.##0 "kg" | 1234,7 | 1.235 kg |
| #.##0,00 | 1234,7 | 1.234,70 |
| 0000 | 12 | 0012 |
| 000-000 | 14578 | 014-578 |
| 000 - 000 | 14578 | 014 - 578 |
| #.##0,0 "cm" | 1390 | 1390,0 cm |
| "St." * #.##0 | 127 | St.        127 |
| [Grün] #.##0; [Rot] -#.##0 | -1500 | -1.500 |
| [Grün] #.##0; [Rot] -#.##0 | 2000 | 2.000 |
| 0. "Tsd." | 15000 | 15 Tsd. |

Benutzerdefinierte Zahlenformate werden in der Kategorie *Benutzerdefiniert* zusammen mit der Arbeitsmappe gespeichert und stehen daher nur innerhalb der jeweiligen Arbeitsmappe zur Verfügung. Sie werden am Ende der Liste der Benutzerdefinierten Zahlenformate hinzugefügt.

**Benutzerdefinierte Datums- und Uhrzeitformate erstellen**

Excel verwendet die folgenden Platzhalterzeichen für Datums- und Uhrzeitformate, Trennzeichen und Leerzeichen erscheinen wie angegeben.

| Einheit | Zeichen | Format | Ergebnis |
|---|---|---|---|
| Tag | T | T | 1 |
| | | TT | 01 |
| | | TTT | MO |
| | | TTTT | Montag |
| Monat | M | M | 1 |
| | | MM | 01 |
| | | MMM | Jan |
| | | MMMM | Januar |
| Jahr | J | JJ | 17 |
| | | JJJJ | 2017 |
| Stunde | h | hh | 19 |
| | | [hh] | 36 |
| Minute | m | m | 5 |
| | | mm | 45 |
| Sekunde | s | ss | 30 |

**Einige Beispiele:**

| Format | Ergebnis |
|---|---|
| TTTT, T. MM. | Montag, 5. Aug. |
| TTTT, TT. MMMM | Montag, 05. August |
| JJJJ-MM-TT | 2017-12-31 |
| hh.mm | 19:45 |
| hh:mm:ss | 19:45:30 |

**Beispiel**: In Spalte D (Bild 3.19) soll das Datum so angezeigt werden: 15.04.16 - Freitag

**1**   Markieren Sie den Bereich, der mit dem neuen Datumsformat formatiert werden soll und öffnen Sie das Dialogfenster *Zellen formatieren*.

**2**   Klicken Sie zunächst im Register *Zahlen* auf die Kategorie *Datum*. Der oberste Typ, der schon automatisch ausgewählt ist, entspricht zumindest einem Teil unseren Vorgaben. Klicken Sie dann auf die Kategorie *Benutzerdefiniert*. Durch die

die vorherige Auswahl der Kategorie *Datum* ist jetzt bei *Benutzerdefiniert* bereits ein Datumsformat ausgewählt. Dieses müssen wir jetzt nur noch ergänzen.

**3**    Klicken Sie bei *Typ* in die Zeile und geben Sie hinter dem bereits bestehenden Format " - "TTTT ein und bestätigen Sie mit *OK*.

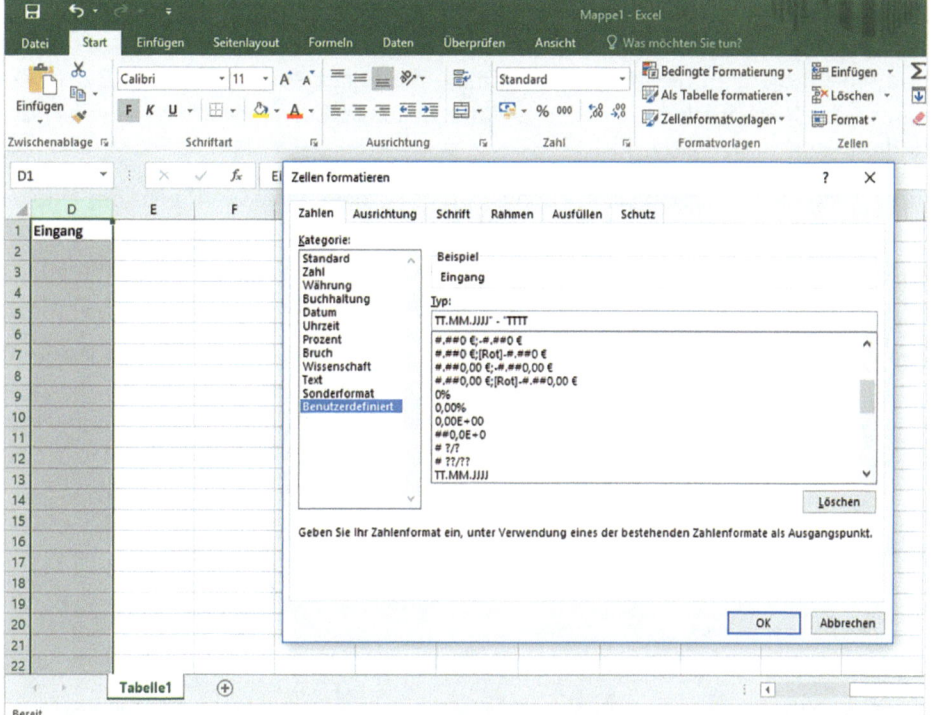

*Bild 3.19 Benutzerdefiniertes Datumsformat*

**Tipp**: Die Datumswerte werden in der Zelle rechtsbündig ausgerichtet. Soll das Datum linksbündig und der Wochentag rechtsbündig ausgerichtet werden, geben Sie bei *Typ* folgende Zeichen ein: TT.MM.JJJJ * TTTT

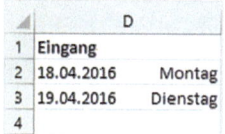

## 3.4    Die Eingabehilfen von Excel

### Automatisches Vervollständigen

*Video!*

bildnerverlag.de/313_01

Bei der Eingabe von Text innerhalb einer Spalte erkennt Excel wiederkehrende Inhalte und schlägt diese automatisch nach Eingabe der Anfangsbuchstaben vor. Zur Übernahme des Texts drücken Sie die Enter-Taste, ansonsten ignorieren Sie den Vorschlag und tippen einfach weiter.

Zur Anzeige einer Auswahlliste, die die bereits eingegebenen Elemente der aktuellen Spalte enthält, klicken Sie mit der rechten Maustaste in eine Zelle und wählen im Kontextmenü die *Dropdown-Auswahlliste…* aus. Mit einem Mausklick übernehmen Sie den gewünschten Text.

**Tipp!** Die Auswahlliste erscheint auch mit der Tastenkombination Alt + Pfeil nach unten. In diesem Fall verwenden Sie anschließend die Pfeiltasten nach oben oder unten, um den gewünschten Text auszuwählen und übernehmen die Auswahl mit der Enter-Taste.

*Bild 3.20 Inhalt übernehmen*

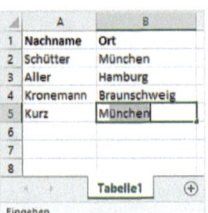 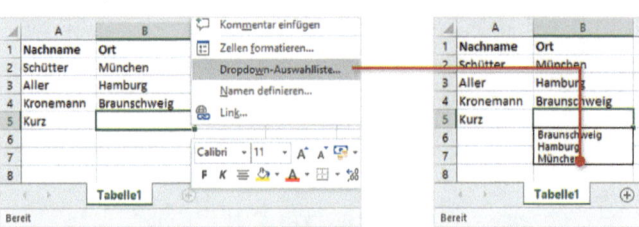

Wie Sie im obigen Beispiel sehen, wird die Überschrift nicht in der Liste als Auswahlmöglichkeit angezeigt. Excel erkennt an der unterschiedlichen Formatierung von „Ort", dass es sich hier um eine Überschrift handelt.

### Automatisches Ausfüllen von Reihen

In vielen Tabellen benötigen Sie Reihen mit fortlaufendem Inhalt. Beispielsweise die Monate eines Jahres als Spaltenüberschriften oder eine fortlaufende Nummerierung von Zeilen. Excel verfügt über mehrere Möglichkeiten zum schnellen Ausfüllen von Reihen.

#### Füllbereich verwenden

**1**    Geben Sie in die erste Zelle den Anfangswert der Reihe ein und markieren Sie diese Zelle.

**2**    Klicken Sie auf die Schaltfläche *Füllbereich* (Register *Start,* Gruppe *Bearbeiten*) und wählen Sie *Reihe…*

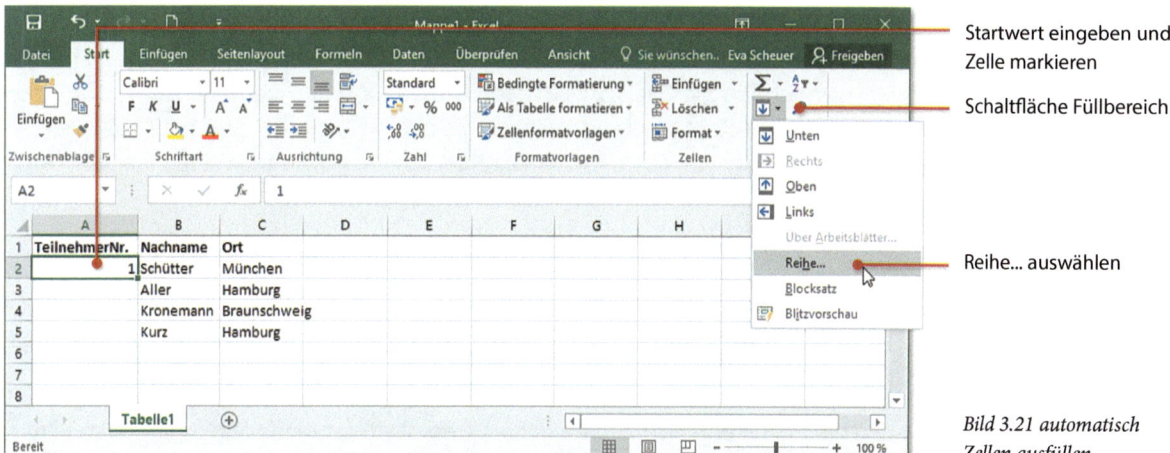

*Bild 3.21 automatisch
Zellen ausfüllen*

**3**    Geben Sie an, ob die Reihe untereinander in der Spalte (Auswahl *Spalten*) oder nebeneinander in einer Zeile (*Zeilen*) fortgeführt werden soll. Legen Sie im Feld *Inkrement* fest, um welchen Wert jeweils erhöht werden soll und vereinbaren Sie den
Endwert der Reihe. Bestätigen Sie mit *OK*.

*Bild 3.22 Reihen erzeugen*

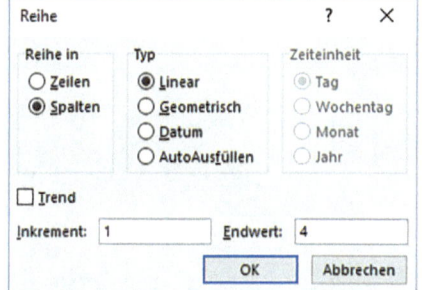
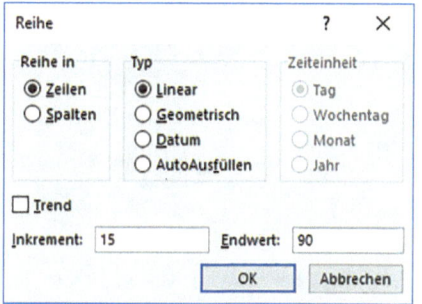

**Die Ergebnisse:**

▶    Wenn im Tabellenblatt die erste (markierte) Zelle 1 enthält und Sie die Reihe mit
Inkrement 1 und Endwert 4 definieren, wie im Bild links oben,  dann erhalten Sie
eine aufsteigende Reihe mit den Werten 1 2 3 4 .

▶    Wenn dagegen die markierte Zelle im Tabellenblatt die Zahl 0 enthält und die
Optionen zum Ausfüllen der Reihe wie im Bild oben rechts angegeben werden,
dann erhalten Sie die unten abgebildete Reihe:

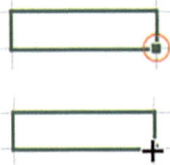

### Automatisches Ausfüllen mit der Maus

In vielen Fällen ist es einfacher, wenn Sie Reihen mit der Maus ausfüllen. Zu diesem Zweck verwenden Sie das **Ausfüllkästchen**. Dieses Kästchen befindet sich in der unteren rechten Ecke des Markierungsrahmens. Sobald Sie mit der Maus auf das Kästchen zeigen, ändert sich die Form des Mauszeigers in ein **+**. Damit können Sie jetzt durch Ziehen bei gedrückter linker Maustaste eine Reihe ausfüllen.

### So geht's:

**1** Geben Sie in den beiden ersten Zellen Ihrer Reihe die ersten zwei Werte ein. Damit haben Sie ein Muster vorgegeben, nach dem die Reihe weitergeführt werden soll.

**2** Markieren Sie nun die beiden Zellen. Zeigen Sie mit der Maus auf das Ausfüllkästchen. Wenn der Mauszeiger als + erscheint, ziehen Sie mit gedrückter linker Maustaste in die gewünschte Richtung.

*Bild 3.23 Reihe aufsteigend, beginnend bei 1*

*Bild 3.24 Reihe in 2er Schritten; beginnend bei 8*

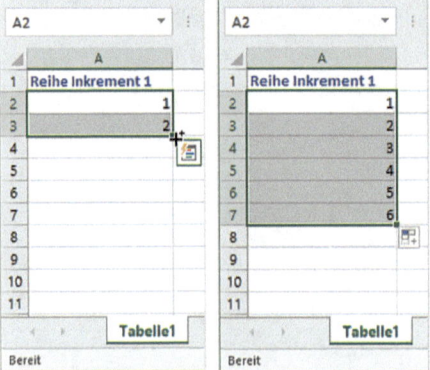
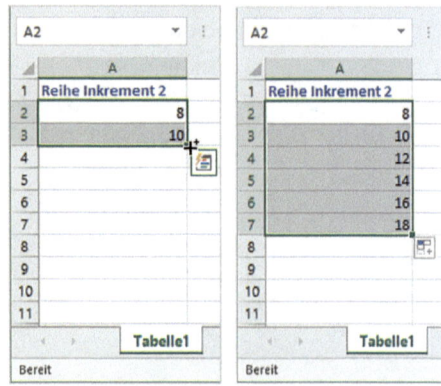

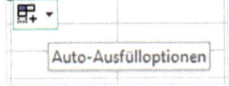

**3** Sobald Sie die Maustaste loslassen, erscheinen die *Auto-Ausfülloptionen*. Über dieses Symbol bietet Excel an, die Reihe auch ohne Formatierung auszufüllen oder bei Bedarf den Inhalt der Zelle zu kopieren.

Mit *Zellen kopieren* werden die markierten Zahlen (8, 10) abwechselnd eingetragen; *Ohne Formatierung ausfüllen* sorgt dafür, dass die Zahlen in der Standardformatierung (ohne rot) angezeigt werden.

*Bild 3.25 Auto-Ausfülloptionen*

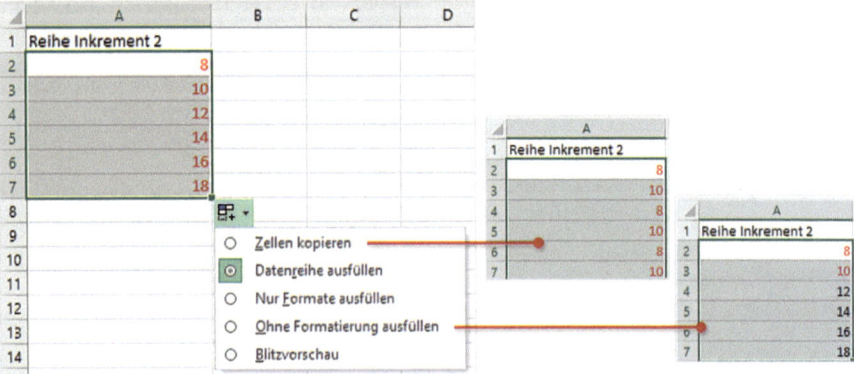

Einige Werte, darunter Datumswerte, werden von Excel automatisch als Anfang einer Reihe erkannt. Dann genügt die Eingabe eines einzigen Wertes, um durch Ziehen mit der Maus eine Reihe zu generieren.

| Eingabe | Reihe |
|---|---|
| 15.10.2013 | 15.10.1013  16.10.2013  17.10.2013 ... |
| 1. | 1. 2. 3. 4. 5. ... |
| 1. Quartal | 1. Quartal 2. Quartal 3. Quartal 4. Quartal 1. Quartal ... |
| Spieler 1 | Spieler 1 Spieler 2 Spieler 3 Spieler 4 ... |
| 1. Tag | 1. Tag  2. Tag  3. Tag  4. Tag ... |
| Januar | Januar Februar März ... |
| Jan | Jan Feb Mrz ... |
| Montag | Montag Dienstag Mittwoch ... |
| Mo | Mo Di Mi ... |

**Achtung!** Zwischen einer Zahl mit Punkt und dem restlichen Text muss ein Leerzeichen sein!

Bei Wochentagen und Monatsnamen handelt es sich um benutzerdefinierte Listen, die in Excel bereits hinterlegt wurden und nur deshalb generiert werden.

Sie können die Eingabe mit der Zahl (3. Quartal), dem Wochentag (Freitag) oder dem Monat (August) Ihrer Wahl beginnen. Eine Fortsetzung erfolgt ab dem gewählten Element.

### Kopieren von Zahlen und Worten

Erkennt Excel die Eingabe nicht als Reihe, wird der Inhalt der Zelle einfach kopiert. Auch das kann nützlich sein:

*Bild 3.26 Worte und Zahlen kopieren*

> **Alternative zur Erzeugung einer aufsteigenden Reihe**
> Geben Sie eine 1 in eine Zelle ein. Zeigen Sie mit der Maus auf das Ausfüllkästchen, bis das + erscheint. Halten Sie dann während des Ziehens mit der Maus die Strg-Taste gedrückt.

## Eigene Listen für die AutoAusfüllfunktion erstellen

Bei den Wochentagen und Monatsnamen handelt es sich eigentlich um bereits hinterlegte Datenreihen; weitere benutzerdefinierte Listen können Sie jederzeit hinzufügen.

**1**   Dazu klicken Sie im Register *Datei* auf *Optionen* und hier auf die Kategorie *Erweitert*.

**2**   Scrollen Sie nach unten bis zum Abschnitt *Allgemein* und klicken Sie auf *Benutzerdefinierte Listen bearbeiten*.

*Bild 3.27 Klicken Sie in den Excel-Optionen auf Erweitert und auf Benutzerdefinierte Listen bearbeiten*

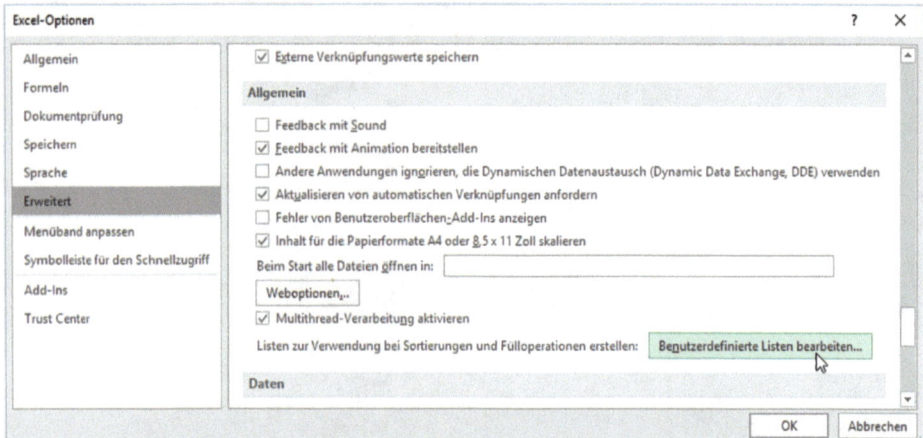

**3**   Klicken Sie unter *Benutzerdefinierte Listen* auf *Neue Liste* ❶. Die Listeneinträge tippen Sie daneben untereinander ein ❷ bzw. betätigen Sie nach jedem Eintrag die Eingabetaste. Zuletzt klicken Sie auf *Hinzufügen* ❸.

Wenn Sie eine vorhandene Datenreihe aus dem Arbeitsblatt übernehmen möchten, im Bild unten die Bundesländer ❹, dann klicken Sie in das Feld *Liste aus Zellen importieren* ❺, markieren anschließend im Arbeitsblatt den Zellbereich, in diesem Fall A2:A18, und klicken dann auf *Importieren*.

*Bild 3.28 Neue Liste eingeben oder aus Arbeitsblatt importieren*

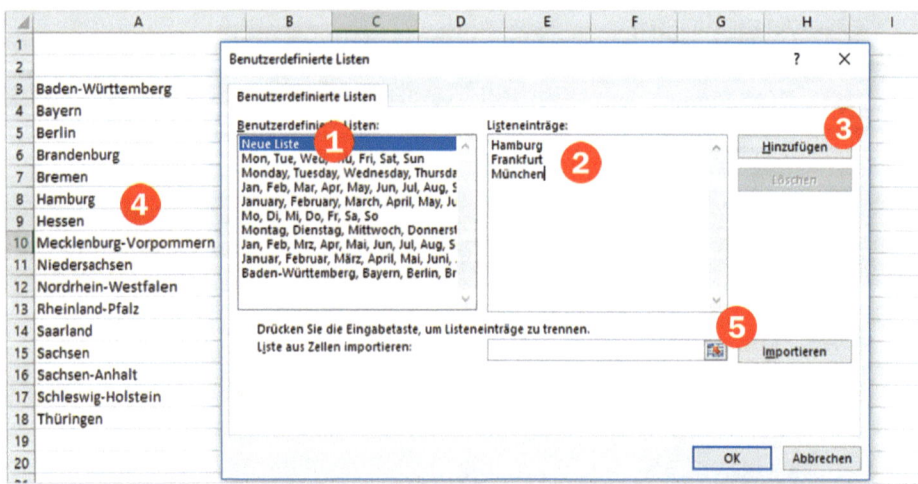

**4**   Schließen Sie zuletzt das Fenster *Benutzerdefinierte Listen* mit Klick auf *OK*.

## Zellinhalte aufteilen und zusammenfassen mit der Blitzvorschau

### Zellinhalt trennen

Mit der Blitzvorschau kopieren Sie einen Teil eines Zellinhalts und fügen diesen auf gleicher Höhe in eine der folgenden Spalten ein. Dabei tippt man, sozusagen als Muster, in die erste Zelle der Spalte den zu kopierenden Inhalt ein. Für die restlichen Zellen wird der Inhalt nach dem gleichen Muster ergänzt.

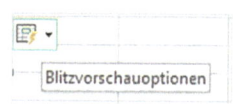

Ein praktischer Anwendungsbereich z. B. in einer Adresstabelle ist das Aufteilen von Vor- und Nachname auf zwei Zellen.

### Und so geht's:

1    Falls hinter der zu trennenden Spalte keine leere Spalte vorhanden ist, fügen Sie an dieser Position eine Spalte ein. Lesen Sie dazu Lektion 4.3.

2    Geben Sie in der neuen Spalte den Vornamen ein und schließen Sie mit der Enter-Taste ab.

3    Beginnen Sie dann in der nächsten Zeile mit dem ersten Buchstaben des nächsten Vornamens.

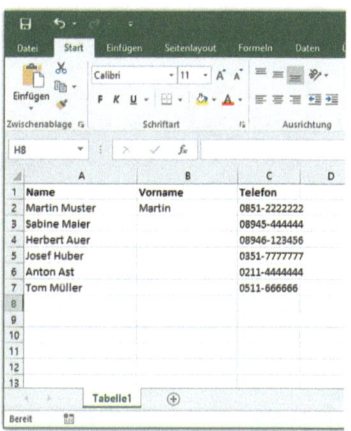 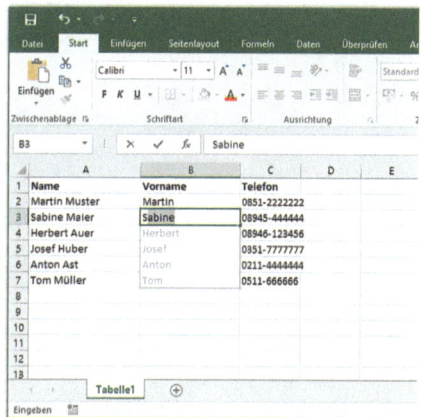

*Bild 3.29 Trennung am Leerzeichen*

4    Die Blitzvorschau zeigt nun alle weiteren Namen an. Mit der Enter-Taste übernehmen Sie die Liste. Wenn Sie statt dessen mit der manuellen Eingabe fortfahren möchten, dann drücken Sie die Esc-Taste.

5    Für den Nachnamen wiederholen Sie die Schritte 1-3. Dann kann die Spalte, die Vor- und Nachname zusammen enthält, gelöscht werden.

> Damit die Blitzvorschau funktioniert, muss ein eindeutiges Muster identifizierbar sein. Dies kann neben dem Leerzeichen zwischen Vorname und Nachname z. B. auch ein Bindestrich sein.

*Bild 3.30 Trennung am Bindestrich*

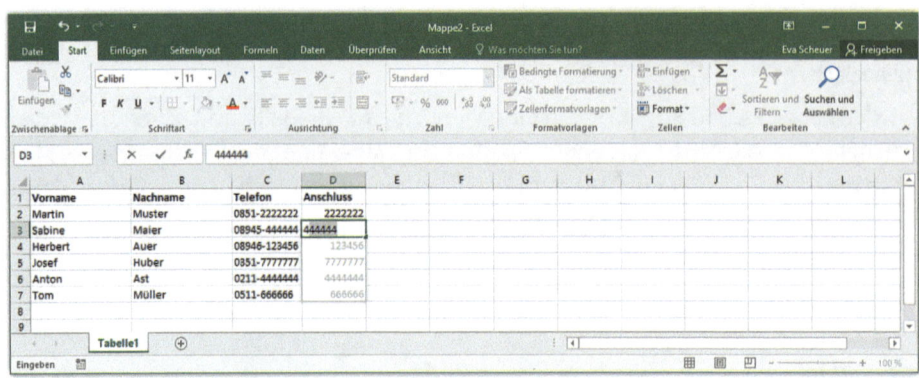

### Was tun, wenn's nicht funktioniert?

Falls Sie in der zweiten Zeile nach Eingabe des ersten Zeichens keine Vorschläge erhalten, gehen Sie so vor:

*Bild 3.32 Die automatische Eingabe verhindert die Blitzvorschau.*

▶ Manchmal reicht es schon aus, wenn Sie anstelle eines Buchstabens zwei eingeben, um die Blitzvorschau anzustoßen.

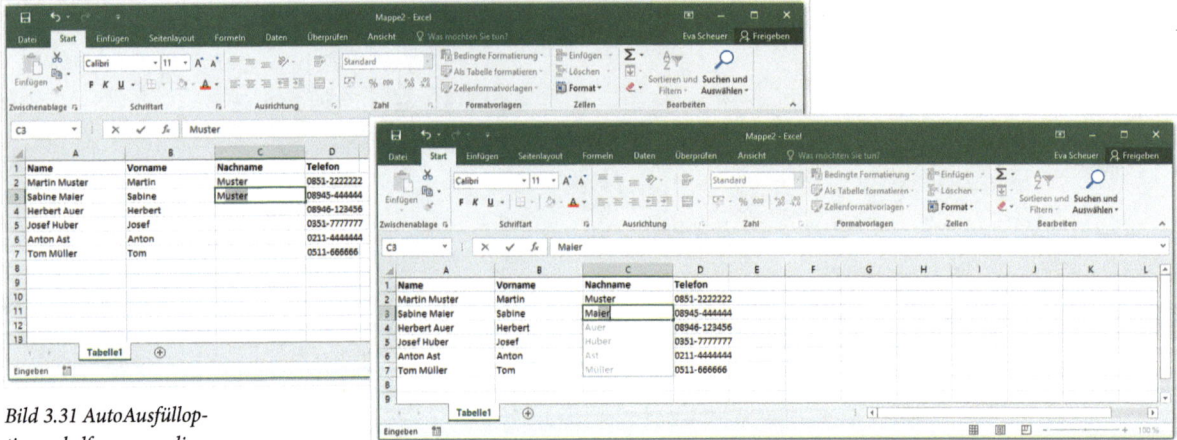

*Bild 3.31 AutoAusfülloptionen helfen, wenn die Blitzvorschau streikt.*

Geben Sie den gewünschten Inhalt der zweiten Zeile ein und kopieren Sie ihn nach unten. Die Schaltfläche *AutoAusfülloptionen* erscheint. Hier wählen Sie *Blitzvorschau* aus.

### Zellinhalte zusammenfassen

| B | C | D |
|---|---|---|
| Strasse | Hausnr. | Adresse 1 |
| Feldweg | 9 | Feldweg 9 |
| Gartenstr. | 7 | Gartenstr. 7 |
| Hauptstr. | 87 | Hauptstr. 87 |
| Goethestr. | 89 | Goethestr. 8 |
| In der Laube | 5 | In der Laube |
| Innstr. | 6 | Innstr. 6 |

Mit der Blitzvorschau können Inhalte von Zellen nicht nur getrennt, sondern auch zusammengeführt werden. Tragen Sie in die neue Zelle die Inhalte beider Spalten ein. In der Zelle darunter beginnen Sie mit dem ersten Buchstaben. Die Blitzvorschau ergänzt entsprechend. Zur Übernahme der Inhalte drücken Sie die Enter-Taste.

## 3.5    Das Eingabeverhalten in den Optionen anpassen

Einige der beschriebenen Funktionen können in den Excel-Optionen deaktiviert, verändert und an Ihre Bedürfnisse angepasst werden. Klicken Sie im Register auf *Datei* und wählen Sie links unten *Optionen* aus. Das Dialogfenster *Excel-Optionen* wird angezeigt. Hier klicken Sie auf *Erweitert*. Einstellungen, die Sie hier vornehmen, gelten für alle Arbeitsmappen.

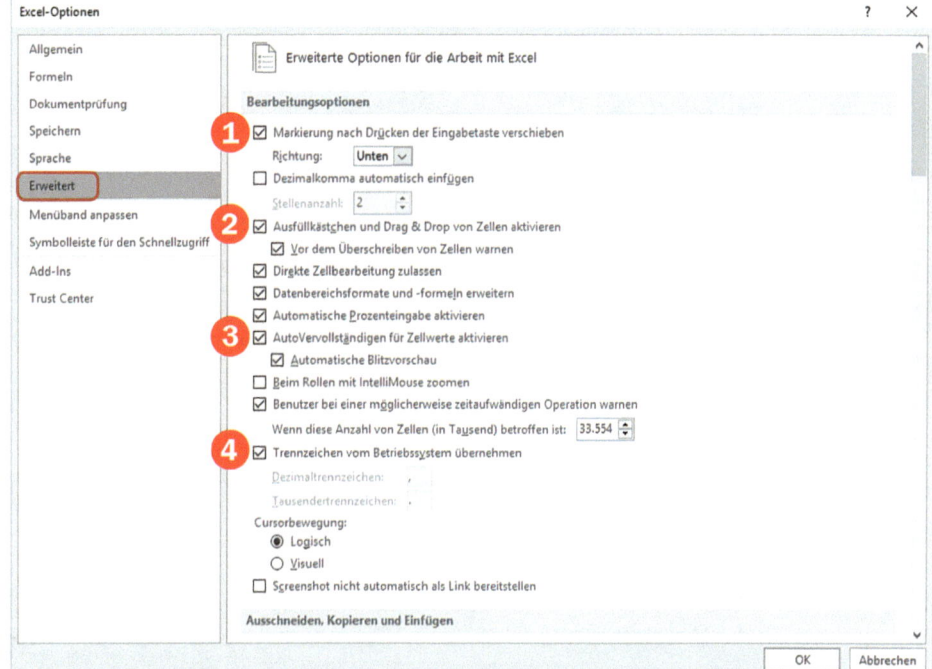

*Bild 3.33 Bearbeitungsoptionen*

**1**   Standardmäßig wird nach Drücken der Enter-Taste die Zelle die nächste Zelle unterhalb markiert. Wenn Sie häufig Text zeilenweise eingeben, ist eine Umstellung bei *Richtung* auf *Rechts* sinnvoll.

**2**   Mit Entfernen des Häkchens bei *Ausfüllkästchen* steht das Automatische Ausfüllen von Reihen mit der Maus (siehe Seite 86) nicht mehr zur Verfügung.

**3**   Mit Deaktivierung der Funktion *AutoVervollständigung* wird bei Eingabe eines Wortes, welches bereits in der Spalte vorhanden ist, keine Wortergänzung (siehe Seite 84) mehr automatisch angeboten. Gleichzeitig deaktivieren Sie damit die Blitzvorschau.

**4**   Sollten Sie, entgegen Ihren Einstellungen bei *Zeit*, *Sprache* und *Region* (Ländereinstellungen) unter Windows, in Excel andere Dezimal- und Tausenderzeichen verwenden wollen, so können Sie diese hier eingeben. Entfernen Sie dazu das Häkchen vor *Trennzeichen vom Betriebssystem übernehmen*.

## 3.6 Übung

Starten Sie Excel mit einer neuen leeren Arbeitsmappe und erstellen Sie im Tabellen-blatt 1 einen Belegungsplan für eine Ferienwohnung nach dem unten abgebildeten Muster. Nutzen Sie zur Eingabe die AutoAusfüllen-Funktion von Excel.

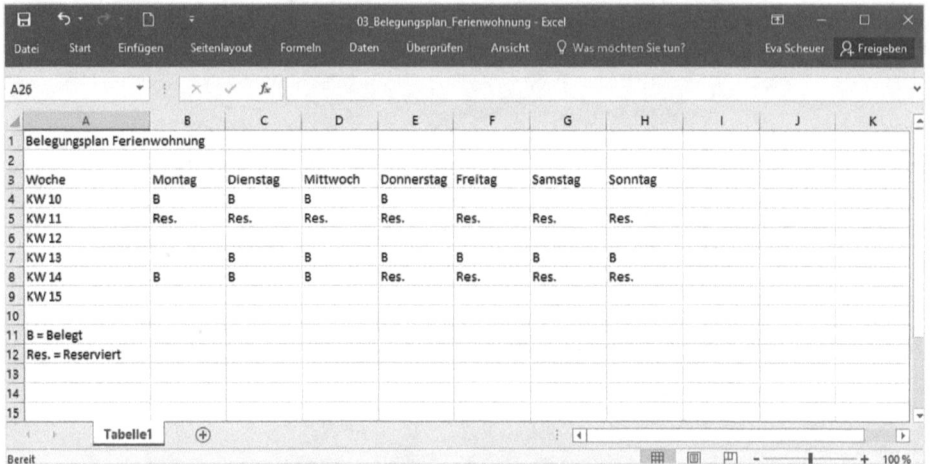

**Lösungshinweise**

▶ Nutzen Sie AutoAusfüllen zur Eingabe der Kalenderwoche: Geben Sie in A4 als erste Kalenderwoche KW 10 ein. Anschließend markieren Sie diese Zelle und zie-hen das Ausfüllkästchen in der unteren rechten Ecke der Markierung nach unten. Lassen Sie die Maustaste wieder los, wenn die letzte benötigte Kalenderwoche angezeigt wird.

▶ Genauso gehen Sie beim Ausfüllen der Wochentage vor.

▶ AutoAusfüllen können Sie auch verwenden, um für die einzelnen Tage *Belegt* oder *Reserviert* einzugeben. Hierbei handelt es sich um keine Reihe, daher wer-den die Inhalte automatisch kopiert.

# 4 **Mit Tabellen arbeiten**

**In diesem Kapitel lernen Sie...**

- Zellbereiche markieren
- Spaltenbreite und Zeilenhöhe bestimmen
- Nachträglich Zeilen und Spalten einfügen
- Zellinhalte verschieben oder kopieren
- Die Office-Zwischenablage verwenden
- Tabellenblätter verschieben, löschen und umbenennen

**Das sollten Sie bereits wissen**

- Daten in Excel eingeben

## 4.1 Übersicht und Begriffe

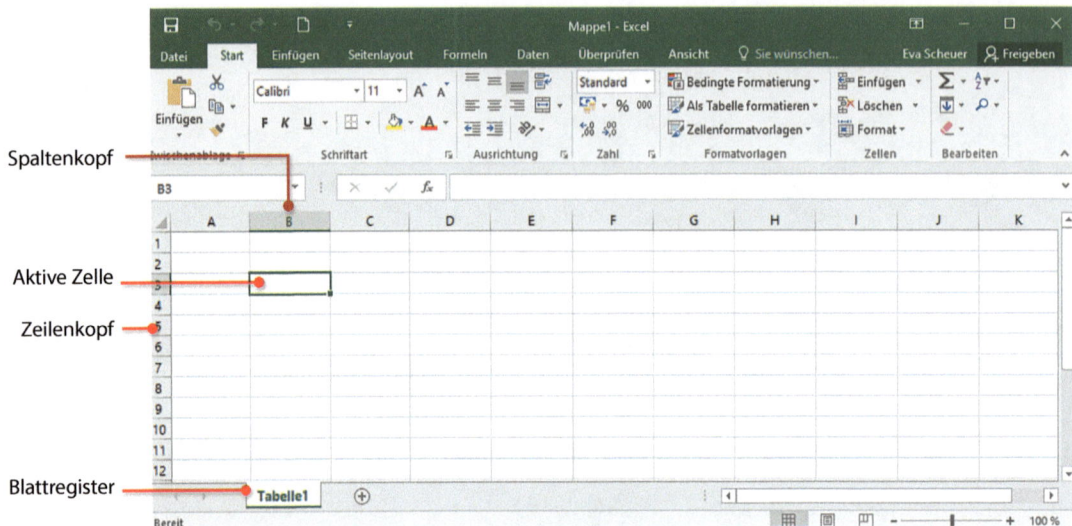

In Excel werden die grauen Leisten links und oberhalb von der Tabelle als Spalten- bzw. Zeilenkopf oder -überschrift bezeichnet. Hier sind die Spalten fortlaufend mit Buchstaben, die Zeilen dagegen mit Zahlen nummeriert. Um Verwechslungen mit Überschriften im Tabellenblatt vorzubeugen, verwendet dieses Buch die Bezeichnung Spaltenkopf bzw. Zeilenkopf.

Breite und Höhe jeder einzelnen Spalte/Zeile eines Tabellenblattes können jederzeit an den Inhalt angepasst werden. Außerdem können Sie nachträglich Spalten und Zeilen, sowie einzelne Zellen in ein Tabellenblatt einfügen bzw. entfernen. Auch das Verschieben oder Kopieren von Zellinhalten oder Zellbereichen ist jederzeit möglich, entweder mit der Maus oder auf dem Weg über die Zwischenablage. So ist auch ein Datenaustausch mit anderen Anwendungen möglich.

Eine Excel-Arbeitsmappe umfasst häufig mehrere Arbeits- oder Tabellenblätter. Diese können jederzeit verschoben, kopiert, gelöscht oder umbenannt werden. Die Tabellenblätter werden im Blattregister angezeigt. Das aktuelle Tabellenblatt erkennen Sie an der Unterstreichung.

*Bild 4.1 Excel-Arbeitsmappe mit 12 Tabellenblättern benannt mit Monatsnamen*

## 4.2  Zellen und Zellbereiche markieren

**Zusammenhängenden Bereich markieren**

▶ Zeigen Sie mit der Maus auf die erste zu markierende Zelle. Der Mauszeiger erscheint als weißes Kreuz ✛. Halten Sie die linke Maustaste gedrückt, während Sie die Maus über den gewünschten Zellbereich bewegen. Danach lassen Sie die Maustaste wieder los.

Oder klicken Sie mit der Maus auf die erste Zelle des zu markierenden Bereichs und dann mit gleichzeitig gedrückter Umschalt-Taste auf die letzte Zelle.

▶ Auf der Tastatur verwenden Sie die Pfeiltasten zusammen mit der **Umschalt-** (Shift-) **Taste**, um einen Zellbereich zu markieren.

Alternativ hilft auch der Erweiterungsmodus, den Sie mit der Funktionstaste **F8** aktivieren. In der Statusleiste erscheint der Hinweis *Auswahl erweitern*. Im Erweiterungsmodus können Sie den Bereich um die aktive Zelle mit den Pfeiltasten erweitern. Um den Erweiterungsmodus zu beenden, drücken Sie erneut die F8-Taste.

▶ Ein grüner Rahmen grenzt den markierten Bereich ab. Wenn mehrere Zellen markiert wurden, sind die markierten Zellen mit Ausnahme der ersten Zelle grau hervorgehoben.

▶ Die Markierung wird aufgehoben, sobald Sie mit der Maus an eine andere beliebige Stelle des Tabellenblattes klicken oder die Pfeiltaste verwenden.

▶ Sofern Sie einen Zellbereich markieren, der Daten enthält, erscheint das Symbol *Schnellanalyse* 📊. Wenn Sie die Markierung durch Anklicken einer anderen Zelle aufheben, verschwindet dieses wieder.

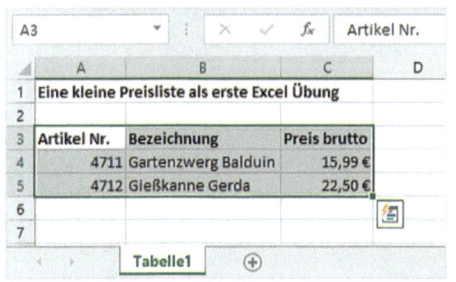

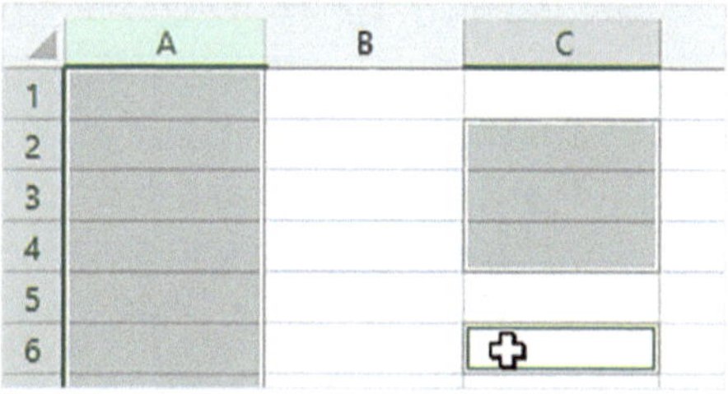

*Bild 4.2 Zusammenhängender Bereich markiert; Anzeige Schnellanalysetool*

*Bild 4.3 Nicht zusammenhängende Bereiche markiert*

**Nicht zusammenhängende Bereiche markieren**

▶ Markieren Sie den ersten Zellbereich. Drücken Sie dann die **Strg-Taste** der Tastatur und halten Sie sie gedrückt, während Sie mit der Maus die restlichen Zellen nacheinander durch Anklicken markieren.

Diese Methode ist Ihnen eventuell von Windows her bekannt.

### Gesamtes Tabellenblatt markieren

▷ Klicken Sie mit der Maus auf das Kästchen ◪ zwischen den Spalten- und Zeilenköpfen, um das gesamte Tabellenblatt zu markieren.

*Bild 4.4 Alle Zellen eines Tabellenblatts markieren*

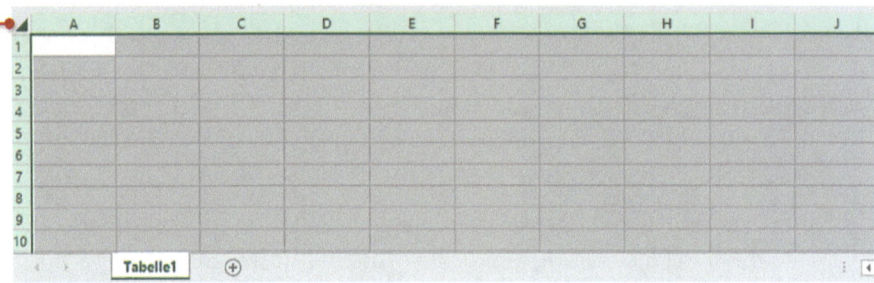

*Bild 4.5 Strg + A: im linken Bild ist die aktive Zelle unter dem Textblock, dann wird das gesamte Tabellenblatt markiert; im mittleren Bild ist die aktive Zelle im Textblock, dann wird mit Strg + A nur der Text markiert (Bild rechts).*

▷ Oder erwenden Sie die Tastenkombination **Strg + A**. Die Funktionsweise ist abhängig von der aktiven Zelle:

- Ist die markierte Zelle Teil eines zusammenhängenden Tabellenbereichs mit Inhalten, so wird durch **Strg + A** dieser Teil des Tabellenblatts markiert. Nochmaliges Drücken der Tastenkombination markiert dann das gesamte Tabellenblatt.

- Ist eine Zelle markiert, die von leeren Zellinhalten umgeben ist, wird mit **Strg + A** gleich das gesamte Tabellenblatt markiert.

|   | A | B | C |
|---|---|---|---|
| 1 |   |   |   |
| 2 |   | Artikel | Preis |
| 3 |   | Gartenzwerg Balduin | 8,90 € |
| 4 |   | Gießkanne Gisela | 4,99 € |
| 5 |   | Eimer Fritz | 2,50 € |
| 6 |   |   |   |

|   | A | B | C |
|---|---|---|---|
| 1 |   |   |   |
| 2 |   | Artikel | Preis |
| 3 |   | Gartenzwerg Balduin | 8,90 € |
| 4 |   | Gießkanne Gisela | 4,99 € |
| 5 |   | Eimer Fritz | 2,50 € |
| 6 |   |   |   |

|   | A | B | C |
|---|---|---|---|
| 1 |   |   |   |
| 2 |   | Artikel | Preis |
| 3 |   | Gartenzwerg Balduin | 8,90 € |
| 4 |   | Gießkanne Gisela | 4,99 € |
| 5 |   | Eimer Fritz | 2,50 € |
| 6 |   |   |   |

### Spalten oder Zeilen markieren

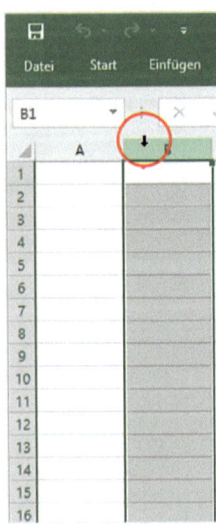

▷ Eine komplette Spalte markieren Sie durch Anklicken des Spaltenkopfs. Zeigen Sie mit der Maus auf den Spaltenkopf. Wenn der Mauszeiger als schwarzer Pfeil dargestellt wird, können Sie mit einem Klick markieren. Analog verfahren Sie für die Zeile.

> **Tipp!** Zeigen Sie auf den Buchstaben und nicht auf den Übergang zur nächsten Spalte. Am Übergang erhält der Mauszeiger ein anderes Aussehen und damit eine andere Funktion.

▷ Die Zeile, die die aktive Zelle enthält, markieren Sie mit der Kombination **Umschalt-Taste + Leertaste**. Die Spalte, die die aktive Zelle enthält, markieren Sie mit **Strg + Leertaste**.

▷ Um gleich mehrere aufeinanderfolgende Spalten (Zeilen) zu markieren, zeigen Sie mit der Maus in den Spaltenkopf (Zeilenkopf) und ziehen bei gedrückter linker Maustaste über mehrere Spalten (Zeilen). Achten Sie darauf, dass der Mauszeiger als schwarzer Pfeil sichtbar ist.

## 4.3 Zeilen und Spalten bearbeiten

### Spaltenbreite ändern

Die Breite einer Spalte passt sich nicht automatisch an die Inhalte der Zellen an. Es ist also durchaus möglich, dass längerer Text abgeschnitten wird.

#### Spaltenbreite mit der Maus ändern

Die Breite einer Spalte ändern Sie am schnellsten mit der Maus. Dabei spielt es keine Rolle, welche Zelle gerade markiert ist:

**1** Zeigen Sie im Bereich der Spaltenköpfe mit der Maus auf die rechte Trennlinie derjenigen Spalte, deren Breite Sie ändern möchten.

**2** Sobald der Mauszeiger als Doppelpfeil sichtbar wird, ziehen Sie die Linie mit gedrückter linker Maustaste nach rechts oder links. Im Beispiel unten wird die Spalte A erweitert durch Ziehen mit der Maus nach rechts. So werden im Bild unten die Namen der Teilnehmer lesbar.

*Bild 4.6 Spalte A wird vergrößert*

Doppelpfeil

Sollen gleich mehrere Spalten die gleiche Breite erhalten, dann müssen Sie zuvor alle gewünschten Spalten markieren. Verwenden Sie die Spaltenköpfe zum Markieren der Spalten und ziehen Sie die Trennlinie einer beliebigen Spalte innerhalb der Markierung auf die gewünschte Breite.

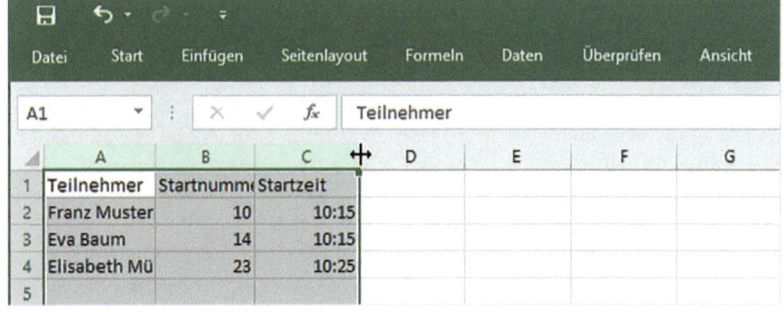

*Bild 4.7 Spalte A bis C erhalten dieselbe Breite*

**Automatisch an den Inhalt anpassen**

▶  Mit einem Doppelklick auf die rechte Trennlinie im Spaltenkopf können Sie die Breite der Spalte automatisch an den Inhalt anpassen. Der breiteste Inhalt der Spalte bestimmt dann die Spaltenbreite.

In manchen Fällen soll sich die Spaltenbreite nicht nach dem Inhalt der gesamten Spalte, sondern nur nach dem Inhalt eines Zellbereichs richten. Im Beispiel unten würde sich die optimale Breite für die gesamte Spalte A an der Überschrift in Zelle A1 orientieren und damit die Spalte A unnötig verbreitern.

*Bild 4.8 Ausgangssituation*

*Bild 4.9 Optimale Breite wird durch die Überschrift in Zelle A1 bestimmt*

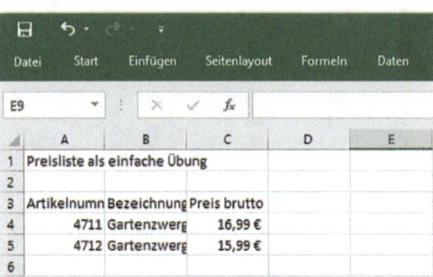

Besser ist es, wenn sich die Breite der Spalte A ausschließlich an den Inhalten des Zellbereichs A3 bis A5 ausrichtet: Markieren Sie diesen Zellbereich und wählen Sie Register *Start* ▶ Gruppe *Zellen* ▶ *Format* ▶ *Spaltenbreite automatisch anpassen*.

*Bild 4.10 Spaltenbreite an markierten Inhalt anpassen*

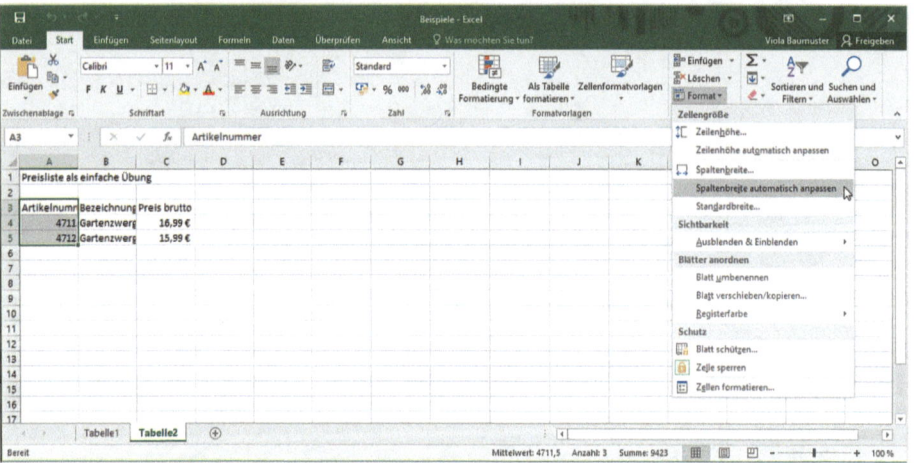

**Spaltenbreite als Wert festlegen**

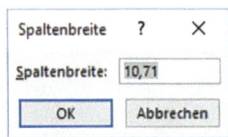

▶  Eine zweite Möglichkeit, um für eine markierte Spalte eine feste Breite anzugeben, finden Sie im Register *Start* ▶ Gruppe *Zellen* ▶ *Format* ▶ *Spaltenbreite…* Geben Sie hier den gewünschten Wert ein.

▶  Die Breite einer Spalte entspricht der Anzahl der angezeigten Zeichen (max. 255). Als Standardbreite verwendet Excel 10,71 (80 Pixel). Die Spaltenbreite wird sichtbar, wenn Sie mit der Maus die Trennlinie verschieben.

## Zeilenhöhe ändern

Meist erfolgt die Anpassung der Zeilenhöhe automatisch, z. B. wenn Sie den Schriftgrad in einer Zelle erhöhen. Dagegen müssen Sie die Zeilenhöhe selbst anpassen, wenn Sie beispielsweise einen Abstand zwischen den Überschriften und den Werten darunter herstellen möchten.

> Abstände zwischen Überschriften und Daten oder innerhalb von Tabellen erzeugen Sie am besten durch Vergrößerung des Zeilenabstands. Auf leere Zeilen sollten Sie dagegen verzichten, da einige weiterführende Bearbeitungsmöglichkeiten nicht sinnvoll angewendet werden können, wenn Überschrift und Inhalt oder Daten durch leere Zeilen getrennt sind, z. B. Diagramme, Pivot-Tabellen.

### Manuell mit der Maus

▶ Zeigen Sie mit der Maus im Zeilenkopf am linken Rand des Tabellenblattes auf die untere Trennlinie der Zeile. Der Mauszeiger wird als Doppelpfeil sichtbar und Sie können die Trennlinie nach unten oder oben verschieben.

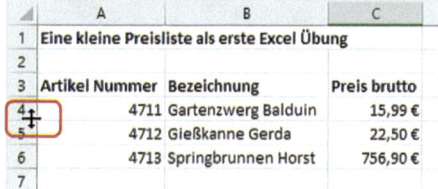

*Bild 4.11 Abstand zur Überschrift wird größer*

*Bild 4.12 Höhe des markierten Bereichs gemeinsam festlegen*

▶ Sollen mehrere Zeilen dieselbe Höhe erhalten, dann markieren Sie diese Zeilen in den Zeilenköpfen und ziehen innerhalb der Markierung eine der Zeilen mit der Maus in die gewünschte Höhe. Die Zeilenhöhe bezieht sich automatisch auf alle markierten Zeilen.

### An den Inhalt anpassen

▶ Die optimale Zeilenhöhe wird durch den höchsten Schriftgrad in der Zelle bestimmt und in der Regel automatisch angepasst. Falls nicht, erhalten Sie durch einen Doppelklick auf die untere Trennlinie die optimale Zeilenhöhe.

*Bild 4.13 optimale Zeilenhöhe vereinbaren*

### Bestimmten Wert festlegen

▶ Die genaue Zeilenhöhe bestimmen Sie über Register *Start* ▶ Gruppe *Zellen* ▶ *Format* ▶ *Zeilenhöhe…* Geben Sie bei Zeilenhöhe einen Wert an.

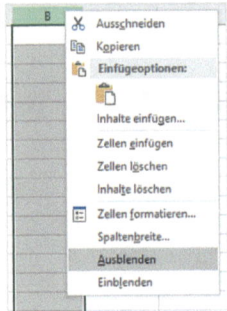

## Spalten und Zeilen ausblenden

Wenn eine Spalte nicht sichtbar sein soll, dann blenden Sie die Spalte aus. Dadurch erhält die Spalte die Spaltenbreite 0. Die Handhabung zum Aus- und Einblenden von Spalten und Zeilen gleichen sich. Hier werden die Bearbeitungsschritte für die Spalte beschrieben. Mit der Zeile verfahren Sie analog.

### Spalte ausblenden

Zum Ausblenden einer Spalte gehen Sie so vor:

▶ Ziehen Sie im Bereich der Spaltenköpfe die rechte Trennlinie mit gedrückter linker Maustaste nach links, bis die Spalte nicht mehr sichtbar ist.

▶ Alternativ klicken Sie mit der rechten Maustaste auf einen Spaltenkopf und wählen im Kontextmenü *Ausblenden* aus.

> **Tipp!** Ausgeblendete Spalten erkennen Sie daran, dass die Abfolge der Buchstaben im Spaltenkopf nicht mehr fortlaufend ist.

*Bild 4.14 ausgeblendete Spalte*

*Bild 4.15 Spalte wieder einblenden*

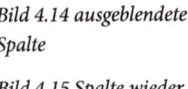 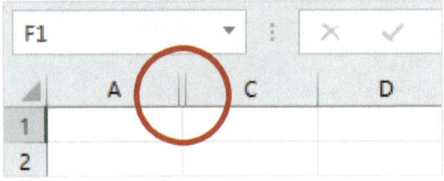

### Spalte einblenden

Zum Einblenden verwenden Sie ebenfalls die Maus:

▶ Positionieren Sie den Mauszeiger im Bereich der Spaltenköpfe etwas rechts von der Trennlinie. Eine doppelte senkrechte Linie zeigt an, dass hier eine Spalte (im Beispiel oben Spalte B) ausgeblendet ist. Ziehen Sie nun die Spalte wieder in die gewünschte Breite oder stellen Sie mit einem Doppelklick die optimale Spaltenbreite her.

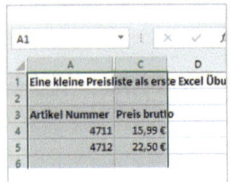

▶ Alternativ markieren Sie einen Bereich, der die ausgeblendete Spalte einschließt (im oberen Beispiel Spalte A bis C) und klicken mit der rechten Maustaste auf den markierten Spaltenkopf. Im Kontextmenü wählen Sie *Einblenden* aus.

### Befehle im Menüband verwenden

Befehle zum Ein- und Ausblenden von Spalten bzw. Zeilen finden Sie auch im Register *Start* ▶ Gruppe *Zellen* ▶ Schaltfläche *Format* ▶ *Ausblenden & Einblenden*. Um eine Spalte bzw. Zeile wieder einzublenden, muss auch hier, wie oben beschrieben, ein Bereich mit der fehlenden Spalte/ Zeile markiert sein.

## Zeilen und Spalten nachträglich einfügen

Zum nachträglichen Einfügen von einzelnen Zellen, Zeilen oder Spalten verwenden Sie Register *Start* ▶ Gruppe *Zellen* ▶ Schaltfläche *Einfügen*. Die Schaltfläche ist zweigeteilt:

▶ Ein Mausklick direkt auf die Schaltfläche fügt Zellen, Zeilen oder Spalten ein, abhängig von der Markierung. Ist beispielsweise eine Spalte markiert, dann wird durch Anklicken der Schaltfläche *Einfügen* eine neue, leere Spalte eingefügt.

▶ Mit einem Mausklick auf den Dropdown-Pfeil der Schaltfläche können Sie auswählen, ob Sie einzelne Zellen, Zeilen oder Spalten einfügen möchten.

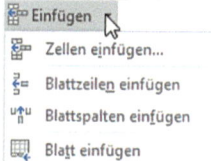

> Spalten werden immer links von der markierten Spalte eingefügt. Zeilen werden über der ausgewählten Zeile eingefügt.

### Beispiel Zeile einfügen

▶ Markieren Sie eine beliebige Zelle der Zeile, über der Sie eine neue Zeile einfügen möchten. Klicken Sie auf den Dropdown-Pfeil der Schaltfläche *Einfügen* und wählen Sie *Blattzeilen einfügen* (Bild unten links).

▶ Oder klicken Sie auf den Zeilenkopf am linken Rand des Blattes, damit wird die gesamte Zeile markiert. Klicken Sie anschließend direkt auf die Schaltfläche *Einfügen* (Bild unten rechts).

Im unten abgebildeten Beispiel wird in beiden Fällen eine neue Zeile oberhalb der Zeile 5 eingefügt und die Zeilennummerierung automatisch angepasst. Analog verfahren Sie beim Einfügen von Spalten.

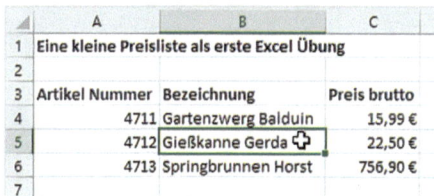

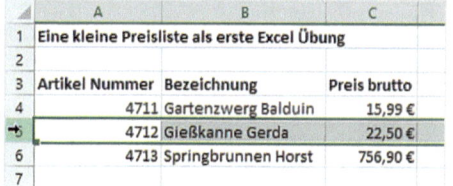

*Bild 4.16 Zelle markieren*

*Bild 4.17 Zeile markieren*

### Mehrere Spalten/ Zeilen einfügen

Sie können auch mehrere Spalten gleichzeitig einfügen. Markieren Sie dazu einfach die benötigte Anzahl an Spalten und klicken Sie auf die Schaltfläche *Einfügen*. Die neuen Spalten werden links von der Markierung eingefügt.

### Einzelne Zellen einfügen

Haben Sie nur einzelne Zellen markiert, dann fügt Excel nach einem Mausklick auf die Schaltfläche *Einfügen* immer nur die entsprechende Anzahl an Zellen ein. Die übrigen Zellen werden nach unten oder nach rechts verschoben.

Allerdings ist dies nicht immer erwünscht und kann zu Fehlern in der Tabelle führen, wie im Beispiel unten. Hier wurden nach dem Einfügen einer einzelnen Zelle die übrigen Zellen nach unten verschoben.

*Bild 4.18 einzelne Zelle ist markiert, mit Anklicken der Schaltfläche Einfügen wird eine Zelle eingefügt*

| | A | B | C |
|---|---|---|---|
| 1 | Eine kleine Preisliste als erste Excel Übung | | |
| 2 | | | |
| 3 | Artikel Nummer | Bezeichnung | Preis brutto |
| 4 | 4711 | Gartenzwerg Balduin | 15,99 € |
| 5 | 4712 | Gießkanne Gerda | 22,50 € |
| 6 | 4713 | Springbrunnen Horst | 756,90 € |
| 7 | | | |

| | A | B | C |
|---|---|---|---|
| 1 | Eine kleine Preisliste als erste Excel Übung | | |
| 2 | | | |
| 3 | Artikel Nummer | Bezeichnung | Preis brutto |
| 4 | 4711 | | 15,99 € |
| 5 | 4712 | Gartenzwerg Balduin | 22,50 € |
| 6 | 4713 | Gießkanne Gerda | 756,90 € |
| 7 | | Springbrunnen Horst | |

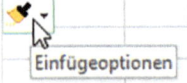

### Einfügeoptionen

Nach dem Einfügen neuer Zeilen oder Spalten wird im Tabellenblatt die Schaltfläche *Einfügeoptionen* angezeigt. Enthält Ihre Tabelle unterschiedliche Formatierungen, können Sie über die *Einfügeoptionen* entscheiden, welche für die neue Spalte bzw. Zeile übernommen werden sollen.

**Beispiel**: Für die neu eingefügte Spalte wird standardmäßig die Formatierung der linken Zelle übernommen (Schriftfarbe blau). Ist dies gewünscht, benötigen Sie die Einfügeoptionen nicht. Die Schaltfläche verschwindet automatisch, sobald Sie weitere Daten eingeben oder einen Befehl auf dem Menüband auswählen.

Klicken Sie die Schaltfläche *Einfügeoptionen* an, wenn die neue Spalte das Format der rechten Spalte (Währungsformat) übernehmen soll. Wählen Sie in diesem Fall *Gleiches Format wie Zelle rechts* aus. Wünschen Sie keine Formatierung, wählen Sie *Formatierung löschen*. In diesem Fall wird die Spalte im Format *Standard* formatiert.

*Bild 4.19 Einfügeoptionen für neue Spalten und Zeilen*

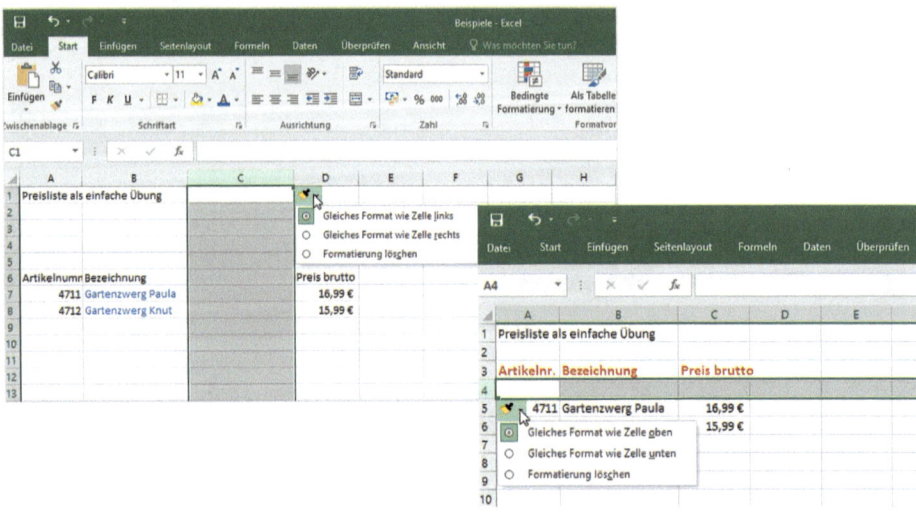

Eingefügte Zeilen übernehmen das Format der Zelle oberhalb - ist dies eine Überschrift sollten Sie über Einfügeoptionen *Gleiches Format wie Zelle unten* wählen (siehe Bild oben rechts).

## Zeilen und Spalten löschen

Die Schaltfläche *Löschen* (Register *Start*, Gruppe *Zellen*) ist, wie die Schaltfläche *Einfügen*, zweigeteilt:

▶ Durch Anklicken des Symbols der Schaltfläche werden markierte Zellen, Spalten oder Zeilen gelöscht. Im folgenden Beispiel wurden zwei Spalten markiert und durch Antippen der Schaltfläche *Löschen* entfernt. Dabei werden auch die Inhalte der Spalten gelöscht.

*Bild 4.20 Spalten löschen*

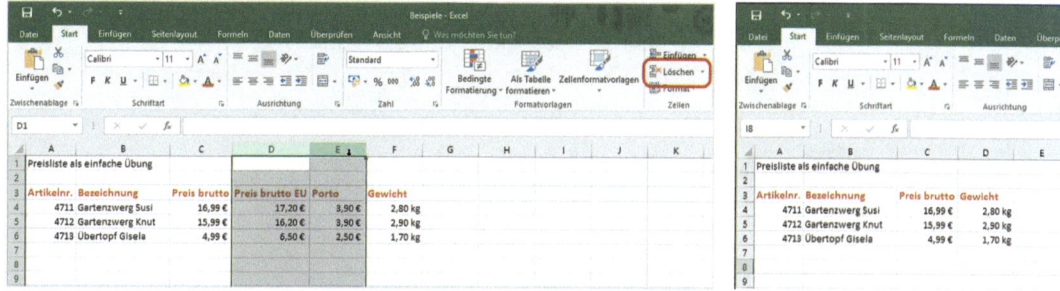

▶ Beim Löschen markierter Zellen rücken die Inhalte nachfolgender Zellen unter Umständen in unerwünschter Weise nach, wie das Beispiel zeigt:

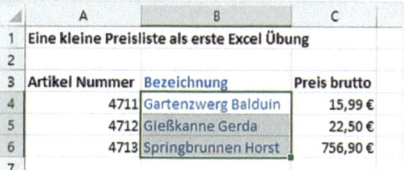
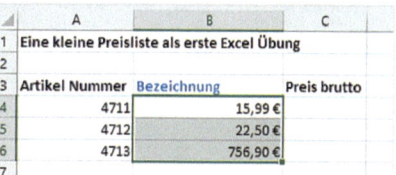

*Bild 4.21 Löschen von Zellen*

> Sollen nur die Inhalte der markierten Zellen gelöscht werden, verwenden Sie die Entf-Taste auf der Tastatur.

▶ Mit Klick auf den Dropdown-Pfeil der Schaltfläche *Löschen* erhalten Sie dieselben Möglichkeiten wie bei der Schaltfläche *Einfügen*. Zum Löschen einer Spalte oder Zeile genügt es dann, wenn eine beliebige Zelle innerhalb der zu löschenden Zeile oder Spalte markiert ist.

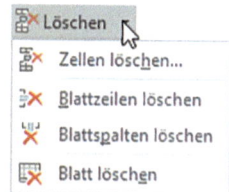

## 4.4   Zellinhalte verschieben und kopieren

Um Inhalte nachträglich an eine andere Position zu verschieben oder zu kopieren, können Sie die Maus, Tastenkombinationen oder Befehlsschaltflächen im Menüband verwenden.

> **Achtung:** Wenn der Zielbereich bereits Inhalte enthält, werden diese nach vorheriger Rückfrage durch die neuen Inhalte überschrieben.

### Die Maus verwenden

**Verschieben**

**1**   Markieren Sie die Zelle oder den Zellbereich, der verschoben werden soll.

**2**   Zeigen Sie mit der Maus auf den Markierungsrahmen, bis am Mauszeiger vier Richtungspfeile erscheinen (Bild 4.22).

**3**   Ziehen Sie nun mit gedrückter linker Maustaste den Zellbereich an die gewünschte Stelle.

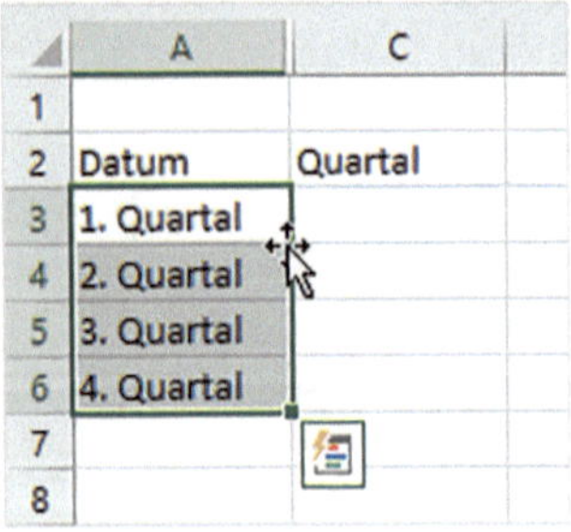

*Bild 4.22 Zellen verschieben*

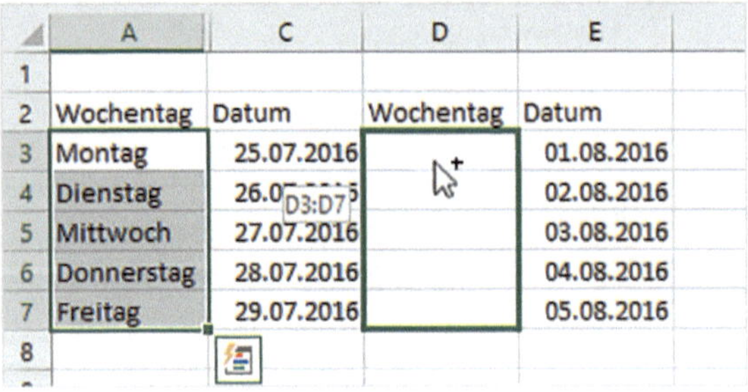

*Bild 4.23 Zellen kopieren*

**Kopieren**

**1**   Markieren Sie die Zelle oder den Zellbereich, dessen Inhalt kopiert werden soll.

**2**   Zeigen Sie mit der Maus auf den Markierungsrahmen, bis am Mauszeiger vier Richtungspfeile erscheinen.

**3**   Halten Sie während des Ziehens die **Strg-Taste** der Tastatur gedrückt, am Mauszeiger erscheint ein Plussymbol + (Bild 4.23 oben).

> Sollen Inhalte in angrenzende Felder kopiert werden, kann auch die Funktion *Reihen ausfüllen* verwendet werden, die Sie schon aus Kapitel 3 kennen. Im Beispiel links wird damit das Wort „Herr" in Zelle A2 nach A3 und A4 kopiert.

## Mit der Zwischenablage arbeiten

Neben der Maus können Zellinhalte auch über Befehle im Menüband oder Tastenkombinationen ausgeschnitten, kopiert und eingefügt werden. Ausgeschnittene oder kopierte Elemente werden vorübergehend in der Windows-Zwischenablage gespeichert. Die Schaltflächen zum Ausschneiden, Kopieren und Einfügen finden Sie im Register *Start*, Gruppe *Zwischenablage*. Alternativ können Sie anstelle der Schaltflächen auch eine Tastenkombination verwenden:

| | Aktion | Tasten | Schaltfläche |
|---|---|---|---|
| **Ausschneiden** | Schneidet den Inhalt des markierten Zellbereichs in die Zwischenablage aus. | **Strg + X** | |
| **Kopieren** | Kopiert den Inhalt des markierten Zellbereichs in die Zwischenablage. | **Strg + C** | |
| **Einfügen** | Fügt das zuletzt kopierte oder ausgeschnittene Element aus der Zwischenablage in den markierten Zellbereich ein. | **Strg + V** | |

**1** Markieren Sie den Zellbereich, den Sie ausschneiden oder kopieren möchten.

**2** Klicken Sie auf die entsprechende Schaltfläche, bzw. verwenden Sie die Tastenkombination. Der markierte Zellbereich wird mit einem gestrichelten Rahmen versehen.

**3** Markieren Sie anschließend die obere linke Ecke des Zielbereichs.

**4** Zum Einfügen klicken Sie auf die Schaltfläche *Einfügen*, drücken die Enter-Taste oder verwenden die Tastenkombination **Strg+V**.

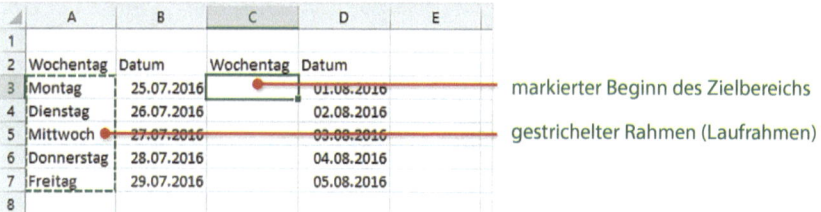

### Hinweise und Tipps

▸ Führen Sie zwischen Kopieren (Ausschneiden) und Einfügen keine weiteren Aktionen aus, z. B. Daten eingeben. Dadurch verschwindet der Laufrahmen und Inhalte können nicht mehr eingefügt werden. Sie müssen von Neuem beginnen.

▸ Sollte nach dem Einfügen der Laufrahmen um den ursprünglich markierten Zellbereich immer noch sichtbar sein, so verschwindet dieser, wenn Sie die Esc-Taste betätigen.

▸ Mit dieser Methode können Sie auch Zellinhalte aus einem Arbeitsblatt in ein anderes Blatt oder in eine andere Arbeitsmappe kopieren. Wechseln Sie einfach nach dem Ausschneiden oder Kopieren in das Tabellenblatt oder über die Taskleiste in die Arbeitsmappe.

### Tipps zum schnellen Kopieren und Verschieben

▶ Sie können Zellinhalte auch verschieben oder kopieren und gleichzeitig eine neue Spalte oder Zeile für diese Inhalte einfügen. Halten Sie dazu während des Ziehens zusätzlich die **Umschalt-Taste** gedrückt! Ein grüner senkrechter oder waagrechter Balken erscheint. An dieser Stelle werden die Zellen nach dem Loslassen der Maustaste eingefügt, ohne vorhandene Inhalte zu überschreiben.

*Bild 4.24 Beim Verschieben neue Spalte erzeugen*

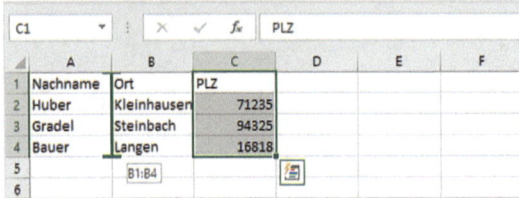

▶ Oder kopieren Sie eine Spalte/ Zeile oder schneiden Sie diese aus und klicken Sie unmittelbar darauf auf die Schaltfläche *Einfügen* (*Start ▶ Zellen*). Der Text wird automatisch in die neue Zeile bzw. Spalte eingefügt.

### Erweiterte Einfügeoptionen

Kopierte oder ausgeschnittene Inhalte müssen nicht mit ihrem ursprünglichen Aussehen am Zielort eingefügt werden. Beispielsweise können die ursprünglichen Formatierungen verworfen werden und vieles mehr.

Die verfügbaren Optionen erscheinen, wenn Sie zum Einfügen auf den Dropdown-Pfeil der Schaltfläche *Einfügen* (Register *Start*) klicken. Durch Zeigen auf eine der Optionen, wird am Einfügeort eine Vorschau sichtbar, mit einem Mausklick übernehmen Sie die Darstellung.

*Bild 4.25 Ursprüngliche Formatierung*

*Bild 4.26 Transponieren*

*Bild 4.27 Zahlenformat übernehmen*

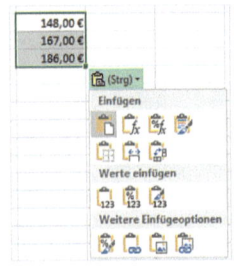

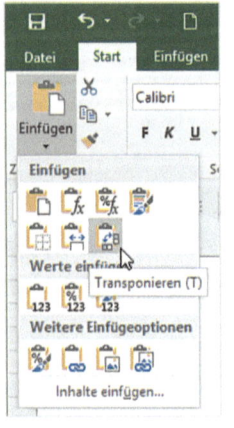

Alternativ verwenden Sie die Schaltfläche *Einfügeoptionen*, die im Tabellenblatt in der unteren rechten Ecke der eingefügten Daten erscheint. Durch Anklicken zeigen Sie die Einfügeoptionen an.

**Einfügen:** Zellinhalt und Formatierung werden eingefügt.

 **Keine Rahmenlinien:** Fügt den gesamten Zellinhalt einschließlich Zahlenformate und sonstiger Formatierungen (z. B. Füllfarbe) ein, mit Ausnahme der Rahmenlinien.

 **Breite der Ursprungsspalte beibehalten:** Alle Inhalte einschließlich aller Formatierungen und die ursprüngliche Spaltenbreite werden übernommen.

 **Transponieren:** Beim Einfügen werden Spalten und Zeilen vertauscht. Merken Sie sich diese Möglichkeit! Sie ist sehr nützlich zum schnellen Umgestalten von Tabellen (siehe Bild vorige Seite).

 **Werte:** Fügt ausschließlich Zellinhalte ohne Formatierungen (Werte) ein. Wenden Sie diese Option auf ein Datum an, wird die Zahl, die dem Datum zugrunde liegt, angezeigt, z. B. statt 1.1.2014 wird 41640 angezeigt.

**Tipp!** Soll anstelle einer Formel nur deren Ergebnis in die Zielzelle eingefügt werden, verwenden Sie diese Option.

 **Werte und Zahlenformat:** Fügt Zellinhalte zusammen mit den Zahlenformaten ein, sonstige Formatierungen (z. B. Schrift) werden nicht übernommen.

 **Werte und Quellformatierung:** Fügt Zellinhalte, Zahlenformate und alle übrigen Formate ein.

 **Formatierung:** Fügt ausschließlich die Zellenformatierung ein, die Zellen bleiben leer.

### Rechenoperationen beim Einfügen durchführen

Sie können beim Einfügen aus der Zwischenablage auch Rechenoperationen durchführen, beispielsweise einen Wert zu vorhandenen Werten am Zielort addieren. Im Beispiel unten soll zu allen Preisen 2,00 € addiert werden.

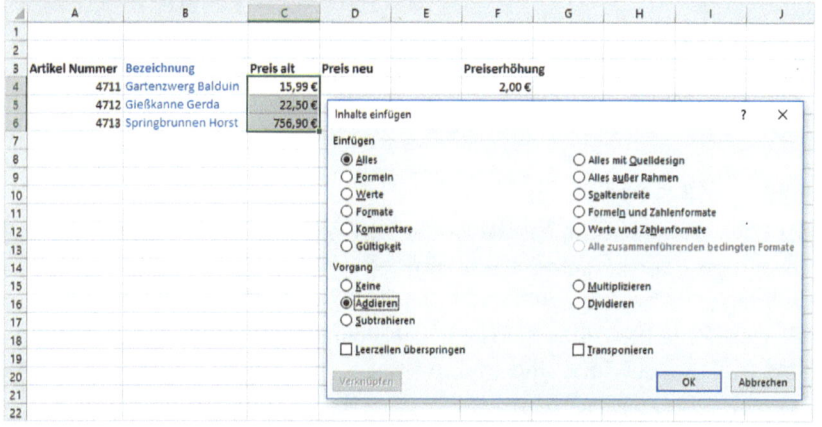

*Bild 4.28 Zahl addieren und neue Werte einfügen*

**1** Geben Sie an beliebiger Stelle im Arbeitsblatt die Zahl 2 ein. Markieren Sie die Zelle und kopieren Sie die Zahl in die Zwischenablage.

**2** Markieren Sie alle bisherigen Preise als Zielbereich und klicken Sie im Register *Start*, Gruppe *Zwischenablage*, auf den Dropdown-Pfeil des Symbols *Einfügen*. Verwenden Sie den Befehl *Inhalte einfügen…*

**3** Wählen Sie unter *Vorgang* die Option *Addieren* und bestätigen Sie mit *OK*.

### Die Office-Zwischenablage

Aus der Windows-Zwischenablage können Sie immer nur das zuletzt ausgeschnittene oder kopierte Element wieder einfügen. Im Gegensatz dazu speichert die Office-Zwischenablage bis zu 24 Elemente. Um sie zu verwenden, muss der Aufgabenbereich *Zwischenablage* geöffnet, d. h. im linken Bereich des Excel-Fensters sichtbar sein.

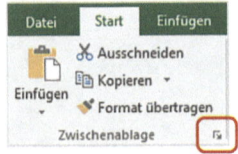

#### Den Aufgabenbereich Zwischenablage anzeigen

Zur Anzeige der Zwischenablage klicken Sie auf das Pfeilsymbol ⌐ der Gruppe *Zwischenablage* auf dem Register *Start*.

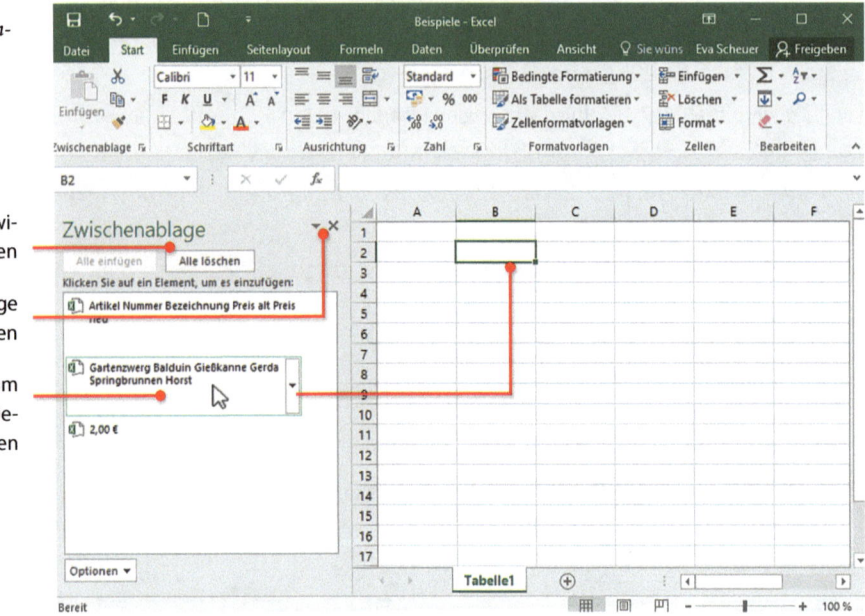

*Bild 4.29 Office-Zwischenablage*

❶ Alle Inhalte der Zwischenablage löschen

❷ Zwischenablage schließen

❸ Inhalt anklicken, um diesen ab der Markierung einzufügen

#### Mit der Zwischenablage arbeiten

▶ Sie können nun nacheinander bis zu 24 Elemente in die Zwischenablage ausschneiden oder kopieren. Diese können anschließend auch mehrfach und in beliebiger Reihenfolge wieder eingefügt werden. Zum Einfügen markieren Sie die erste Zelle des Zielbereichs und klicken in der Office-Zwischenablage mit der Maus auf den gewünschten Eintrag ❸.

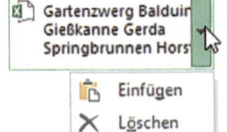

▶ Um ein kopiertes oder ausgeschnittenes Element aus der Zwischenablage zu entfernen, zeigen Sie mit der Maus auf den Eintrag. Dadurch wird ein Dropdown-Pfeil angezeigt. Klicken Sie diesen an und wählen Sie *Löschen* aus.

▶ Um alle Inhalte zu löschen, klicken Sie auf die Schaltfläche *Alle löschen* ❶.

#### Aufgabenbereich Zwischenablage schließen

Wenn Sie den Aufgabenbereich *Zwischenablage* nicht mehr benötigen, dann klicken Sie auf die Schaltfläche *Schließen* ❷.

## 4.5    Der Umgang mit Tabellenblättern

Im Blattregister am unteren Bildschirmrand sehen Sie alle Tabellenblätter der aktuellen Arbeitsmappe. Jede neue Arbeitsmappe, die mit der Vorlage *Leere Arbeitsmappe* erstellt wurde, enthält standardmäßig ein Tabellenblatt. Das Blatt ist als *Tabelle1* benannt. Andere Vorlagen können mehr Tabellenblätter zur Verfügung stellen.

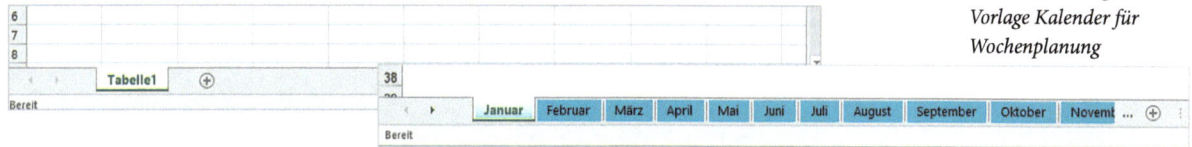

*Bild 4.30 Blattregister Vorlage Leere Arbeitsmappe*

*Bild 4.31 Blattregister Vorlage Kalender für Wochenplanung*

**Zwischen Tabellenblättern wechseln**

▶ Zum Wechseln zwischen Tabellenblättern klicken Sie im Blattregister einfach auf den Namen des Blattes ❶.

▶ Reicht das Register zur Anzeige aller Blätter nicht mehr aus, dann verwenden Sie die **Navigationspfeile** ❷, um weitere Blätter anzuzeigen. Um schnell an den Anfang bzw. das Ende des Blattregisters zu navigieren, halten Sie die **Strg-Taste** gedrückt und klicken auf den linken bzw. rechten Navigationspfeil. Mit den **Navigationspunkten** ❸ springen Sie zum nächsten nicht mehr sichtbaren Register.

▶ Geben Sie dem Blattregister mehr Platz, indem Sie auf die senkrechte, gepunktete Linie zeigen ❹ und bei gedrückter linker Maustaste nach rechts ziehen. Dadurch verkleinern Sie den Bereich, der der Bildlaufleiste zur Verfügung steht.

▶ Noch übersichtlicher werden die Tabellenblätter einer Arbeitsmappe angezeigt, wenn Sie mit der rechten Maustaste auf die Navigationspfeile klicken. Excel blendet eine Liste aller Blätter ein, klicken Sie einfach mit der Maus auf das gewünschte Arbeitsblatt, um dieses am Bildschirm anzuzeigen.

### Tabellenblätter einfügen, löschen und umbenennen

**Blatt einfügen**

Am einfachsten fügen Sie ein weiteres Tabellenblatt ein, indem Sie mit der Maus im Blattregister auf das Symbol *Neues Blatt* klicken. Die neuen Tabellenblätter werden fortlaufend durchnummeriert mit Tabelle2, Tabelle3 etc.. Da die Tabellenblätter abhängig von der Reihenfolge beim Einfügen und nicht nach ihrer Position nummeriert werden, ist die Nummerierung nicht immer identisch mit der Reihenfolge im Blattregister.

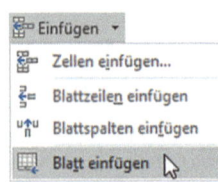

Weitere Möglichkeiten zum Hinzufügen von Tabellenblättern:

▶ Drücken Sie die Tastenkombination Umschalt + F11.

▶ Oder klicken Sie im Register *Start*, Gruppe *Zellen*, auf den Dropdown-Pfeil der Schaltfläche *Einfügen* und wählen *Blatt einfügen*.

Ein neues Tabellenblatt wird immer rechts vom aktiven Tabellenblatt (Blatt, dessen Inhalt am Bildschirm sichtbar ist) eingefügt. Die Nummerierung wird dabei nicht angepasst. Folgende Darstellung ist durchaus üblich und kann entweder durch Umbenennen der Blattregister oder Verschieben der Blätter korrigiert werden.

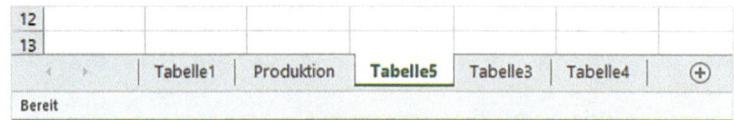

### Blatt löschen

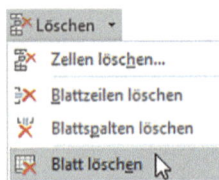

▶ Klicken Sie im Blattregister auf das Tabellenblatt, das gelöscht werden soll. Der Inhalt des Tabellenblatts wird angezeigt. Klicken Sie dann im Register *Start*, Gruppe *Zellen*, auf den Dropdown-Pfeil der Schaltfläche *Löschen* und wählen Sie *Blatt löschen* aus.

▶ Eine andere Möglichkeit bietet das Kontextmenü: Klicken Sie mit der rechten Maustaste im Blattregister auf den Namen des zu löschenden Blattes und wählen Sie *Löschen*.

> **Achtung:** Das Löschen von Tabellenblättern kann nicht rückgängig gemacht werden. Befinden sich Daten im Blatt, werden diese unwiederbringlich gelöscht. Aus diesem Grund fordert Excel Sie auf, das Löschen nochmals zu bestätigen.

### Blatt umbenennen

Noch übersichtlicher gestalten Sie eine Arbeitsmappe, wenn Sie jedes Blatt mit einem Namen versehen. Mit einem Doppelklick auf das Tabellenblatt im Blattregister markieren Sie den bisherigen Namen. Geben Sie anschließend über die Tastatur den neuen Namen ein. Bestätigen Sie mit der Enter-Taste oder klicken Sie an eine beliebige Stelle des Tabellenblattes.

*Bild 4.32 Doppelklick markiert den Namen. Dann kann ein neuer Name eingetippt werden.*

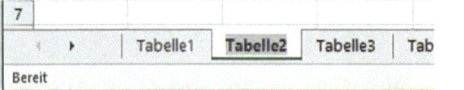 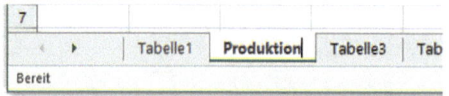

> Wenn im Menüband fast alle Befehle hellgrau dargestellt, d. h. nicht verfügbar sind, dann könnte der Grund dafür sein, dass noch der Name eines Tabellenblattes markiert ist.

## Registerfarbe

Excel bietet darüber hinaus die Möglichkeit, Tabellenblätter im Blattregister mit verschiedenen Farben zu kennzeichnen. Klicken Sie im Register *Start* ▶ Gruppe *Zellen* ▶ auf *Format* ▶ *Registerfarbe* oder klicken Sie mit der rechten Maustaste auf den Namen des Blattes und zeigen anschließend auf *Registerfarbe*.

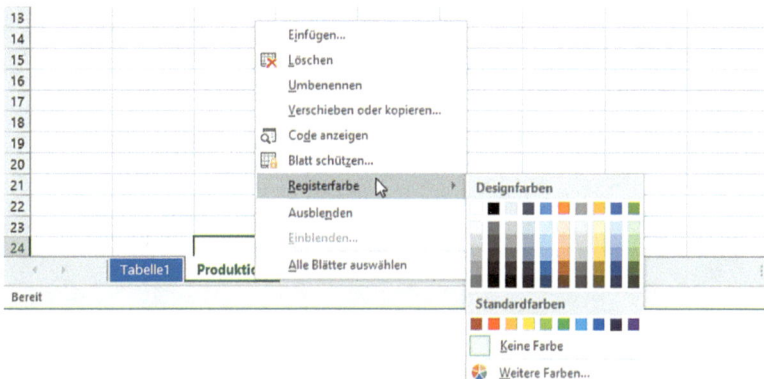

*Bild 4.33 Kontextmenü: Registerfarbe auswählen*

Die Tabellenblätter *Tabelle1* und *Produktion* (siehe Bild rechts) sind beide mit Registerfarbe blau hinterlegt. Beim aktuellen Tabellenblatt, d. h. dem Blatt welches gerade angezeigt wird, hier *Produktion*, wird die Farbe abgesoftet.

## Tabellenblatt verschieben oder kopieren

### Blatt verschieben

Innerhalb einer Arbeitsmappe können Sie die Reihenfolge der Tabellenblätter beliebig verändern. Ziehen Sie dazu einfach im Blattregister das Blatt mit gedrückter linker Maustaste an die neue Position.

 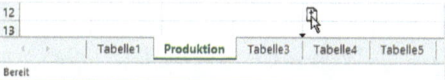

*Bild 4.34 Tabellenblatt verschieben*

*Bild 4.35 Tabellenblatt kopieren*

### Blatt kopieren

Wenn Sie ein Blatt kopieren, dann erstellen Sie eine 1:1 Kopie des Blattes einschließlich der Spaltenbreiten, Zeilenhöhen und aller Druckeinstellungen. Dabei verfahren Sie wie beim Verschieben eines Tabellenblatts, halten Sie allerdings zusätzlich die **Strg-Taste** gedrückt. Am Mauszeiger wird dadurch ein Pluszeichen sichtbar und das Blatt wird kopiert.

Innerhalb einer Arbeitsmappe können zwei Tabellenblätter nicht denselben Namen tragen. Beim Kopieren des Tabellenblatts *Produktion* wird die Kopie mit dem Namen *Produktion (2)* eingefügt.

**Tabellenblatt in eine andere Mappe verschieben bzw. kopieren**

Wenn Sie das Blatt in eine andere, bereits bestehende Arbeitsmappe verschieben oder kopieren möchten, dann muss diese Arbeitsmappe geöffnet sein.

▷   Klicken Sie mit der rechten Maustaste im Blattregister auf den Namen des zu kopierenden Blattes und klicken im Kontextmenü ❶ auf den Befehl *Verschieben oder kopieren…* oder

   Klicken Sie Register *Start*, Gruppe *Zellen*, auf die Schaltfläche *Format* und auf den Befehl *Blatt verschieben/ kopieren*.

▷   In beiden Fällen wird das Dialogfenster *Verschieben oder kopieren* geöffnet.

▷   Wählen Sie die Mappe ❸ , in die das Blatt eingefügt werden soll.

▷   Geben Sie die Position an ❹, an der das Blatt eingefügt werden soll.

> Soll eine Kopie erstellt werden, dann vergessen Sie nicht, das Kontrollkästchen bei *Kopie erstellen* ❺ zu aktivieren, ansonsten wird das Blatt verschoben!

*Bild 4.36 Tabellenblatt verschieben*

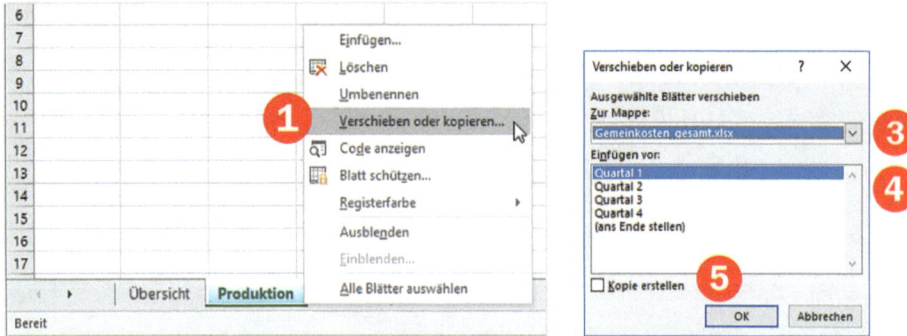

## Tabellenblätter gruppieren und gleichzeitig bearbeiten

Wenn Sie mehrere Arbeitsblätter gleichzeitig bearbeiten möchten, dann fassen Sie die entsprechenden Blätter zuvor zu einer Gruppe zusammen. Alle Bearbeitungsschritte, z. B. Eingaben oder Formatierungen, erfolgen in den gruppierten Tabellen gleichzeitig. Vergessen Sie daher nicht, die Gruppierung auch wieder aufzuheben! So geht's:

**1**   Klicken Sie auf das Register des ersten Tabellenblattes.

**2**   Drücken Sie nun die **Strg-Taste** und halten Sie die Taste gedrückt, während Sie nacheinander im Blattregister die benötigten Tabellenblätter anklicken.

   Mehrere aufeinanderfolgende Tabellenblätter können Sie auch markieren, indem Sie im Blattregister auf das erste Blatt  und anschließend mit gleichzeitig gedrückter **Umschalt** (**Shift**)**-Taste** auf das letzte zu gruppierende Blatt klicken.

Die Namen der gruppierten Blätter werden im Blattregister heller und durch eine grüne Unterstreichung hervorgehoben. Im Beispiel unten sind die Tabellenblätter Januar, Februar, März gruppiert.

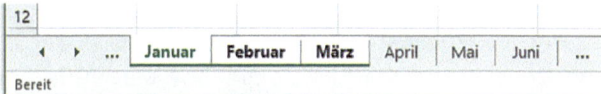

*Bild 4.37 Gruppierte Tabellenblätter*

Einen weiteren Hinweis auf die Gruppierung liefert die Titelleiste des Excel-Fensters. Hier finden Sie neben dem Dateinamen in Klammern den Hinweis [Gruppe].

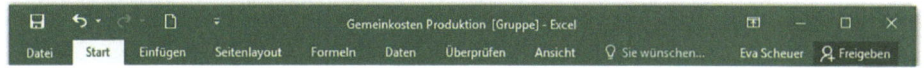

*Bild 4.38 Info in der Titelleiste zu gruppierten Tabellenblättern*

**Gruppierung aufheben**

Zum Aufheben der Gruppierung klicken Sie entweder mit der Maus auf das Register eines Arbeitsblattes, das nicht zur Gruppe gehört oder verwenden Sie aus dem Kontextmenü des Blattregisters den Befehl *Gruppierung aufheben*.

## Tabellenblätter aus- und wieder einblenden

Bei Bedarf können einzelne Tabellenblätter auch aus- und wieder eingeblendet werden, z. B. um sie vor unbeabsichtigten Änderungen zu schützen. Klicken Sie dazu im Register *Start*, Gruppe *Zellen*, auf die Schaltfläche *Format*. Zeigen Sie auf den Befehl *Ausblenden & Einblenden* und klicken Sie dann auf *Blatt ausblenden*.

*Bild 4.39 Tabellenblatt ausblenden*

*Bild 4.40 Tabellenblatt einblenden*

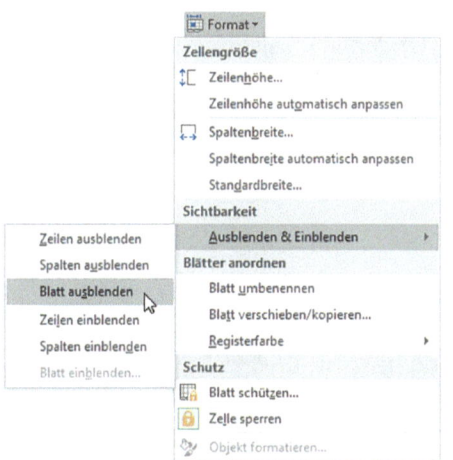

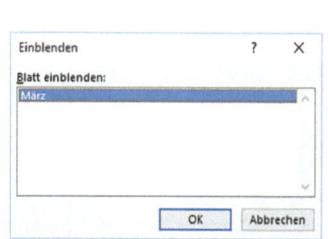

Zum Einblenden eines Blattes klicken Sie erneut auf *Format - Ausblenden & Einblenden* und anschließend auf *Blatt einblenden…*. Im Fenster *Einblenden* wählen Sie das Tabellenblatt aus, welches wieder angezeigt werden soll.

## 4.6 Übung

Starten Sie Microsoft Excel mit einer neuen, leeren Arbeitsmappe und geben Sie in das erste Tabellenblatt die folgenden Inhalte ein. Ergänzen Sie die Tabelle eventuell um weitere, beliebige Adressen.

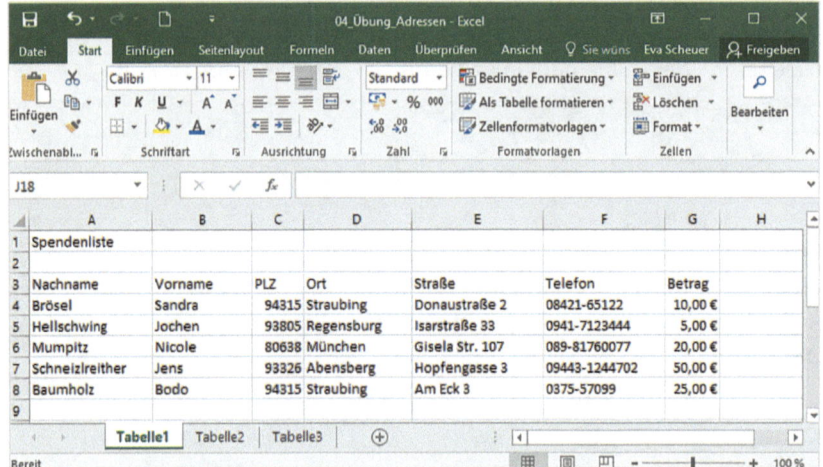

- Passen Sie die Spaltenbreiten an den Inhalt der Zelle an.

- Alle Zeilen der Tabelle erhalten eine einheitliche Zeilenhöhe von 21 pt.

- Verschieben Sie die Telefonnummern so, dass sie zwischen den Spalten *Vorname* und *PLZ* eingefügt werden, ohne die vorhandenen Inhalte zu löschen.

- Fügen Sie zwischen den Zeilen 6 und 7 eine Zeile ein und geben Sie hier eine beliebige Adresse ein.

- Fügen Sie links von *Nachname* in Spalte A eine Spalte für die Anrede ein und ergänzen Sie die Tabelle entsprechend.

- Verschieben Sie die Überschrift *Spendenliste* nach B1 und löschen Sie Zeile 2.

- Das Tabellenblatt soll den Namen *2017* erhalten.

- Erzeugen Sie ein neues Tabellenblatt und nennen es *2018*. Das neue Tabellenblatt *2018* soll an erster Stelle des Blattregisters angezeigt werden.

- Kopieren Sie die gesamten Inhalte des Tabellenblatts *2017* in das Tabellenblatt *2018* und löschen Sie die Euro-Beträge.

- Welche Möglichkeit gibt es noch, um eine Kopie einer Tabelle in einem weiteren Blatt zu erzeugen?

# 5 Tabellen optisch gestalten

**In diesem Kapitel lernen Sie...**

- allgemeine Zellformate, z. B. Rahmenlinien und Füllfarben
- schnelle Gestaltung mit Formatvorlagen
- Design zusammenstellen und eigene Designfarben wählen
- Zellen abhängig vom Inhalt formatieren

**Das sollten Sie bereits wissen**

- Daten in Excel eingeben
- Zellen markieren
- Spaltenbreite und Zeilenhöhe verändern

## 5.1    Übersicht und Begriffe

Register Start

Dialogfenster
*Zellen formatieren* öffnen

Minisymbolleiste

Kontextmenü

Dialogfenster *Zellen
formatieren*

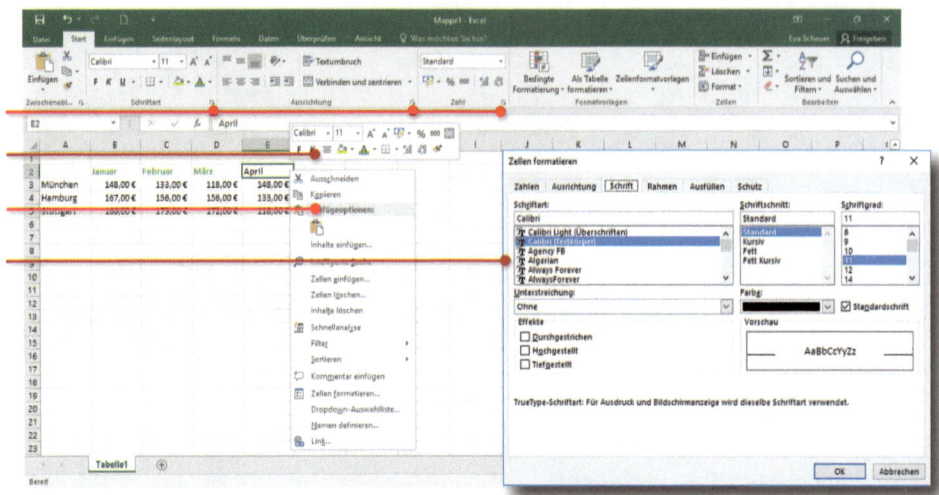

Excel 2016 verfügt über umfangreiche Gestaltungsmöglichkeiten, mit denen Sie Ihre Tabellen optisch aufbereiten. Am einfachsten ist die Verwendung einer Tabellenformatvorlage, die automatisch die gesamte Tabelle einbezieht. Daneben können Sie natürlich auch einzelnen Zellen und Zellbereichen eine andere Schrift, Rahmenlinien und Farben zuweisen, wie Sie es vielleicht aus anderen Office Programmen kennen.

Die Standardschriftart und die zunächst vorgeschlagenen Farben sind vom Design abhängig und mit der Auswahl anderer Designfarben und/oder Schriften erhält die gesamte Arbeitsmappe ein völlig anderes Aussehen.

### Ein Überblick über die Formatierungsbefehle

▶   Im Register *Start* finden Sie in den Gruppen *Schriftart*, *Ausrichtung* und *Zahl* alle wichtigen Werkzeuge zur Formatierung.

▶   Das Dialogfenster *Zellen formatieren* enthält eine Zusammenfassung aller Zellformate, z. B Schriftart, Rahmenlinie, Füllfarbe und auch aller Zahlenformate. Sie öffnen dieses Fenster entweder über das Kontextmenü (Anklicken einer Zelle mit der rechten Maustaste) und Auswahl des Befehls *Zellen formatieren…* oder mit einem Mausklick auf das Pfeilsymbol ⌟, welches Sie in der Gruppe *Schriftart*, *Ausrichtung* oder *Zahl* finden. Egal auf welches Pfeilsymbol Sie klicken, es wird immer das Dialogfenster *Zellen formatieren* geöffnet. Allerdings, je nach Auswahl, entweder mit dem Register *Schrift*, *Ausrichtung* oder *Zahlen*.

▶   Die *Minisymbolleiste* bietet eine Zusammenstellung häufig verwendeter Formatierungen. Die Minisymbolleiste erscheint zusammen mit dem Kontextmenü, wenn Sie mit der rechten Maustaste auf eine Zelle oder einen markierten Zellbereich klicken.

## 5.2 Schnelle Tabellengestaltung mit Formatvorlagen

### Einen Zellbereich als Tabelle formatieren

Formatvorlagen sind die schnellste und einfachste Möglichkeit, eine Tabelle mit Farben und Rahmenlinien zu versehen. Excel verfügt über einen Katalog verschiedener Vorlagen, den Sie im Register Start Register *Start* ▶ Gruppe *Formatvorlagen* mit Klick auf die Schaltfläche *Als Tabelle formatieren* anzeigen.

Gleichzeitig wird aus dem markierten Bereich eine „intelligente" Tabelle. Dies bedeutet, dass beim Hinzufügen weiterer Zeilen und/oder Spalten vorhandene Formate automatisch übernommen und der Zellbereich automatisch erweitert wird.

Nähere Details zu den Organisations- und Analysemöglichkeiten von intelligenten Tabellen lesen Sie in Kapitel 10.5.

**1** Markieren Sie den Zellbereich, der formatiert werden soll. Wenn es sich um einen zusammenhängenden Zellbereich handelt, dann reicht es meist, wenn eine einzelne Zelle in diesem Bereich markiert ist.

**2** Klicken Sie auf die Schaltfläche *Als Tabelle formatieren* und klicken Sie auf eine der Vorlagen. Excel blendet ein anschließend das Fenster *Als Tabelle formatieren* ein, in dem Sie den Zellbereich der Tabelle kontrollieren und ggf. verändern können.

**3** Überprüfen Sie, ob das Häkchen bei *Tabelle hat Überschriften* korrekt ist und bestätigen Sie mit *OK*.

**Achtung:** Enthält der markierte Bereich keine Überschriften, dann wird automatisch eine Beschriftungszeile hinzugefügt und die einzelnen Spalten mit Spalte 1, Spalte 2 etc. bezeichnet.

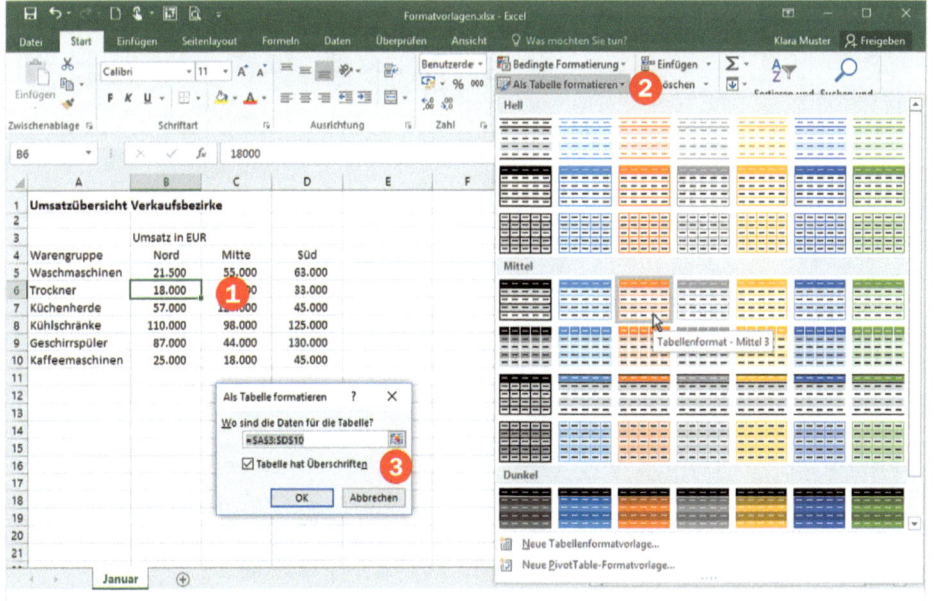

*Bild 5.1 Zellbereich als intelligente Tabelle formatieren*

Zur weiteren Bearbeitung der Tabelle steht jetzt das kontextbezogene Register *Tabellentools-Entwurf* zur Verfügung (Bild unten). Achtung: Dieses Register wird nur angezeigt, wenn die Tabelle oder eine Zelle der Tabelle markiert sind.

▶ Die Spaltenüberschriften des Tabellenbereichs wurden zusätzlich mit Pfeilen ❶ versehen, über die Sie die Tabelle schnell sortieren und filtern können, siehe Kapitel 10. Wenn Sie die Pfeile als störend empfinden, dann deaktivieren Sie im Register *Tabellentools-Entwurf*, Gruppe *Optionen für Tabellenformat* das Kontrollkästchen *Schaltfläche Filter* ❷.

▶ In Gruppe *Optionen für Tabellenformat* können Sie über weitere Kontrollkästchen steuern, ob Sonderformate der Formatvorlage, z. B. fette Schrift wie im Bild unten, in die erste oder letzte Spalte übernommen werden sollen.

▶ Sollte Ihnen die gewählte Formatvorlage nicht zusagen, dann klicken Sie in der Gruppe *Tabellenformatvorlagen* ❸ auf den Pfeil *Weitere* ▾ und wählen eine andere Vorlage. In diesem Fall erhalten Sie im Tabellenblatt eine Vorschau, wenn Sie auf eine Vorlage zeigen und können so die Wirkung vorab testen.

*Bild 5.2 Die Tabelle mit dem Register Entwurf*

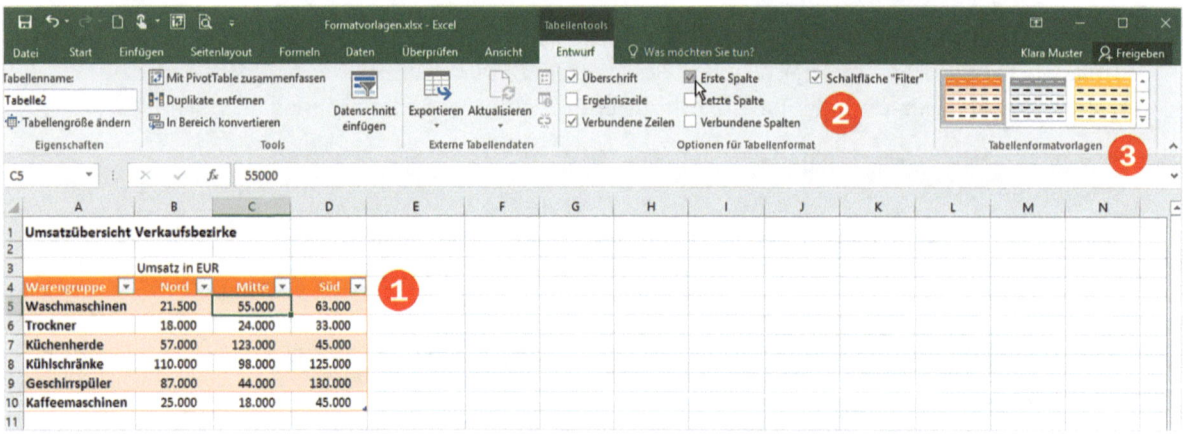

## Formatvorlage entfernen

*Formatvorlagen für Tabellen beziehen keine Zahlenformate, z. B. Währung oder Prozent ein!*

Um die Formatierung einer Vorlage wieder zu entfernen, wählen Sie die erste Formatvorlage oben links, *Keine*. Wenn Sie anschließend auch noch den Tabellenbereich wieder in einen normalen Zellbereich umwandeln möchten, dann klicken Sie in der Gruppe *Tools* auf *In Bereich konvertieren* und bestätigen die nachfolgende Rückfrage mit *Ja*.

**Achtung**: Der Befehl *In Bereich konvertieren* wandelt nur in einen einfachen Zellbereich um, entfernt aber keine Formate!

> **Hinweis:** Die Bezeichnung Tabelle wird auch für Zellbereiche verwendet, die nicht als intelligente Tabelle formatiert wurden und auch Excel verwendet den Begriff Tabelle nicht immer eindeutig. Daher wird in diesem Buch zur besseren Unterscheidung der Begriff Tabellenbereich für intelligente Tabellen verwendet.

### Zellenformatvorlagen

Für Zellen stellt Excel ebenfalls verschiedene Formatvorlagen bereit. Da es sich um Vorlagen für einzelne Zellen handelt, müssen Sie im Gegensatz zu Tabellenformatvorlagen zuerst die entsprechenden Zellen markieren. Klicken Sie dann im Register *Start* ▶ Gruppe *Formatvorlagen* auf *Zellenformatvorlagen* und wählen Sie eine Vorlage aus. Sie erhalten im Tabellenblatt an der markierten Zelle eine Vorschau, wenn Sie auf eine Vorlage zeigen, erst mit Klick übernehmen Sie das Format.

Wenn Sie ein Format schnell wieder entfernen möchten, dann klicken Sie oben links auf die Vorlage *Standard*.

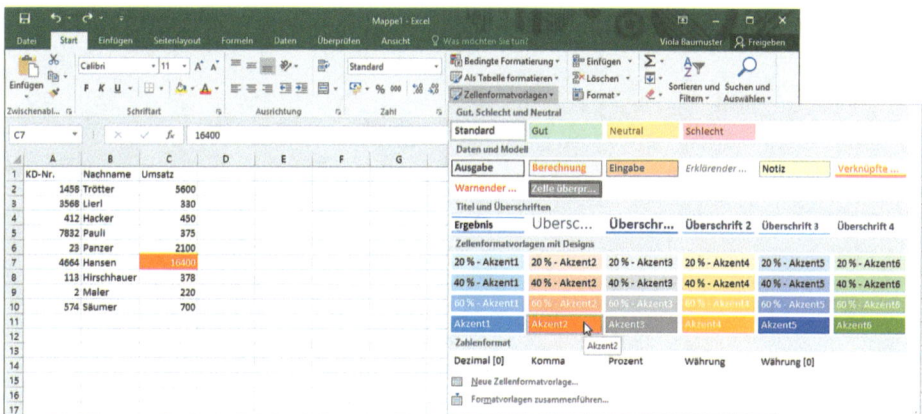

*Bild 5.3 Zellenformatvorlagen verwenden*

## 5.3    Farben und Schriftarten der Vorlagen mit Designs ändern

Farben und Schrift aller Formatvorlagen beruhen, wie in anderen Office-Anwendungen, auf Designs. Ein Design setzt sich zusammen aus einer Auswahl aufeinander abgestimmter Farben, ausgewählten Schriftarten und grafischen Effekten. Standardmäßig verwendet Excel 2016 das Design *Office*. Dieses beinhaltet die Standardschriftart *Calibri* und eine Farbpalette mit Blau-, Orange-, Gelb- und Grüntönen. Wenn Sie andere Farben und/oder Schriften wünschen, dann wählen Sie entweder ein anderes Design oder auch nur eine andere Farbgruppe oder andere Schriftarten. Sie können auch eigene Designfarben zusammenstellen und speichern.

> Die Auswahl eines anderen Designs oder Änderung von Designfarben und -schriften wirkt sich auf die gesamte Arbeitsmappe aus. Bereits angewendete Farben, z. B. Hintergerund- oder Schriftfarbe werden dadurch geändert.

### Ein anderes Design auswählen

Klicken Sie auf das Register *Seitenlayout* und in der Gruppe *Designs* auf die Schaltfläche *Designs*. Falls Sie im aktuellen Tabellenblatt Formatvorlagen für Tabellen und/oder Zellen verwendet haben, sehen Sie hier eine Vorschau, sobald Sie auf ein Design zeigen. Erst mit einem Klick wird das neue Design übernommen.

Im Bild unten wird als Beispiel das Design *Facette* ausgewählt. Dieses Design verwendet die Schriftart *Trebuchet MS*, bietet eine Farbzusammenstellung mit weniger blau und mehr Rot- und Grüntönen und versieht Formen mit einem dunkleren Rand.

*Bild 5.4 Beim Zeigen auf ein Design sehen Sie im Tabellenblatt eine Vorschau.*

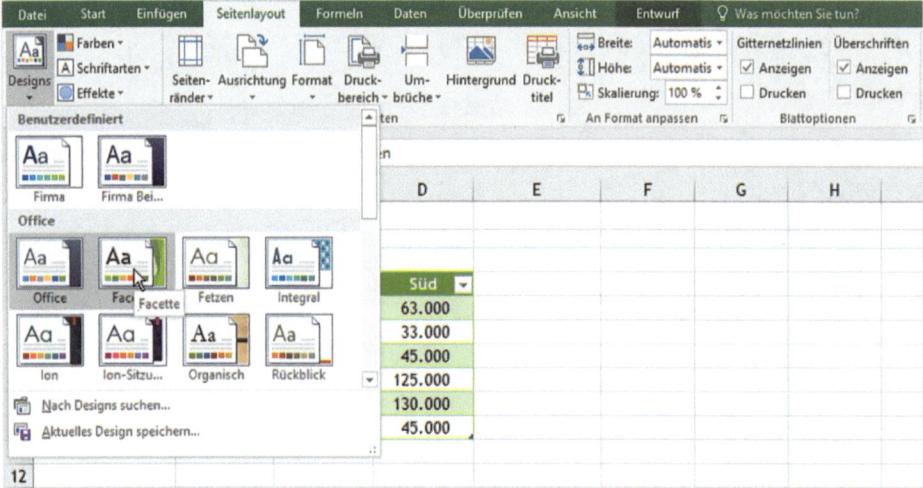

### Eigene Designs zusammenstellen

Statt eines vorgegebenen Designs können Sie über die Schaltlächen *Farben*, *Schriftarten* und *Effekte* derselben Gruppe auch einzelne Elemente beliebig anpassen und so ein eigenes Design zusammenstellen und bei Bedarf auch für weitere Verwendung speichern.

▶ Mit Klick auf die Schaltfläche *Farben* erhalten Sie eine Liste von aufeinander abgestimmten Farben. Diese werden nicht nur für Tabellen bzw. Tabellenformatvorlagen verwendet, sondern auch für Diagramme und erscheinen an vorderster Stelle, wenn Sie die Farbe von Schrift und Hintergrund ändern möchten.

▶ Wenn Sie einfach nur eine andere Standardschrift in der gesamten Arbeitsmappe verwenden möchten, dann klicken Sie auf die Schaltfläche *Schriftarten* und wählen hier eine andere Schrift.

▶ Über die Schaltfläche *Effekte* können Sie unter verschiedenen Schatten- und 3D-Effekten wählen. Diese wirken sich auf die Formatvorlagen für grafische Elemente, z. B. Diagramme aus.

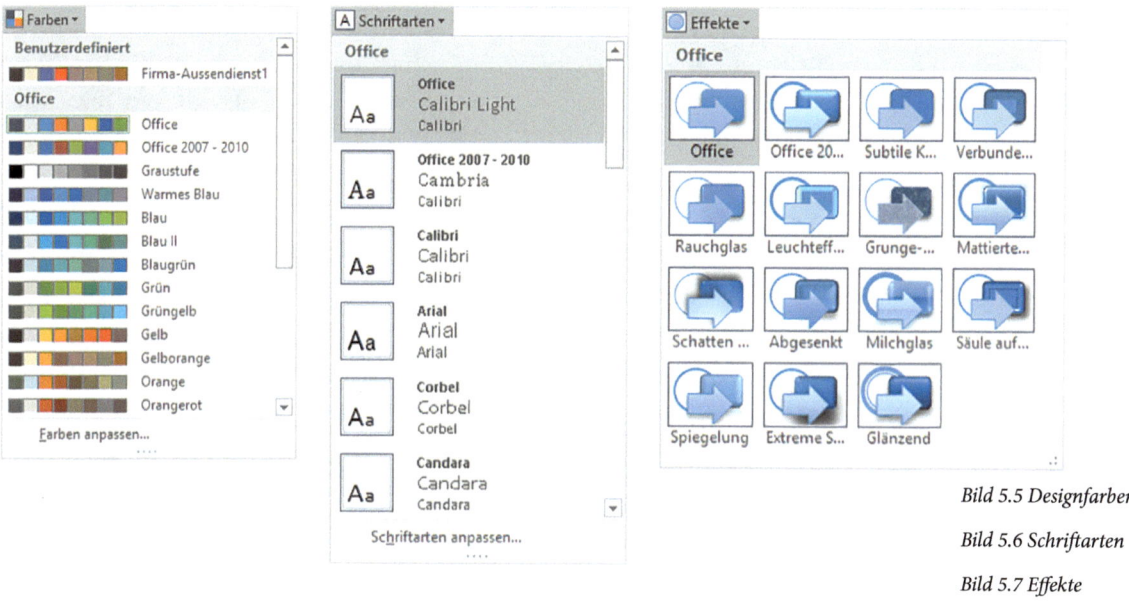

Bild 5.5 Designfarben

Bild 5.6 Schriftarten

Bild 5.7 Effekte

## Designfarben ändern

Designs und Designfarben machen ein einheitliches Erscheinungsbild von Arbeitsmappen leicht. Die ausgewählten Designfarben z. B. erscheinen auch, wenn Sie eine
andere Schriftfarbe auswählen möchten. Als Beispiel wurden im Bild unten die Designfarben Blaugrün gewählt. Diese werden auch bei der Auswahl der Füllfarbe angezeigt.

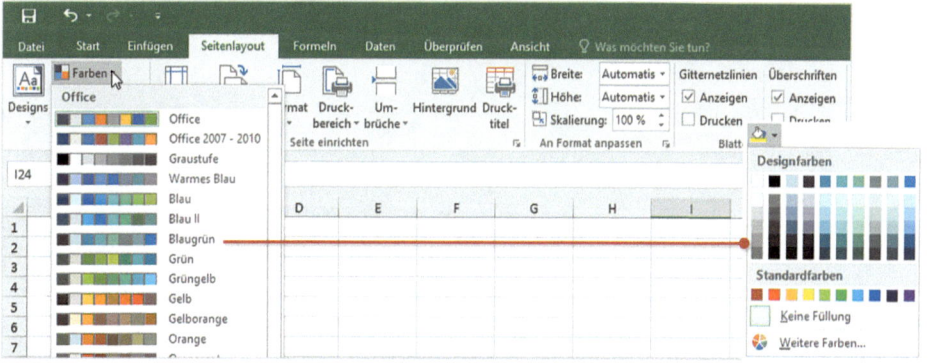

Bild 5.8 Hier wurde die
Designfarbe Blaugrün aus-
gewählt; dadurch wird bei
Füllfarbe im Register Start
nun diese Farbzusammen-
stellung angezeigt

### So stellen Sie Ihre eigenen Designfarben zusammen

Falls Sie unter den Farbzusammenstellungen der Schaltfläche Farben nicht die gewünschten Farben finden oder für Ihre Firma ganz bestimmte Farben benötigen, dann
stellen Sie Ihre eigenen Designfarben zusammen und speichern diese anschließend.

**1**  Dazu klicken Sie auf die Schaltfläche *Farben* und wählen zunächst eine Zusammenstellung, die Ihren Vorstellungen am nächsten kommt.

**2**    Klicken Sie dann erneut auf *Farben* und hier auf *Farben anpassen...* ❶.

**3**    Im Dialogfenster *Neue Designfarben erstellen* sehen Sie, welche Farben für welche Elemente verwendet werden und können mit Klick auf den Pfeil der jeweiligen Farbe, z. B. Akzent 2 ❷ diese durch eine andere Farbe ersetzen.

**4**    Wenn Sie eine völlig andere Farbe auswählen möchten, dann klicken Sie auf *Weitere Farben...* ❸. Hier können Sie im Register *Standard* ❹ entweder eine der Standardfarben wählen oder im Register *Benutzerdefiniert* ❺ eine Farbe anhand ihres RGB-Farbwerts genau festlegen.

*Bild 5.9 Designfarben anpassen*

*Bild 5.10 Neue Designfarben auswählen*

*Bild 5.11 Farbwert festlegen*

**5**    Im Fenster *Neue Designfarben erstellen* können Sie anschließend die Wirkung der Farben in einer Vorschau  beurteilen und ggf. mit Klick auf die Schaltfläche *Zurücksetzen* schnell wieder die ursprünglichen Farben herstellen.

**6**    Geben Sie zuletzt Im Feld *Name* einen Namen für Ihre Designfarben ein und klicken Sie auf *Speichern*.

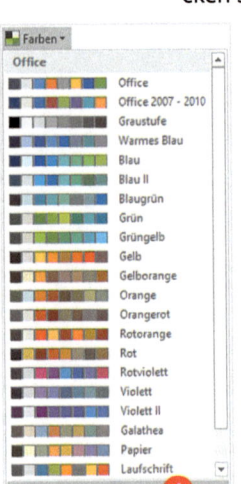 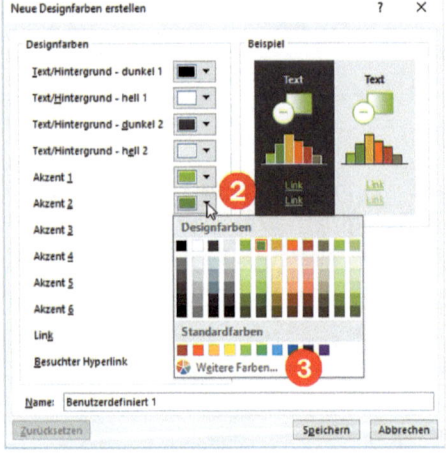 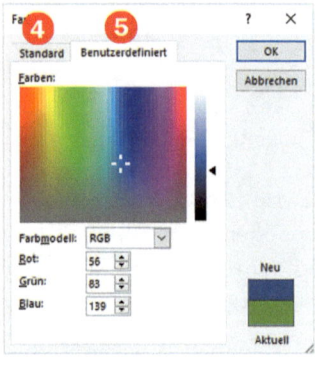

Die neuen Designfarben erscheinen anschließend unter *Benutzerdefiniert*, wenn Sie auf *Farben* klicken. Um die Farben nachträglich zu bearbeiten, klicken Sie mit der rechten Maustaste auf die Farbzusammenstellung und auf *Bearbeiten....* Mit *Löschen...* können Sie nicht benötigte Designfarben wieder entfernen.

*Bild 5.12 Benutzerdefinierte Designfarben nachträglich bearbeiten*

**Ein geändertes Design für weitere Verwendung speichern**

Wenn Sie das gesamte geänderte Design für weitere Verwendung speichern möchten, dann klicken Sie auf die Schaltfläche *Designs* und hier auf *Aktuelles Design speichern....*

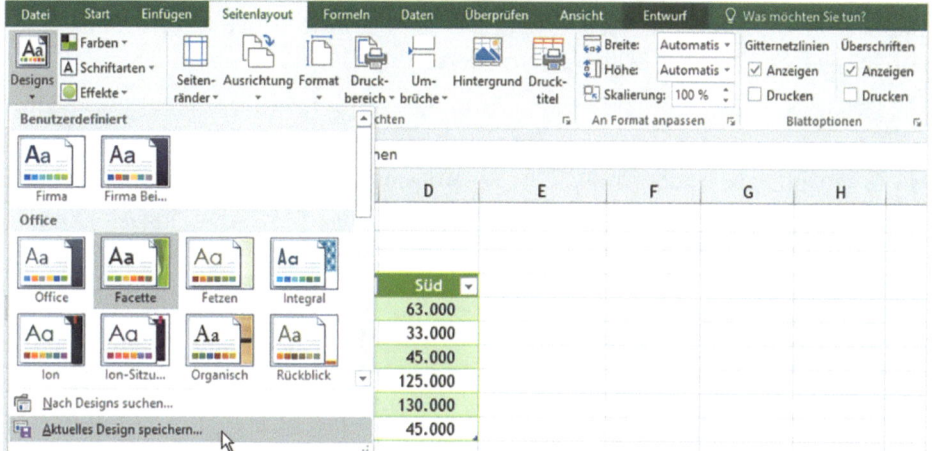

*Bild 5.13 Aktuelles Design speichern*

Geben Sie im anschließenden Dialogfenster *Aktuelles Design speichern* einen Dateinamen ein und klicken Sie auf *Speichern*. Designs werden standardmäßig auf der lokalen Festplatte im Ordner *Microsoft\Templates\Document Themes\* des jeweiligen Benutzers mit der Dateinamenserweiterung *.thmx* gespeichert und stehen ab sofort auch in den Office-Anwendungen Word und PowerPoint zur Verfügung.

Umgekehrt sind in Excel natürlich auch Designs verfügbar, die mit PowerPoint oder Word erstellt und gespeichert wurden.

## 5.4 Schriftart, Farben und Linien

Unabhängig von Formatvorlagen können Sie natürlich auch einzelne Zellen und ganze Tabellen komplett nach eigenen Vorstellungen gestalten. Alle Schriftattribute finden Sie im Register *Start*, Gruppe *Schriftart* oder im Register *Schrift* des Dialogfensters *Zellen formatieren*. Alle hier ausgewählten Formate beziehen sich ausschließlich auf die markierte Zelle bzw. den markierten Zellbereich.

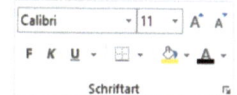

> Alle Formatierungen beziehen sich ausschließlich auf den markierten Zellbereich! Theoretisch kann jede einzelne Zelle eine andere Formatierung aufweisen.

## Schriftart und Füllfarbe

Das Register *Start* (ebenso das Dialogfenster *Zellen formatieren* oder die Minisymbolleiste) dient nicht nur der Auswahl einer Formatierung, sondern auch der Anzeige der aktuellen Formatierung der markierten Zelle. So ist z. B. die Schaltfläche *Fett* hervorgehoben, wenn die aktuelle Zelle fett formatiert wurde.

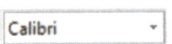

▶ **Schriftart**
Zum Ändern der Schriftart markieren Sie die Zelle oder den Zellbereich und klicken auf den Dropdown-Pfeil der Schaltfläche *Schriftart*. Wenn Sie mit der Maus auf eine Schriftart zeigen, erhalten Sie im Tabellenblatt eine Vorschau. Klicken Sie die gewünschte Schriftart an, um diese zu übernehmen.

▶ **Schriftattribute**
Mit diesen Symbolen schalten Sie die Schriftattribute *Fett*, *Kursiv* und *Unterstrichen* ein bzw. wieder aus. Ein Mausklick auf den Dropdown-Pfeil der Schaltfläche *Unterstreichen* bietet die Option *Doppelt unterstrichen* an.

▶ **Schriftgrad**
Klicken Sie auf den Dropdown-Pfeil, um eine größere oder kleinere Schrift auszuwählen. Der Schriftgrad wird in Punkten (pt.) angegeben, wobei ein Punkt etwa 0,35 mm entspricht. Sie können im Feld auch einen Schriftgrad über die Tastatur eintippen. Bestätigen Sie die Eingabe dann mit der Enter-Taste.

Die Schaltflächen *Schriftgrad vergrößern* bzw. *Schriftgrad verkleinern* ändern ebenfalls die Schriftgröße: Mit jedem Mausklick vergrößert bzw. verkleinert Excel die Schrift um 1 Punkt (bei Verwendung einer Standardschriftart).

▶ **Schriftart für die gesamte Arbeitsmappe ändern**
Die Standardschriftart von Excel 2016 ist Calibri mit einem Schriftgrad von 11 pt. Im Register *Seitenlayout*, Gruppe *Designs*, Schaltfläche *Schriftarten*, können Sie für die gesamte Arbeitsmappe eine andere Standardschrift auswählen.

Normalerweise bezieht sich eine Änderung der Schrift, z. B. Fett oder Unterstrichen auf den gesamten Zellinhalt. **Ausnahme**: Wenn in Ausnahmefällen nur einzelne Zeichen innerhalb einer Zelle unterschiedliches Aussehen erhalten sollen, dann müssen Sie zuerst mit Doppelklick den Zellinhalt editieren , anschließend die gewünschten Zeichen markieren und diese dann formatieren, siehe Bild unten. Oder Sie markieren die Zeichen in der Bearbeitungsleiste, bevor Sie ein Format zuweisen.

*Bild 5.14 Einzelne Zeichen markieren und formatieren*

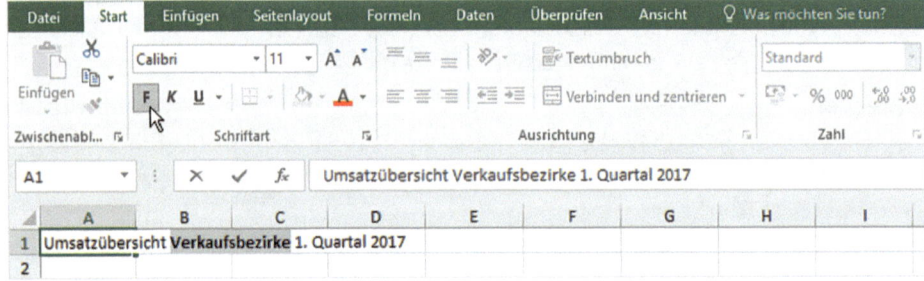

### Füllfarbe

▷ Um eine Füllfarbe zu vereinbaren, markieren Sie den gewünschten Bereich, klicken Sie auf den Dropdown-Pfeil der Schaltfläche *Füllfarbe* und wählen eine Farbe durch Anklicken aus.

Wenn Sie dagegen direkt auf das Symbol klicken, wird die auf der Schaltfläche angezeigte Farbe übernommen. Dies ist immer die zuletzt ausgewählte Farbe.

▷ Um eine Füllfarbe nachträglich wieder zu entfernen, klicken Sie auf den Dropdown-Pfeil der Schaltfläche *Füllfarbe* und wählen *Keine Füllung* aus. Dies ist auch die Standardeinstellung.

> Wurde einem Zellbereich eine Füllfarbe zugewiesen, sind die Gitternetzlinien des Tabellenblattes in diesem Bereich nicht sichtbar. Dies gilt auch für die Füllfarbe weiß! Gegebenenfalls behelfen Sie sich hier durch Setzen von Rahmenlinien.

### Schriftfarbe

▷ Auch für die Vereinbarung einer Schriftfarbe ist es ausreichend, eine Zelle oder einen Zellbereich zu markieren und durch Anklicken des DropDown-Pfeils bei *Schriftfarbe* eine Farbe auszuwählen.

▷ Mit der Auswahl *Automatisch* wählen Sie die Standardfarbe Ihres Druckers, in der Regel schwarz ist.

## Zellinhalte ausrichten

Standardmäßig werden nach der Eingabe Texte linksbündig und Zahlen rechtsbündig an der Zelle ausgerichtet. Änderungen der horizontalen oder vertikalen Ausrichtung und des Einzugs nehmen Sie im Register *Start* mit den Symbolen der Gruppe *Ausrichtung* vor. Die Ausrichtung steuern Sie mit den folgenden Schaltflächen:

> Beachten Sie, dass die automatische Ausrichtung von Text (linksbündig) und Zahlen (rechtsbündig) bei der Eingabe auch der Kontrolle dient. Es ist daher empfehlenswert, die Ausrichtung erst nach Abschluss der Eingabe zu ändern.

### Schaltflächen zum Ausrichten von Zellinhalten

| Schaltfläche | Aktion | Beschreibung |
|---|---|---|
| ☰ ☰ ☰ | **Horizontal** | Diese drei Symbole steuern die horizontale Ausrichtung in der Zelle: Linksbündig, Zentriert, Rechtsbündig. |

| Schaltfläche | Aktion | Beschreibung |
|---|---|---|
| | **Vertikal** | Mit diesen Symbolen ändern Sie die vertikale Ausrichtung des Zellinhalts: Oben, Zentriert, Unten.<br><br>Änderungen der vertikalen Ausrichtung sind nur bei ausreichender Zeilenhöhe sichtbar. |
| | **Drehen** | Über den DropDown-Pfeil der Schaltfläche *Ausrichtung* wählen Sie die gewünschte Drehung des Texts. Die Zellhöhe passt sich automatisch an. Weitere Möglichkeiten stehen über den Befehl *Zellenausrichtung formatieren* zur Verfügung. |
| | **Einzüge** | Um zu verhindern, dass Zellinhalte unmittelbar am linken oder rechten Zellenrand ausgerichtet werden, verwenden Sie Einzüge:<br><br>■ Texte rücken Sie gegenüber dem linken Zellenrand ein, indem Sie auf die Schaltfläche *Einzug vergrößern* klicken. Jeder Mausklick rückt um ein Zeichen ein. Mit der Schaltfläche *Einzug verkleinern* verringern Sie den Einzug wieder.<br><br>■ Enthält eine Zelle Zahlen oder Datumswerte, so wird der Zellinhalt über die Schaltfläche *Einzug vergrößern* ebenfalls eingerückt, allerdings gleichzeitig linksbündig ausgerichtet. Sie müssen also anschließend wieder rechtsbündige Ausrichtung herstellen. |
| | **Zellen verbinden** | Mit der Schaltfläche *Verbinden und zentrieren* fassen Sie markierte Zellen zu einer einzigen Zelle zusammen, z. B. wenn Sie eine Überschrift über zwei oder mehr Spalten zentrieren wollen. Sie können Zellen nicht nur horizontal, sondern auch vertikal verbinden, was besonders nützlich ist, wenn Text in einer Zelle vertikal ausgerichtet werden soll.<br><br>Um verbundene Zellen wieder in einzelne Zellen aufzulösen, markieren Sie die Zelle und klicken erneut auf die Schaltfläche oder wählen über den DropDown-Pfeil *Zellverbund aufheben* aus. |

**Mehrere Zellen verbinden**

Um beispielsweise über die gesamte Breite mehrerer Spalten eine Überschrift zentriert anzuzeigen, benötigen Sie die Schaltfläche *Verbinden und Zentrieren*. Im Beispiel unten soll die Überschrift *Belegungsplan* zentriert über den Spalten A und B angezeigt werden.

Markieren Sie die Zellen A1 und B1 und klicken Sie auf *Start ▸ Ausrichtung ▸ Verbinden und Zentrieren*. Sie müssen nicht das Dropdown-Menü verwenden, sondern können direkt auf die Schaltfläche ▦ klicken.

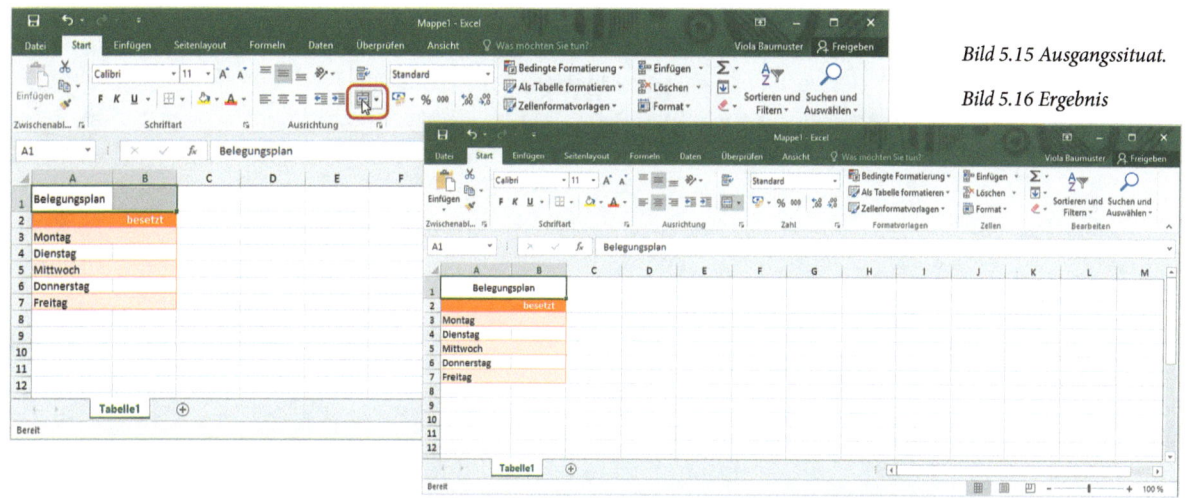

*Bild 5.15 Ausgangssituat.*

*Bild 5.16 Ergebnis*

**Beispiel:** Die Überschrift „Belegungsplan" soll senkrecht gestellt werden: Dazu setzen Sie die Überschrift in die erste Spalte und fahren mit dem restlichen Text in Spalte B fort. Markieren Sie dann die Zellen A1 bis A6 und klicken Sie auf die Schaltfläche *Verbinden und Zentrieren*. Für die markierte neue, große Zelle wählen Sie anschließend über *Start* ▶ Gruppe *Ausrichtung* ▶ *Ausrichtung* eine vertikale Ausrichtung des Texts, z.B. *Text nach oben drehen*. Zum Schluss verkleinern Sie die Breite der Spalte A.

*Bild 5.17 Textausrichtung verändern*

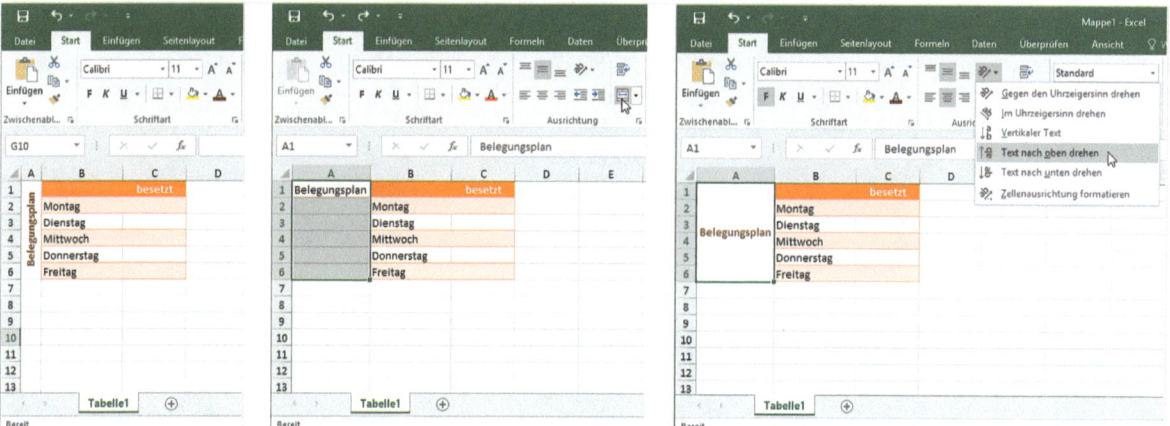

### Zeilenumbruch steuern

Bei der Eingabe von Text erfolgt im Gegensatz zu einem Textverarbeitungsprogramm kein automatischer Zeilenumbruch innerhalb einer Zelle. Benötigen Sie einen Zeilenumbruch, dann müssen Sie diesen manuell einfügen:

▶ Drücken Sie dazu während der Eingabe an der gewünschten Stelle die Tastenkombination **Alt+Enter-Taste**. Sie können einen manuellen Zeilenumbruch natürlich auch nachträglich über die Bearbeitungsleiste einfügen.

Im Beispiel unten geben Sie zunächst *Montag* in die Zelle ein, drücken dann **Alt+Enter-Taste**, tippen dann *KW 8* ein und drücken wieder die **Alt-Enter-Taste** um den restlichen Text einzugeben.

*Bild 5.18 Zweizeiliger Text in einer Zelle*

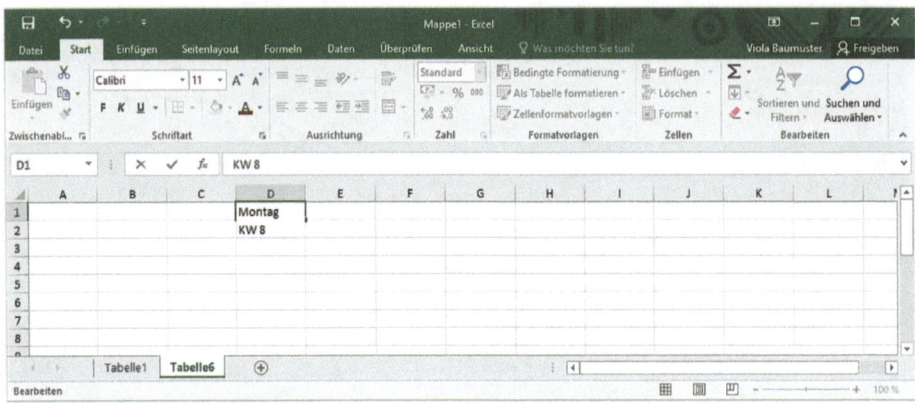

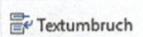 Textumbruch

▶ Alternativ verwenden Sie die Schaltfläche *Textumbruch*, um einen automatischen Zeilenumbruch zu aktivieren. Da Excel über keine Silbentrennung verfügt, sind die Ergebnisse unter Umständen nicht zufriedenstellend. Ein Wort, das nicht mehr in eine Zeile passt, wird zerschnitten, sodass Sie nachträglich Trennstriche einfügen oder die Spaltenbreite verändern müssen.

> **Tipp**: Die Bearbeitungsleiste zeigt immer nur eine einzige Zeile des Zellinhalts an. Wenn Sie alle Zeilen anzeigen möchten, dann klicken Sie auf die Schaltfläche *Bearbeitungsleiste erweitern*.

*Bild 5.19 Bearbeitungsleiste erweitern*

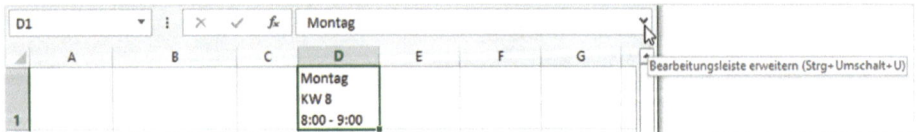

## Rahmenlinien

### Einfache Rahmenlinien hinzufügen

Druckoptionen, siehe Kapitel 6.

Die Gitternetzlinien im Arbeitsblatt dienen lediglich als Orientierungshilfe. Zwar könnten Gitternetzlinien über die Druckoptionen mit ausgedruckt werden, allerdings verfügen sie als reine Zellbegrenzung nicht über Hervorhebungscharakter. Im Gegensatz hierzu teilen sparsam eingesetzte Rahmenlinien die Daten ein und betonen Überschriften.

Um eine Tabelle mit Rahmenlinien zu versehen, stehen Ihnen verschiedene Möglichkeiten zur Verfügung. Die folgende Methode ist am einfachsten und schnellsten und eignet sich daher auch für umfangreiche Tabellen.

**Beispiel**: Die Spaltenüberschriften der unten abgebildeten Tabelle sollen oben mit einer einfachen und unten mit einer doppelten Linie versehen werden:

**1** Markieren Sie den Zellbereich, den Sie mit Rahmenlinien versehen möchten.

**2** Klicken Sie im Register *Start*, Gruppe *Schriftart* auf den Dropdown-Pfeil der Schaltfläche *Rahmenlinien* und wählen Sie die gewünschte Rahmenart durch Anklicken aus; im Beispiel unten wurde *Rahmenlinie oben und doppelte unten* ausgewählt.

*Bild 5.20 Rahmenlinie oben und doppelte unten*

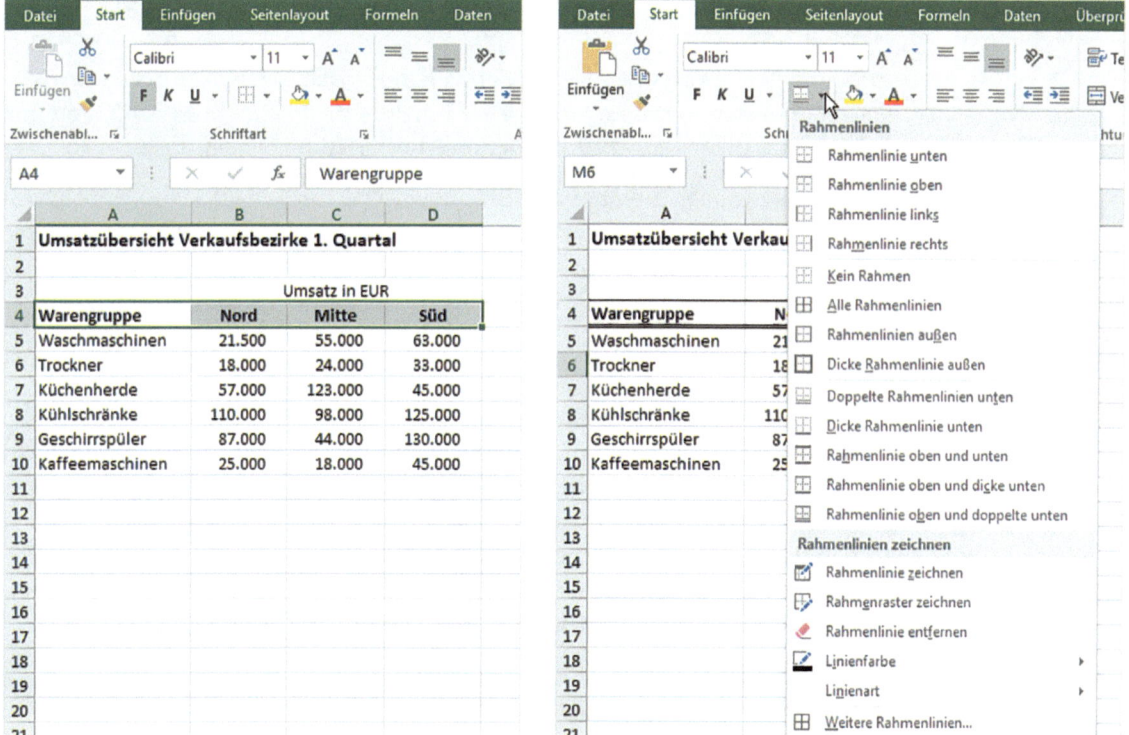

Nach Auswahl einer Rahmenlinie befindet sich diese als Symbol auf der Schaltfläche *Rahmenlinien*. Benötigen Sie also nochmals dieselbe Rahmenlinie, müssen Sie nicht erneut das Dropdown-Menü öffnen.

### Rahmenlinie zeichnen

Alternativ kann die Rahmenlinie auch gezeichnet werden. Klicken Sie dazu ebenfalls zuerst auf den Dropdown-Pfeil der Schaltfläche *Rahmenlinien*, verwenden Sie dann aber die Befehle aus dem unteren Abschnitt *Rahmenlinien zeichnen*.

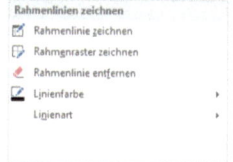

Mit einem Mausklick auf das Symbol *Rahmenlinie zeichnen* ändert sich das Aussehen des Mauszeigers zu einem Stift. Zeichnen Sie nun mit gedrückter linker Maustaste die gewünschten Linien. Mit einem Doppelklick oder Drücken der Esc-Taste beenden Sie den Zeichenmodus wieder. Benötigen Sie farbige und/ oder beispielsweise doppelte Linien, so wählen Sie immer zuerst die *Linienart* und die *Linienfarbe*, bevor Sie mit dem Zeichnen beginnen.

*Bild 5.21 Rahmenlinie zeichnen*

### Rahmenlinien entfernen

▶ Rahmenlinien entfernen Sie wieder, indem Sie den Zellbereich erneut markieren und über den Dropdown-Pfeil der Schaltfläche *Rahmenlinien* die Option *Kein Rahmen* wählen. Dies gilt auch für gezeichnete Rahmenlinien.

▶ Alternativ wählen Sie über den Dropdown-Pfeil der Schaltfläche *Rahmenlinien* die Option *Rahmenlinie entfernen* aus. Der Mauszeiger erscheint als Radierer. Durch Anklicken der Linien werden diese entfernt (siehe Bild oben links). Mit einem Doppelklick oder der Esc-Taste beenden Sie den Ausradieren-Modus.

### Weitere Rahmenlinien

Wenn Sie unterschiedliche Linienarten und/oder farben benötigen, dann markieren Sie zuerst wieder den Zellbereich ❶, klicken dann auf *Rahmenlinien* und hier auf den Befehl *Weitere Rahmenlinien* öffnet das Dialogfenster *Zellen formatieren* und zeigt das Register *Rahmen* an. Wählen Sie zuerst *Linienart* und *-farbe* ❷ und klicken Sie dann einfach in der Vorschau an die gewünschte Stelle ❸. Sie können auch die Schaltflächen um das Vorschaufenster verwenden ❹. Auf diese Weise können Sie dem markierten Zellbereich auch unterschiedliche Linienarten schnell zuweisen.

*Bild 5.23 Farbige und gepunktete Rahmenlinien vereinbaren*

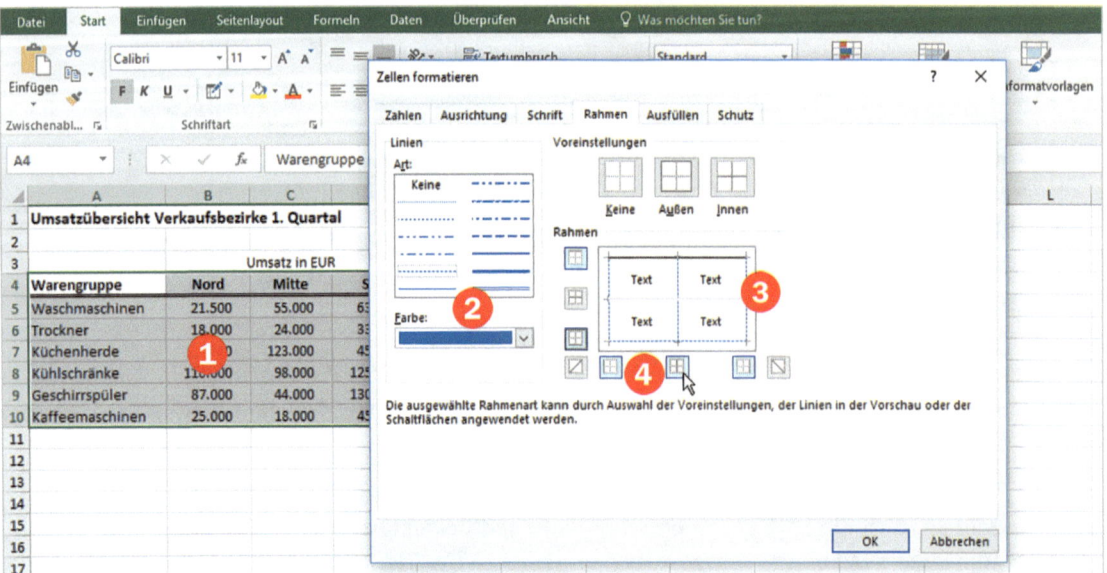

## So beheben Sie Probleme mit Rahmenlinien

▶ Im Bild fehlt scheinbar die Rahmenlinie rechts unten bei „Gemüselasagne"

Nein, die Breite der Spalte ist nur kleiner als der darin enthaltene Text. Sobald die Spaltenbreite angepasst wird, erscheint auch die Rahmenlinie.

*Bild 5.24 Linie fehlt*

*Bild 5.25 Spaltenbreite vergrößert*

|  | A | B | C | D |
|---|---|---|---|---|
| 1 | | Speiseplan KW 20 | | |
| 2 | | Montag | Dienstag | Mittwoch |
| 3 | Menü 1 | Kassler | Schnitzel | Chilli |
| 4 | Menü 2 | Forelle | Dampfnudeln | Gemüselasagne |

|  | A | B | C | D |
|---|---|---|---|---|
| 1 | | Speiseplan KW 20 | | |
| 2 | | Montag | Dienstag | Mittwoch |
| 3 | Menü 1 | Kassler | Schnitzel | Chilli |
| 4 | Menü 2 | Forelle | Dampfnudeln | Gemüselasagne |

▶ Alle Formate, also auch die Rahmenlinie einer Zelle wird beim Kopieren bzw. beim Ausfüllen einer Datenreihe mitkopiert. Daher ist es vorteilhafter, Rahmenlinien erst festzulegen, wenn die Tabelle alle Daten enthält.

▶ Falls doch einmal versehentlich nicht benötigte Rahmenlinien kopiert wurden, dann klicken Sie auf die Schaltfläche *Auto-Ausfülloptionen* und wählen *Ohne Formatierung ausfüllen* aus. Dadurch verschwinden die ungewollt mitkopierten Rahmenlinien wieder. Unter Umständen müssen danach allerdings Formate wie *Schriftfarbe* oder *fett* erneut vereinbart werden.

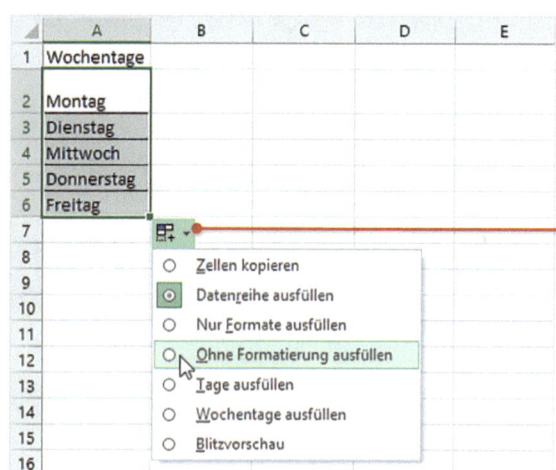

*Bild 5.26 AutoAusfülloptionen*

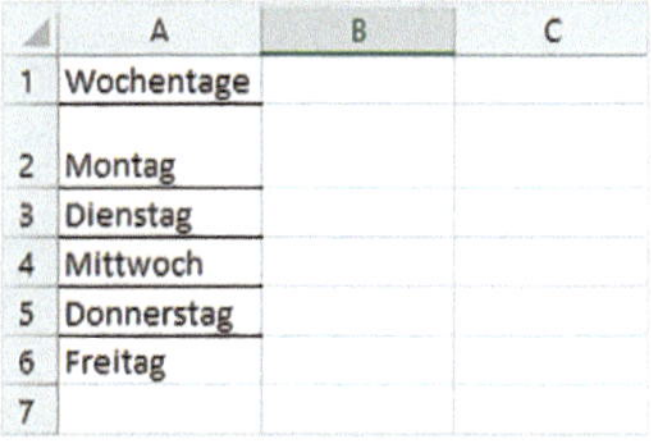

Die Schaltfläche Auto-Ausfülloptionen erscheint automatisch, nachdem Sie kopiert oder eine Reihe automatisch ausgefüllt haben.

**Tipp:** In diesem Beispiel umgehen Sie die Rahmenproblematik, wenn Sie die Zelle A1 mit dem Inhalt *Wochentage* markieren und eine *Rahmenlinie unten* wählen. Diese wird beim Ausfüllen der Reihe nicht mitkopiert. Eine *Rahmenlinie oben* in der Zelle A2 *Montag* wird dagegen für alle weiteren Zellen übernommen.

## 5.5 Zellen abhängig vom Inhalt formatieren

Bedingte
Formatierung ▾

*Video!*

bildnerverlag.de/313_02

Auf die gleiche Weise
gehen Sie beim Einfügen
von Farbskalen oder
Symbolen vor.

*Bild 5.27 Vergleich der
Werte des gesamten Jahres*

*Bild 5.28 Vergleich der
Werte innerhalb der
Quartale*

Wenn Sie Zellen abhängig vom Inhalt formatieren möchten, dann verwenden Sie dazu die bedingte Formatierung. Beispielsweise kann eine Zelle, wenn sie einen negativen Wert enthält, mit einer roten Füllfarbe versehen werden. So heben Sie wichtige Sachverhalte auch optisch hervor. Auf einfache Weise lassen sich Zellen auch mit Datenbalken, Farbskalen oder Symbolen versehen.

### Werte visuell vergleichen mit Balken, Farbskalen und Symbolen

**Beispiel:** Die Zahlen, der unten abgebildeten Tabelle, sollen mit Balken versehen werden, die die Höhe der Umsätze pro Vertreter im Jahr bzw. im Quartal visualisieren.

Markieren Sie den gesamten Zahlenbereich. Wählen Sie im Register *Start* ▶ Gruppe *Formatvorlagen* ▶ *Bedingte Formatierung*. Zeigen Sie auf *Datenbalken* und klicken Sie auf die gewünschte Farbe.

Auf die Markierung kommt es an! Durch die Auswahl aller Zahlen, werden alle Zahlen eines Jahres miteinander verglichen. Wünschen Sie eine visuelle Gegenüberstellung innerhalb eines Quartals, dann darf jeweils nur eine Spalte markiert und für diese Spalte ein Datenbalken gewählt werden. So zeigen Sie, welcher Vertreter am erfolgreichsten innerhalb eines Quartals war. Analog markieren Sie nur eine Zeile, wenn Sie die erzielten Umsätze eines Vertreters innerhalb eines Jahres vergleichen möchten.

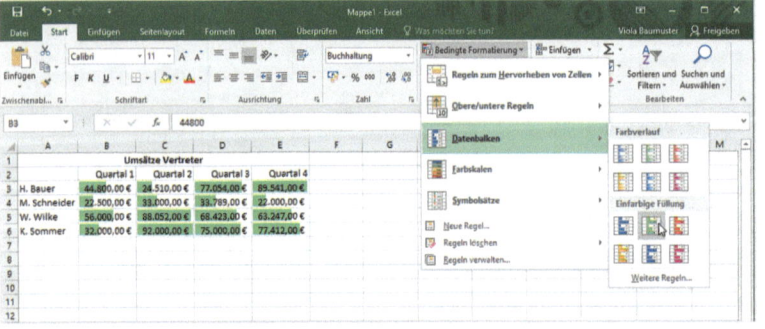

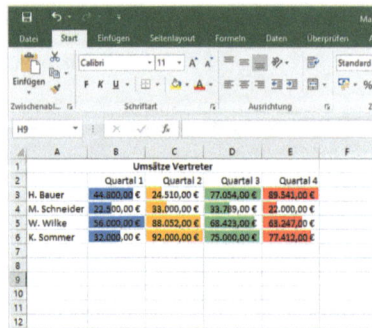

### Datenbalken, Farbskalen und Symbolsätze - so wird formatiert

▶ **Datenbalken**: Die höchste Zahl im markierten Bereich erhält einen Datenbalken, der die gesamte Zelle ausfüllt. Die Längen aller anderen Balken verhalten sich proportional zum längsten Balken.

▶ **Farbskalen**: Die Aufteilung der Farben beruht auf der Berechnung eines 50% Quantils, auch Median genannt. Der Median teil die Anzahl der Zahlen in zwei Hälften, wobei die eine Hälfte der Zahlen liegt unter dem Median die andere Hälfte darüber.

Im Beispiel ❶ liegt der Median bei 35. Als Farbskala wurde die *Blau-Weiß-Rot-Skala* gewählt. Alle Werte kleiner als der Median sind rot, alle Werte größer sind blau dargestellt. Je näher der Wert sich an den Median annähert, desto weißer wird er. Enthält die Zahlenreihe keine Werte, die mit dem Median übereinstimmen, so erhält keine Zelle eine weiße Hintergrundfarbe ❷.

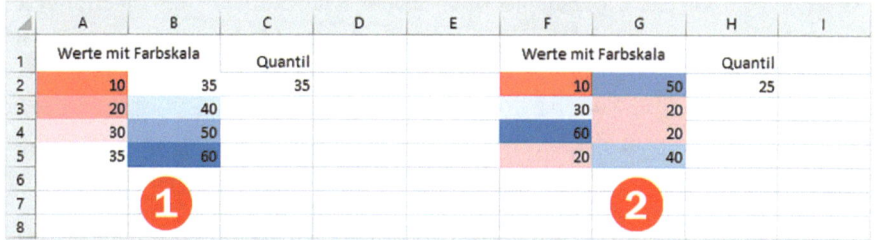

*Bild 5.29 Zusammenhang zwischen Farbe und Wert bei Farbskalen*

► **Symbolsätze** (hier 3 Pfeile farbig): Der Symbolsatz im Beispiel unten verwendet 3 Pfeile - grün, gelb und rot. Excel berechnet jetzt automatisch folgende Schwellenwerte zur Anzeige der Pfeile:

▪ Der grüne Pfeil wird angezeigt, wenn der Wert in der Zelle 67 % des höchsten Werts im markierten Bereich übersteigt oder zumindest gleich diesem Wert ist. Der höchste Wert im markierten Bereich ist 7400. 67% davon sind 4958.

▪ Der rote Pfeil wird angezeigt, wenn der Wert in der Zelle kleiner ist als 33% des höchsten Werts. Die Grenze liegt in diesem Beispiel bei 2442.

▪ Die Werte dazwischen erhalten einen gelben Pfeil.

| 17 | Symbolsätze | | | | | | | | |
|---|---|---|---|---|---|---|---|---|---|
| 18 | | | Quartal 1 | | Quartal 2 | | Quartal 3 | | Quartal 4 |
| 19 | H. Bauer | ⬇ | - € | ⬇ | 2.000,00 € | ⇨ | 2.999,00 € | ⇨ | 4.000,00 € | grün >= 67 % |
| 20 | M. Schneider | ⬆ | 7.400,00 € | ⇨ | 4.950,00 € | ⬆ | 5.300,00 € | ⬆ | 5.400,00 € | gelb < 67% und >= 33% |
| 21 | W. Wilke | ⇨ | 3.500,00 € | ⬆ | 6.100,00 € | ⇨ | 2.442,00 € | ⬇ | 2.441,00 € | rot < 33 |
| 22 | K. Sommer | ⬆ | 7.100,00 € | ⬆ | 7.200,00 € | ⬆ | 7.300,00 € | ⬆ | 4.960,00 € | |
| 23 | | | | | | | | | |

*Bild 5.30 Zusammenhang zwischen Pfeildarstellung und Wert bei Symbolsätzen*

> Diese Berechnung geht nur auf, wenn die Zahlenreihe mit 0 beginnt. Ist dies nicht der Fall führt Excel eine alternative Berechnung durch. Zunächst wird vom höchsten Wert der niedrigste abgezogen. Dieses Ergebnis verwendet Excel zur Berechnung der Schwellenwerte bei 67% und 33%. Zu den Werten für 67% und 33% wird nun wieder der niedrigste Wert addiert.

| | | neuer höchster Wert | | Werte | Werte + niedrigsteZahl |
|---|---|---|---|---|---|
| ⬇ | 2010 | 8.100,00 € | 67% | 5.427,00 € | 7.437,00 € |
| ⬇ | 4682 | | 33% | 2.673,00 € | 4.683,00 € |
| ⇨ | 4683 | | | | |
| ⇨ | 7436 | | | | |
| ⬆ | 7800 | | | | |
| ⇨ | 5230 | | | | |
| ⬆ | 10110 | | | | |

*Bild 5.31 Besonderheit der Zuordnung bei Symbolsätzen, wenn der erste Wert nicht bei 0 beginnt*

## Werte hervorheben die über oder unter einer Grenze liegen

### Größer, kleiner und gleich

Sollen Zellen hervorgehoben werden, deren Wert *größer als...*, *kleiner als...* oder auch *gleich...* einem von Ihnen festgesetztem Wert sind, dann verwenden Sie *Regeln zum Hervorheben von Zellen*. Im Beispiel unten sollen alle Temperaturen, die höher als 25°C sind mit einer roten Füllung hervorgehoben werden: Markieren Sie den Bereich, der die Temperaturen enthält ❶ und wählen Sie *Start* ▶ Gruppe *Formatvorlagen* ▶ *Bedingte Formatierung* ▶ *Regeln zum Hervorheben von Zellen* ▶ *Größer als* ❷. Geben Sie die Zahl 25 in das Feld ein ❸. Falls Sie den Wert auf Ihrem Tabellenblatt aufgeführt haben, können Sie natürlich auch, durch Anklicken der Zelle, einen Zellbezug setzten. Wählen Sie dann im DropDown-Menü eine Formatierung aus.

*Bild 5.32 Temperaturen hervorheben, die über 25°C liegen*

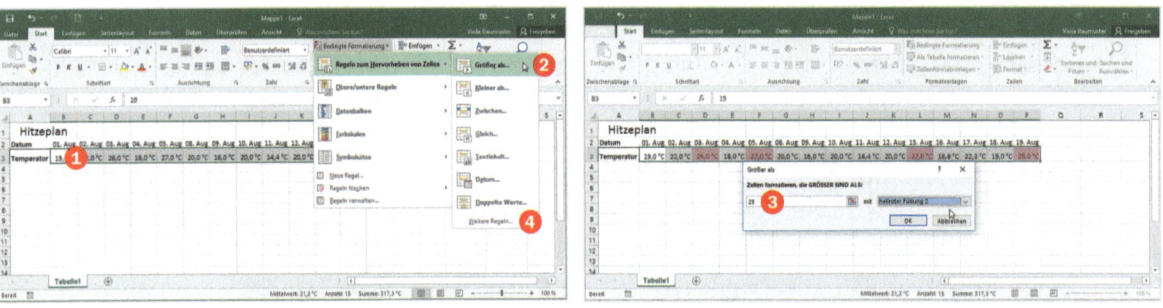

Mittels der beschriebenen Vorgehensweise ist es leider nicht möglich, einen Wert *größer gleich >=* oder *kleiner <=* auszuwählen. Dazu müssen Sie über *Weitere Regeln* ❹ eine eigene Regelbeschreibung festlegen.

### Wertgleichheit

Mit *Bedingte Formatierung* ▶ *Regeln zum Hervorheben von Zellen* ▶ *Doppelte Werte* ermitteln Sie schnell übereinstimmende Werte in einer Liste. In der Liste unten sollen Bestellungen mit derselben Bestellnummer hervorgehoben werden.

*Bild 5.33 Doppelte Werte hervorheben*

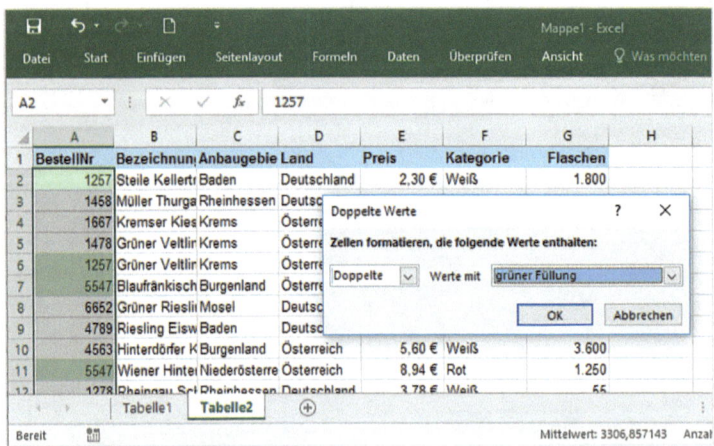

## Durchschnitt und Top 10

Zur Hervorhebung der besten Fünf, der schlechtesten 10% oder aller, die unterdurchschnittlich abgeschnitten haben, wählen Sie *Obere/Untere Regeln*. Für die Anzeige über oder unter dem Durchschnitt muss nur noch das Format ausgewählt werden. Für die anderen Regeln wählen Sie aus, wie viele Elemente bzw. prozentualen Anteile Sie anzeigen möchten und bestimmen das Format.

> Für einen Zellbereich können auch mehrere bedingte Formatierungen festgelegt werden. Markieren Sie einfach nochmals den Zahlenbereich und legen Sie eine weitere bedingte Formatierung fest.

| | A | B | C | D | E | F | G | H | I | J | K | L | M | N | O | P |
|---|---|---|---|---|---|---|---|---|---|---|---|---|---|---|---|---|
| 1 | Hitzeplan | | | | | | | | | | | | | | | |
| 2 | Datum | 01. Aug | 02. Aug | 03. Aug | 04. Aug | 05. Aug | 08. Aug | 09. Aug | 10. Aug | 11. Aug | 12. Aug | 15. Aug | 16. Aug | 17. Aug | 18. Aug | 19. Aug |
| 3 | Temperatur | 19,0 °C | 22,0 °C | 26,0 °C | 18,0 °C | 27,0 °C | 20,0 °C | 16,0 °C | 20,0 °C | 14,4 °C | 20,0 °C | 27,0 °C | 18,6 °C | 22,3 °C | 19,0 °C | 28,0 °C |

Alle Zahlen über 25 werden rot und alle Zahlen unter 19 gelb hinterlegt.

## Schnellanalysetools verwenden

Einige der beschriebenen bedingten Formatierungsoptionen können auch über die Schaltfläche *Schnellanalyse* ausgewählt werden. Markieren Sie den Zellbereich, klicken Sie auf die Schaltfläche *Schnellanalyse*. Im Bereich *Formatierung* erhalten Sie die Möglichkeit zur bedingten Formatierung.

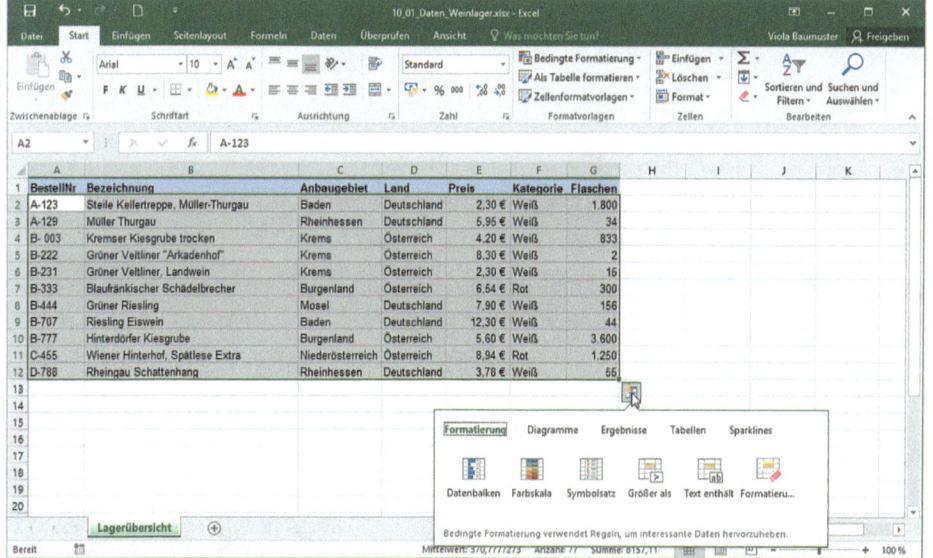

*Bild 5.34 Schnellanalysetool verwenden*

## Regeln verändern und bedingte Formatierung entfernen

### Regeln bearbeiten

Über *Bedingte Formatierung* ▶ *Regeln verwalten* erhalten Sie die Möglichkeit, Regeln zu bearbeiten, zu löschen oder zu erstellen.

▶ Wenn Sie keinen bestimmten Zellbereich markiert haben, dann wählen Sie bei *Formatierungsregeln anzeigen für* die Option *Dieses Arbeitsblatt*. Dann sehen Sie alle Regeln, die für das angezeigte Tabellenblatt vereinbart wurden.

▶ Zum Bearbeiten einer Regeln markieren Sie diese und klicken auf die Schaltfläche *Regel bearbeiten*. Hier können Sie z. B. die Werte für die Anzeige von Symbolsätzen festlegen (siehe Grafik rechts). Anstelle der Verwendung prozentualer Sätze zur Berechnung der Schwellenwerte für die Anzeige der Symbole können beispielsweise auch Zahlen verwendet werden. Wählen Sie dann bei *Typ* die Option *Zahl* und geben Sie im Feld *Wert* eine Zahl ein. Vergessen Sie nicht ggf. die Operatoren an Ihre Wünsche anzupassen.

*Bild 5.35 Anzeige aller Regeln des aktuellen Tabellenblatts*

*Bild 5.36 Regeln bearbeiten*

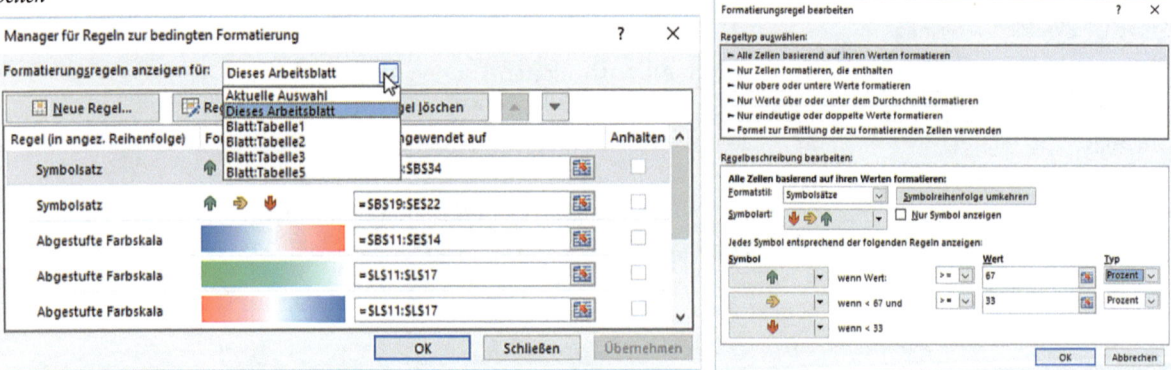

### Bedingte Formatierung entfernen

▶ Markieren Sie den Zellbereich, dessen Formatierung Sie entfernen möchten und klicken Sie auf die Schaltfläche *Bedingte Formatierung*. Zeigen Sie auf *Regeln löschen* und wählen Sie *Regeln in ausgewählten Zellen löschen*. Alle Regeln, die sich auf Zellen außerhalb des markierten Bereichs beziehen, bleiben erhalten.

▶ Mit *Regeln in gesamten Blatt löschen* entfernen Sie alle bedingten Formatierungen des Tabellenblatts. Regeln auf anderen Tabellenblättern bleiben erhalten.

▶ *Regeln in dieser Tabelle löschen* löscht Regeln in einem Bereich der als Tabelle formatiert wurde (siehe Seite 117). Damit die Option zur Verfügung steht, muss mindestens eine Zelle der Tabelle markiert sein.

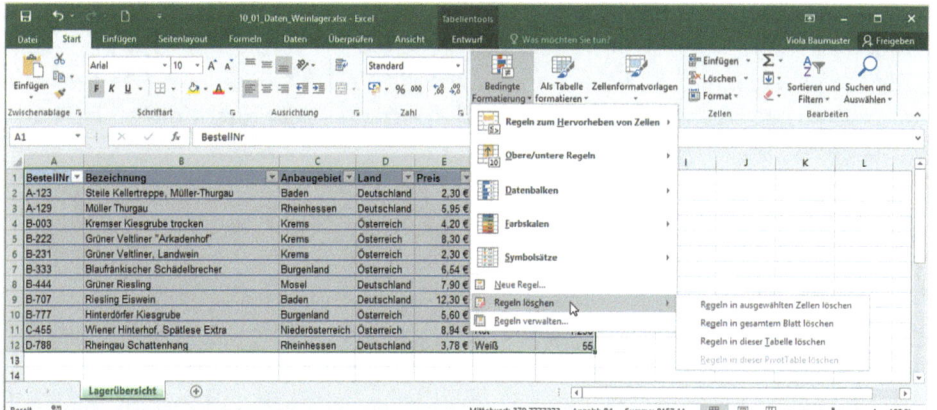

*Bild 5.37 Regeln löschen*

## 5.6 Nützliche Techniken zur Formatierung

### Formatierung löschen

Bereits im Kapitel 3 haben Sie das Löschen von Zellinhalten und Formaten kennengelernt. Zur Wiederholung: Mit *Start* ▶ Gruppe *Bearbeiten* ▶ *Löschen* ▶ *Fomate löschen* steht ein Befehl zur Verfügung, mit dem Sie alle Formate löschen können. Die Inhalte der Zellen bleiben dabei erhalten und werden mit dem Format *Standard* versehen.

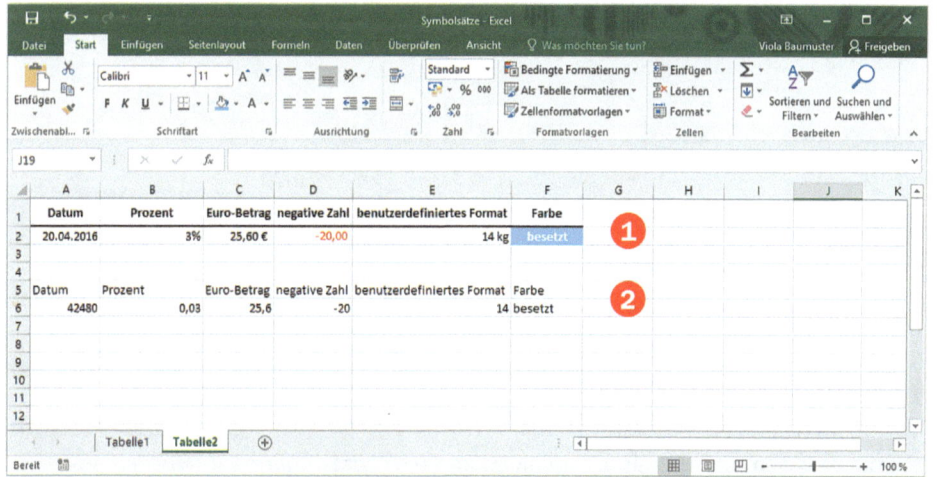

*Bild 5.38 Formate löschen*

Im Beispiel oben sehen Sie bei ❶ einen formatierten Bereich und bei ❷ den gleichen Bereich ohne Formate. Neben dem Wegfall von Rahmenlinien oder Farben, verschwinden auch alle Zahlenformate, z. B. Nachkommastellen, Währungssymbole oder benutzerdefinierte Zahlenformate.

Anstelle des Datums 20.04.2016 wird nun die dem Datum zugrundeliegende Zahl 42480 angezeigt. Einschließlich dem 1.1.1900 sind bis zum 20.04.2016 insgesamt 42480 Tage vergangen. So ist es für Excel möglich, z. B. die Tage zwischen zwei Datumswerten zu berechnen. Aus den 3% ist durch Wegfall des Prozentformats jetzt 0,03 entstanden.

### Formate kopieren

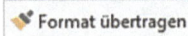

Mit der Schaltfläche *Format übertragen* (Register *Start*, Gruppe *Zwischenablage*) lässt sich die gesamte Formatierung einer Zelle oder eines Zellbereichs schnell auf andere Bereiche kopieren. So stellen Sie sicher, dass die gewünschten Zellen identisch formatiert sind.

#### Format auf eine Zelle oder einen zusammenhängenden Zellbereich übertragen

1     Markieren Sie die Zelle, die im gewünschten Format bereits gestaltet ist ❶.

2     Klicken Sie auf die Schaltfläche *Format übertragen* ❷.

3     Am Mauszeiger wird ein Pinselsymbol sichtbar ❸. Markieren Sie nun mit gedrückter linker Maustaste die Zelle oder den Zellbereich, auf den Sie das Format übertragen wollen.

*Bild 5.39 Format übertragen*

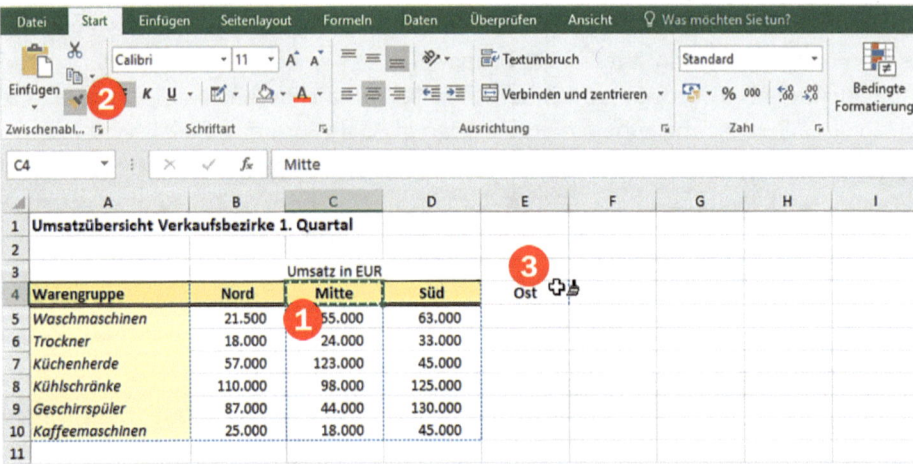

#### Auf mehrere Zellbereiche übertragen

Mit einem einfachen Mausklick auf die Schaltfläche *Format übertragen* können Sie die Formatierung immer nur einmal in einen anderen zusammenhängenden Zellbereich kopieren. Dagegen aktiviert ein Doppelklick auf die Schaltfläche diese Funktion solange, bis Sie die Esc-Taste drücken oder die Formatübertragung mit einem weiteren Mausklick auf die Schaltfläche wieder beenden. Auf diese Weise können Sie ein Format nacheinander gleich auf mehrere unabhängige Zellbereiche übertragen.

# 5.7 Übungen

### Aufgabe 1 - Tabellen formatieren

Starten Sie Excel 2016 und speichern Sie die neue leere Arbeitsmappe unter dem Namen *Urlaubsübersicht*. Geben Sie im Arbeitsblatt die folgende Tabelle ein und formatieren Sie die Tabelle ähnlich der Vorlage unten.

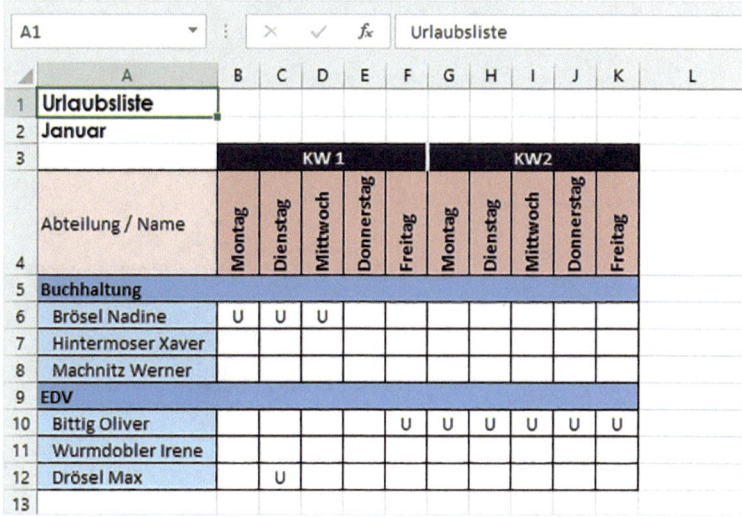

### Aufgabe 2

Geben Sie die nachfolgende Tabelle ein und formatieren Sie die Zellen entsprechend der abgebildeten Vorlage. Formatieren Sie die Zahlen mit Tausenderpunkt, ohne Dezimalstellen und mit dem Zusatz *St*.

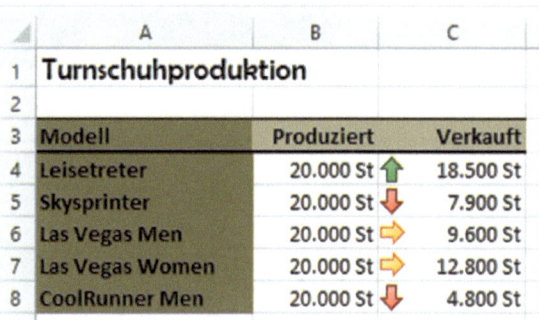

**Aufgabe 3**

Starten Sie Excel mit einer neuen, leeren Arbeitsmappe. Speichern Sie die Mappe unter dem Namen *Übung Lagerübersicht* in Ihrem Ordner.

Benennen Sie das Tabellenblatt *Tabelle1* in *Bodenbeläge* um. Geben Sie die folgenden Texte und Zahlen in das Arbeitsblatt *Bodenbeläge* ein.

| | A | B | C | D | E | F | G |
|---|---|---|---|---|---|---|---|
| 1 | Holzhandlung Wurmdobler GmbH, Passau | | | | | | |
| 2 | Stand: | *geben Sie hier das aktuelle Datum ein!* | | | | | |
| 3 | Lagerbestände in m² | | | | | | |
| 4 | | | | | | | |
| 5 | | Parkett | | | Laminat | | |
| 6 | | 3,5 mm | 5 mm | 6 mm | 2 mm | 2,5 mm | 3 mm |
| 7 | Buche | 100 | | 800 | 700 | 200 | 30 |
| 8 | Eiche | 60 | 250 | 100 | | 20 | 100 |
| 9 | Esche | 120 | 300 | | 80 | 50 | |
| 10 | Nordische Birke | | 60 | 200 | 100 | 80 | 5 |
| 11 | japanische Walnuss | 35 | 55 | 90 | 150 | | 100 |
| 12 | Kirschbaum | 50 | | | 60 | 45 | |
| 13 | | | | | | | |

▶ Formatieren Sie die Zelle A1 mit Schriftgrad 18, fett und kursiv. Formatieren Sie A3 in Größe 14, fett.

▶ Formatieren Sie die Spaltenüberschriften in Schriftgrad 10, fett, mit weißer Schrift und schwarzer Füllfarbe. Formatieren Sie die Zeilenbeschriftungen in Größe 10, fett und mit hellgrauer Füllfarbe.

▶ Der Zellbereich A7 bis A12 erhält optimale Spaltenbreite, die Spalten B bis G sollen gleiche Breite erhalten. Die Zeilen 6 bis 12 erhalten eine einheitliche Höhe von 18 Punkt.

# 6 Tabellen drucken

**In diesem Kapitel lernen Sie...**

- Excel Inhalte ausdrucken
- Druckseite einrichten
- Druckbereich festlegen
- Kopf- und Fußzeile einfügen
- Spalten- oder Zeilenüberschriften auf Druckseiten wiederholen

**Das sollten Sie bereits wissen**

- Dateneingabe
- Tabellen formatieren

## 6.1    Übersicht und Begriffe

Register Seitenlayout

Drucktitel - Spalten-
überschrift, die auf jeder
Druckseite erscheint

Kopfzeile einfügen, z. B.
mit Seitenzahlen

Gitternetzlinien können
ausgedruckt werden

Ansicht Seitenlayout

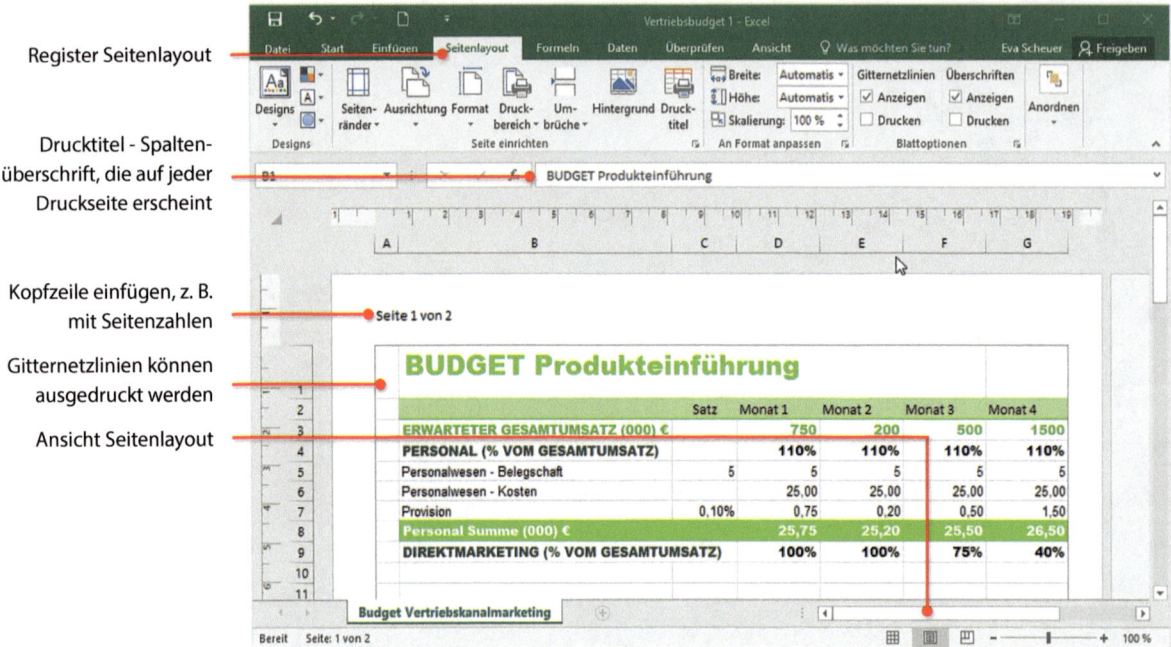

Vor dem Drucken von Tabellen können Sie das Ergebnis in der Vorschau kontrollieren. Als Druckbereich wählt Excel automatisch alle Zellen mit Inhalten und beginnt mit dem Drucken in der oberen linken Ecke einer Druckseite.

Zusätzliche Informationen die auf jeder Seite gedruckt werden sollen, z. B. Seitenzahlen, Datum oder der Firmenname, fügen Sie in die Kopf- und/oder Fußzeile ein.

## 6.2    Vorschau und Druckeinstellungen

### Vorschau und Druckbefehl anzeigen

Drucken: Strg+P

Zum Drucken einer Tabelle klicken Sie auf das Register *Datei* und hier auf *Drucken*, alternativ verwenden Sie die Tastenkombination **Strg + P**.

**Tipp**: Schneller geht's, wenn Sie das Symbol *Seitenansicht und Drucken* der Symbolleiste für den Schnellzugriff hinzufügen. Dazu klicken Sie am rechten Ende der Symbolleiste auf den Pfeil und klicken dann auf *Seitenansicht und Drucken*. Sollte dieser Befehl bereits hier enthalten sein, so erkennen Sie dies am Häkchen.

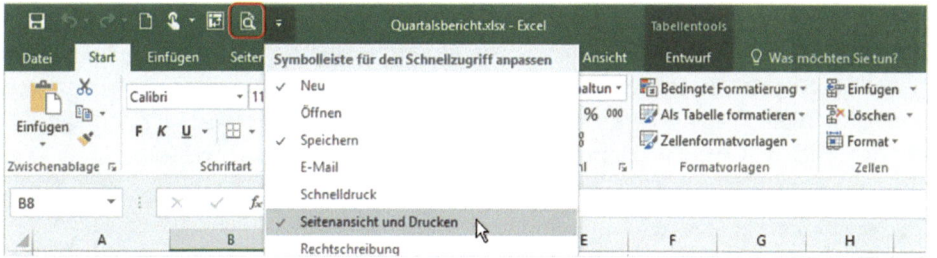

*Bild 6.1 Seitenansicht und Drucken zur Symbolleiste für den Schnellzugriff hinzufügen*

## So nutzen Sie die Druckvorschau

Zusammen mit den aktuellen Druckeinstellungen erhalten Sie eine Vorschau ❶ auf den Ausdruck und können hier gleichzeitig die wichtigsten Druckeinstellungen vornehmen (Bild 6.2). Wenn Sie ohne zu Drucken wieder zur Tabellenbearbeitung zurückkehren möchten, dann klicken Sie entweder auf das Pfeilsymbol ⬅ ❷ oder drücken die **Esc-Taste**.

*Bild 6.2 Druckeinstellungen und Seitenansicht*

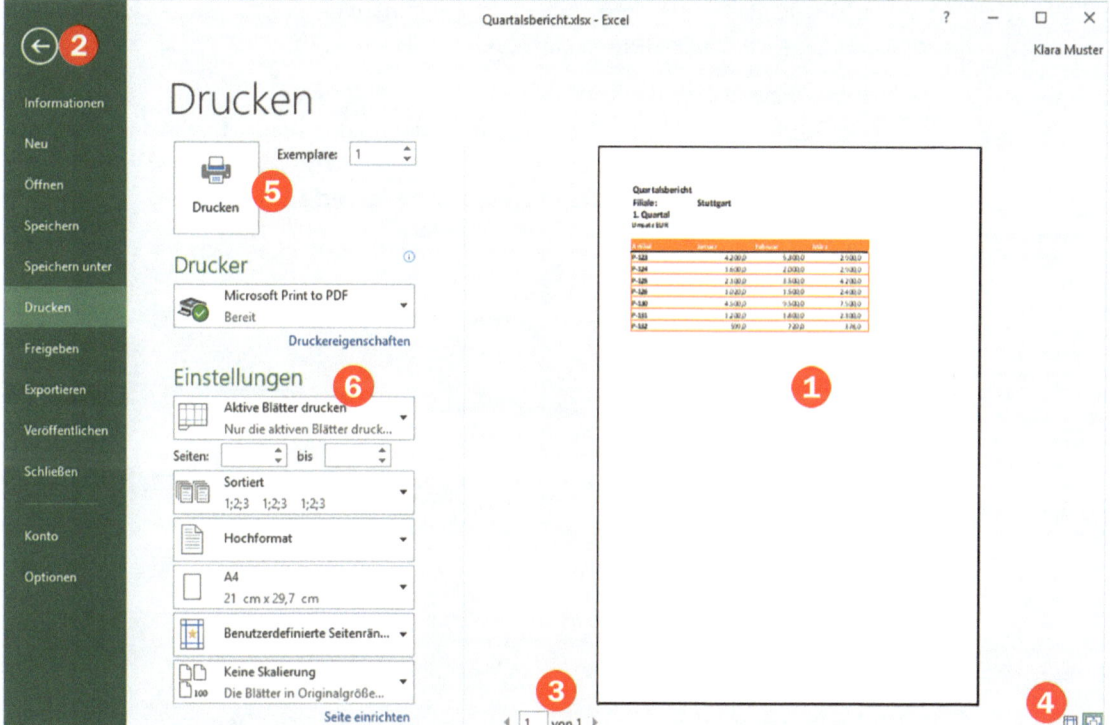

### Durch mehrere Seiten blättern

Unterhalb der Druckvorschau sehen Sie die aktuelle Seitenzahl, sowie die Anzahl aller Druckseiten ❸. Falls mehrere Seiten gedruckt werden, blättern Sie mit den Pfeilen zur nächsten bzw. vorherigen Druckseite.

### Druckvorschau vergrößern und verkleinern

Standardmäßig wird in der Druckvorschau die Druckseite zunächst so verkleinert, dass sie vollständig angezeigt werden kann. Um sie in der Originalgröße (100%) anzuzeigen, klicken Sie in der unteren rechten Ecke ❹ auf das Symbol *Auf Seite zoomen* 🔲. Mit demselben Symbol verkleinern Sie anschließend die Anzeige wieder.

### Drucker auswählen und Drucken

Mit Klick auf die Schaltfläche *Drucken* ❺ starten Sie den Ausdruck. Unmittelbar unterhalb können Sie unter *Drucker* den verwendeten Drucker kontrollieren und mit Klick auf den Pfeil einen anderen Drucker auswählen. Zuvor sollten Sie allerdings noch die weiteren Druckeinstellungen ❻ kontrollieren und bei Bedarf ändern.

## Schnelle Druckeinstellungen

Links neben der Vorschau können Sie die einzelnen Druckeinstellungen ändern. Klicken Sie jeweils auf den Pfeil, um die weiteren Auswahlmöglichkeiten anzuzeigen. Dieselben Möglichkeiten erhalten Sie auch im gleichnamigen Dialogfenster, wenn Sie auf den Link *Seite einrichten* klicken (Bild 6.3).

▶ **Papierformat und -ausrichtung**
Das Papierformat A4 ❶ ist Standardeinstellung und braucht nicht geändert werden. Ob die Tabelle im Hoch- oder Querformat gedruckt werden soll, ändern Sie mit einem Mausklick auf die entsprechende Schaltfläche ❷.

*Bild 6.3 Druckeinstellungen*

*Bild 6.4 Bereich auswählen*

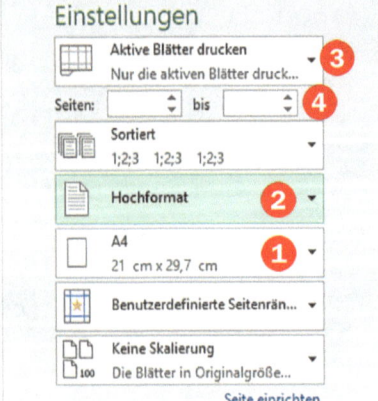
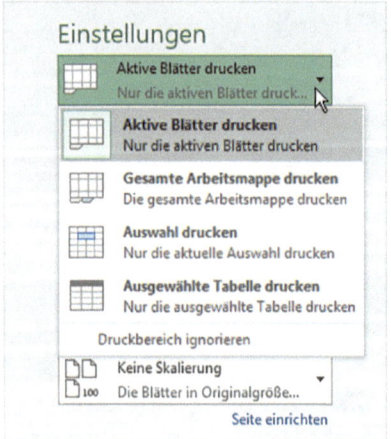

▶ **Druckumfang wählen**
Standardmäßig druckt Excel, beginnend mit der Zelle A1, automatisch den gesamten Bereich des aktuellen Tabellenblatts, der Daten enthält (Einstellung *Aktive Blätter drucken*).

■ Mit Klick auf die Schaltfläche ❸ und der Auswahl *Gesamte Arbeitsmappe drucken* können auch alle Tabellenblätter der Arbeitsmappe gedruckt werden.

- Wenn nur der markierte Bereich gedruckt werden soll, dann klicken Sie auf *Auswahl drucken*. Um dauerhaft nur einen bestimmten Teil des Tabellenblatts zu drucken, können Sie auch einen Druckbereich festlegen. Dazu lesen Sie mehr auf Seite 156.

- Wurde die zu druckende Tabelle als intelligente Tabelle formatiert und befindet sich die Markierung innerhalb des Tabellenbereichs, dann steht auch noch der Befehl *Ausgewählte Tabelle drucken* zur Verfügung (Bild 6.4).

▶ **Nur bestimmte Seiten drucken**

Umfasst die Tabelle bzw. der zu druckende Bereich mehrere Seiten, dann können Sie angeben, welche Seiten gedruckt werden sollen ❹, z. B. Seite 1 bis 3.

▶ **Mehrere Kopien sortiert drucken**

Um mehrere Exemplare zu drucken, geben Sie die gewünschte Anzahl im Feld *Exemplare* ❶ an. Umfasst der Ausdruck mehrere Seiten, ist es sinnvoll, unter *Einstellungen* auch die Sortierte Ausgabe ❷ festzulegen.

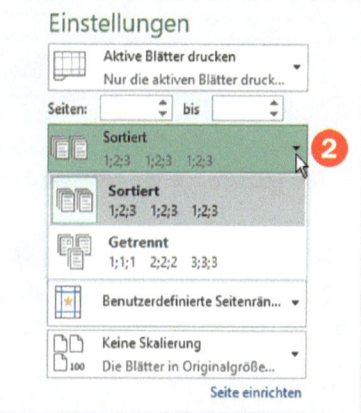

*Bild 6.5 Anzahl Exemplare festlegen*

*Bild 6.6 Sortierter Druck*

▶ **Tabelle beim Drucken verkleinern (Skalierung)**

Standardmäßig wird eine Tabelle in der Originalgröße gedruckt (Keine *Skalierung*). Sie können aber über die dazugehörige Schaltfläche eine größere Tabelle so verkleinern, dass entweder alle Zeilen oder alle Spalten oder die gesamte Tabelle auf eine einzige Druckseite passen. Ausführliche Details lesen Sie auf Seite Seite 150.

## Seitenränder festlegen und Tabelle ausrichten

Damit eine Tabelle auf eine Druckseite passt, ist es meist nötig, die Seitenränder entsprechend zu verkleinern. Dazu stehen Ihnen verschiedene Möglichkeiten offen.

Klicken Sie auf die Schaltfläche *Benutzerdefinierte Seitenränder* (Bild 6.7) und wählen Sie eine der vordefinierten Randeinstellungen ❶ oder klicken Sie auf *Benutzdefinierte Seitenränder...*, um im Fenster *Seite einrichten* eigene Maße einzugeben. Da die vorgegebenen Seitenränder nur selten verwendet werden, können Sie auch gleich mit Klick auf den Link *Seite einrichten* ❷ das gleichnamige Fenster öffnen. Klicken Sie auf das Register *Seitenränder* ❸ und geben Sie hier die gewünschten Maße ein ❹.

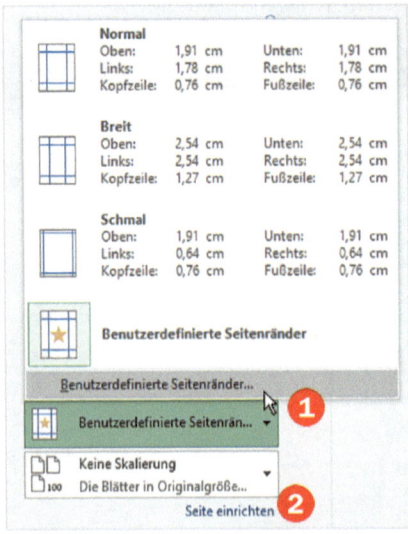

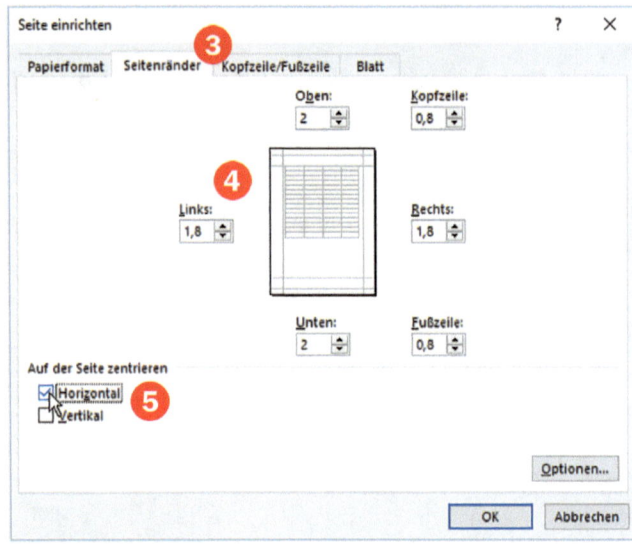

*Bild 6.7 Seitenränder wählen oder*

*Bild 6.8 Das Fenster Seite einrichten öffnen*

**Tipp:** Im Fenster *Seite einrichten* können Sie zusätzlich über die Kontrollkästchen ❺ die Tabelle auf der Seite horizontal und/oder vertikal zentrieren.

### Seitenränder und Spaltenbreiten in der Druckvorschau anpassen

Als zweite Möglichkeit können Sie die Seitenränder auch direkt in der Druckvorschau mit der Maus verschieben und bei dieser Gelegenheit auch gleich die Spaltenbreite anpassen.

*Bild 6.9 Seitenränder und Spaltenbreiten in der Druckvorschau*

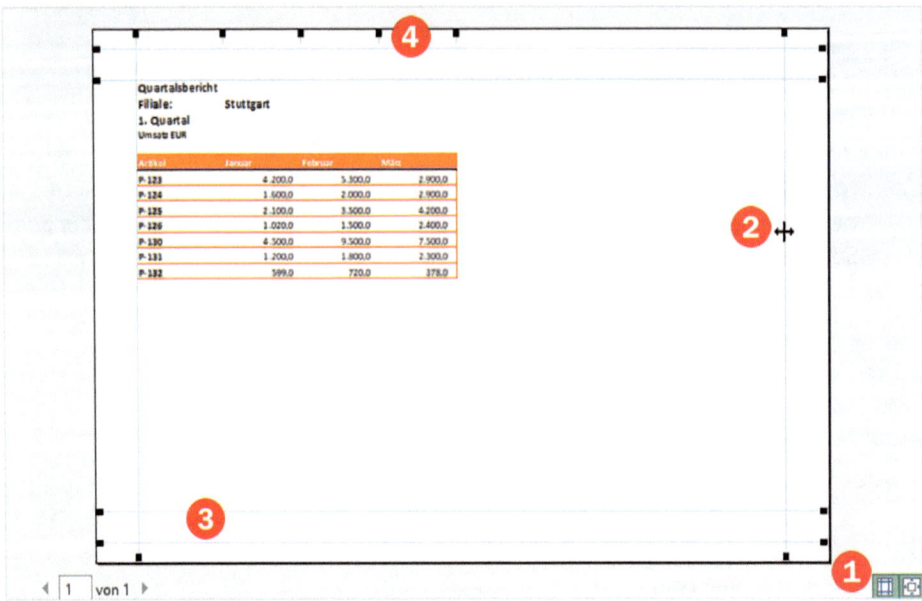

**1**    Dazu müssen Sie zuerst die Seitenränder einblenden: Klicken Sie in der rechten unteren Ecke des Fensters auf das Symbol *Seitenränder anzeigen* ▦ ❶.

**2**    Wenn Sie jetzt in der Druckvorschau mit der Maus auf eine der Linien zeigen, erscheint ein Doppelpfeil ❷ und Sie können den Rand mit gedrückter linker Maustaste verschieben.

     Beachten Sie, dass sich am oberen und unteren Rand gleich zwei Linien befinden, im Bereich dazwischen befindet sich die Kopf- bzw. Fußzeile ❸.

Mehr zum Thema Kopf- und Fußzeile auf Seite Seite 152.

**3**    Die Breite der einzelnen Spalten lässt sich durch Verschieben der Markierungen ❹ am oberen Rand ebenfalls mit der Maus ändern.

### Woher kommen die gestrichelten Linien im Tabellenblatt?

Nach dem Drucken oder auch nur nach der Anzeige der Druckvorschau erscheinen die Seitenumbrüche in der Ansicht *Normal* als gestrichelte Linien im Tabellenblatt (Bild unten). Dabei spielt es keine Rolle, ob der Druckbereich nur eine oder mehrere Seiten umfasst. Diese Linien können Sie auch als Hilfsmittel nutzen, um die Spaltenbreiten so anzupassen, dass alle Spalten auf eine Druckseite passen.

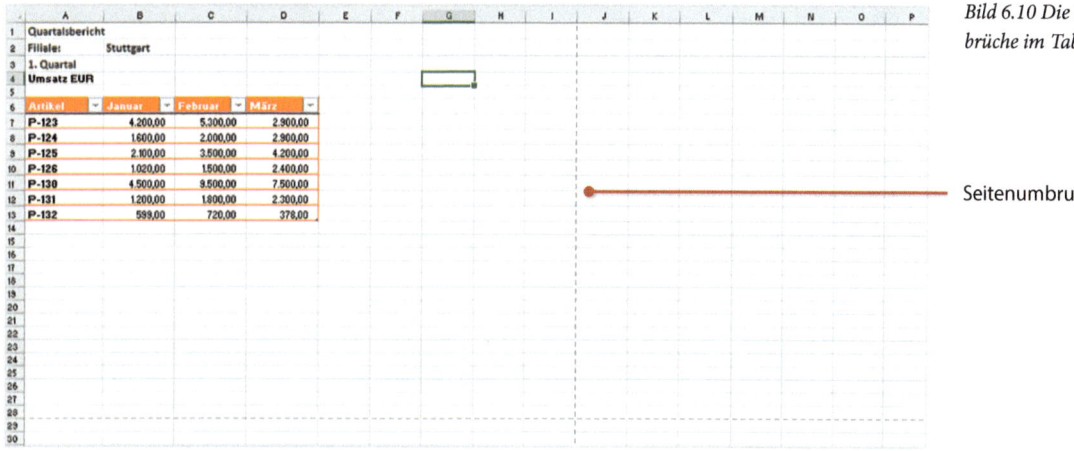

*Bild 6.10 Die Seitenum-brüche im Tabellenblatt*

Seitenumbruch

> Diese Linien lassen sich nicht ausblenden, sie werden aber nach dem nächsten Öffnen der Arbeitsmappe nicht mehr angezeigt.

## 6.3    Weitere Einstellungen zum Seitenlayout

*Bild 6.11 Das Register Seitenlayout*

Alle der oben genannten und noch weitere Einstellungen zum Einrichten von Druckseiten finden Sie statt in der Druckvorschau auch im Register *Seitenlayout*. Das Dialogfenster *Seite einrichten* öffnen Sie mit Klick auf den Pfeil ⌐ der Gruppe *Seite einrichten*.

### Druckbereich festlegen

Oft soll gar nicht der gesamte Inhalt des Tabellenblatts ausgedruckt werden. Wie auf Seite 144 bereits beschrieben, können Sie den zu druckenden Bereich markieren und über die Druckeinstellungen nur diesen Bereich drucken. Eine Alternative bietet sich mit der Festlegung eines Druckbereichs an, vor allem, wenn mehrmals nur ein bestimmter Bereich gedruckt werden soll.

> **Achtung**: Ein festgelegter Druckbereich wird mit der Arbeitsmappe gespeichert und besitzt solange Gültigkeit, bis Sie den Druckbereich wieder aufheben.

*Bild 6.12 Druckbereich: Ausschnitt des Arbeitsblatts drucken*

**1**    Markieren Sie dazu den Zellbereich, den Sie ausdrucken wollen.

**2**    Wählen Sie dann Register *Seitenlayout* ▶ *Druckbereich* ▶ *Druckbereich festlegen*.

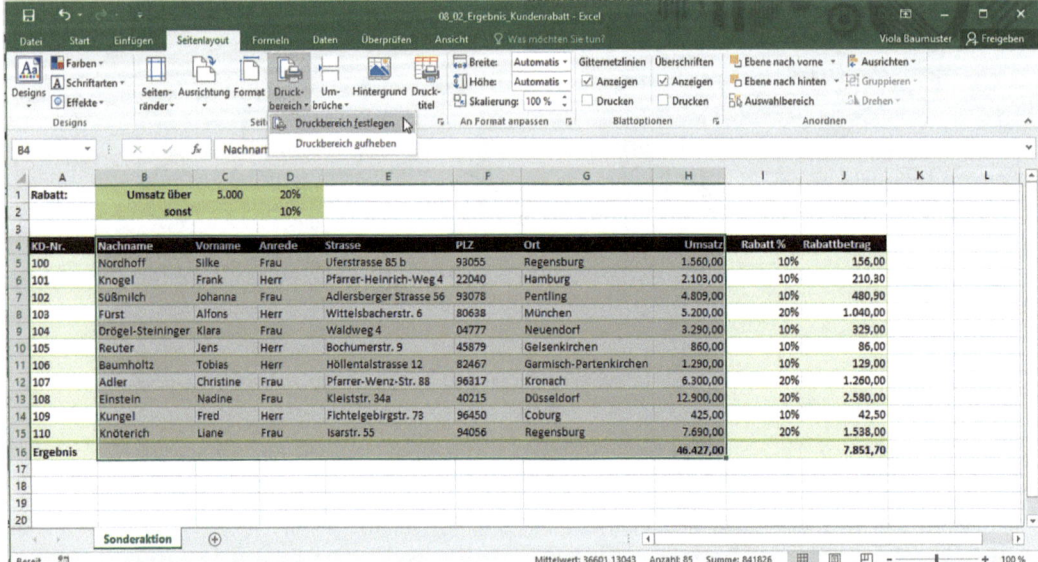

**Druckbereich aufheben**

Wenn Sie wieder dauerhaft das gesamte Tabellenblatt ausdrucken möchten, muss der Druckbereich aufgehoben werden. Wählen Sie dazu im Register *Seitenlayout ▶ Druckbereich ▶ Druckbereich aufheben*.

Soll beim Ausdruck der Druckbereich ignoriert und das gesamte Tabellenblatt ausgedruckt werden, dann wählen Sie im Register *Datei ▶ Drucken* im Bereich *Einstellungen* mit Klick auf *Aktive Blätter drucken* die Option *Druckbereich ignorieren*. Beachten Sie allerdings, dass damit diese Option aktiviert wurde und der Druckbereich so lange ignoriert wird, bis Sie diese Einstellung durch erneutes Anklicken wieder deaktivieren.

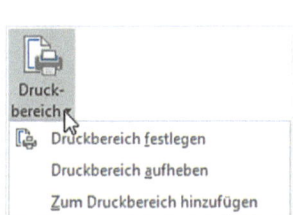
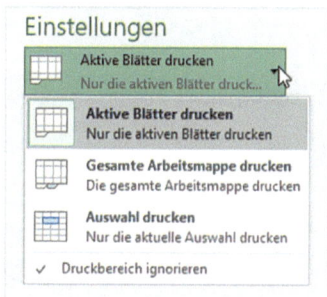

*Bild 6.13 Druckbereich aufheben/hinzufügen*

*Bild 6.14 Druckbereich ignorieren*

**Mehrere Druckbereiche nutzen**

Durch Festlegung eines neuen Druckbereichs ist der alte Bereich nicht mehr verfügbar, außer Sie fügen den neuen Druckbereich zum bestehenden hinzu. Dazu markieren Sie den neuen Druckbereich und klicken im Register *Seitenlayout ▶ Druckbereich* auf *Zum Druckbereich hinzufügen* (Bild oben). Dazu dürfen sich aber die Druckbereiche nicht überschneiden.

Als zweite Möglichkeit markieren Sie den ersten Druckbereich, drücken Sie dann die Strg-Taste und markieren Sie mit gedrückter Strg-Taste den zweiten Druckbereich und jeden weiteren, eventuell noch benötigten Bereich (Mehrfachmarkierung). Klicken Sie dann auf *Druckbereich ▶ Druckbereich festlegen*.

Beim Drucken wird dann jeder Druckbereich auf einer gesonderten Seite gedruckt.

## Druckbereich und Seitenumbruch in der Ansicht Umbruchvorschau festlegen

Mit einer zusätzlichen Ansicht - der *Umbruchvorschau* - kontrollieren Sie Seitenumbruch und Druckbereich und können diese bei Bedarf verändern.

Klicken Sie dazu in der Statusleiste auf das Symbol *Umbruchvorschau* oder wählen Sie im Register *Ansicht ▶ Umbruchvorschau*. Der Seitenumbruch wird als gestrichelte Linie dargestellt, verschieben Sie nun mit gedrückter linker Maustaste die Linie in die gewünschte Richtung. Den gesamten Druckbereich vergrößern oder verkleinern Sie, indem Sie die äußere, durchgezogene Linie verschieben.

Mit einem Mausklick auf die Schaltfläche *Normal* in der Statusleiste oder im Register *Ansicht* kehren Sie zur ursprünglichen Ansicht zurück.

*Bild 6.15 Seitenumbruch verschieben mit der Maus*

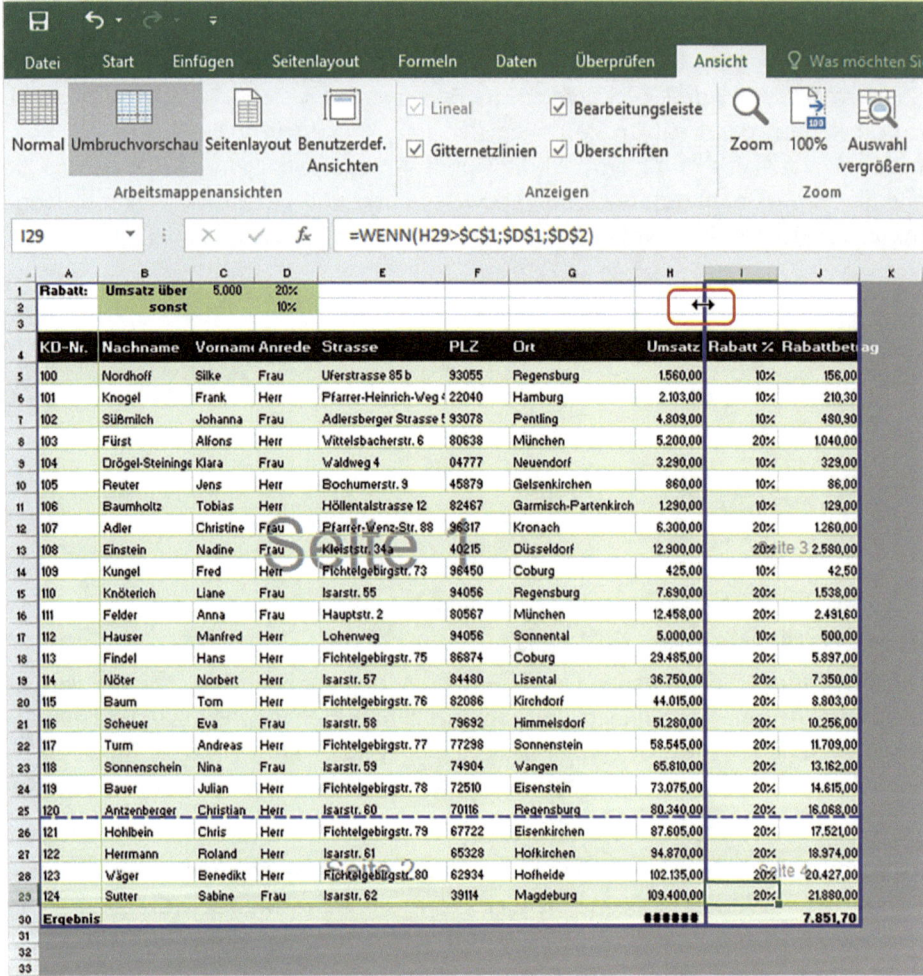

Würde im Bild oben der Seitenumbruch nach rechts verschoben, um auch noch die Spalten rechts davon einzubeziehen, dann passen diese nur bei entsprechender Verkleinerung auf die Druckseite. Die Skalierung erfolgt automatisch, siehe unten.

### Tabelle an Druckseite anpassen (Skalieren)

Passen ein oder zwei der letzten Spalten oder Zeilen einer Tabelle nicht mehr auf eine Druckseite, dann können Sie neben dem Verringern der Spaltenbreite oder der Seitenränder auch die gesamte Tabelle entsprechend verkleinern (Skalieren). Eine Tabelle an das „Papierformat einer Druckseite anpassen" bedeutet, die Tabelle wird beim Drucken soweit verkleinert oder vergrößert, dass sie auf eine festgelegte Anzahl von Druckseiten passt. Standardmäßig wird eine Tabelle mit der Skalierung 100% gedruckt.

Dazu wählen Sie im Register *Seitenlayout* ▶ Gruppe *An Format anpassen* unter *Breite* und/oder *Höhe* die gewünschte maximale Anzahl Druckseiten aus. Im Feld *Skalierung* unterhalb sehen Sie, welche Skalierung Ihre Einstellungen zur Folge haben:

Die Inhalte des Tabellenblatts werden mit den Einstellungen im Bild links auf eine Seitenbreite verkleinert. Im zweiten Bild von links wird das Tabellenblatt ohne Größenveränderung gedruckt. Im dritten Bild wird der Inhalt auf 80 % verkleinert. Umgekehrt können Sie kleinere Tabellen beim Drucken auch vergrößern, wie im letzten Bild zu sehen.

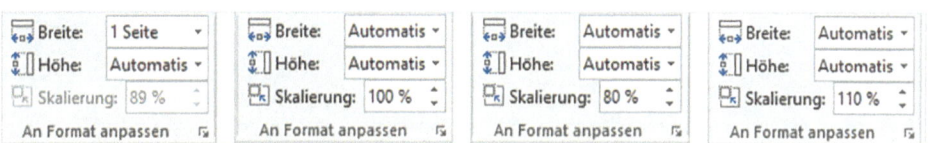

*Bild 6.16 verschiedene Skalierungen für das Tabellenblatt*

> Die Skalierung bezieht sich nur auf den Ausdruck. Auf dem Tabellenblatt in Excel erscheinen die Inhalte unverändert in der Größe, die durch Schriftgrad, Zoom etc. festgelegt wurde.

### Skalierung im Fenster Seite einrichten festlegen

Alternativ wählen Sie die Skalierung in Verbindung mit dem Druckbefehl und der Druckvorschau aus. Standardmäßig ist hier *Keine Skalierung* ausgewählt. Mit *Alle Spalten auf einer Seite darstellen* bzw. *Alle Zeilen auf einer Seite darstellen* verkleinern Sie die Darstellung ebenfalls. Oder klicken Sie auf *Benutzerdefinierte Skalierungsoptionen...*, um die Einstellungen im Fenster *Seite einrichten*, Register *Papierformat* vorzunehmen.

*Bild 6.17 Skalierung im Fenster Seite einrichten*

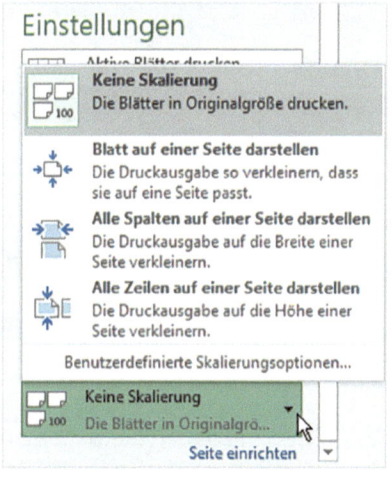

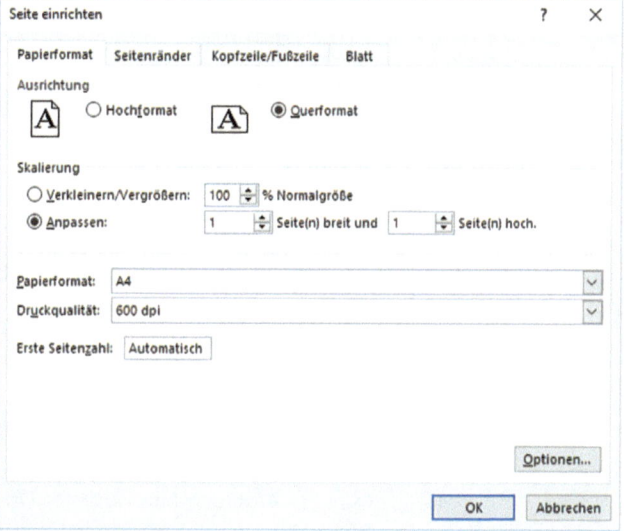

## Die Ansicht Seitenlayout

Wenn Sie Ihre Tabelle vor dem Drucken optimieren möchten, dann leistet die Ansicht *Seitenlayout* zusammen mit den Schaltflächen des Register *Seitenlayout* gute Dienste. Klicken Sie zur Anzeige der Ansicht *Seitenlayout* entweder unten in der Statusleiste auf das Symbol *Seitenlayout*  oder wählen Sie Register *Ansicht* ▶ Gruppe *Arbeitsmappenansichten* ▶ *Seitenlayout*.

Mit einem Mausklick auf die Schaltfläche *Normal* in der Statusleiste oder im Register *Ansicht* wechseln Sie wieder zurück zur ursprünglichen Darstellung.

*Bild 6.18 Zwischen den Ansichten wechseln: Statusleiste*

*Bild 6.19 Register Ansicht*

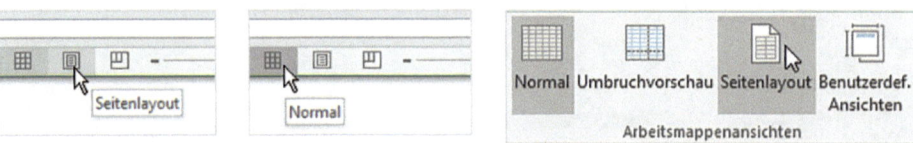

In dieser Ansicht zeigt Excel die Inhalte Ihres Tabellenblatts so an, wie sie gedruckt werden, einschließlich aller Seitenränder und Seitenumbrüche. In dieser Ansicht erstellen und bearbeiten Sie auch die Inhalte von Kopf- und Fußzeile, siehe unten.

*Bild 6.20 Tabellenblatt in der Ansicht Seitenlayout*

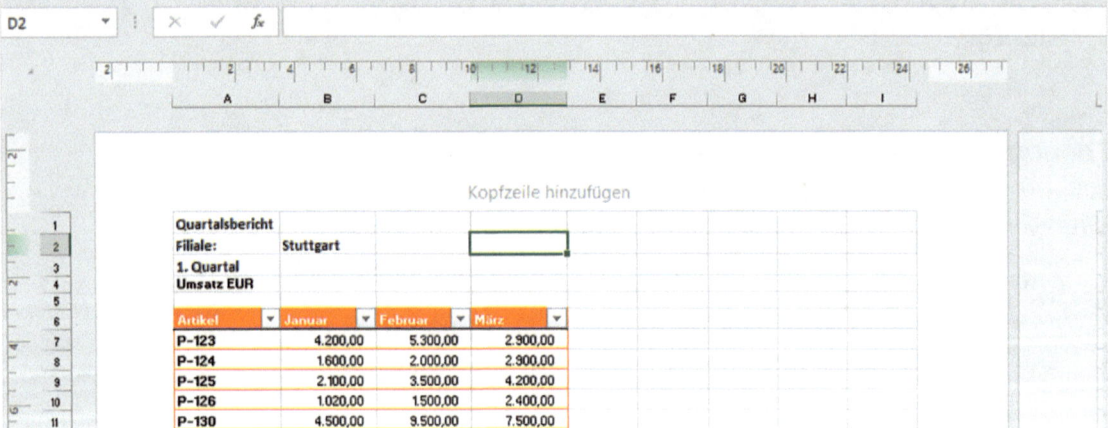

## Inhalte von Kopf- und Fußzeilen bearbeiten

Kopf- und Fußzeilen befinden sich im Bereich der oberen und unteren Seitenränder und dienen dazu, beim Drucken Text oder Bilder auf jeder Druckseite auszugeben, z.B. Seitenzahlen, Datum oder ein Firmenlogo. Die Kopf- und Fußzeilen werden automatisch auf jeder Seite angezeigt und gedruckt.

### Kopfzeile einfügen

Kopf- und Fußzeile

Kopf- und Fußzeile bearbeiten Sie in der Ansicht *Seitenlayout. W*ählen Sie daher zunächst diese Ansicht (siehe oben) und klicken Sie dann oberhalb der Tabelle auf *Kopfzeile hinzufügen* oder klicken im Register *Einfügen* ▶ Gruppe *Text* auf die Schaltfläche *Kopf- und Fußzeile*.

Die Kopfzeile besteht aus einem linken, einem mittleren und einem rechten Abschnitt ❶ (Bild 6.21 unten). Der Inhalt des linken Abschnitts wird am linken Seitenrand ausgerichtet. Der Inhalt des mittleren Abschnitts wird in der Mitte der Seite zentriert und der rechte Abschnitt rechtsbündig ausgerichtet. Gleiches gilt analog für die Fußzeile am unteren Rand der Seite.

▶ Klicken Sie in den gewünschten Abschnitt und geben Sie Ihren Text ein. Mit dem aktivierten Kopfzeilenbereich steht im Menüband das kontextbezogene Register *Kopf-und Fußzeilentools - Entwurf* zur Verfügung ❷.

*Bild 6.21 Die Bereiche der Kopfzeile mit dem Register Kopf- und Fußzeilentools*

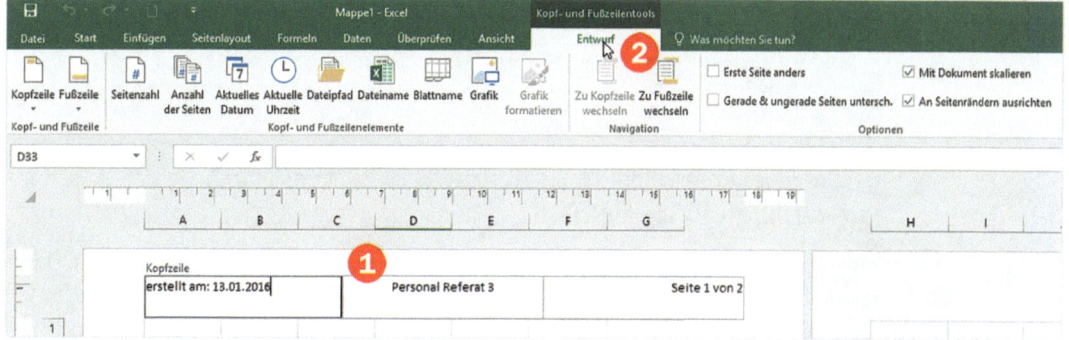

▶ Eine Auswahl vordefinierter Kopf- oder Fußzeileninhalte erhalten Sie mit den Schaltflächen *Kopfzeile* bzw. *Fußzeile* (Bild 6.22).

▪ Einträge, die durch einen Strichpunkt getrennt sind, werden auf mehrere Abschnitte der Kopfzeile verteilt. So steht z. B. bei Auswahl von *Protokoll Fahrzeugservice; Seite 1* ❶ der Registername (=Blattname) *Protokoll Fahrzeugservice* im mittleren Abschnitt der Kopfzeile und *Seite 1* im rechten Abschnitt.

▪ Einzelne Informationen, wie z. B. Seite 1 von ? ❷ (aktuelle Seitenzahl und Gesamtseitenzahl) werden immer im mittleren Abschnitt eingefügt.

*Bild 6.22 Inhalt für Kopfzeile auswählen*

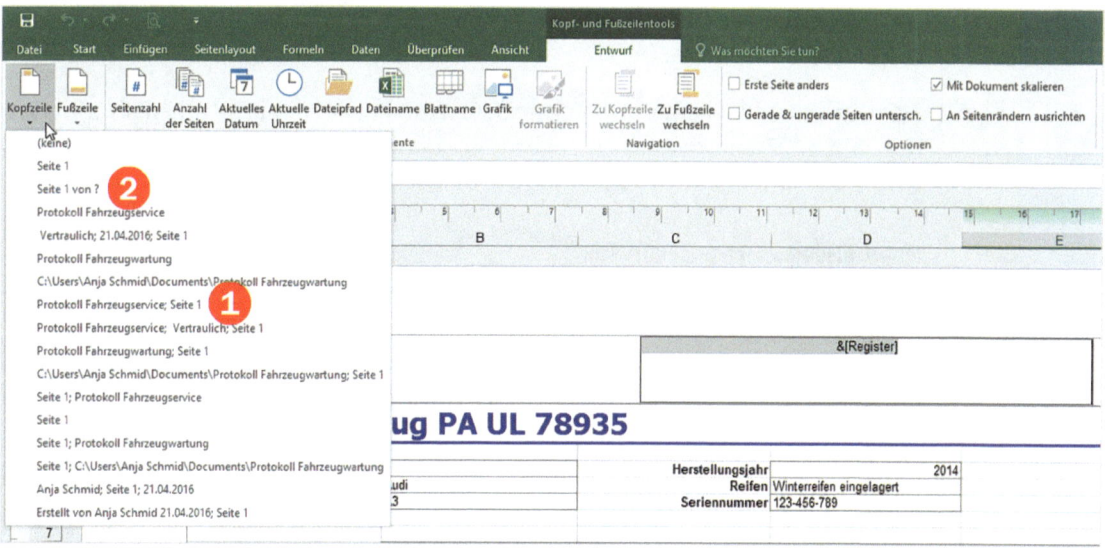

*Bild 6.23 Element und Ergebnis*

▶ Wenn Sie einen der drei Abschnitte anklicken, sehen Sie den Namen des ein-gefügten Elements, z. B. *&[Datum]*. Wenn Sie den Abschnitt verlassen, wird das Ergebnis angezeigt, z. B. 11.11.2016.

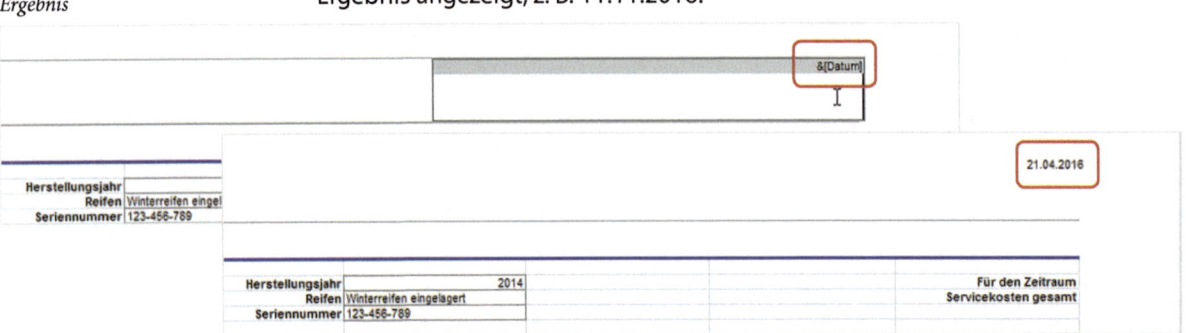

▶ Um den gesamten Inhalt eines Abschnitts zu löschen, klicken Sie den Abschnitt an und tippen auf die Entf-Taste.

*Bild 6.24 Schaltflächen zum Einfügen von Kopf- und Fußzeilenelementen*

▶ Wenn Sie stattdessen individuelle Kopf- und Fußzeilen gestalten möchten, dann benutzen Sie dazu die Schaltflächen der Gruppe *Kopf- und Fußzeilenelemente* ❶. Mit einem Mausklick fügen Sie Seitenzahlen, Gesamtzahl aller Seiten (*Anzahl der Seiten*), Datum, Uhrzeit, Datei- und Blattnamen oder eine Grafik ein. Andere Tex-te, z. B. Namen der Firma oder Abteilung geben Sie über die Tastatur ein.

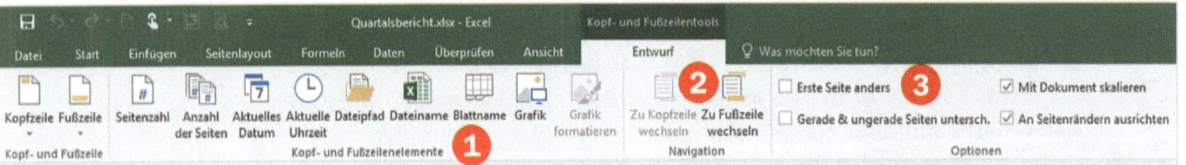

▶ Unabhängig davon, wie die Inhalte eingefügt wurden, können Sie diese an-schließend beliebig formatieren, z. B. in größerer oder kleinerer Schrift oder einer anderen Schriftart.

Beim Gestalten der Fußzeile am unteren Seitenrand verfahren Sie ebenfalls wie oben beschrieben. Zum Wechseln zwischen Kopf- und Fußzeile verwenden Sie die Bildlauf-leisten oder im Register *Entwurf* die Schaltflächen der Gruppe *Navigation* ❷.

### Unterschiedliche Kopf- und Fußzeilen

Umfasst Ihr Ausdruck mehrere Seiten, dann ist es vielleicht sinnvoll, unterschiedliche Inhalte für Kopfzeilen der gerade und für Kopfzeilen der ungerade Seiten festzulegen. Dazu aktivieren Sie im Register *Entwurf* ▶ Gruppe *Optionen* ❸ (Bild 6.24 oben) das Kontrollkästchen *Gerade & ungerade Seiten untersch.* und bearbeiten anschließend bei-de einzeln. Soll der Kopfzeileninhalt der ersten Seite von den Inhalten der Folgeseiten abweichen, dann aktivieren Sie das Kontrollkästchen *Erste Seite anders*. Dies gilt wie immer auch für die Fußzeile.

### Ausrichtung an den Seitenrändern

In der Standardeinstellung erfolgt die Ausrichtung von Kopf- und Fußzeilen an den Standardseitenrändern. Haben Sie später andere Seitenränder festgelegt, so weichen die Kopf- und Fußzeilen deutlich von diesen ab, siehe Bild unten. Um die Inhalte wieder an die veränderten Seitenränder anzugleichen, aktivieren Sie im Register *Entwurf* ▶ Gruppe *Optionen* das Kontrollkästchen *An Seitenränder ausrichten*.

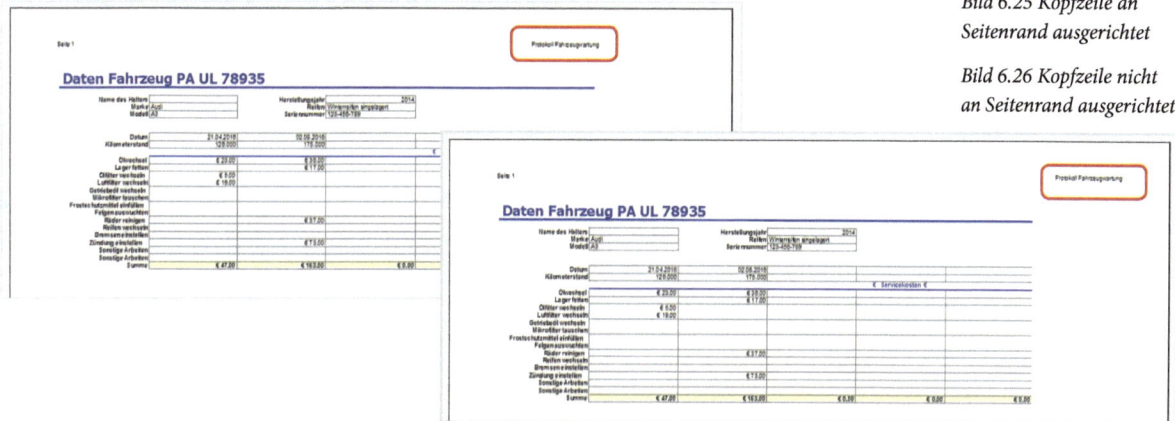

*Bild 6.25 Kopfzeile an Seitenrand ausgerichtet*

*Bild 6.26 Kopfzeile nicht an Seitenrand ausgerichtet*

> **Achtung:** Wenn Sie anschließend wieder in die Ansicht *Normal* zurückkehren möchten, dann müssen Sie zuvor den Kopf- oder Fußzeilenbereich verlassen und eine beliebige Stelle des Tabellenblattes klicken, da sonst die Ansicht *Normal* nicht verfügbar bzw. die Schaltfläche inaktiv ist.

## Gitternetzlinien, Zeilen- und Spaltenköpfe drucken

### Gitternetzlinien drucken

Standardmäßig werden beim Drucken ausschließlich Rahmenlinien berücksichtigt, nicht aber das Gitternetz. Um in Ausnahmefällen, z. B. zu Kontrollzwecken die Gitternetzlinien zu drucken, aktivieren Sie im Register *Seitenlayout*, Gruppe *Blattoptionen*, für die Gitternetzlinien das Kontrollkästchen *Drucken*.

### Zeilen- und Spaltenköpfe drucken

Zusammen mit den Gitternetzlinien werden auf dem Ausdruck dann meist auch die Spalten- und Zeilennummern benötigt. Dazu aktivieren Sie in der Gruppe *Blattoptionen* für die *Überschriften* das Kontrollkästchen *Drucken*.

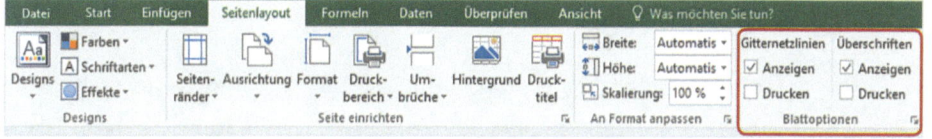

*Bild 6.27 Gitternetzlinien, Zeilen- und Spaltenköpfe drucken*

155

> **Tipp: Gitternetzlinien ausblenden**
>
> In vielen Excel-Vorlagen, die mit Farben und Rahmenlinien versehen sind, sind die Gitternetzlinien aus gestalterischen Gründen ausgeblendet. Falls Sie für Ihre Tabelle ebenfalls die Gitternetzlinien ausblenden möchten, entfernen Sie das Häkchen bei Register *Seitenlayout* ▶ Gruppe *Blattoptionen* ▶ Gitternetzlinien *Anzeigen*.

## Überschriften wiederholen

Erstreckt sich eine Tabelle über mehrere Druckseiten, dann ist es notwendig, die Spaltenüberschriften nicht nur auf der ersten, sondern auf allen Seiten zu drucken. Die Überschriftzeile muss dabei nicht zwangsläufig die erste Zeile des Tabellenblatts sein. Außerdem können auch mehrere, zusammenhängende Zeilen markiert und als Überschrift auf den Folgeseiten angezeigt werden.

**1**  Wählen Sie Register *Seitenlayout* ▶ Gruppe *Seite einrichten* ▶ *Drucktitel*.

**2**  Das Dialogfenster *Seite einrichten* wird mit dem Register *Blatt* geöffnet.

*Bild 6.28 Druckbereich: Ausschnitt des Arbeitsblatts drucken*

**3**  Klicken Sie in das Eingabefeld *Wiederholungszeilen oben*. Anschließend markieren Sie im Arbeitsblatt die entsprechende Überschriftzeile mit der Maus.

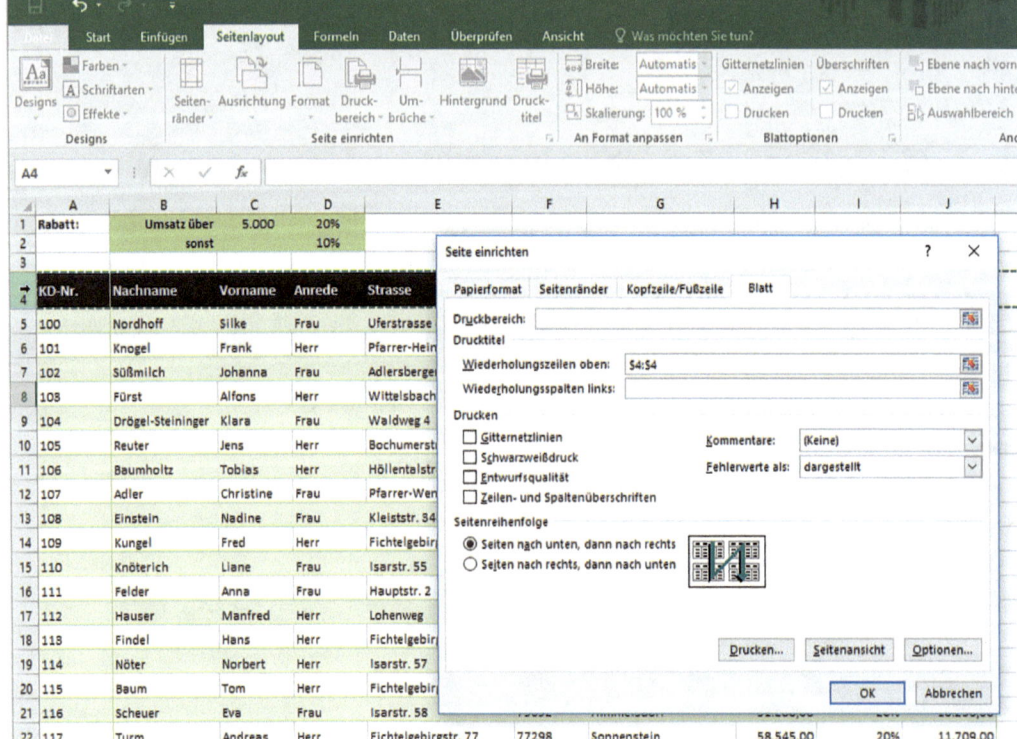

Analog verfahren Sie, wenn Zeileninhalte auf zwei Seiten ausgedruckt werden. Dann können Sie mit *Wiederholungsspalte links* die Inhalte einer Spalte, z. B. eine Kundennummer oder den Nachnamen auf jeder neuen Seite wiederholen. Für jedes Tabellenblatt kann eine Wiederholungszeile und -spalte vereinbart werden.

> **Achtung:** Das Dialogfenster *Seite einrichten* kann auch aus der Druckvorschau bzw. dem Befehl *Drucken* heraus mit Klick auf den gleichnamigen Link geöffnet werden. Allerdings sind hier die *Wiederholungszeilen oben* und *Wiederholungsspalten links* inaktiv, da in der Seitenansicht kein Zellbereich markiert werden kann.

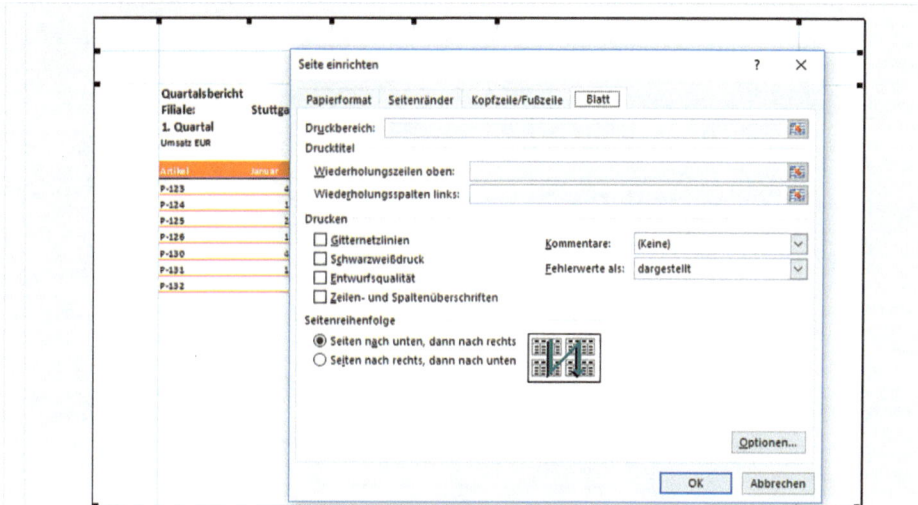

*Bild 6.29 Wiederholungszeilen und -spalten können nicht in der Seitenansicht festgelegt werden!*

## 6.4 Übung

▶ Öffnen Sie die Übungsdatei 06_Drucken. Die Druckseite soll beim Drucken in der Mitte der Kopfzeile das aktuelle Datum und am rechten Rand Ihren Namen enthalten.

▶ Sorgen Sie dafür, dass das Blatt im Querformat auf eine A4 Seite passt.

▶ Außerdem soll nur die eigentliche Tabelle ab Zeile 4 ausgedruckt werden. Die Rabattstaffelungsübersicht soll nicht auf dem Ausdruck erscheinen.

| KD-Nr. | Nachname | Vorname | Anrede | Strasse | PLZ | Ort | Umsatz | Rabatt % | Rabattbetrag |
|---|---|---|---|---|---|---|---|---|---|
| 100 | Nordhoff | Silke | Frau | Uferstrasse 85 b | 93055 | Regensburg | 1.560,00 | 8% | 124,80 |
| 101 | Knogel | Frank | Herr | Pfarrer-Heinrich-Weg 4 | 22040 | Hamburg | 2.103,00 | 8% | 168,24 |
| 102 | Süßmilch | Johanna | Frau | Adlersberger Strasse 56 | 93078 | Pentling | 4.809,00 | 8% | 384,72 |
| 103 | Fürst | Alfons | Herr | Wittelsbacherstr. 6 | 80638 | München | 5.200,00 | 8% | 416,00 |
| 104 | Drögel-Steininger | Klara | Frau | Waldweg 4 | 04777 | Neuendorf | 3.290,00 | 8% | 263,20 |
| 105 | Reuter | Jens | Herr | Bochumerstr. 9 | 45879 | Gelsenkirchen | 860,00 | 8% | 68,80 |
| 106 | Baumholtz | Tobias | Herr | Höllentalstrasse 12 | 82467 | Garmisch-Partenkirchen | 1.290,00 | 8% | 103,20 |
| 107 | Adler | Christine | Frau | Pfarrer-Wenz-Str. 88 | 96317 | Kronach | 6.300,00 | 22% | 1.386,00 |
| 108 | Einstein | Nadine | Frau | Kleiststr. 34a | 40215 | Düsseldorf | 12.900,00 | 22% | 2.838,00 |
| 109 | Kungel | Fred | Herr | Fichteigebirgstr. 73 | 96450 | Coburg | 425,00 | 8% | 34,00 |
| 110 | Knöterich | Liane | Frau | Isarstr. 55 | 94056 | Regensburg | 7.690,00 | 22% | 1.691,80 |

# 7 Einfache Berechnungen

**In diesem Kapitel lernen Sie...**

- Formeln eingeben und korrigieren
- Formeln kopieren
- Summen bilden
- Einfache Funktionen verwenden
- Zellbezüge und Namen in Formeln

**Das sollten Sie bereits wissen**

- Dateneingabe und Zahlenformate
- Tabellen formatieren

## 7.1    Übersicht und Begriffe

Register *Formeln* zur Auswahl von Funktionen

Namen verwalten

Namenfeld

Bearbeitungsleiste zeigt
die Formel und in der
Zelle steht das Ergebnis

AutoAusfüllkästchen, um
die Formel zu kopieren

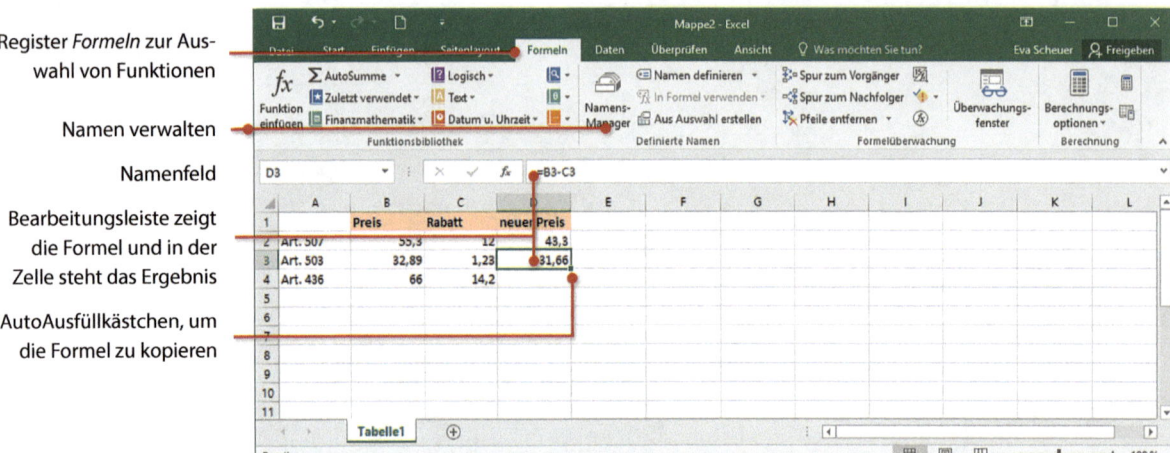

Berechnungen und Auswertungen sind ein wichtiger Teil von Excel. Entscheidend ist, dass nach Änderung der eingegebenen Zahlen sofort eine automatische Neuberechnung erfolgt. Für komplexe Rechenschritte können Sie die integrierten Funktionen von Excel verwenden, einfache Formeln geben Sie direkt in eine Zelle ein. Die Vorgehensweise bei der Eingabe von Formeln ist immer gleich.

## 7.2    Eine Formel eingeben

▶   Jede Formel beginnt mit dem **Gleichheitszeichen** (=).

▶   Excel-Formeln arbeiten in der Regel mit **Zellbezügen**. Jede Zelle eines Tabellen-blatts verfügt über eine eindeutige Adresse in der Schreibweise Spaltenbuch-stabe Zeilennummer, zum Beispiel A7. Die Zahl 46 (Abbildung unten) steht z. B. in der Zelle B1.

**Tipp!** Die Adresse der aktiven Zelle sehen Sie im
Namenfeld links oben.

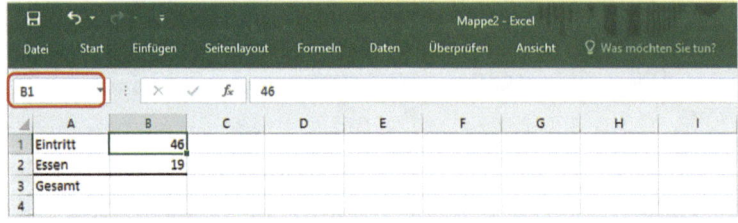

Die Verwendung von Zellbezügen in Formeln hat den Vorteil, dass bei nachträg-lichen Änderungen von Zellinhalten sofort eine automatische Neuberechnung erfolgt.

▶ Es ist auch möglich, in eine Formel eine Zahl einzugeben. **Konstante Werte,** wie beispielsweise die 12 Monate eines Jahres oder 24 Stunden, können durchaus in einer Formel verwendet werden. Verzichten Sie aber auf die Eingabe von Zahlen, die sich ändern können, z. B. Rabatt 2%.

▶ Neben Zellbezügen benötigen Sie in Formeln auch Operatoren (+ - etc.) und manchmal Klammern. Die folgenden arithmetischen Operatoren und Vergleichsoperatoren können in Formeln verwendet werden:

| Operator | Beschreibung |
| --- | --- |
| + | Addieren |
| - | Subtrahieren |
| * | Multiplizieren |
| / | Dividieren |
| ^ | Potenzieren |
| & | Zeichenfolgen aneinanderfügen |

| Operator | Beschreibung |
| --- | --- |
| = | Gleich |
| < | Kleiner als |
| <= | Kleiner oder gleich |
| > | Größer als |
| >= | Größer oder gleich |
| <> | Ungleich, Nicht |

**So gehen Sie bei der Eingabe einer Formel vor:**

Die Formel zur Berechnung des folgenden Beispiels muss lauten *=B1+B2*

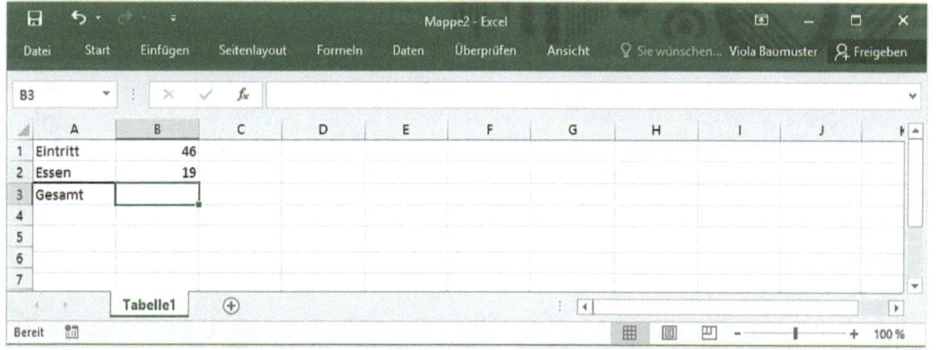

*Bild 7.1 Zelle markieren, um Formel einzutippen*

1 Markieren Sie die Zelle, in der Sie die Formel berechnen möchten (im Bild Zelle B3) und geben Sie das Gleichheitszeichen (=) über die Tastatur ein.

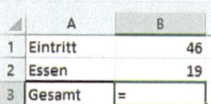

2 Klicken Sie anschließend mit der Maus auf die erste Zelle, die Sie für die Berechnung benötigen, in diesem Beispiel B1. Die Zelladresse erscheint automatisch in der Formel. Anstelle der Maus können Sie auch die Pfeiltasten zur Eingabe verwenden, oder die Adresse über die Tastatur eintippen.

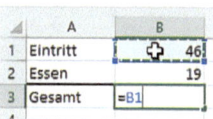

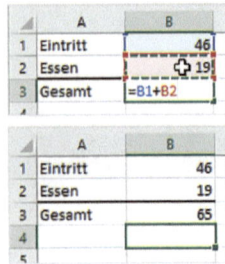

**3** Geben Sie nun über die Tastatur den Operator + für die Addition ein und klicken Sie anschließend mit der Maus auf die Zelle B2.

**4** Schließen Sie die Formeleingabe ab, entweder mit einem Mausklick auf das Symbol *Eingeben* in der Bearbeitungsleiste, oder durch Drücken der Enter-Taste.

Anstelle der Formel zeigt Excel nun das Ergebnis an. Inhalt der Zelle B3 ist nach wie vor die Formel, wie ein Blick in die Bearbeitungsleiste zeigt.

Um die Formel auch im Tabellenblatt anzuzeigen, klicken Sie doppelt mit der Maus in die Ergebniszelle. Mit Drücken der Esc-Taste blenden Sie die Formel wieder aus.

*Symbol Eingeben anklicken, um Formeleingabe abzuschließen.*

> **Achtung:** Beenden Sie die Eingabe einer Formel nicht mit den Pfeiltasten oder durch Anklicken einer anderen Zelle mit der Maus. Pfeiltasten und die Maus können zum Eingeben von Zellbezügen in einer Formel verwendet werden und verändern daher eine eingegebene Formel.

### Automatische Neuberechnung bei Änderung der Zellinhalte

Bleiben wir bei unserem Beispiel: Sie stellen fest, dass ohne Ihr Wissen noch zwei Eis am Stiel für insgesamt 6,00 € verzehrt wurden. Diese erhöhen den Betrag in Zelle B2 von 19,00 € auf 25,00 €.

Markieren Sie die Zelle B2, geben Sie den neuen Betrag ein und schließen Sie die Eingabe mit der Enter-Taste ab. Jetzt wird automatisch der neue Gesamtbetrag in Zelle B3 angezeigt.

*Bild 7.2 Ändern Sie die Zahlen, ändert Excel automatisch das Ergebnis*

## 7.3    Die Funktion Summe

Funktionen sind vordefinierte Formeln, die in Excel integriert sind. Mit Funktionen addieren Sie z. B. mehrere Zahlen oder bilden den Durchschnitt. Eine Funktion berechnet auf Grundlage eines Datums die Kalenderwoche oder zeigt mehrere Zellinhalte in einer Zelle an. Funktionen verfügen immer über einen Namen z. B. SUMME, MITTELWERT, KALENDERWOCHE oder VERKETTEN. Die passende Funktion wählen Sie über das Menüband aus und benennen die Zellen, mit denen gerechnet werden soll.

Die wichtigste Funktion ist die Summen-Funktion. Sie addiert die Inhalte mehrerer Zellen. Natürlich könnte man dieses Ergebnis auch durch die Eingabe einer Formel, wie beispielsweise *=A1+A2+A3+A4+A5*, erreichen. Dies ist allerdings zeitraubend und fehleranfällig. Die Schaltfläche für die *Autosumme* finden Sie im Register *Start* und im Register *Formeln*.

*Video!*

bildnerverlag.de/313_03

*Bild 7.3 Register* Start*, Gruppe Bearbeiten*

*Bild 7.4 Register* Formeln

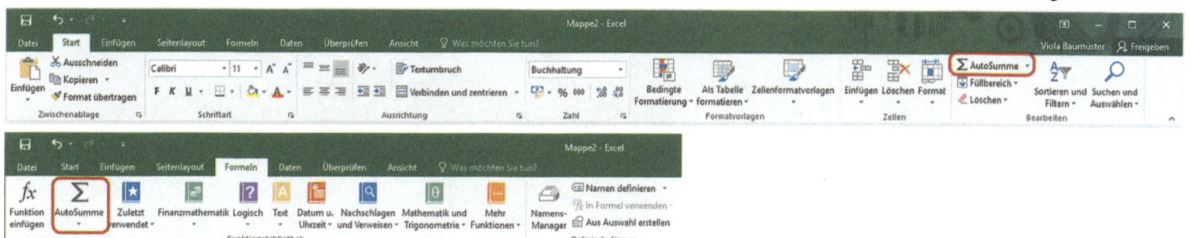

Es gibt mehrere Möglichkeiten, wie Sie bei der Berechnung der Summe vorgehen können:

### Alternative 1- Zellbereich markieren

1   Markieren Sie den Zellbereich, den Sie addieren möchten und klicken Sie mit der Maus auf die Schaltfläche *AutoSumme*.

2   Das Ergebnis wird automatisch in die Zelle unmittelbar unterhalb des markierten Bereichs eingefügt.

3   Klicken Sie doppelt in die Zelle, die das Ergebnis enthält, um dort die Funktion anzuzeigen. Der verwendete Zellbereich wird zur besseren Kontrolle mit einem Rahmen hervorgehoben.

4   Drücken Sie die Esc-Taste, um wieder das Ergebnis anzuzeigen.

Weitere Möglichkeiten erhalten Sie über das Schnellanalysetool, siehe Kapitel 8.2. Selbstverständlich kann eine Funktion auch eingetippt werden.

*Bild 7.5 Bereich markieren und dann auf Autosumme klicken*

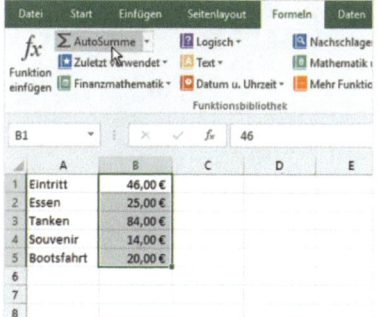
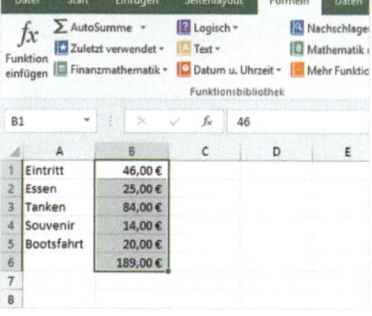
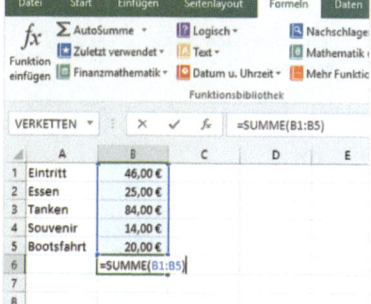

**Alternative 2 - Ergebniszelle markieren**

**1** Markieren Sie die Zelle, in die das Ergebnis eingefügt werden soll und klicken Sie dann auf die Schaltfläche *AutoSumme*.

**2** Excel fügt die Funktion *Summe* in die markierte Zelle ein und kennzeichnet den Zellbereich darüber mit einem gestrichelten Laufrahmen. Alle Zahlen, die von diesem Rahmen umschlossen sind, werden in die Berechnung einbezogen.

*Bild 7.6 Ergebniszelle markieren und dann auf Autosumme klicken*

**3** Beenden Sie die Formel mit der Enter-Taste oder klicken Sie in der Bearbeitungsleiste auf das Symbol *Eingeben*.

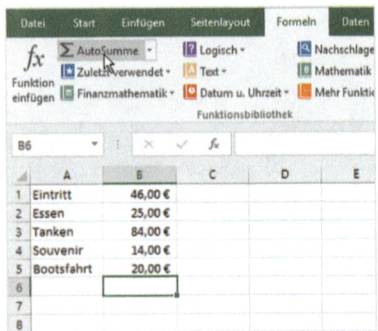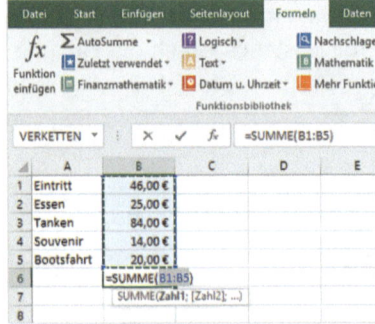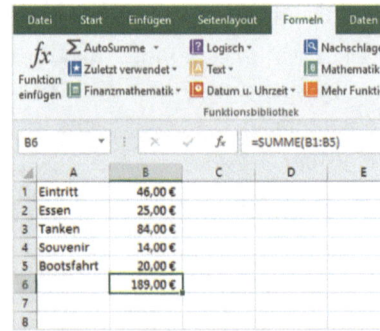

> Solange während der Eingabe der Funktion der gestrichelte Rahmen (Laufrahmen) um einen Zellbereich aktiv ist, können Sie jederzeit durch Markieren eines neuen Bereichs den zu addierenden Zellbereich ändern (Zeigen-Modus).

Dadurch bietet die zweite Alternative den Vorteil, dass die Summe nicht nur unterhalb, sondern in jeder beliebigen Zelle berechnet werden kann. Sollte Excel, nach Anklicken der Schaltfläche *AutoSumme* andere Zellen zur Berechnung vorschlagen, so markieren Sie einfach mit gedrückter linker Maustaste den gewünschten Zellbereich, bevor Sie die Summe mit der Enter-Taste bestätigen. Der neue Zellbereich wird für die Summe-Funktion übernommen.

*Bild 7.7 Neuen Zellbereich für die Berechnung auswählen*

Zellbereich, den Excel nach Anklicken der Summe-Funktion vorschlägt

Neuen Zellbereich durch Markierung einfügen

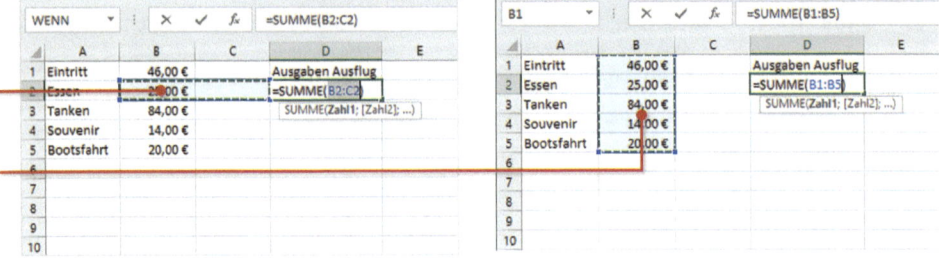

## Mehrere Summen gleichzeitig berechnen

Sowohl für Alternative 1 als auch für Alternative 2 können gleich mehrere Zellbereiche bzw. Ergebniszellen markiert werden. In Excel ist es nicht ungewöhnlich, dass viele Tabellen einheitlich aufgebaut sind und Zahlen in mehreren Spalten oder Zeilen addiert werden sollen. Durch Mehrfachmarkierung können Sie in solchen Fällen gleich mehrere SUMME-Funktionen einfügen.

In diesem Beispiel soll der Gesamtbetrag der Ausgaben je Monat (Januar, Februar, März) berechnet werden.

▶ Markieren Sie entweder den Zahlenbereich, wie im Bild links, oder markieren Sie den Ergebnisbereich, wie im mittleren Bild. In beiden Fällen erhalten Sie nach Anklicken der Schaltfläche *AutoSumme* die Ergebnisse für alle drei Spalten.

*Bild 7.8 Gleichzeitig mehrmals die Funktion Summe in aneinandergereihte Zellen eintragen*

  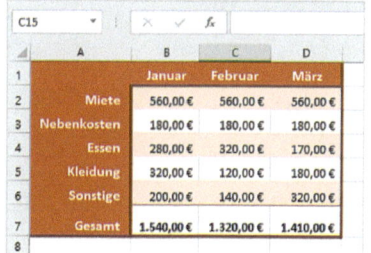

Auch für nicht zusammenhängende Ergebnisbereiche können Sie mit einem Klick eine einfache Funktion einfügen.

Jetzt sollen die Gesamtbeträge aller Ausgaben für die Monate Januar, Februar, März und für eine weitere Tabelle darunter mit April, Mai, Juni berechnet werden.

▶ Markieren Sie zunächst einen Bereich, halten Sie dann die Strg-Taste gedrückt und markieren Sie alle weiteren Bereiche. Klicken Sie dann auf die Schaltfläche *Autosumme*.

*Bild 7.9 Gleichzeitig mehrmals die Funktion Summe in getrennte Zellen eintragen*

### Nicht zusammenhängende Zellbereiche addieren

Bis jetzt waren die Zahlen, die mit der Funktion SUMME addiert wurden, immer in einem zusammenhängenden Bereich angeordnet. Natürlich können auch die Zahlen nicht zusammenhängender Zellbereiche addiert werden. Im folgenden Beispiel sollen die Summen der beiden Quartale addiert werden. Dabei handelt es sich um die Zellen B7, C7, D7 und um B16, C16, D16. Das Ergebnis soll in Zelle F9 angezeigt werden.

▶ Klicken Sie in die Zelle F9 und klicken Sie dann auf die Schaltfläche *Autosumme*. In diesem Beispiel schlägt Excel keinen Zahlenbereich mittels Anzeige eines Laufrahmens vor, sondern erwartet Ihre Markierung. Bei einer anderen Anordnung ist die Anzeige eines Laufrahmens möglich, ändert aber nichts am Ablauf.

▶ Markieren Sie zunächst den Ergebnisbereich des 1. Quartals (B7, C7, D7). Halten Sie dann die Strg-Taste gedrückt und markieren Sie den Ergebnisbereich des 2. Quartals (B16, C16, D16).

*Bild 7.10 Funktion mit nicht zusammenhängende Zellbereichen*

▶ Drücken Sie dann die Enter-Taste.

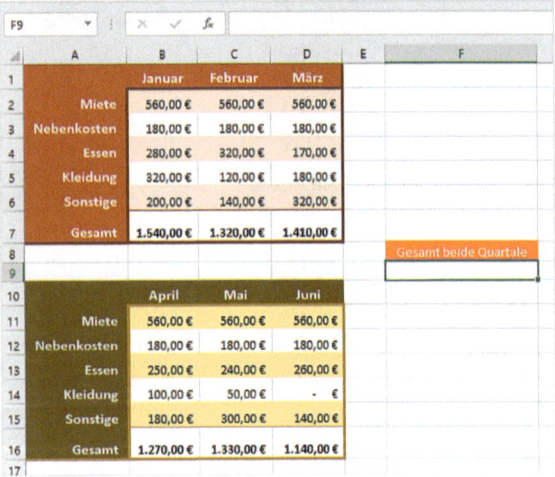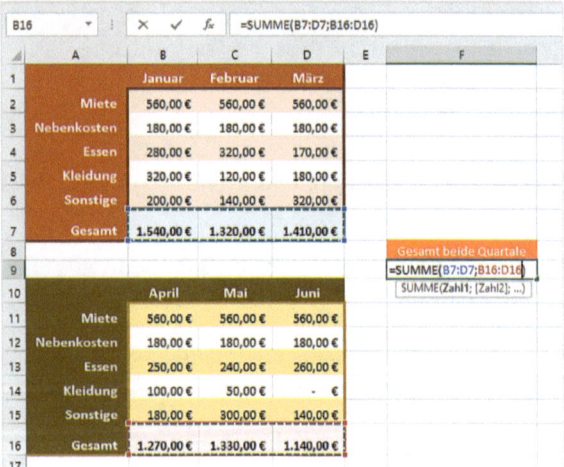

## 7.4    Weitere einfache Funktionen

### Aufbau von Funktionen

▶ Funktionen beginnen wie Formeln mit einem Gleichheitszeichen. Bei Auswahl der Funktion wird das Gleichheitszeichen gleich mit eingefügt. Es muss also nicht eingetippt werden.

▶ Dann folgt der Funktionsname, z. B. SUMME.

▶ In Klammern steht dann eine Bereichsangabe in der Schreibweise B2:B6. Das bedeutet, alle Zellen zwischen der ersten und letzten angegebenen Zelle, also B2, B3, B4, B5 und B6 werden in die Berechnung einbezogen.

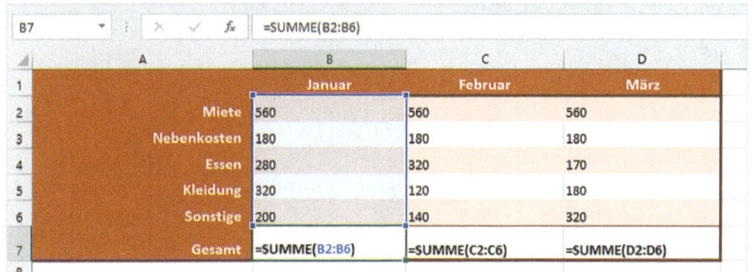

*Bild 7.11 Aufbau der Funktion SUMME*

▶ Mehrere nicht zusammenhängende Bereiche werden mit Semikolon (;) getrennt. Im Bild 7.10 sehen Sie wie die unabhängigen Bereiche in der Funktion Summe durch Semikolon getrennt werden: =SUMME(B7:D7;B16:D16)

## Anzahl, Mittelwert, größten und kleinsten Wert ermitteln

Neben der Summe finden Sie im Dropdown-Menü der Schaltfläche *AutoSumme* noch weitere einfache Funktionen, deren Handhabung der Summe gleichen. So lassen sich auf die gleiche Weise auch noch der Mittelwert (Durchschnitt), der größte und der kleinste Wert, sowie die Anzahl der Zahlen eines Zellbereichs mit Hilfe von Funktionen berechnen.

Weitere Funktionen lernen Sie in Kapitel 8 kennen.

| Funktion | Beschreibung |
|----------|--------------|
| Mittelwert | Berechnet das arithmetische Mittel (Durchschnitt) aus dem markierten Zellbereich. |
| Anzahl | Ermittelt die Anzahl der Zahlen im Zellbereich; Text wird ignoriert. |
| Max | Ermittelt den größten Wert eines Zellbereichs. |
| Min | Ermittelt den kleinsten Wert eines Zellbereichs. |

Bei der Verwendung dieser Funktionen gehen Sie vor, wie bei der Berechnung der Summe: Markieren Sie die entsprechende Ergebniszelle oder den passenden Zahlenbereich und klicken Sie zum Einfügen der Funktion entweder im Register *Start* oder im Register *Formeln* auf den Dropdown-Pfeil der Schaltfläche *AutoSumme*.

### Beispiel: Rechnen mit ANZAHL, MITTELWERT, MIN und MAX

In eine Excel-Tabelle wurden die Zeiten der Teilnehmer einer Laufveranstaltung eingetragen. Sie möchten jetzt folgende Werte ermitteln:

▶ Wie viele Personen nahmen teil? Berechnung mit Formel ANZAHL

▶  Gewinnerzeit: Berechnung mit Formel MIN

*Bild 7.12 Funktion ANZAHL auswählen und einfügen*

▶  Letzter im Ziel nach... Std.: Berechnung mit Formel MAX

▶  Durchschnittszeit: Berechnung mit Formel MITTELWERT

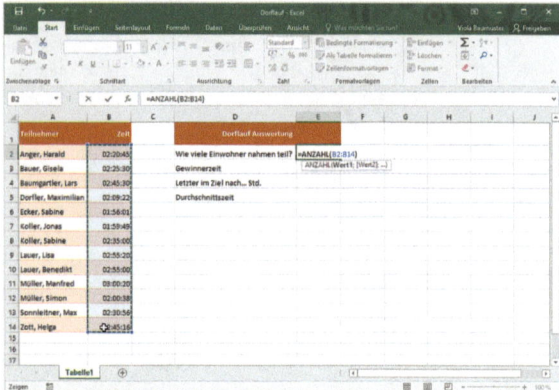

> **Tipp:** Falls Sie den Mittelwert, die Anzahl von Zahlen oder die Summe einer Zahlenreihe schnell überblicken möchten, ohne das Ergebnis in das Tabellenblatt einzufügen, dann markieren Sie den entsprechenden Zellbereich. In der Statusleiste werden die Ergebnisse für den markierten Bereich angezeigt. Weitere Zusammenfassungen können eingeblendet werden, wenn Sie mit der rechten Maustaste in die Statusleiste klicken und z. B. *Minimum* wählen.

*Bild 7.13 Ergebnisse Dorflauf*

*Bild 7.14 Ergebnisse in der Statusleiste*

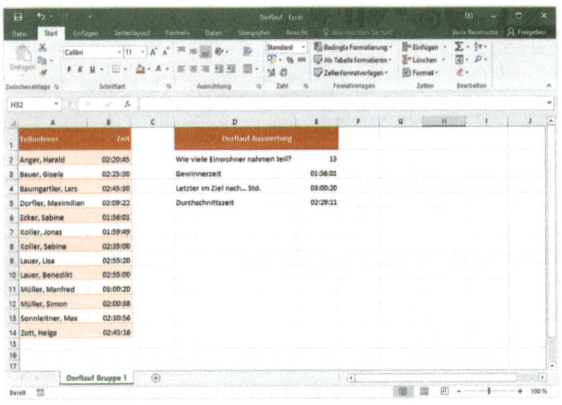

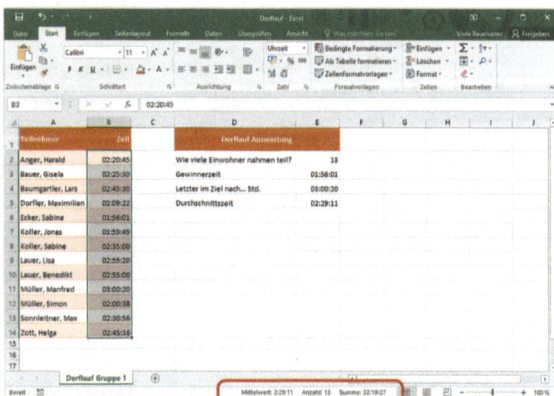

## Komplexe Funktionen - eine kurze Einführung

Im Register *Formeln* finden Sie eine Vielzahl weiterer Funktionen, die Excel zu einem wahren Rechenkünstler machen. Allerdings erfordern die meisten dieser Funktionen außer Zellbezügen noch weitere Angaben, diese werden als Funktionsargumente bezeichnet. Mehr zum Thema Funktionen erfahren Sie im nächsten Kapitel. Hier als kleines Beispiel für komplexere Funktionen die Funktion KALENDERWOCHE, mit der sich auf Grundlage eines Datums die dazugehörige Kalenderwoche ermitteln lässt.

**1**    Zum Aufrufen der Funktion KALENDERWOCHE wählen Sie Register *Formeln* ▶ *Datum u. Uhrzeit* ▶ *KALENDERWOCHE*. Zeigen Sie mit der Maus auf den Funktionsnamen, um eine Kurzinfo zu deren Einsatzgebiet anzuzeigen.

**2**    Nach Anklicken des Funktionsnamens öffnet sich das Dialogfenster *Funktionsargumente*.

▪ Der Cursor steht bereits im ersten, zu befüllenden Feld *Fortlaufende Zahl* ❶. Hier benötigt Excel die Angabe, welche Zelle das Datum enthält, in unserem Fall B2. Sie können jetzt entweder b2 eintippen oder mit der Maus auf die Zelle B2 klicken.

▪ Klicken Sie dann in das zweite auszufüllende Feld *Zahl_Typ*. Über den Link *Hilfe zu dieser Funktion* ❷ erfahren Sie, was Sie hier eingeben müssen. Zur Verfügung stehen hier mehrere Werte. Wir besprechen Wert 1 und 21. Der Wert 1 steht für alle Länder, die unabhängig von der Anzahl der Tage der ersten Woche im Jahr, diese als KW 1 definieren und deren Woche mit Sonntag beginnt, z. B. USA. Der Wert 21 steht für das europäische System, dessen Woche mit einem Montag beginnt und die erste Woche mit mindestens 4 Tagen als KW 1 definiert. Beispielsweise ist 2016 ein Jahr, in dem die beiden Systeme voneinander abweichen.

**3**    Klicken Sie dann auf *OK*.

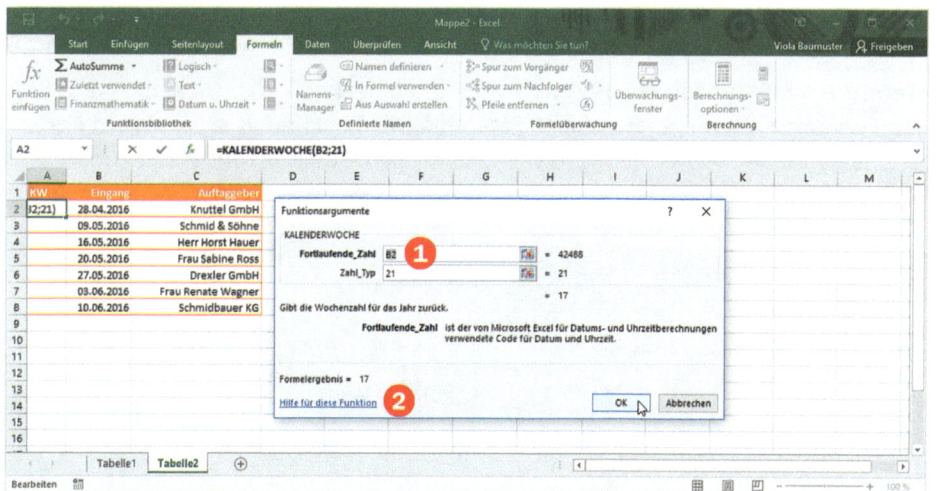

*Bild 7.15 Funktion KALENDERWOCHE zur Anzeige der Kalenderwoche zu einem Datum*

Um die Kalenderwochen der verbleibenden Daten anzuzeigen, müssen Sie die Schritte nicht für jede Zelle wiederholen. Hier gibt es eine einfachere Lösung, nämlich Formeln kopieren. Das lernen Sie noch in diesem Kapitel.

## 7.5 Rechnen mit Prozentwerten, Datum und Uhrzeit

### Prozentberechnungen

Siehe Zahlenformate, Kapitel 3.3.

Eine Prozentzahl, beispielsweise 7%, ist in Excel eigentlich eine Zahl, die mit 100 multipliziert und zusammen mit dem Prozentzeichen angezeigt wird. Die Prozentzahl 7% entspricht also der Zahl 0,07.

#### Eingabe von Prozentzahlen

▶ Prozentzahlen können zusammen mit dem Prozentzeichen eingegeben werden, also 7%.

▶ Sie können aber auch 0,07 eingeben und anschließend mit dem Prozentformat formatieren.

▶ Wenn Sie eine ganze Reihe von Prozentzahlen eingeben, ist es am effizientesten die Zeile oder Spalte als Prozent zu formatieren und dann 7 etc. einzutippen. In der Zelle erscheint dann 7%

> Wenn Sie eine Zahl eingeben, z. B. 7% und die Zelle anschließend mit einem Prozentformat versehen, erhalten Sie als Ergebnis 700%.

#### Beispiel Berechnung Mehrwertsteuer

Wenn Sie mit Excel den Mehrwertsteuerbetrag berechnen, dann sehen Sie auf dem Tabellenblatt die korrekt formatierte Zahl 19%. Die Berechnung erfolgt allerdings mit der Zahl 0,19. Der Rechenweg wird vereinfacht, da die Division durch 100 entfällt.

*Bild 7.16 Mwst-Betrag berechnen*

*Bild 7.17 Nettopreis berechnen*

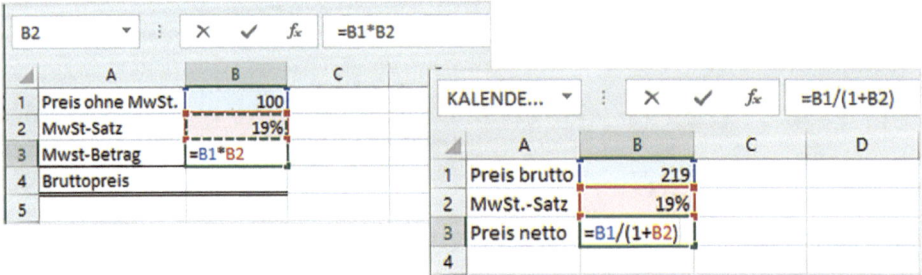

Zur Berechnung des Nettopreises vom Bruttopreis würden Sie in Ihren Taschenrechner bei einem Bruttopreis von 219 € und 19% Mehrwertsteuer folgende Berechnungsschritte eintippen: 219 * 100 / 119. In Excel kann man die Berechnung auch vereinfacht mit =B1/(1+B2) eingeben.

## Rechnen mit Datumswerten

Ein Datum stellt in Excel eigentlich eine fortlaufende Zahl dar, die mit dem 01.01.1900 beginnt und als Datum formatiert ist. Daher sind in Excel auch Berechnungen mit Datumswerten möglich.

| Datum | Zahl |
|---|---|
| 01.01.1900 | = 1 |
| 01.01.2017 | = 42 736 |

**Achtung**: Ein Datum vor 1900 wird als Text behandelt und kann nicht für Berechnungen herangezogen werden.

> Wenn Sie die Zahl anzeigen möchten, mit der Excel die Datumsberechnung durchführt, geben Sie ein Datum ein und löschen das Format (Register *Start* ▶ Gruppe *Bearbeiten* ▶ Schaltfläche *Löschen* ▶ *Formate löschen*) oder weisen Sie das Zahlenformat *Standard* zu.

### Beispiel 1: Berechnung des Fälligkeitstags einer Rechnung

Addieren Sie zum Rechnungsdatum das Zahlungsziel in Tagen. Als Ergebnis erscheint der Fälligkeitstag im Datumsformat.

### Beispiel 2: Berechnung der Tage zwischen zwei Datumswerten

Subtrahieren Sie das Datum, welches näher am aktuellen Datum liegt vom weiter in der Zukunft liegenden. Als Ergebnis wird die Differenz in Tagen angezeigt.

Sollte statt der Tage ein Datum als Ergebnis erscheinen, dann brauchen Sie dieses nur als Standardzahl formatieren.

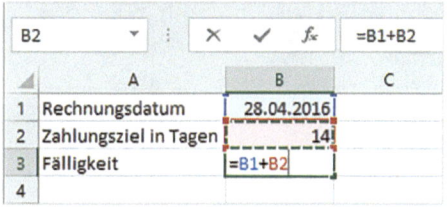

*Bild 7.18 Fälligkeit berechnen*

*Bild 7.19 Differenz in Tagen berechnen*

Excel kann bei Datumsberechnungen negative Zahlen, z. B. Tage berechnen. Dabei darf das Ergebnisfeld allerdings nicht als Datum formatiert sein. Sonst erscheint das #-Zeichen, um auf den Umstand aufmerksam zu machen, dass ein negatives Datum nicht abgebildet werden kann.

| | A | B | C |
|---|---|---|---|
| 1 | Abgabetermin | 15.05.2016 | |
| 2 | aktuell | 23.05.2016 | |
| 3 | Zeit bis zum Termin | -8 | Tage |

| | A | B | C |
|---|---|---|---|
| 1 | Abgabetermin | 15.05.2016 | |
| 2 | aktuell | 23.05.2016 | |
| 3 | Zeit bis zum Termin | ########## | Tage |

*Bild 7.20 Terminüberschreitung, negative Zahlen*

*Bild 7.21 Fehleranzeige bei Formatierung einer negativen Zahl als Datum*

## Zeitberechnungen

Auch Zeitangaben können für Berechnungen verwendet werden. Beachten Sie aber, dass das Standard-Uhrzeitformat von Excel nicht mehr als 24 Stunden anzeigt. Liefert das Ergebnis einer Formel mehr als 24 Stunden, dann müssen ein anderes Uhrzeitformat verwenden.

*Ist das Ergebnis einer Zeitberechnung (Format Uhrzeit) negativ, so wird als Ergebnis das Raute-Symbol # angezeigt.*

### Beispiel Arbeitszeitberechnung

In der unten abgebildeten Stundenliste sollen die Vormittags- und Nachmittagsstunden addiert werden. Dabei muss jeweils die Beginn-Zeit von der End-Zeit abgezogen werden.

*Bild 7.22 Rechnen mit Uhrzeit*

| KALENDE... | ▾ | ⋮ | ✕ | ✔ | *fx* | =C4-B4+E4-D4 |
|---|---|---|---|---|---|---|

| ◢ | A | B | C | D | E | F |
|---|---|---|---|---|---|---|
| 1 | | geleistete Stunden KW 12 | | | | |
| 2 | | Vormittags | | Nachmittags | | |
| 3 | | von | bis | von | bis | Gesamt |
| 4 | Montag | 08:00 | 12:15 | 12:45 | 16:30 | =C4-B4+E4-D4 |
| 5 | Dienstag | 07:45 | 12:00 | 12:45 | 17:00 | 08:30 |
| 6 | Mittwoch | 07:45 | 12:10 | 12:40 | 16:30 | 08:15 |
| 7 | Donnerstag | 08:15 | 12:30 | 12:45 | 16:00 | 07:30 |
| 8 | Freitag | 08:00 | 13:45 | | | 05:45 |
| 9 | Wochenarbeitszeit | | | | | |
| 10 | | | | | | |

| K11 | ▾ | ⋮ | ✕ | ✔ | *fx* | |
|---|---|---|---|---|---|---|

| ◢ | A | B | C | D | E | F |
|---|---|---|---|---|---|---|
| 1 | | geleistete Stunden KW 12 | | | | |
| 2 | | Vormittags | | Nachmittags | | |
| 3 | | von | bis | von | bis | Gesamt |
| 4 | Montag | 08:00 | 12:15 | 12:45 | 16:30 | 08:00 |
| 5 | Dienstag | 07:45 | 12:00 | 12:45 | 17:00 | 08:30 |
| 6 | Mittwoch | 07:45 | 12:10 | 12:40 | 16:30 | 08:15 |
| 7 | Donnerstag | 08:15 | 12:30 | 12:45 | 16:00 | 07:30 |
| 8 | Freitag | 08:00 | 13:45 | | | 05:45 |
| 9 | Wochenarbeitszeit | | | | | 14:00 |
| 10 | | | | | | |

Wenn Sie anschließend allerdings die einzelnen Arbeitszeiten addieren, z. B. mit =SUMME(F4:F8), so erhalten Sie ein offensichtlich falsches Ergebnis. Ursache ist, dass das Ergebnis in einem Uhrzeitformat (hh:mm) angezeigt wird, welches nicht mehr als 24 Std. abbilden kann. Zur Abhilfe müssen Sie die Zelle in einem anderen Uhrzeitformat formatieren:

▶ Markieren Sie die Ergebniszelle der Wochenarbeitszeit, in unserem Beispiel F9. Öffnen Sie über das Register *Start* das Dialogfenster *Zellen formatieren* durch Anklicken des Pfeilsymbols ⌐ der Gruppe *Zahl*. Wählen Sie im Register *Zahlen* in der Kategorie *Uhrzeit* den Typ *37:30:55* aus.

*Bild 7.55 Kategorie Uhrzeit*

▶ Nachteil der obigen Methode: Dieses Uhrzeitformat umfasst auch Sekunden. Wenn diese nicht angezeigt werden sollen, dann wechseln Sie zur Kategorie *Be-*

*nutzerdefiniert* und passen das Format ❶ *[h]:mm:ss* an ❷. Das Ergebnis sehen Sie in Bild 7.24.

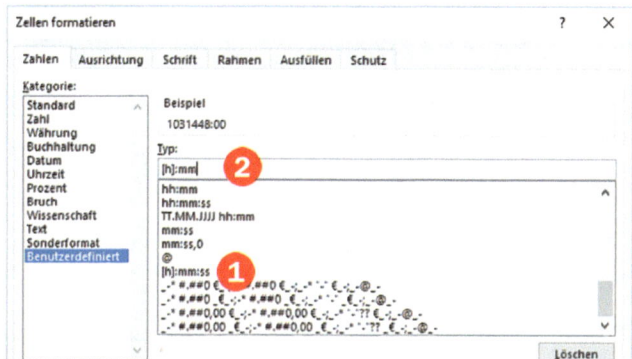

*Bild 7.23 Uhrzeitformat
zur Anzeige von mehr als
24 Std.*

> Das Standard-Uhrzeitformat von Excel zeigt nur 24 Stunden an. Wählen Sie statt-
> dessen ein benutzerdefiniertes Uhrzeitformat, dessen Stunden in eckigen Klam-
> mern stehen [h].

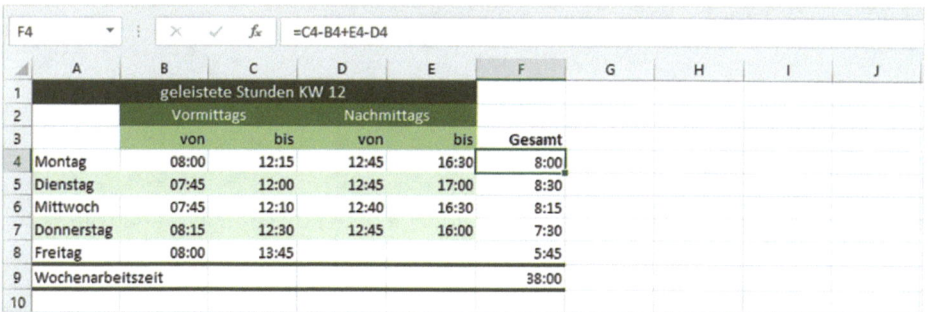

*Bild 7.24 Das Ergebnis*

### Uhrzeit in Dezimalzahl umwandeln

Manche Berechnungen setzen anstelle des Uhrzeitformats eine Dezimalzahl voraus. Etwa, wenn Sie aus den Arbeitszeiten die Höhe des Arbeitsentgelts berechnen wollen. Da beispielsweise 1 Stunde und 30 Minuten der Zahl 1,5 entspricht, müssen Sie zuerst die Uhrzeit in eine Dezimalzahl umwandeln. So gehen Sie dabei vor:

**1**  Formatieren Sie die Gesamtstunden pro Tag und die Wochenarbeitszeit als *Zahl*. Dazu markieren Sie den Bereich und wählen im Dropdown-Menü (Register *Start*, Gruppe *Zahl*) das Format *Zahl* aus. Die Uhrzeit wird als Dezimalzahl angezeigt. Sie sehen, dass z. B. 8:00 Std. jetzt als 0,33333333 angezeigt wird (Bild 7.25).

**2**  Grundlage jedes Datums- und Uhrzeitformats sind Tage, daher drückt das Ergeb-nis als Dezimalzahl die Arbeitszeit in Tagen aus. Da ein Tag 24 Stunden umfasst, multiplizieren Sie im nächsten Schritt die Ergebnisse mit 24.

**Achtung**: Die Regel Punkt vor Strich gilt auch in Excel! Sie müssen also in unserem Beispiel die ursprüngliche Formel zur Berechnung der Tagesarbeitszeit in Klammern setzen und geben dahinter *24 eingeben (Bild 7.26). Die angezeigten Dezimalstellen können anschließend auf 2 reduziert werden.

| | A | B | C | D | E | F |
|---|---|---|---|---|---|---|
| 1 | geleistete Stunden KW 12 | | | | | |
| 2 | | Vormittags | | Nachmittags | | |
| 3 | | von | bis | von | bis | Gesamt |
| 4 | Montag | 08:00 | 12:15 | 12:45 | 16:30 | 0,3333333 |
| 5 | Dienstag | 07:45 | 12:00 | 12:45 | 17:00 | 0,3541667 |
| 6 | Mittwoch | 07:45 | 12:10 | 12:40 | 16:30 | 0,3437500 |
| 7 | Donnerstag | 08:15 | 12:30 | 12:45 | 16:00 | 0,3125000 |
| 8 | Freitag | 08:00 | 13:45 | | | 0,2395833 |
| 9 | Wochenarbeitszeit | | | | | 1,5833333 |
| 10 | | | | | | |
| 11 | | | | | | |

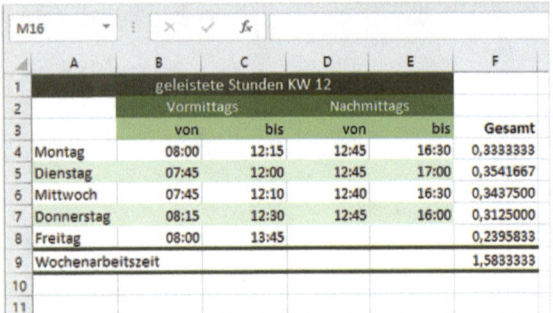

*Bild 7.25 Das Ergebnis als Dezimalzahl*

| | A | B | C | D | E | F | G |
|---|---|---|---|---|---|---|---|
| 1 | geleistete Stunden KW 12 | | | | | | |
| 2 | | Vormittags | | Nachmittags | | | |
| 3 | | von | bis | von | bis | Gesamt | |
| 4 | Montag | 08:00 | 12:15 | 12:45 | 16:30 | =(C4-B4+E4-D4)*24 | |
| 5 | Dienstag | 07:45 | 12:00 | 12:45 | 17:00 | 8,50 | |
| 6 | Mittwoch | 07:45 | 12:10 | 12:40 | 16:30 | 8,25 | |
| 7 | Donnerstag | 08:15 | 12:30 | 12:45 | 16:00 | 7,50 | |
| 8 | Freitag | 08:00 | 13:45 | | | 5,75 | |
| 9 | Wochenarbeitszeit | | | | | 38,0000000 | |
| 10 | | | | | | | |
| 11 | | | | | | | |

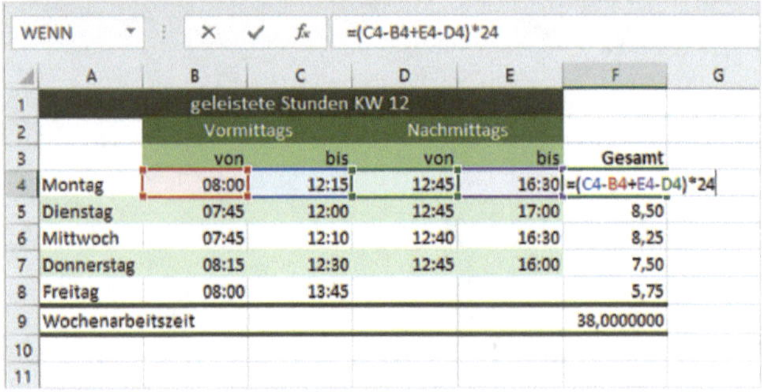

*Bild 7.26 Multipliziert mit 24*

## 7.6 Formeln und Funktionen bearbeiten

### Formeln überprüfen und korrigieren

Sofort nach Eingabe einer Formel erscheint in der Zelle anstelle der Formel das Formelergebnis. Ob die markierte Zelle eine Zahl oder eine Formel enthält, sehen Sie in der Bearbeitungsleiste.

Wie alle Zellinhalte, können Sie auch eine Formel entweder in der Bearbeitungsleiste oder mit einem Doppelklick auf die Ergebniszelle korrigieren. Zusätzlich kennzeichnet Excel Zellbezüge der Formel und die dazugehörigen Zellen der Tabelle farbig. So erkennen Sie schnell, welche Zellen in der Formel verwendet wurden.

| | A | B | C | D | E | F |
|---|---|---|---|---|---|---|
| 1 | geleistete Stunden KW 12 | | | | | |
| 2 | | Vormittags | | Nachmittags | | |
| 3 | | von | bis | von | bis | Gesamt |
| 4 | Montag | 08:00 | 12:15 | 12:45 | 16:30 | =C4-B5+E4-D4 |
| 5 | Dienstag | 07:45 | 12:00 | 12:45 | 17:00 | 08:30 |
| 6 | Mittwoch | 07:45 | 12:10 | 12:40 | 16:30 | 08:15 |
| 7 | Donnerstag | 08:15 | 12:30 | 12:45 | 16:00 | 07:30 |
| 8 | Freitag | 08:00 | 13:45 | | | 05:45 |
| 9 | Wochenarbeitszeit | | | | | 38:00 |
| 10 | | | | | | |

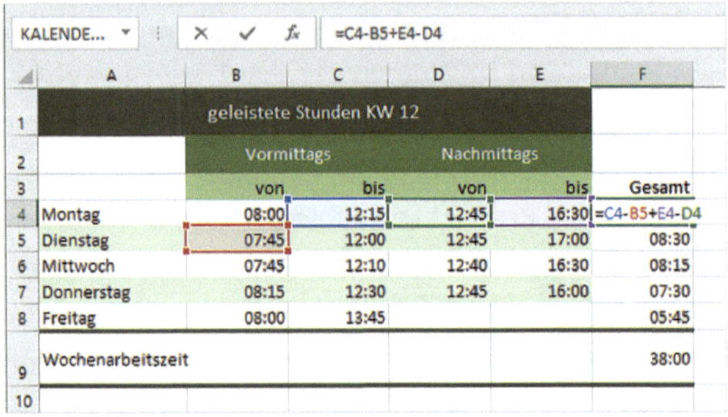

*Bild 7.27 Die Formel enthält einen falschen Zellbezug*

Falls versehentlich ein Bezug auf die falsche Zelle verwendet wurde, können Sie die Änderung entweder über die Tastatur vornehmen oder am einfachsten mit der Maus:

Zum Ändern mit der Maus zeigen Sie auf den farbigen Rahmen der Zelle, deren Bezug Sie in der Formel ändern möchten, im Bild unten B5. Wenn vier Richtungspfeile erscheinen, kann der Rahmen auf eine andere Zelle verschoben und damit der Zellbezug in der Formel geändert werden. In diesem Beispiel ziehen Sie den Rahmen auf die Zelle B4 und übernehmen die Änderung mit der **Enter-Taste**.

*Bild 7.28 Zellbezug durch Verschieben mit der Maus ändern*

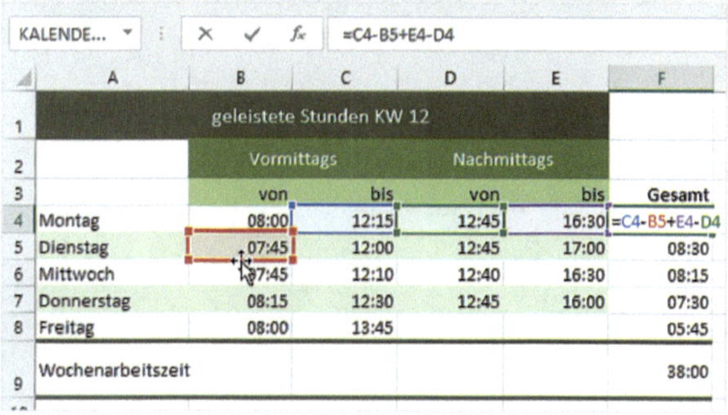

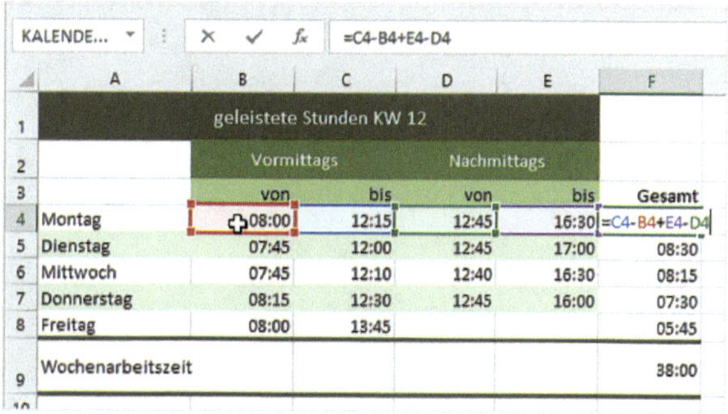

### Alle Formeln im Tabellenblatt anzeigen

Zur besseren Kontrolle können Sie im aktuellen Arbeitsblatt Formeln anstelle der Ergebnisse anzeigen und damit auch drucken. Klicken Sie dazu im Register *Formeln* auf die Schaltfläche *Formeln anzeigen*. Mit einem weiteren Klick auf dieselbe Schaltfläche stellen Sie auch die ursprüngliche Ansicht wieder her.

Die Formelansicht berücksichtigt keinerlei Formatierungen. Deshalb werden im Beispiel unten auch die eingegebenen Beginn- und Endzeiten nicht mehr im Format Uhrzeit, sondern als Zahl angezeigt. Da Formeln meist mehr Platz benötigen, ändert sich vorübergehend auch die Spaltenbreite. Sobald Sie *Formeln anzeigen* deaktivieren, erhalten Sie wieder den vorherigen Zustand mit allen Formatierungen.

*Bild 7.29 Formeln anzeigen*

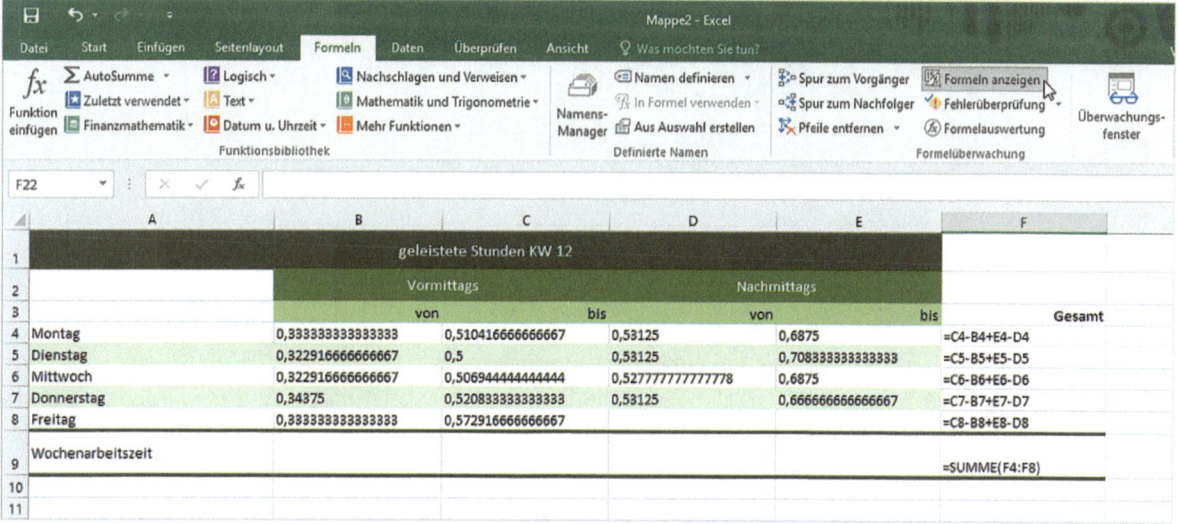

## Fehler in Formeln kennen und beheben

Anstelle des Formelergebnisses kann in der Zelle auch einer der folgenden Fehlerwerte erscheinen:

| Fehlerwert | Ursache |
|---|---|
| **DIV/0!** | Sie dividieren eine Zahl durch 0 oder eine leere Zelle. Dies ist mathematisch nicht zulässig. |
| **#NAME?** | Sie rechnen anstelle von Zellbezügen mit Namen, die nicht existieren oder falsch geschrieben sind (mehr auf Seite 186). Ebenso ist es möglich, dass der Funktionsname versehentlich geändert wurde. |
| **#WERT!** | Sie führen eine arithmetische Operation mit einer Zelle durch, die Text anstelle einer Zahl enthält. 14.23 ist in Excel keine gültige Zahl! |
| **#NV!** | In einer Verweisfunktion wird nach einem Wert gesucht, der nicht vorhanden ist. |

### Grünes Dreieck

| | |
|---|---|
| 7.690,00 | 22% |
| 46.427,00 | 11 |
| | |

Excel weist auch durch ein grünes Dreieck in der Zelle auf Fehler hin. Wenn Sie die fehlerhafte Zelle anklicken, erscheint ein Warnsymbol. Klicken Sie dieses an, um eine Liste mit Informationen und Optionen zu erhalten. Sie können auch zunächst nur auf das Warnsymbol mit der Maus zeigen, um einen ersten Hinweis zum Problem zu erhalten.

*Bild 7.30 Hinweis auf einen möglichen Fehler innerhalb einer Formel*

| ▲ | A | B | C | D | E | F | G | H | I | J |
|---|---|---|---|---|---|---|---|---|---|---|
| 4 | KD-Nr. | Nachname | Vorname | Umsatz | Rabatt % | Rabattbetrag | | | | |
| 5 | 100 | Nordhoff | Silke | 1.560,00 | 8% | 124,80 | | | | |
| 6 | 101 | Knogel | Frank | 2.103,00 | 8% | 168,24 | | | | |
| 7 | 102 | Süßmilch | Johanna | 4.809,00 | 8% | 384,72 | | | | |
| 8 | 103 | Fürst | Alfons | 5.200,00 | 8% | 416,00 | | | | |
| 9 | 104 | Drögel-Steininger | Klara | 3.290,00 | 8% | 263,20 | | | | |
| 10 | 105 | Reuter | Jens | 860,00 | 8% | 68,80 | | | | |
| 11 | 106 | Baumholtz | Tobias | 1.290,00 | 8% | 103,20 | | | | |
| 12 | 107 | Adler | Christine | 6.300,00 | 22% | 1.386,00 | | | | |
| 13 | 108 | Einstein | Nadine | 12.900,00 | 22% | 2.838,00 | | | | |
| 14 | 109 | Kungel | Fred | 425,00 | 8% | 34,00 | | | | |
| 15 | 110 | Knöterich | Liane | 7.690,00 | 22% | 1.691,80 | | | | |
| 16 | | | | 46.4 | 11 | 7.478,76 | | | | |
| 17 | | | | | | Die Formel in dieser Zelle unterscheidet sich von den Formeln in diesem Bereich der Kalkulationstabelle. | | | | |
| 18 | | | | | | | | | | |

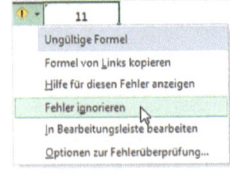

Nicht immer liegt wirklich ein Fehler vor. Das grüne Dreieck wird beispielsweise auch angezeigt, wenn sich eine Formel von den übrigen in der Spalte/ Zeile unterscheidet oder wenn eine Zahl als Text formatiert wurde. Falls die Eingabe so von Ihnen beabsichtigt ist, wählen Sie in der Optionsliste *Fehler ignorieren* aus. Im Beispiel oben wird beanstandet, dass in der Zelle D16 und F16 Summen berechnet werden und in der Zelle E7 mit der Formel ANZAHL ausgerechnet wird wie viele Personen ein Rabatt gewährt wurde.

Im Beispiel unten sollen die Ausgaben auf die Teilnehmer verteilt werden. In Zelle B2 ist die endgültige Teilnehmerzahl noch nicht hinterlegt. In Zelle B3 wurde die Formel zur Berechnung schon eingetragen. Dadurch werden jetzt in der Formel die Ausgaben durch eine leere Zelle, also durch Null geteilt, was zum Fehlerwert #DIV/0! führt. In diesem Fall ist keine Aktion Ihrerseits erforderlich, da, sobald Sie die Anzahl der Teilnehmer eintragen, der Fehler behoben ist.

*Bild 7.31 Leere Zelle erzeugt bei der Division eine Fehlermeldung*

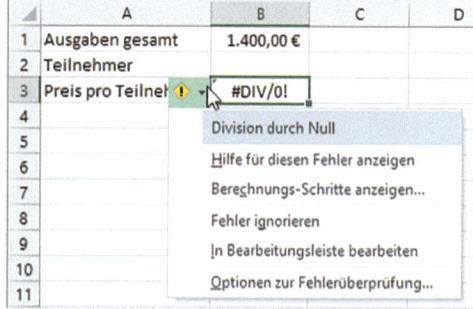

## Rautezeichen #

Das #-Zeichen ist eigentlich keine Fehlermeldung (Ausnahme negative Datums- oder Uhrzeitformate). Der Warnhinweis bedeutet in der Regel, dass die Spaltenbreite zur Anzeige der vollständigen Zahl nicht ausreicht. Ändern Sie die Spaltenbreite oder formatieren Sie, falls möglich, die Zahl mit weniger Nachkommastellen.

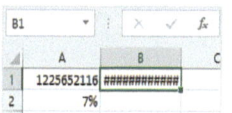

## Zirkelbezug

Eine Warnmeldung erscheint, wenn Sie in eine Formel die Zelladresse des Formelergebnisses einbezogen haben.

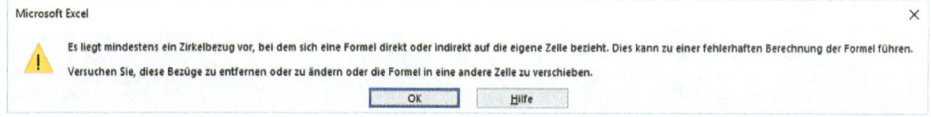

Im Beispiel im Bild unten soll die Summe des Zellbereichs B5 bis B10 berechnet werden. Bei der Eingabe der Summe-Funktion wurde fehlerhaft der Bereich B5:B11 angegeben, allerdings befindet sich in B11 die Formel. Anstelle eines Ergebnisses erscheint nach Betätigen der Enter-Taste eine Zirkelbezugswarnung.

*Bild 7.32 Zirkelbezug*

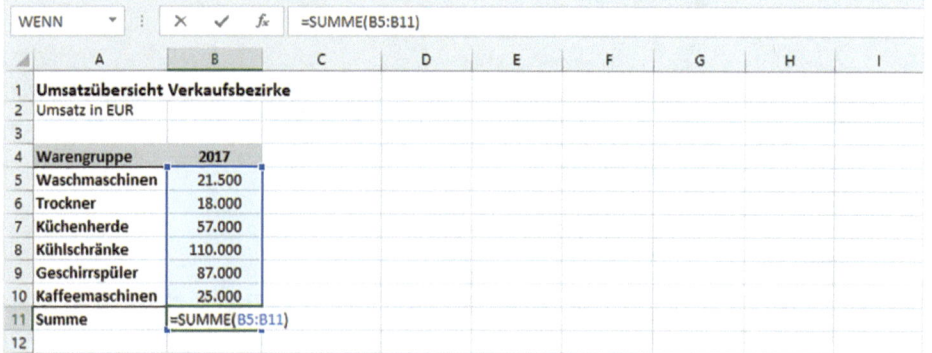

Nachdem Sie die Warnung mit der Schaltfläche *OK* bestätigt haben, wird als Formelergebnis Null angezeigt. Jetzt können Sie die Formel berichtigen.

Sofern in einer Arbeitsmappe ein nicht berichtigter Zirkelbezug vorhanden ist, erscheint in der Statusleiste eine Meldung und auch beim Öffnen einer solchen Arbeitsmappe erhalten Sie eine Warnung.

### Formel in angrenzende Zellen kopieren

*Eine Formel kann auch mit der Schaltfläche Kopieren / Einfügen (Register Start) oder mit Strg + C und Strg + V in andere Zellen kopiert werden.*

Häufig wird eine Formel oder Funktion gleich für mehrere Zeilen oder Spalten benötigt. Dann können Sie die Formel oder Funktion mit Hilfe des **AutoAusfüllkästchens** schnell in angrenzende Zellen kopieren.

**1**   Markieren Sie die Zelle mit der Formel, die Sie kopieren möchten und zeigen Sie mit der Maus auf das AutoAusfüllkästchen in der unteren rechten Ecke des Markierungsrahmens. Der Mauszeiger wird als Pluszeichen (+) dargestellt.

**2**   Drücken Sie nun die linke Maustaste und ziehen Sie die Formel mit gedrückter linker Maustaste über den auszufüllenden Zellbereich. Die Formel wird in die angrenzenden Zellbereiche kopiert.

*Bild 7.33 Mauszeiger als + Zeichen*

*Bild 7.34 Ziehen kopiert die Formel*

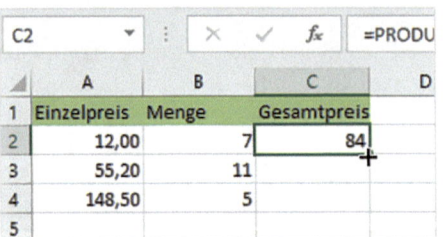 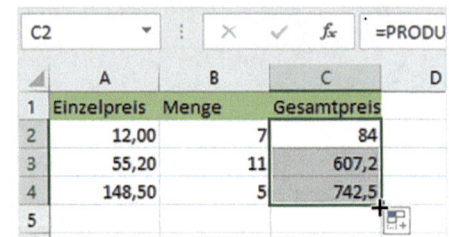

> **Tipp**: Ein Doppelklick auf das Ausfüllkästchen kopiert die Formel automatisch in alle Zeilen einer Liste bis zur ersten Leerzeile. Dies ist vor allem beim Kopieren von Formeln in umfangreichen Tabellen nützlich, allerdings darf die Tabelle keine Leerzeilen enthalten.

**Achtung**: Nicht alle Formeln lassen sich ohne weiteres kopieren! Kontrollieren Sie die kopierten Formeln und deren Zellbezüge. Wenn Sie falsche Ergebnisse bzw. falsche Zellbezüge erhalten, dann sollten Sie sich mit dem nächsten Punkt, Zellbezügen in Formeln näher befassen.

### Ohne Formatierung ausfüllen

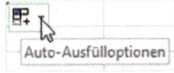

Ein häufiges Problem beim Kopieren von Formeln entsteht dadurch, dass zusammen mit der Formel auch alle Zellformate kopiert werden. Dies können Sie verhindern, wenn Sie unmittelbar nach dem Kopieren auf die Schaltfläche *Auto-Ausfülloptionen* klicken und *Ohne Formatierung ausfüllen* auswählen.

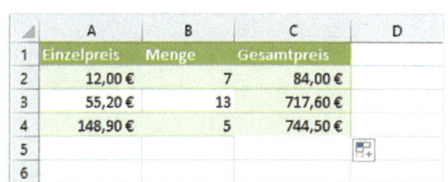

*Bild 7.35 Ergebnis nach Kopieren der Formel*

*Bild 7.36 Füllfarbe für Zelle C3 entfernen*

Das Problem in diesem Beispiel und in vielen realen Anwendungsfällen ist, dass nicht nur die Füllfarbe, sondern auch das Buchhaltungsformat entfernt wird. Wenn eine Formel über sehr viele Zeilen hinweg kopiert wird, ist es oft einfacher mit der Option *Ohne Formatierung ausfüllen* die Füllfarbe zu entfernen, dann die gesamte Spalte zu markieren und das Zahlenformat erneut zu vereinbaren.

## 7.7 Zellbezüge in Formeln

### Was sind relative Zellbezüge?

Bis jetzt verwenden Sie Zellbezüge in ihrer einfachsten Form: A1, B5 oder D7. Diese Zellbezüge werden auch relative Zellbezüge genannt. Auf der vorherigen Seite haben Sie bereits Formeln kopiert und sich vielleicht gefragt, weshalb die Zellbzüge angepasst und die Berechnungen mit den korrekten Werten durchgeführt werden. Grund hierfür sind die relativen Zellbezüge.

*Video!*

bildnerverlag.de/313_04

Wenn Sie in einer Formel einen relativen Zellbezug verwenden, dann verweisen Sie eigentlich ausgehend von der aktiven Zelle auf eine bestimmte Position mit relativem Abstand. Verwenden Sie beispielsweise in einer Formel in der Zelle A1 den Zellbezug B1, so ist dies ein Verweis auf die rechts angrenzende Zelle. Kopieren Sie die Formel in die Zeile 2, so enthält die Formel nun einen Verweis auf die rechts angrenzende Zelle der Zeile 2, also B2. Somit können Formeln mit relativen Zellbezügen einfach kopiert werden. Die Formel bleibt dabei gleich, nur die Zellbezüge werden beim Kopieren automatisch an die Zielzelle angepasst.

**Beispiel:** Kehren wir zum Beispiel im Bild 7.33 und Bild 7.34 zurück - der Berechnung des Gesamtpreises. Dieser ergibt sich aus Einzelpreis * Menge.

- In Zelle C2 befindet sich die Formel *=A2*B2*.

  Diese wird nun aus der Zeile 2 in die Zeile 3 kopiert und die Formel passt sich entsprechend an.

- In Zelle C3 steht dann *=A3*B3*.

Kopieren in Zeile 4 führt zu einer weiteren Änderung der Zellbezüge:

- In Zelle C4 steht *=A4\*B4*.
- In Zeile 99 würde die Formel *=A99\*B99* lauten.

Das Kopieren der Formel bedeutet hier also eigentlich: Multipliziere die Werte der beiden Spalten links von der aktuellen Zelle.

*Bild 7.37 Formeln kopieren*

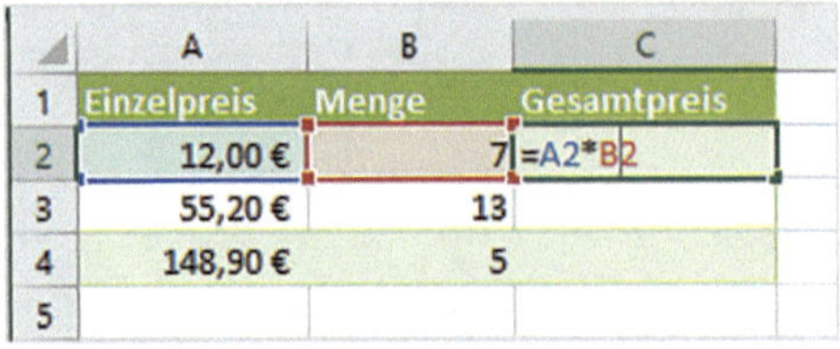

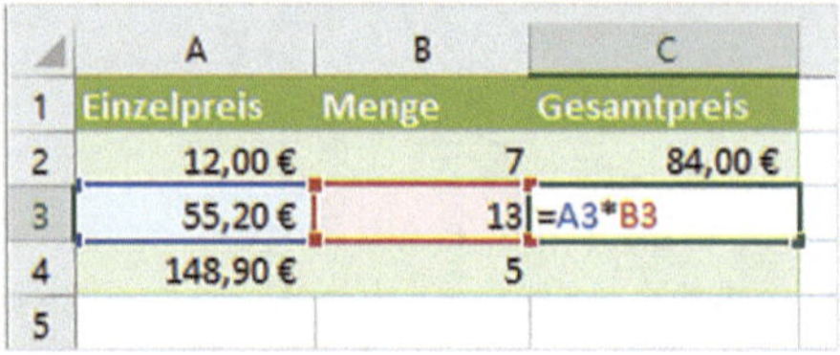

> Enthält eine Formel relative Zellbezüge, so werden diese beim Kopieren automatisch an die neue Position angepasst.

## Automatisches Anpassen durch absolute Zellbezüge verhindern

Nicht alle Formeln können auf diese Weise kopiert werden. In einigen Fällen führt dies zu einem falschen Ergebnis. Und zwar immer dann, wenn in der kopierten Formel ein Zellbezug nicht angepasst werden darf. Einen solchen Zellbezug, der beim Kopieren nicht angepasst werden soll, bezeichnet Excel als absoluten oder festen Zellbezug. Absolute Zellbezüge erhalten vor der Spalte und vor der Zeile jeweils ein Dollarzeichen $, beispielsweise $A$5.

**Beispiel:** Eine Firma hat einen einheitlichen Stundenlohn von 12,00 Euro. Dieser Wert befindet sich in Zelle B1.

▶ Bei der Berechnung des Betrages für Mitarbeiter Wurmdobler in C4 könnten Sie die Formel *=B4\*B1* eingeben.

▶ Nach Kopieren der Formel für die weiteren Mitarbeiter, würde dann die Formel in der darunterliegenden Zeile *=B5\*B2* lauten oder in Zahlen umgesetzt *=81\*0*.

▶ In der Zelle C6 erhalten Sie den Fehlerwert #WERT!, da in dieser Zelle die Formel durch kopieren *=B6\*B3* lautet und somit mit B3 eine Zelle angesprochen wird, die Text enthält.

*Bild 7.38 Anzeige der eingegebenen Formel in C4*

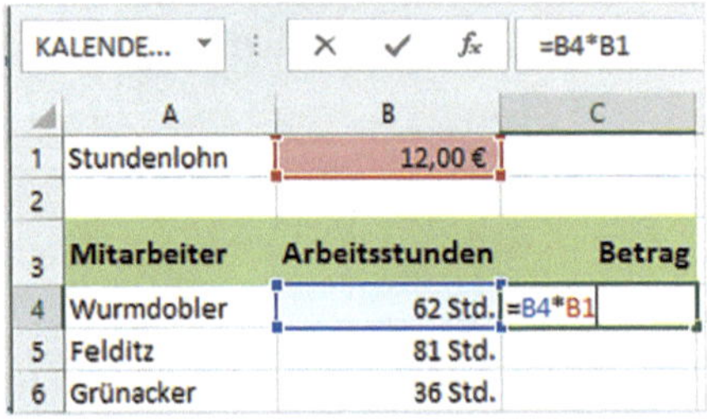

*Bild 7.39 Fehler beim Kopieren der Formel*

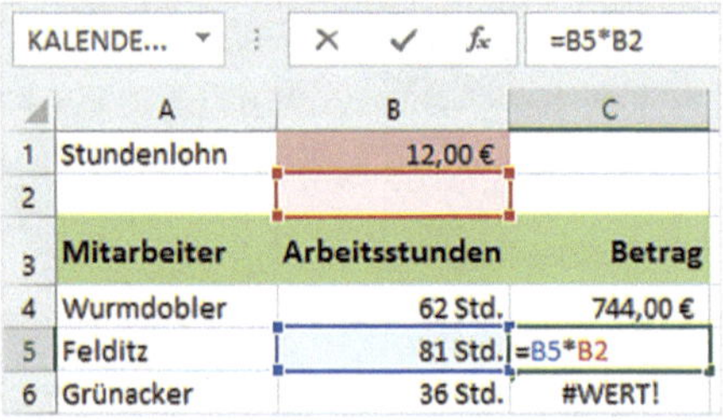

Die Anpassung der Zelle B1 führt beim Kopieren zum falschen Ergebnis. Um die Formel trotzdem kopieren zu können, müssen Sie in der Formel für B1 einen absoluten Zellbezug verwenden. Die richtige Formel für den Mitarbeiter Wurmdobler in C4 muss also lauten: = B4*$B$1. Auf diese Weise kann die Formel kopiert werden und die Berechnung erfolgt in allen Formeln immer mit dem Inhalt der Zelle B1.

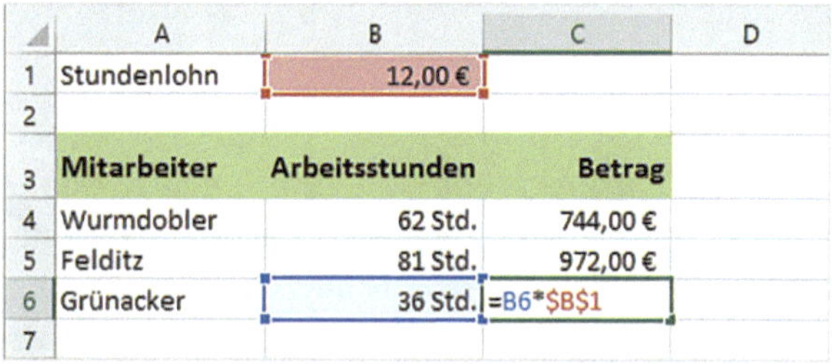

| ◢ | A | B | C | D |
|---|---|---|---|---|
| 1 | Stundenlohn | 12,00 € | | |
| 2 | | | | |
| 3 | **Mitarbeiter** | **Arbeitsstunden** | **Betrag** | |
| 4 | Wurmdobler | 62 Std. | 744,00 € | |
| 5 | Felditz | 81 Std. | 972,00 € | |
| 6 | Grünacker | 36 Std. | =B6*$B$1 | |
| 7 | | | | |

*Bild 7.40 Korrigierte Formel mit notwendigem absoluten Zellbezug*

> Absolute Zellbezüge werden auch beim Kopieren der Formel nicht verändert Wenn weder Spalte noch Zeile beim Kopieren angepasst werden sollen, dann muss sich das Dollarzeichen sowohl vor der Spalte als auch vor der Zeile befinden.

### Zellbezüge umwandeln

Anstatt das Dollarzeichen per Tastatur einzugeben, verwenden Sie besser die Funktionstaste F4. Fügen Sie dabei zuerst durch Anklicken mit der Maus den Zellbezug ein und drücken Sie anschließend auf der Tastatur die Taste F4.

Sie können auch nachträglich einen relativen Zellbezug in einer Formel ändern: Klicken Sie doppelt auf die Zelle, um die Formel zu editieren oder markieren Sie alternativ die Zelle und arbeiten in der Bearbeitungsleiste. Der Cursor muss sich entweder unmittelbar vor, zwischen oder nach der Zelladresse befinden, die Sie zu einem absoluten Bezug ändern möchten. Drücken Sie dann die Taste F4.

**Bei mehrmaligem Drücken der F4-Taste erscheinen die folgenden Varianten:**

| Zellbezug | Beschreibung |
|---|---|
| A1 | Relativer Zellbezug, die Adresse wird beim Kopieren angepasst. |
| $A$1 | Absoluter Zellbezug, bleibt beim Kopieren unverändert. |
| $A1 | Absolute Spaltenadresse, die Spalte A wird beim Kopieren beibehalten, nicht aber der Zeilenbezug (gemischter Bezug - siehe unten). |
| A$1 | Absolute Zeilenadresse, die Zeile 1 wird beim Kopieren beibehalten, nicht aber der Spaltenbezug (gemischter Bezug - siehe unten). |

Sie benötigen in einer Formel nur dann absolute Zellbezüge, wenn Sie die Formel kopieren möchten und sich alle kopierten Formeln auf denselben Wert einer gleichbleibenden Zelle beziehen sollen.

### Gemischte Zellbezüge

*Video!*

bildnerverlag.de/313_05

Manche knifflige Konstellationen auf Tabellenblättern erfordern zum korrekten Kopieren einer Formel sogenannte gemischte Bezüge. Hier soll nur ein Teil des Zellbezugs, die Spalte oder die Zeile unverändert bleiben, der andere Teil ändert sich beim Kopieren der Formel. Beispielsweise erlaubt der gemischte Bezug *$A1,* dass sich die Zeilennummer beim Kopieren anpasst, die Spalte verändert sich nicht (natürlich hängt eine mögliche Veränderung auch davon ab, wohin die Formel mit dem gemischten Bezug kopiert wird).

Im folgenden Beispiel soll für jeden Verkaufspreis der entsprechende Rabattbetrag für die Rabattsätze 7%, 10% und 15% berechnet werden. Dazu müssen sich die Bezüge in der Formel immer auf die Preise in Spalte A und die Rabatte in Zeile 2 beziehen, aber dennoch flexibel bleiben, um eine Anpassung zwischen den einzelnen Verkaufspreisen und den Rabatten zu vollziehen (siehe Bild auf der nächsten Seite).

Ohne gemischte Bezüge müssten Sie für jede Rabattgruppe eine neue Formel eingeben. Durch die Verwendung von gemischten Bezügen können Sie eine Formel über den gesamten Bereich kopieren.

*Bild 7.41 Formel mit gemischten Bezügen*

| | A | B | C | D |
|---|---|---|---|---|
| 1 | | Rabattgruppen | | |
| 2 | VK-Preis | 7% | 10% | 15% |
| 3 | 15,00 € | =$A3*B$2 | | |
| 4 | 23,00 € | | | |
| 5 | 18,00 € | | | |

| | A | B | C | D |
|---|---|---|---|---|
| 1 | | Rabattgruppen | | |
| 2 | VK-Preis | 7% | 10% | 15% |
| 3 | 15,00 € | 1,05 € | 1,50 € | 2,25 € |
| 4 | 23,00 € | 1,61 € | 2,30 € | 3,45 € |
| 5 | 18,00 € | 1,26 € | 1,80 € | =$A5*D$2 |
| 6 | | | | |

Zur Kontrolle des Ergebnisses klicken Sie in die letzte kopierte Zelle doppelt (siehe Bild rechts oben) und überprüfen, ob die richtigen Zellbezüge verwendet werden.

Kopieren Sie die Formel zunächst horizontal, belassen Sie die Markierung und kopieren Sie diese dann vertikal. Einen Zellinhalt mit der Maus diagonal zu kopieren ist nicht möglich.

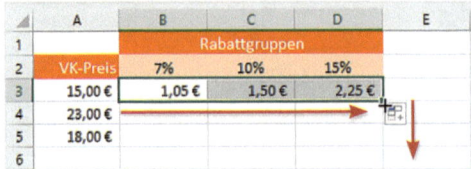

> **Was passiert mit Zellbezügen beim Einfügen oder Löschen von Spalten oder Zeilen?**
> Wenn Sie nachträglich Spalten oder Zeilen in ein Tabellenblatt einfügen oder diese löschen, werden auch Zellbezüge in Formeln entsprechend angepasst. Eine Korrektur der Formeln ist also nicht erforderlich, dies gilt auch für absolute oder gemischte Zellbezüge.

## Zellbezüge auf andere Tabellenblätter

Um Zellinhalte eines anderen Tabellenblatts zu verwenden, kann eine Formel auch Zellbezüge auf andere Tabellenblätter enthalten. In diesem Fall wird dem Zellbezug, getrennt durch ein Ausrufezeichen (!), noch der Name des Arbeitsblattes vorangestellt.

**Beispiel**: Im Tabellenblatt *Auswertung* soll die Summe der Lagerbestände ermittelt werden. Wieviel von jedem Artikel noch auf Lager ist, finden Sie in derselben Arbeitsmappe, allerdings im Tabellenblatt *Lager*.

**1** Markieren Sie die Zelle, in die Sie die Formel eingeben möchten und fügen Sie die Funktion *Summe* ein ❶.

**2** Klicken Sie nun im Blattregister auf das Blatt *Lager* ❷. Excel fügt damit automatisch den Blattnamen in Ihre Formel ein.

**3** Klicken Sie auf die benötigten Zellen, bzw. markieren Sie den Zellbereich und kontrollieren Sie die Formel in der Bearbeitungsleiste ❸.

**4** Schließen Sie dann die Formeleingabe mit der Enter-Taste ab. Damit kehrt Excel automatisch wieder zurück zum Arbeitsblatt *Auswertung*, welches die Formel enthält. Hier wird jetzt das Ergebnis angezeigt.

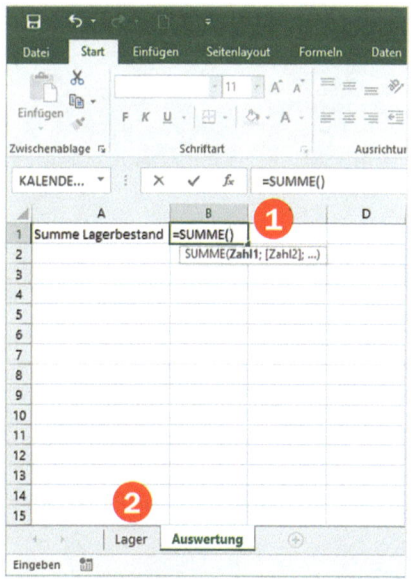

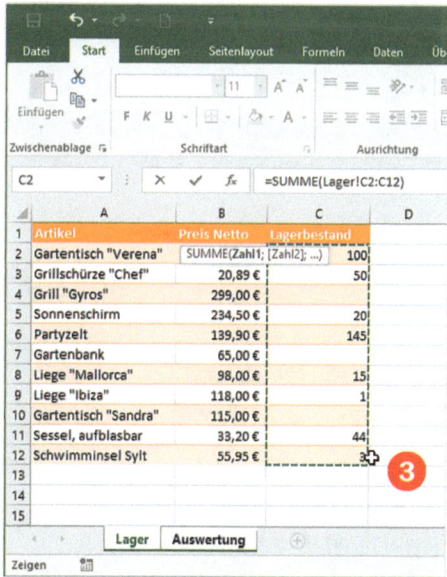

*Bild 7.42 Funktion / Formel eingeben*

*Bild 7.43 Bereich markieren und Enter-Taste drücken*

Bei Bezügen auf andere Tabellenblätter stellt Excel dem eigentlichen Zellbezug den Blattnamen zusammen mit einem Ausrufezeichen voran. Hier ein Beispiel, wobei *Lager* der Name des Tabellenblattes ist:

**=Lager!C2**

> Nachdem Sie den Zellbereich auf dem anderen Tabellenblatt ausgewählt haben, beenden Sie die Formeleingabe durch Drücken der Enter-Taste. Versuchen Sie nicht zur Formel zurückzukehren, indem Sie das ursprüngliche Tabellenblatt anklicken, da sonst die Formel wieder geändert wird. Es sei denn, Sie möchten mit der Formeleingabe fortfahren; dann geben Sie zunächst den Operator ein, z. B. Plus + und klicken dann im Blattregister auf das benötigte Tabellenblatt.

### Zellverknüpfung durch Kopieren erzeugen

Benötigen Sie aus einem anderen Tabellenblatt nur einen einzelnen Wert, können Sie auch auf dem Weg über die Zwischenablage eine Verknüpfung zu dieser Zelle erstellen.

**Beispiel**: Für ein Kassenbuch soll der Endbestand des Vormonats Mai in das Tabellenblatt des Monats Juni übernommen werden.

**1** Wechseln Sie in das Arbeitsblatt des Vormonats Mai, markieren Sie die Zelle mit dem Endbestand und kopieren Sie den Inhalt mit den Tasten **Strg+C** oder klicken Sie im Register *Start* auf das Symbol *Kopieren*.

**2** Wechseln Sie in das Tabellenblatt Juni, markieren Sie die Zielzelle und klicken Sie im Register *Start*, Gruppe *Zwischenablage*, auf den Dropdown-Pfeil der Schaltfläche *Einfügen*. Klicken Sie unter *Weitere Einfügeoptionen* auf *Verknüpfung einfügen*.

*Bild 7.44 Ausgangssituation*

*Bild 7.45 Benötigten Wert kopieren*

*Bild 7.46 Wert einfügen*

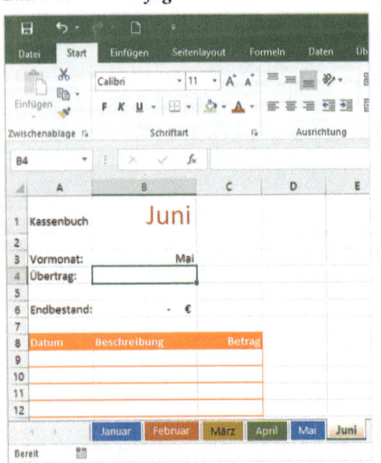
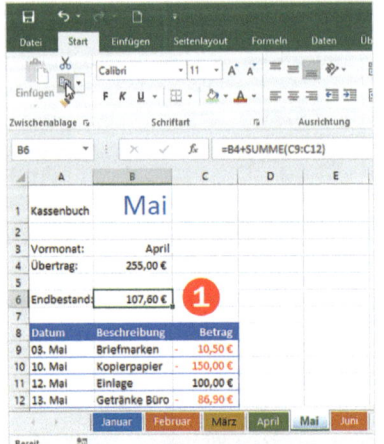

Excel fügt den Zellbezug ein in der Schreibweise *=Blattname!Zelladresse*, in unserem Beispiel *=Mai!$B$6*.

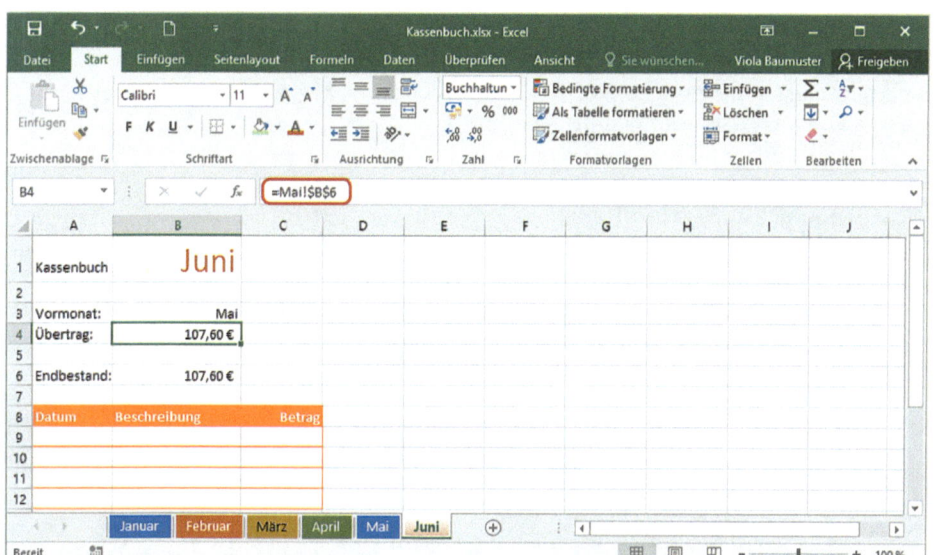

*Bild 7.47 Bezug auf eine Zelle eines anderen Tabellenblatts*

## Bezüge auf Zellen in anderen Arbeitsmappen

Auf die gleiche Weise können Sie sich in Formeln auch auf Werte aus einer anderen Arbeitsmappe beziehen. Beachten Sie aber, dass dazu die Mappe geöffnet sein muss.

Nach der Eingabe des Gleichheitszeichens wechseln Sie über die Taskleiste in die entsprechende Mappe. Markieren Sie die Zelle oder den Zellbereich mit den benötigten Werten und bestätigen Sie mit der Enter-Taste. Es ist nicht nötig, dass Sie nach der Formeleingabe zurück in die Ausgangsarbeitsmappe wechseln, dies geschieht automatisch, nachdem Sie die Eingabe abgeschlossen haben.

*Bild 7.48 Kassenbestand des Vorjahrs in neues Kassenbuch übernehmen.*

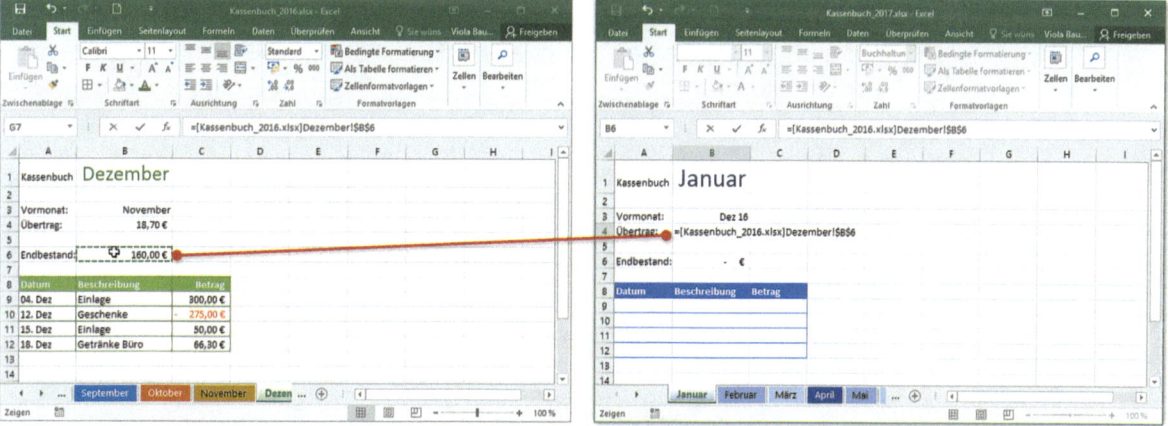

Der Dateiname wird der Zelladresse in eckigen Klammern [ ] vorangestellt. Die allgemeine Schreibweise bei arbeitsmappen- oder tabellenübergreifenden Zellbezügen in Formeln lautet: **=[Dateiname.xlsx]Tabellenblatt!Zellbezug**

Sie können Verknüpfungen zu anderen Arbeitsmappen sowohl in Formeln verwenden, als auch einfache Verknüpfungen zu Zellen über die Zwischenablage erstellen. Verknüpfungen werden beim Öffnen der Arbeitsmappe aktualisiert, Excel blendet dazu eine entsprechende Meldung ein.

### Formelergebnis als Wert einfügen

Soll ein Formelergebnis in die Arbeitsmappe übernommen werden, ohne eine Verknüpfung zu einer anderen Arbeitsmappe zu erstellen, kopieren Sie die Formel und fügen das Ergebnis als Wert ein. Das Formelergebnis wird damit in eine Zahl umgewandelt und bei eventuellen Änderungen nicht mehr aktualisiert.

▶ Klicken Sie im Register *Start* auf den Dropdown-Pfeil der Schaltfläche *Einfügen* und wählen Sie unter *Werte einfügen* aus, ob Sie den Wert mit oder ohne Formatierung einfügen möchten.

▶ Als Alternative können Sie auch nach dem Einfügen (**Strg + V**) die Schaltfläche *Einfügeoptionen (Strg)* anklicken und hier die gewünschte Einstellung wählen.

## 7.8    Namen statt absoluter Zellbezüge

Besonders in umfangreichen Tabellen werden Formeln schnell unübersichtlich. Sie können in Excel auch Namen für Zellen oder Zellbereiche vergeben und diese in Formeln anstelle von absoluten Zellbezügen verwenden. Namen besitzen in der gesamten Arbeitsmappe Gültigkeit.

> Vergeben Sie nur Namen für Zellen, die Sie in Formeln mit absoluten Zellbezügen benötigen!

Ein Name muss mit einem Buchstaben beginnen und darf weder Leerzeichen noch Bindestrich, Punkt, Semikolon oder Doppelpunkt enthalten. Unterstrich (_) ist erlaubt. Namen unterscheiden nicht zwischen Groß- und Kleinschreibung, die maximale Länge beträgt 255 Zeichen.

### Namen erstellen

#### Namen über das Namenfeld der Bearbeitungsleiste erstellen

Am einfachsten verwenden Sie das Namenfeld für die Eingabe von Namen für einzelne Zellen. Das Namenfeld befindet sich am linken Rand der Bearbeitungsleiste und zeigt entweder den Namen oder die Adresse der markierten Zelle an.

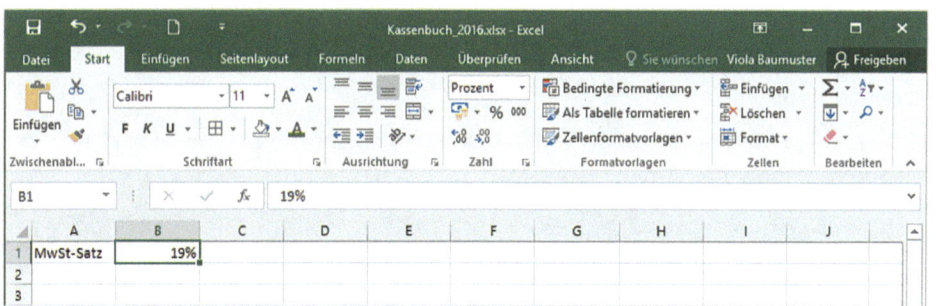

*Bild 7.49 Das Namenfeld mit der Zelladresse*

Da die markierte Zelle nicht mit einem Namen versehen wurde, wird im Namenfeld der Zellbezug angezeigt.

**1** Zur Vergabe eines Namens markieren Sie die Zelle, der Sie einen Namen zuweisen möchten, im Bild unten B1.

**2** Klicken Sie dann in das Namenfeld und geben Sie den Namen über die Tastatur ein. Beenden Sie die Namensvergabe durch Drücken der Enter-Taste.

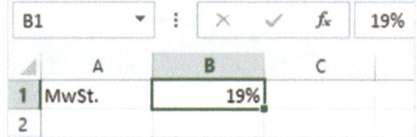 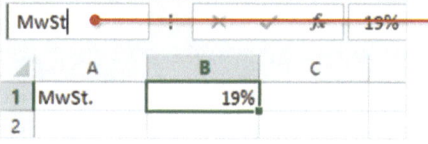

Name für die markierte Zelle eintippen

### Namen automatisch erstellen

Häufig befindet sich im Tabellenblatt schon eine Beschriftung der Felder, die einen Namen erhalten sollen. Diese können Sie nutzen und sich so eine händische Eingabe ersparen:

**1** Markieren Sie die Zellen zusammen mit der dazugehörigen Beschriftung und wählen Sie Register *Formeln* ▶ Gruppe *Definierte Namen* ▶ *Aus Auswahl erstellen*.

**2** Im Dialogfenster geben Sie an, wo sich die Beschriftung befindet und klicken *OK*.

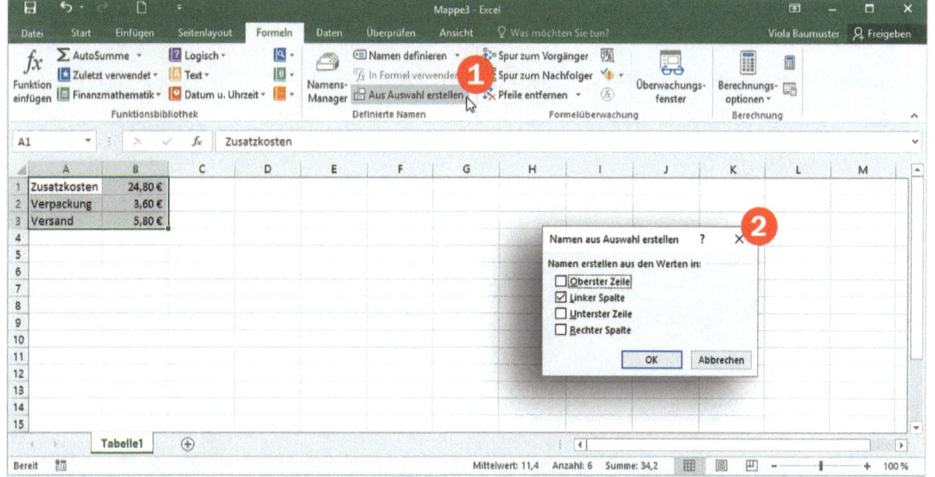

*Bild 7.50 Dialogfenster: Wo befindet sich die Beschriftung?*

## Namen verwalten

### Namen anzeigen

Ein Mausklick auf den Dropdown-Pfeil des Namenfeldes öffnet eine Liste aller in der Mappe vorhandenen Namen.

*Bild 7.51 Namenfeld öffnen*

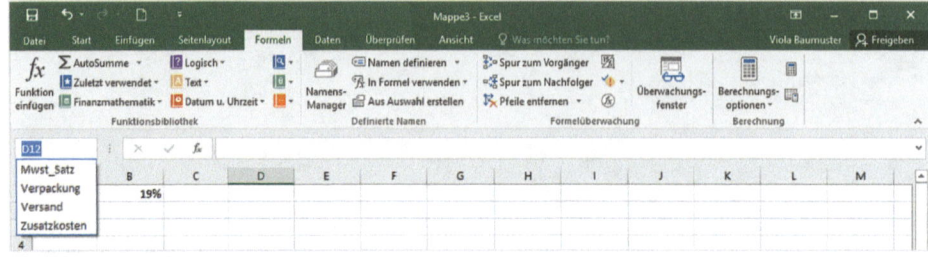

### Namen löschen

Wenn Sie einen Namen löschen möchten, dann klicken Sie im Register *Formeln* ▶ Gruppe *Definierte Namen* auf die Schaltfläche *Namens-Manager*. Hier werden ebenfalls alle Namen der Arbeitsmappe aufgelistet.

*Bild 7.52 Namen im Namens-Manager*

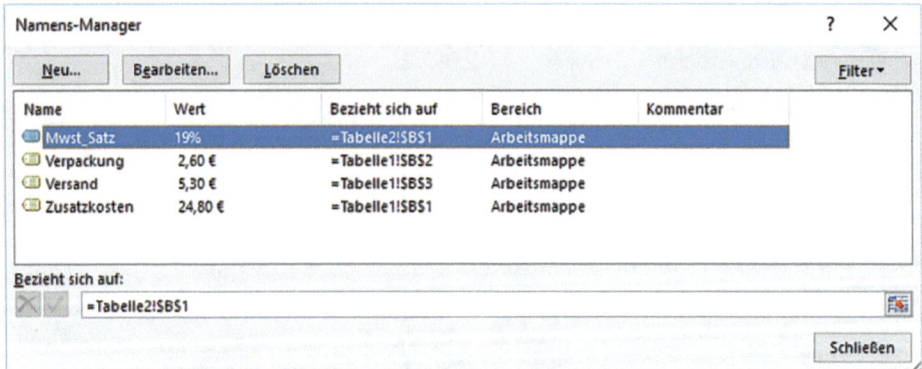

Um einen nicht mehr benötigten Namen zu löschen, markieren Sie diesen und klicken Sie auf die Schaltfläche *Löschen*.

> **Achtung:** Wurde der gelöschte Name in Formeln verwendet, erscheint jetzt anstelle des Ergebnisses die Meldung *#NAME?*, da Excel in Formeln die Zellbezüge nicht automatisch wiederherstellt. Löschen Sie daher ausschließlich nicht benötigte Namen.

## Namen in Formeln verwenden

Sobald Sie für einzelne Zellen Namen vergeben haben, können diese in Formeln verwendet werden:

▶ Klicken Sie die Zelle an, mit deren Wert Sie in der Formel rechnen möchten. Anstelle des Zellbezugs wird der Name in die Formel eingefügt.

▶ Alternativ kann auch der Name in die Formel eingetippt werden. Sobald Sie die ersten Zeichen eingegeben haben, erscheinen die Namen zusammen mit den Funktionen in einer Liste. Zum Übernehmen klicken Sie den Namen doppelt mit der Maus an oder verwenden zur Navigation die Pfeiltasten und zur Übernahme die Tab-Taste.

▶ Die letzte Möglichkeit, Namen in eine Formel einzufügen, stellt die Schaltfläche *In Formel verwenden* (Register *Formeln*, Gruppe *Definierte Namen*) dar. Klicken Sie während der Formeleingabe auf die Schaltfläche und wählen Sie den benötigten Namen aus.

*Bild 7.53 Name eintippen*

*Bild 7.54 Namen auswählen*

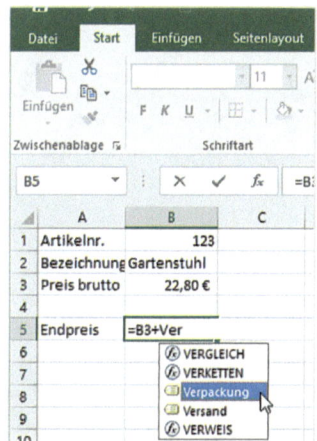
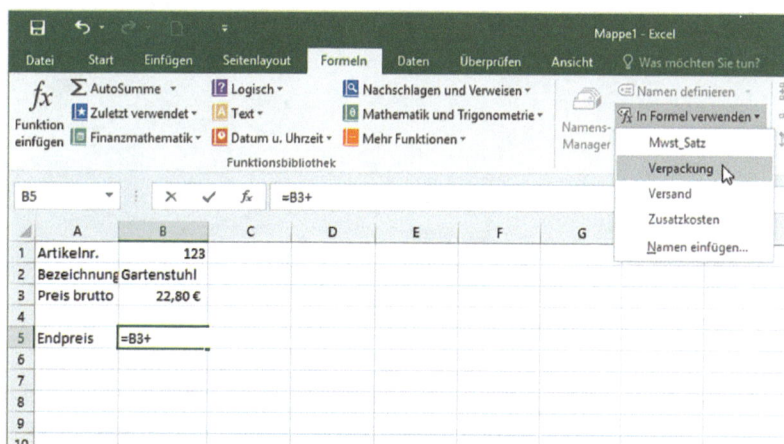

> Beachten Sie beim Kopieren von Formeln mit Namen, dass sich Namen immer auf eine bestimmte Zelle der Arbeitsmappe beziehen und sich daher wie absolute Zellbezüge verhalten.

## 7.9    Übungen

### Aufgabe 1 - Formeln

▶ Starten Sie Excel mit einer neuen, leeren Arbeitsmappe und speichern Sie die Mappe unter dem Namen *Formelübung*. Geben Sie im ersten Tabellenblatt die

*Achtung, für eine korrekte Berechnung benötigen Sie Klammern!*

Werte der nebenstehenden Abbildung ein und formatieren Sie die Tabelle nach Ihren Vorstellungen. Benennen Sie das Tabellenblatt um, es erhält den Namen *Beispiel 1*. Berechnen Sie in B8 den gesamten Reisepreis.

| | A | B |
|---|---|---|
| 1 | Reisepreis pro Person und Tag | 45,00 |
| 2 | Zuschlag für Erwachsene | 5,00 |
| 3 | Zuschlag für Kinder | 2,00 |
| 4 | Reisedauer in Tagen | 10,00 |
| 5 | Anzahl Erwachsene | 2,00 |
| 6 | Anzahl Kinder | 3,00 |
| 7 | | |
| 8 | Reisepreis gesamt | |
| 9 | | |

### Aufgabe 2 - einfache Funktionen

▶ Geben Sie die Werte der unten abgebildeten Tabelle in ein neues Tabellenblatt ein, das Blatt erhält den Namen *Beispiel 2*. Formatieren Sie die Tabelle.

| | A | B | C | D | E | F | G | H | I |
|---|---|---|---|---|---|---|---|---|---|
| 1 | Turnschuhproduktion | | | | | | | | |
| 2 | | | | | Absatz | | | | |
| 3 | Modell Nr. | Produziert Stück | % Anteil an der Gesamtproduktion | Inland | EU | Sonst. Länder | Absatz Gesamt | Überschuss in Zahlen | Überschussanteil Produktion |
| 4 | 14-777 | 12000 | | 4000 | 3000 | 1000 | | | |
| 5 | 14-778 | 14000 | | 2800 | 5000 | 2000 | | | |
| 6 | 14-779 | 8000 | | 5600 | 1000 | | | | |
| 7 | 15-209 | 5000 | | 3000 | 200 | 400 | | | |
| 8 | | | | | | | | | |
| 9 | Gesamt | | | | | | | | |
| 10 | Anzahl Modelle | | | | | | | | |
| 11 | Mittelwert | | | | | | | | |
| 12 | | | | | | | | | |

▶ Berechnen Sie in den Spalten die fehlenden Werte. Berechnen Sie außerdem in B9 die gesamte Produktion, in B10 die Anzahl der verschiedenen Modelle und in B11 die durchschnittliche Produktion je Modell.

### Aufgabe 3 - Zellbezüge und Prozentberechnung

**Lösungshinweis:** Verwenden Sie in der Formel nicht die feste Zahl 1,15 oder 115%. Dadurch würde sich das Formelergebnis nicht ändern, wenn Sie in B1 einen anderen Wert eingeben. Beachten Sie außerdem, dass Sie für B1 einen absoluten Zellbezug verwenden müssen, damit Sie die Formel kopieren können.

▶ Geben Sie die Tabelle links in ein neues Tabellenblatt ein. Das Blatt erhält den Namen *Beispiel 3*. Formatieren Sie die Tabelle ähnlich der Abbildung.

▶ Die bisherigen Preise werden um 5% erhöht. Berechnen Sie in der Spalte C die neuen Preise. Was passiert, wenn sich die Preise anstelle um 5% gleich um 7% erhöhen?

| | A | B | C |
|---|---|---|---|
| 1 | Preiserhöhung | 5% | |
| 2 | | | |
| 3 | Modell-Nr. | Alter Preis | Neuer Preis |
| 4 | A-100 | 12,35 | |
| 5 | A-101 | 14,99 | |
| 6 | A-102 | 56,20 | |
| 7 | A-103 | 106,80 | |
| 8 | A-104 | 79,00 | |
| 9 | | | |

# 8 Mehr zum Thema Funktionen

**In diesem Kapitel lernen Sie...**

- allgemeiner Aufbau und Eingabe-möglichkeiten von Funktionen
- Logik-Funktionen einsetzen
- mehrere Funktionen verschachteln
- einfache Auswertungen
- Rundungsfehler vermeiden
- Verwendung wichtiger Funktionen mit Beispielen

**Das sollten Sie bereits wissen**

- Einfache Formeln eingegeben und bearbeiten
- relative und absolute Zellbezüge verwenden

## 8.1 Übersicht und Begriffe

Register *Formeln*

*Funktion einfügen*

Funktion in der Bearbei-
tungsleiste

Ergebnis in der Zelle

Felder mit Argumenten

Ergebnis wird angezeigt

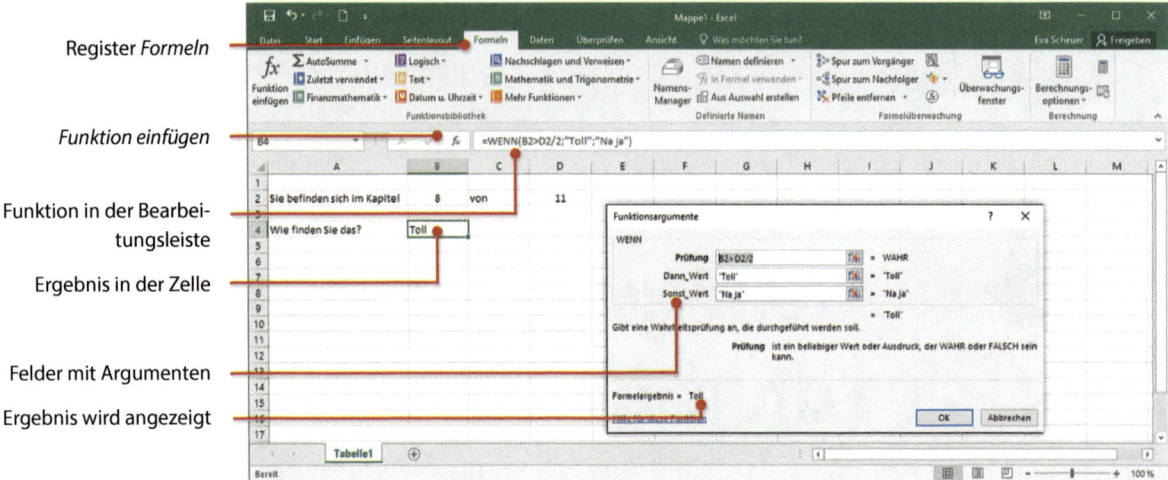

Die Verwendung einfacher Funktionen wie SUMME oder MITTELWERT haben Sie bereits im vorhergehenden Kapitel kennengelernt. Excel verfügt über eine Vielzahl weiterer nützlicher Funktionen für verschiedene Zwecke. Sie geben eine Funktion mit einer der folgenden Methoden ein:

▶ Schaltfläche *Funktion einfügen* in der Bearbeitungsleiste

▶ Funktionsbibliothek im Register *Formeln*

▶ Manuelle Eingabe über die Tastatur

▶ Auswahl über die Schnellanalysetools, hier sind allerdings nicht alle Funktionen
verfügbar.

## 8.2 Eingabemöglichkeiten

### Aufbau und Schreibweise von Funktionen

Als Argumente einer
Funktion können ver-
wendet werden:
- Zellbezüge
- Zellbereiche
- Text oder Zahlen
- Formeln
- Funktionen

Wie jede Formel beginnt auch eine Funktion immer mit dem Gleichheitszeichen (=).
Nach dem Gleichheitszeichen folgt der Name der Funktion, dahinter in Klammern die
erforderlichen Argumente. Bei Verwendung mehrerer Argumente werden diese mit
Semikolon (;) getrennt. Als Funktionsargumente können Werte, Zellbezüge, Zellbereiche, Formeln oder weitere Funktionen angegeben werden. Einige Funktionen benötigen keine Argumente, die Klammern sind trotzdem erforderlich.

Die allgemeine Schreibweise (Syntax) einer Funktion:

```
=FUNKTIONSNAME(Argument1;Argument2;Argument3;...)
```

Sind Ihnen Name und allgemeine Syntax einer Funktion bekannt, dann können Sie die Funktion auch direkt über die Tastatur eingeben.

## So nutzen Sie den Funktionsassistenten

### Funktionsassistent starten

Bei der Auswahl und Eingabe von Funktionen unterstützt Sie der Funktionsassistent von Excel. Markieren Sie die Zelle, in der Sie die Funktion berechnen möchten und klicken Sie in der Bearbeitungsleiste auf das Symbol *Funktion einfügen*. Alternativ klicken Sie im Register *Formeln* auf *Funktion einfügen*.

*Bild 8.1 Bearbeitungsleiste - Funktion einfügen*

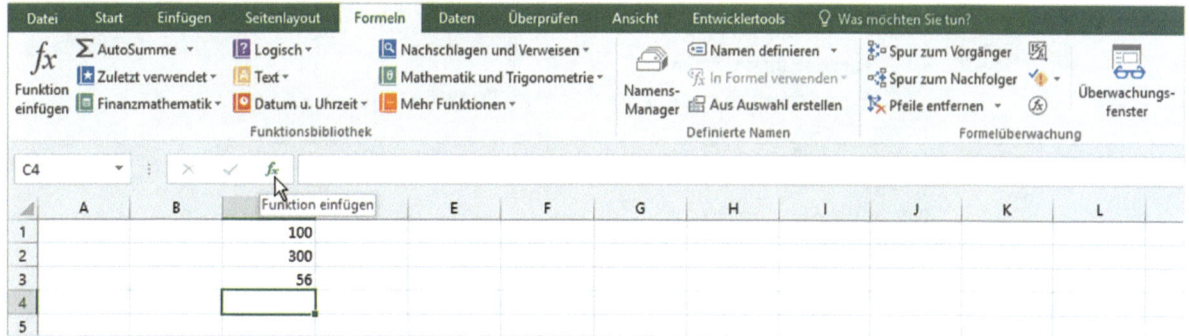

### Funktion auswählen

Im nächsten Schritt öffnet sich das Fenster *Funktion einfügen*. Hier wählen Sie die gewünschte Funktion aus oder suchen nach der Funktion.

*Bild 8.2 Der Funktionsassistent*

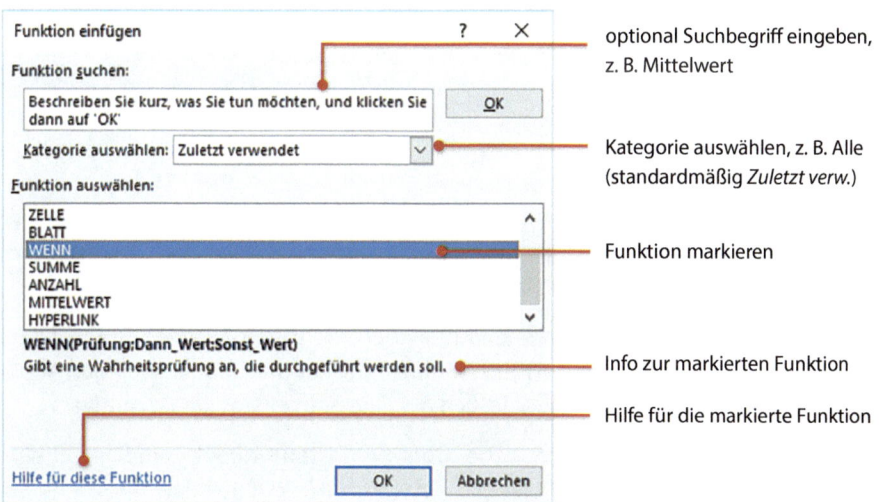

▶ **Funktion anhand eines Suchbegriffs suchen**
Das Feld *Funktion suchen* hilft bei der Suche nach einer passenden Funktion. Geben Sie einen Suchbegriff ein und klicken Sie daneben auf die Schaltfläche *OK*.

▶ **Kategorie auswählen**
In der Liste *Funktion auswählen* erscheinen standardmäßig zunächst diejenigen Funktionen, die Sie *Zuletzt verwendet* haben. Benötigen Sie eine andere Funktion, so müssen Sie zuerst die passende *Kategorie auswählen*. Häufig ist es am einfachsten, wenn Sie die Kategorie *Alle* auswählen, dann erhalten Sie alle verfügbaren Funktionen alphabetisch geordnet.

▶ **Funktion auswählen**
Im Feld *Funktion auswählen* listet Excel alle zur ausgewählten Kategorie gehörenden Funktionen auf. Markieren Sie die gewünschte Funktion, so erhalten Sie unterhalb der Liste eine Kurzinfo. Eine genauere Beschreibung zur markierten Funktion erhalten Sie über den Link *Hilfe für diese Funktion*.

▶ **Funktion übernehmen**
Zum Übernehmen der markierten Funktion klicken Sie auf *OK*.

**Funktionsargumente eingeben**

Nachdem Sie eine Funktion ausgewählt haben, öffnet Excel das Fenster *Funktionsargumente*, hier legen Sie im nächsten Schritt die erforderlichen Argumente fest.

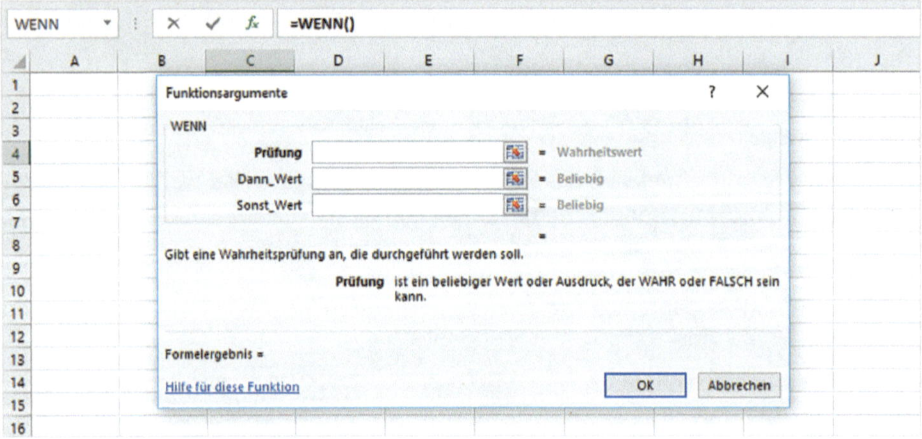

*Bild 8.3 Funktionsargumente eingeben*

▶ Fett gekennzeichnete Argumente müssen zwingend eingegeben werden, z. B. im Bild oben *Prüfung*, alle übrigen sind optional.

▶ Klicken Sie nacheinander in die Eingabefelder oder benutzen Sie die Tab-Taste, um zum nächsten Feld zu gelangen. Nähere Informationen zum jeweiligen Argument erscheinen unterhalb, sobald sich der Cursor in einem Feld befindet.

▶ Sie können die Argumente entweder über die Tastatur direkt in die Felder eingeben oder wie bei der Formeleingabe durch Anklicken aus dem Tabellenblatt übernehmen.

▶ Als Argumente können Zellen, Zellbereiche, Zahlen, Formeln und weitere Funktionen oder Text verwendet werden. **Wichtig!** Wird Text als Funktionsargument eingegeben, so muss dieser in Anführungszeichen (" ") stehen.

Text-Argumente in Anführungszeichen

▶ Rechts von jedem Feld sind die jeweiligen Zwischenergebnisse sichtbar. Das Ergebnis der gesamten Formel erscheint darunter. Bleibt eine dieser Anzeigen leer, war die Eingabe der Argumente wahrscheinlich nicht korrekt.

**Achtung**: *FALSCH* wie im Bild unten bedeutet nicht, dass die Eingabe falsch ist, sondern dass die Prüfung einer Bedingung das logische Ergebnis Falsch liefert, d.h. die Bedingung trifft nicht zu.

▶ Mit der Schaltfläche *OK* übernehmen Sie die Funktion in das Tabellenblatt.

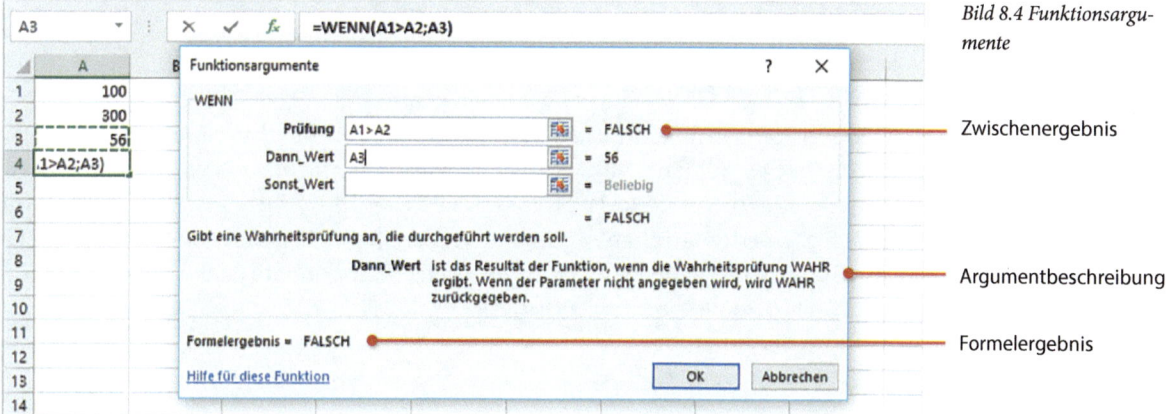

*Bild 8.4 Funktionsargumente*

Zwischenergebnis

Argumentbeschreibung

Formelergebnis

### Tipp: Fenster vorübergehend ausblenden

Häufig wird ein Teil des Arbeitsblattes durch das Dialogfenster *Funktionsargumente* verdeckt und der benötigte Zellbereich kann nicht markiert werden. Verschieben Sie in diesem Fall das Fenster einfach durch Ziehen mit der Maus an eine andere Stelle. Eine zweite Möglichkeit stellt das kleine rote Pfeilsymbol 🔴 rechts neben jeder Eingabezeile dar: Mit einem Mausklick auf das Symbol blenden Sie das Fenster bis auf diese Zeile aus und wieder ein.

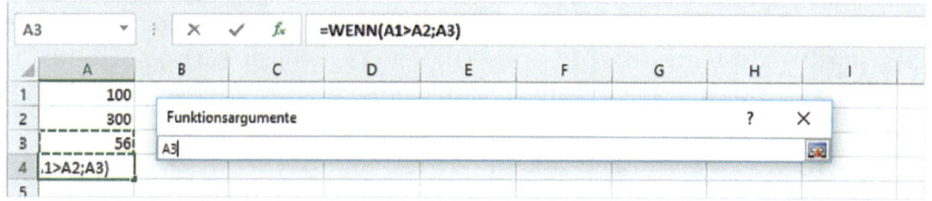

*Bild 8.5 Fenster ausblenden und wieder einblenden*

### Funktion nachträglich im Fenster Funktionsargumente bearbeiten

Wenn Sie für nachträgliche Korrekturen an einer Funktion das Fenster *Funktionsargumente* erneut öffnen möchten, dann markieren Sie einfach die Zelle mit der Funktion und klicken in der Bearbeitungsleiste auf das Symbol *Funktion einfügen*. Das Fenster

*Funktionsargumente* wird mit der Funktion geöffnet und Sie können Änderungen an den Argumenten vornehmen.

*Bild 8.6 Funktion erneut bearbeiten*

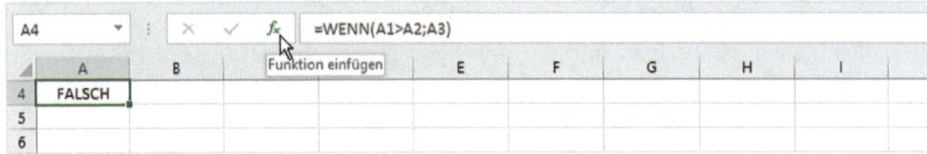

## Funktion suchen

Neben dem Symbol der Bearbeitungsleiste und dem Funktionsassistenten gibt es noch weitere Möglichkeiten, nach einer Funktion zu suchen.

### Das Register Funktionsbibliothek

Im Register *Formeln* finden Sie in der Gruppe *Funktionsbibliothek* alle Excel-Funktionen nach Kategorien geordnet. Klicken Sie auf eine Kategorie und wählen Sie eine Funktion. Anschließend öffnet Excel ebenfalls das Fenster *Funktionsargumente* (siehe oben), in dem Sie die erforderlichen Argumente festlegen. Mit Klick auf *Zuletzt verwendet* erhalten Sie auch hier schnellen Zugriff auf kürzlich verwendete Funktionen.

*Bild 8.7 Register Formeln - Funktionsbibliothek*

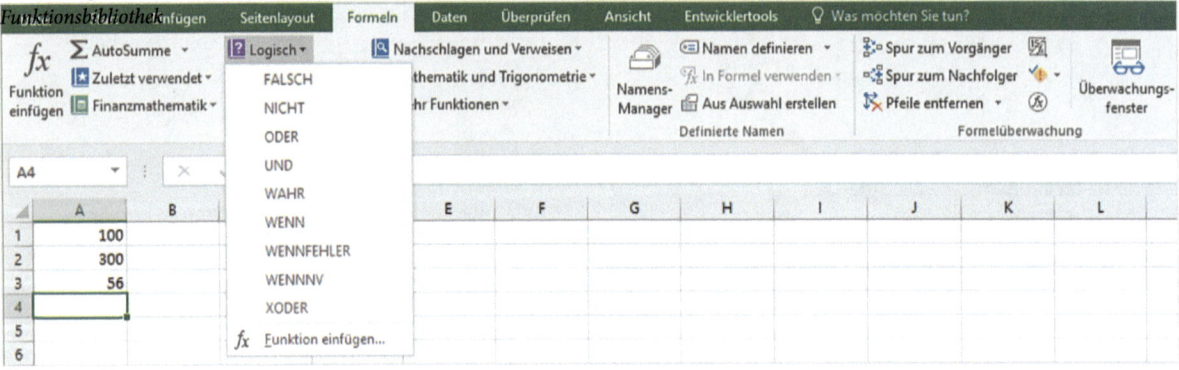

**Tipp:** Leider ist hier die praktische Kategorie *Alle* nicht vorhanden. Aber am Ende jeder Liste finden Sie den Befehl *Funktion einfügen...*. Dieser öffnet das gleichnamige Fenster des Funktionsassistenten, das Sie bereits von Seite 193 kennen. Auch die Schaltfläche *Funktion einfügen* öffnet den Funktionsassistenten.

### Funktion über die intelligente Hilfe suchen

Die Suche nach einer Funktion anhand einer Kategorie ist vor allem für Anfänger nicht immer einfach, zumal die Zuordnung zu einer Kategorie manchmal nicht logisch erscheint. Dann benutzen Sie die intelligente Hilfe von Excel 2016 zur Suche.

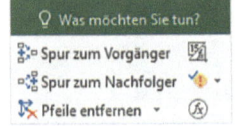

**1**  Dazu markieren Sie die betreffende Zelle, in der Sie die Funktion berechnen möchten, klicken Sie im Menüband in das Feld *Was möchten Sie tun* und tippen die gesuchte Funktion ein, z. B. WENN.

**2** Excel listet die Kategorie auf, zu der die gesuchte Funktion gehört. Zeigen Sie auf die Kategorie und klicken Sie in der Liste auf die gewünschte Funktion.

*Bild 8.8 Die intelligente Suche nutzen*

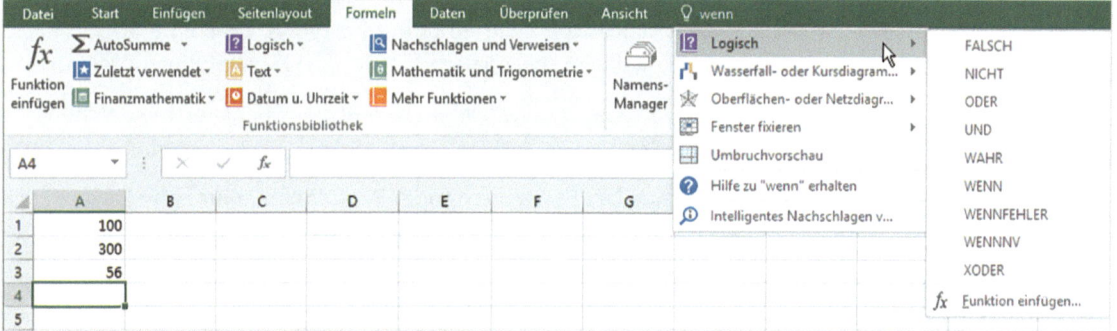

### Hilfe bei der Suche

Leider liefern die intelligente Suche und auch der Funktionsassistent nicht immer die gewünschte Funktion. Es kann durchaus passieren, dass Sie überhaupt keine oder gleich mehrere Kategorien erhalten, z. B. wenn Sie nach dem Begriff „Durchschnitt" suchen. In solchen Fällen benutzen Sie am besten die intelligente Hilfe und klicken in der Liste der Vorschläge auf *Hilfe zu... erhalten*.

Anschließend öffnet sich die Excel Hilfe mit mehreren Themenvorschlägen. Sollte sich auch hier nichts zur gesuchten Funktion finden, so versuchen Sie es im Hilfefenster mit einem Suchbegriff.

Die Excel-Hilfe hält auch eine Gesamtübersicht aller Funktionen einschließlich einer Beschreibung mit Beispielen bereit. Geben Sie dazu im Hilfefenster den Suchbegriff „Funktionen" ein und klicken Sie zum Start der Suche auf die Lupe. Wählen Sie dann zwischen Excel-Funktionen alphabetisch oder nach Kategorie.

*Bild 8.9 In der Hilfe nach Funktionen suchen*

## Funktion über die Tastatur eingeben

Als Alternative zum Funktionsassistenten und zum Fenster *Funktionsargumente* kann eine Funktion auch einfach in die Zelle eingetippt werden. Dies ist manchmal die schnellere Alternative, zumal Sie Excel mit verschiedenen Eingabehilfen unterstützt.

**1** Beginnen Sie mit dem Gleichheitszeichen und tippen Sie die ersten Zeichen des Funktionsnamens ein.

*Alternativ können Sie eine Funktion auch mit Hilfe der Pfeiltasten markieren und mit der Tab-Taste übernehmen.*

**2** Sofort zeigt Excel eine Liste entsprechender Funktionen an und mit Doppelklick auf den Funktionsnamen übernehmen Sie die gewünschte Funktion.

**3** Anschließend sehen Sie im Tabellenblatt die Abfolge der erforderlichen Argumente. Das aktuell zu bearbeitende Argument ist fett hervorgehoben. Beachten Sie, dass mehrere Argumente durch Semikolon (;) getrennt werden. Diese müssen über die Tastatur eingegeben werden.

**4** Schließen Sie die Funktionseingabe mit der Enter-Taste ab. Die Eingabe der schließenden Klammer ist nicht zwingend erforderlich, sie wird in den meisten Fällen von Excel automatisch ergänzt.

*Bild 8.10 Tastatureingabe*

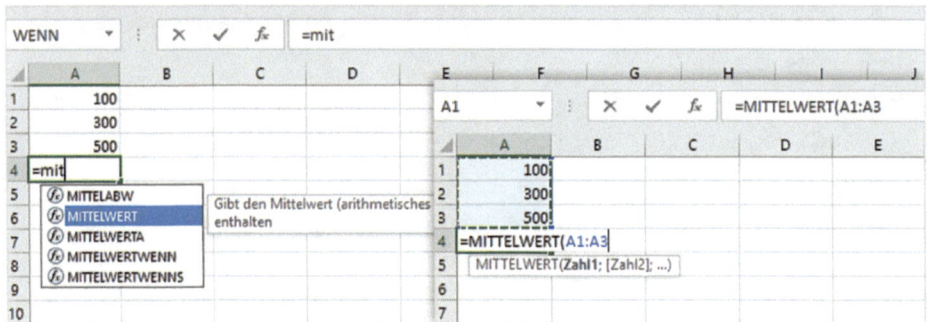

Im Gegensatz zum Fenster *Funktionsargumente* müssen zum Trennen der Argumente Semikolon (;) und eventuell weitere Klammern immer per Tastatur eingegeben werden.

## Die Schnellanalyse nutzen

Eine weitere Möglichkeit zur Eingabe von Funktionen finden Sie in der Schnellanalyse. Diese enthält zwar nur eine eingeschränkte Auswahl an Auswertungsfunktionen, bietet aber dafür auch die Berechnung von Prozentanteilen und laufenden Summen an. Außerdem können Summe, Mittelwert und Anzahl in einem einzigen Vorgang auch gleich über mehrere Spalten oder Zeilen eingefügt werden. Die Vorgehensweise ist einfach:

**1** Markieren Sie den Bereich, für den Sie beispielsweise Mittelwerte oder Summen berechnen möchten.

**2** An der rechten unteren Ecke der Markierung erscheint im Tabellenblatt ein kleines Symbol, die Schnellanalyse, klicken Sie auf dieses Symbol.

**3** Klicken Sie dann auf das Register *Ergebnisse* und wählen Sie eine der Funktionen. Sie erhalten beim Zeigen auf die Funktion eine Vorschau, erst mit einem Mausklick übernehmen Sie das Ergebnis.

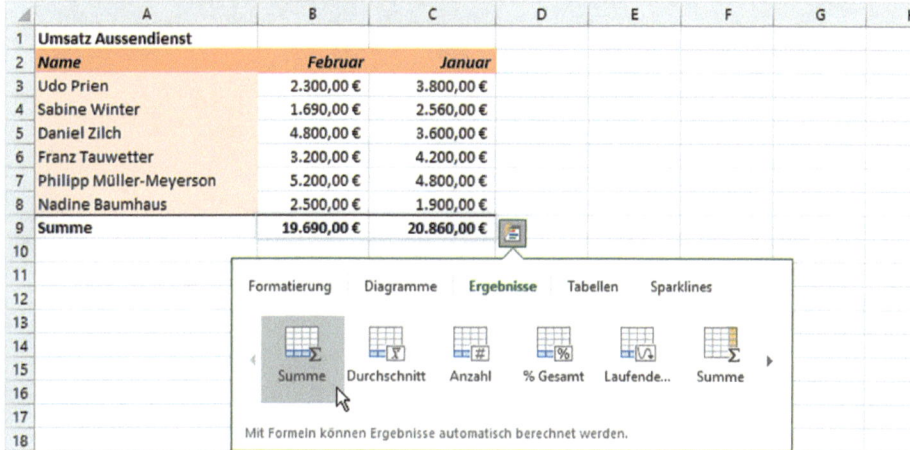

*Bild 8.11 Schnellanalyse - Register Ergebnisse*

Die Schnellanalyse berechnet Zeilen- und Spaltenergebnisse auch für mehrere markierte Zeilen/Spalten.

**Prozentanteile berechnen**

Die Schnellanalyse macht auch die Berechnung von Prozentanteilen leicht. Als Beispiel berechnen wir für den Monat Februar (Bild oben) in einer neuen Spalte die Prozentanteile des Umsatzes. Da allerdings die Schnellanalyse die Ergebnisse automatisch entweder unmittelbar unterhalb oder rechts neben der Markierung einfügt, müssen Sie zunächst rechts vom Umsatz des Monats Februar eine neue Spalte einfügen.

Markieren Sie eine beliebige Zelle der Spalte C und klicken Sie im Register *Start*, Gruppe *Zellen*, auf den Dropdown-Pfeil *Einfügen*. Wählen Sie *Blattzeilen einfügen*.

**1** Markieren Sie den Zellbereich, für den Sie die Prozentanteile berechnen möchten, im Bild unten B3:B8 und klicken Sie in der Schnellanalyse auf *Ergebnisse*.

**2** Klicken Sie auf den Pfeil nach rechts und wählen Sie *% Gesamt* (in Spalte).

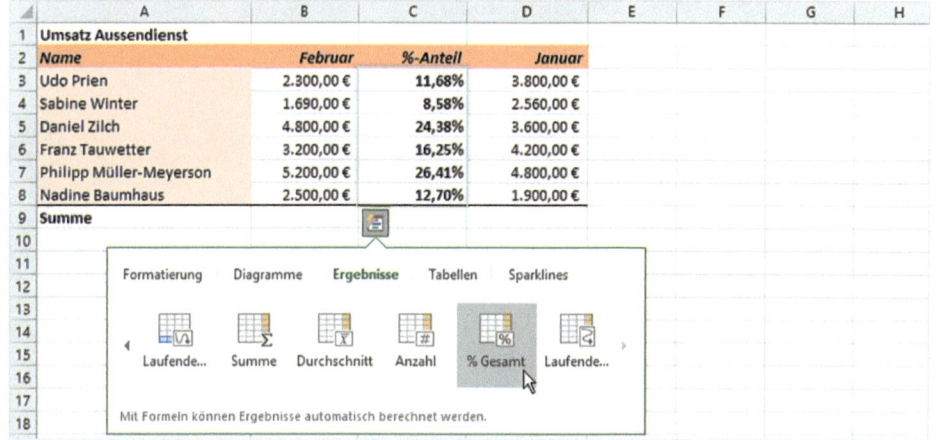

*Bild 8.12 % Gesamt in Spalte berechnen*

### Laufende (kumulierte) Summen berechnen

Die laufende Summe addiert zum vorherigen Ergebnis den neuen Wert. Markieren Sie dazu, wie oben beschrieben, den Zellbereich. Die Funktion *Laufende Summe* (in Spalte berechnen) erhalten Sie mit Klick auf den Pfeil nach rechts (siehe Bild unten).

*Bild 8.13 Laufende Summe in Spalte berechnen*

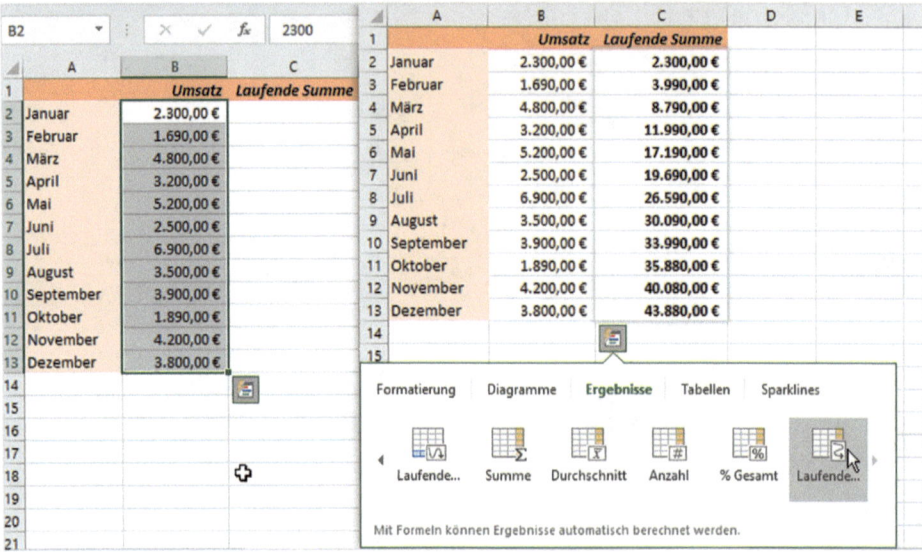

**Hinweis:** Die Ergebniszellen sind anschließend mit einem grünen Dreieck versehen und wenn Sie eine solche Zelle markieren, macht Sie Excel auf einen vermeintlichen Fehler aufmerksam. Die Ursache: Die jeweilige Formel bezieht nicht alle Zahlen der Spalte ein, was bei einer laufenden Summe ja auch beabsichtigt ist. Da diese Dreiecke nicht gedruckt werden, können Sie sie einfach ignorieren. Falls Sie die Kennzeichnung ausblenden möchten, so markieren Sie die betreffenden Zellen, klicken auf das Ausrufezeichen und wählen *Fehler ignorieren*.

*Bild 8.14 Fehler ignorieren*

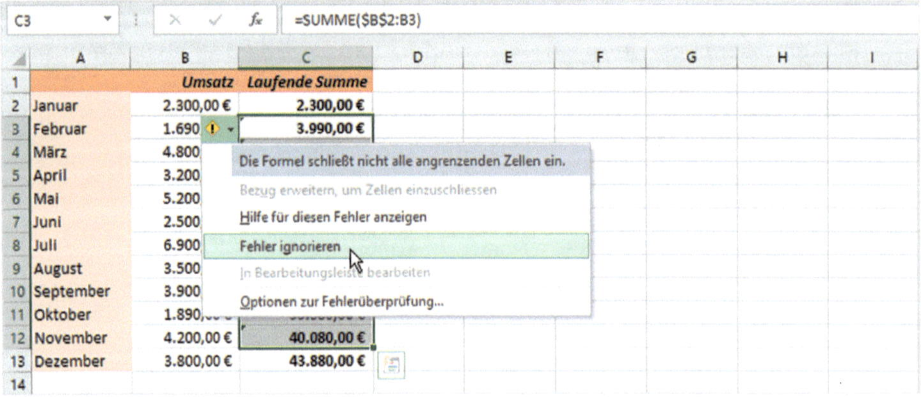

## 8.3 Von Bedingungen abhängige Berechnungen

### Allgemeiner Aufbau der Funktion WENN

Die Funktion WENN macht die Verwendung von Werten oder weitere Berechnungen davon abhängig, ob eine Bedingung erfüllt ist. In Verbindung mit weiteren WENN-Funktionen und/oder den Logikfunktionen UND und ODER können auch mehrere Bedingungen geprüft werden. Sie ist vielseitig einsetzbar und daher eine der wichtigsten Excel-Funktionen.

#### Aufbau und Argumente

WENN(Prüfung;Dann_Wert;Sonst_Wert)

▶ Als erstes Argument geben Sie eine Bedingung an, die geprüft werden soll. Diese liefert als Ergebnis die Werte WAHR oder FALSCH (Ja oder Nein).

▶ Das Argument *Dann_Wert* legt den Wert fest, der verwendet wird, wenn die Prüfung das Ergebnis WAHR wiedergibt.

▶ Liefert die Prüfung das Ergebnis FALSCH, so wird das Argument *Sonst_Wert* verwendet.

▶ Die Argumente *Dann_Wert* und *Sonst_Wert* können eine Zahl, eine Formel, Text oder eine weitere Funktion sein.

▶ Werden die Argumente *Dann_Wert* und *Sonst_Wert* nicht angegeben, so liefert die Funktion WENN das Ergebnis der Prüfung, also WAHR oder FALSCH. Wenn stattdessen die Zelle leer bleiben soll, dann verwenden Sie als Argument zwei Anführungszeichen "".

In Office 365 verwendet Excel 2016 etwas andere Bezeichnungen für die Argumente, der Aufbau der Funktion bleibt gleich:

*Wahrheitstest* statt Prüfung und *Wert_wenn_wahr* bzw. *Wert_wenn_falsch*.

### Beispiel Provisionsberechnung

Sie möchten für die Außendienstmitarbeiter die Höhe der monatlichen Provision berechnen. Bei einem Umsatz von 5.000 Euro oder mehr erhält der Mitarbeiter 5% des Umsatzes als Provision, sonst 3%. Wenn Sie zur Berechnung der Provision die Funktion WENN einsetzen, dann können Sie diese anschließend kopieren und so für jeden Mitarbeiter abhängig vom Umsatz die Provision berechnen.

1   Im ersten Schritt sollten Sie im Tabellenblatt alle, in der Funktion benötigten Werte, jeweils in eine eigene Zelle eintragen, also ohne Textzusatz.

2   Markieren Sie die erste Zelle, in die die Formel eingegeben werden soll, im Beispiel unten C6 und klicken Sie in der Bearbeitungsleiste auf das Symbol *Funktion einfügen*. Anschließend wählen Sie die Funktion *WENN* (Kategorie *Logik*) und klicken auf die Schaltfläche *OK*.

Eine Übersicht über die Vergleichsoperatoren finden Sie in Kapitel 7.2.

**3** Geben Sie nun nacheinander die Funktionsargumente ein. Achtung: Da die Funktion anschließend kopiert werden soll, sind für die Zellen E2, F2 und F3 absolute, also feste Zellbezüge erforderlich!

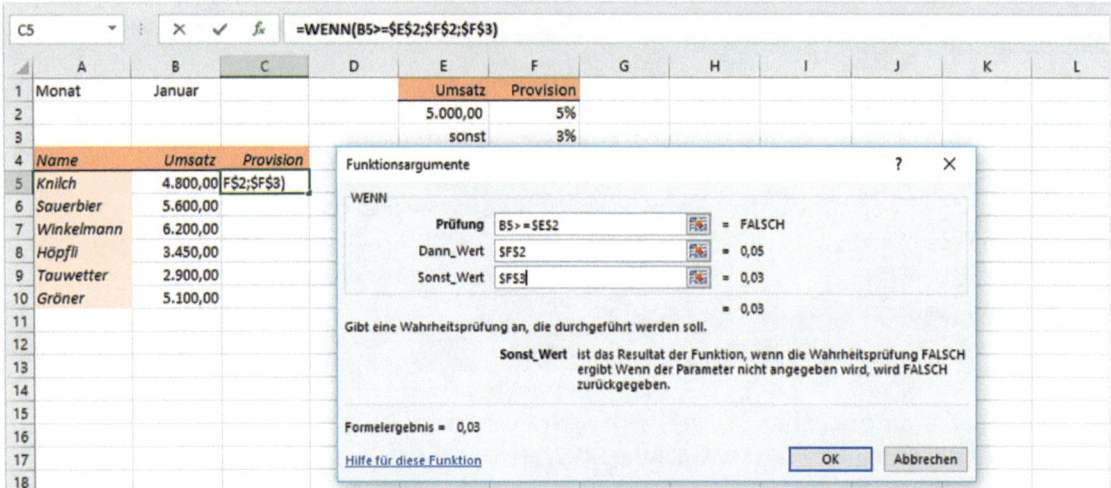

Bild 8.15 Beispiel Provisionsberechnung

**4** Anschließend kopieren Sie die Funktion in die restlichen Zeilen der Liste und formatieren die Ergebnisse im Prozentformat.

### Formel in innerhalb der WENN-Funktion berechnen

Die oben verwendete Funktion trägt nur die jeweiligen Prozentsätze ein, daher müssen Sie in einer weiteren Spalte auch noch die Höhe der Provision berechnen. Sie können aber auch die Provision auch gleich in der WENN-Funktion berechnen. Dann geben Sie, wie im Bild unten, als *Dann_Wert* und *Sonst_Wert* die jeweilige Formel ein.

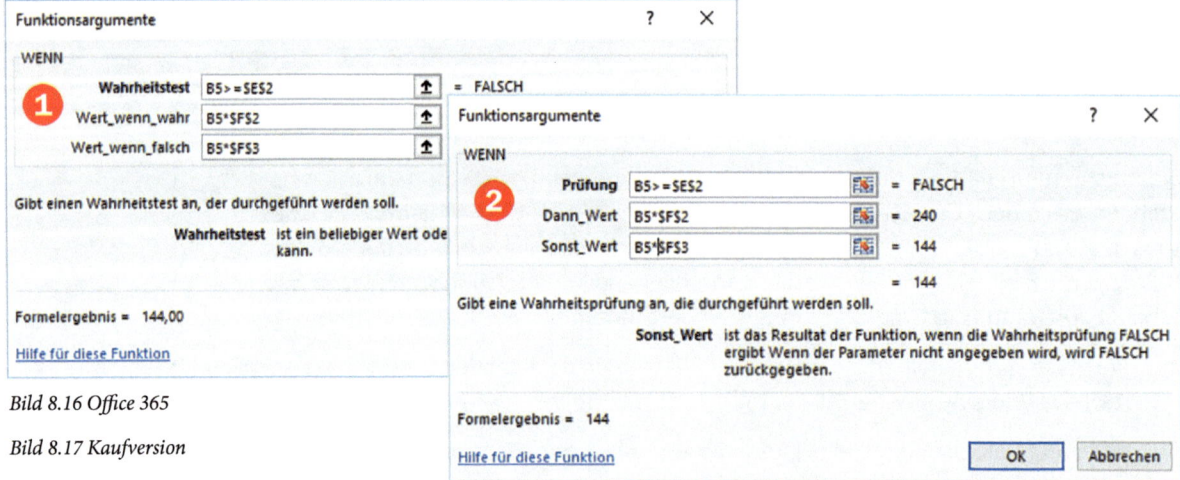

Bild 8.16 Office 365

Bild 8.17 Kaufversion

**Hinweis:** Die Benennung der Funktionsargumente unterscheidet sich in Office 365 ❶ und der Kaufversion von Ecel 2016 ❷ etwas, der Aufbau der Funktion bleibt gleich.

## Beispiel: Text als Argument

Im einem zweiten Beispiel sollen Sonderpreise in Höhe von 60% des alten Preises berechnet werden. Allerdings nur für solche Artikel, die als Auslaufware gekennzeichnet sind, bei allen übrigen soll die Zelle leer bleiben. Auch hier bietet sich die Funktion WENN an, damit später die Formel kopiert werden kann. Diesmal fügen wir die Funktion über die Funktionsbibliothek ein.

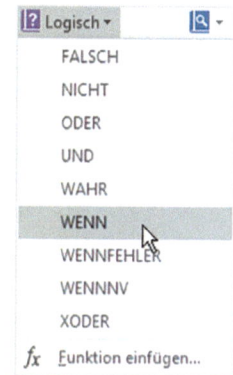

**1** Markieren Sie die erste Zelle, in die Sie die Funktion eingeben möchten, im Beispiel E3, klicken Sie im Register *Formeln* auf die Kategorie *Logisch* und wählen Sie die Funktion *WENN*.

**2** Geben Sie dann wieder die Funktionsargumente, wie unten abgebildet, ein. Im Argument *Prüfung* muss der Vergleichstext in Anführungszeichen angegeben werden und damit die Funktion kopiert werden kann, ist für den Prozentwert in E2 ein fester Zellbezug erforderlich. Das Argument *Sonst_Wert* wird in diesem Beispiel eigentlich nicht benötigt; damit aber nicht das Ergebnis der Prüfung FALSCH angezeigt wird, geben Sie zwei Anführungszeichen ein.

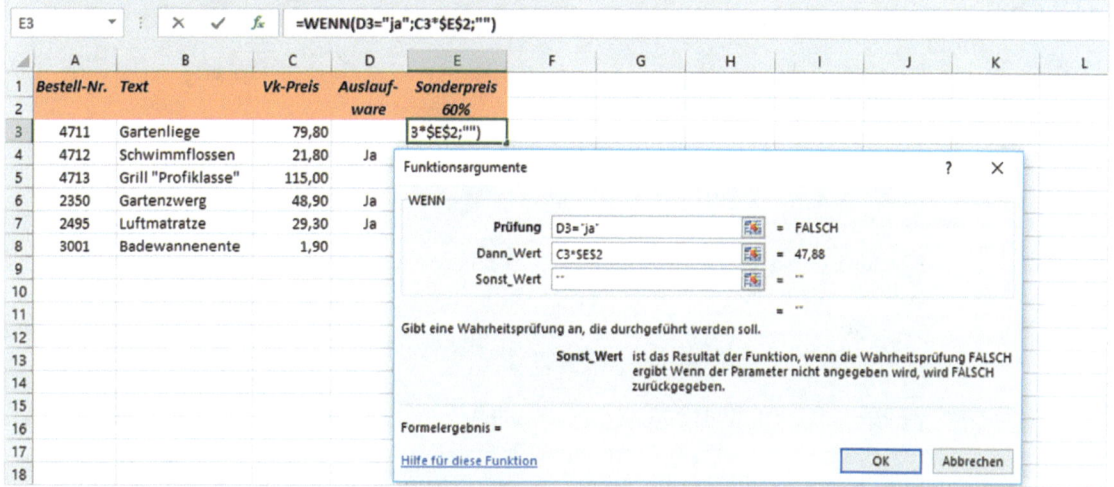

*Bild 8.18 Vergleich mit Text*

**Achtung:** Wenn in diesem Beispiel die Funktion WENN in E3 das Ergebnis für die erste Zeile korrekt berechnet, dann bleibt diese Zelle leer. Kopieren Sie anschließend die Funktion, um die restlichen Ergebnisse zu erhalten.

> Text, den Sie per Tastatur als Argument in einer Formel oder Funktion eingeben, muss grundsätzlich in Anführungszeichen " " eingeschlossen sein.

## 8.4   Mehrere Bedingungen prüfen

### Bedingungen nacheinander mit WENNS prüfen

Häufig genügt es nicht, nur eine einzige Bedingung zu prüfen. Als Beispiel wandeln wir die Provisionsberechnung von Seite 201 etwas ab und verwenden mehrere gestaffelte Provisionssätze. Ist der Umsatz größer oder gleich 5.000 Euro, dann erhält der Mitarbeiter 5%, bei einem Umsatz zwischen 3.000 und 5.000 Euro gelten 3% und bei einem Umsatz unter 3.000 Euro erhält der Mitarbeiter 1,5% Provision.

Wenn Sie Excel 2016 in Verbindung mit Office 365 einsetzen, dann steht Ihnen für solche Aufgaben die Funktion WENNS zur Verfügung.

Beachten Sie bei der Weitergabe von Arbeitsmappen, dass die Kaufversion von Excel 2016 nicht alle Funktionen von Office 365 unterstützt.

Statt des Funktionsergebnisses erhalten Sie dann den Fehlerwert #NAME?

> **Achtung**: Zum aktuellen Zeitpunkt ist die Funktion WENNS ausschließlich in Office 365 verfügbar! Wenn Sie Excel 2016 in der Kaufversion nutzen, müssen Sie stattdessen mehrere Wenn-Funktionen verschachteln, siehe weiter unten.

Mit WENNS können bis zu 127 Bedingungen nacheinander geprüft werden, der Aufbau der Funktion:

```
WENNS(Wahrheitstest1;Wert_wenn_wahr1; Wahrheitstest2;Wert_wenn_wahr2; Wahrheitstest3;Wert_wenn_wahr3; …)
```

Für das Beispiel im Bild unten muss die Funktion wie folgt lauten, wobei mit Ausnahme von B5 feste Zellbezüge erforderlich sind, damit die Funktion kopiert werden kann:

```
=WENNS(B5>=F2;G2;B5>=F3;G3;WAHR;G4)
```

Da diese Funktion im Gegensatz zu WENN kein Argument *Sonst_Wert* anbietet, können Sie statt eines Wahrheitstests auch gleich das Ergebnis *WAHR* und einen dazugehörigen Wert angeben (im Bild unten G4). Dieser wird verwendet, wenn die vorangegangenen Bedingungen nicht erfüllt wurden.

*Bild 8.19 Mehrere Bedingungen mit WENNS prüfen*

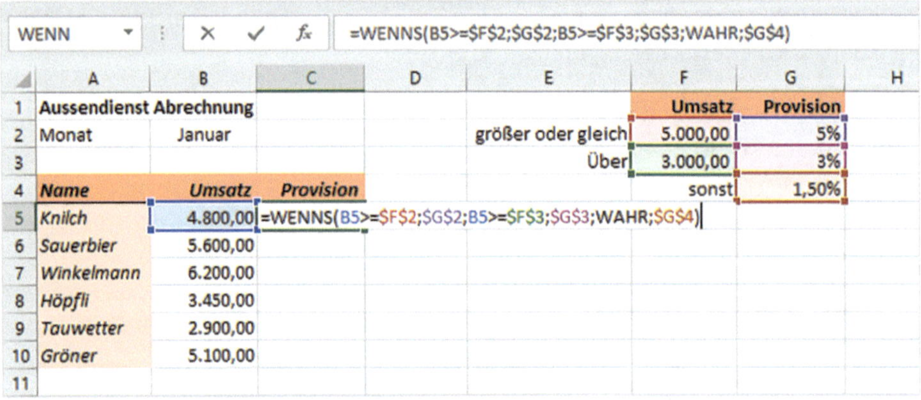

## Bedingungen mit verschachtelten WENN-Funktionen prüfen

Als Funktionsargumente können auch weitere Funktionen eingefügt werden, dies bezeichnet man als Verschachteln von Funktionen. Wenn, wie im Beispiel oben, mehrere Bedingungen nacheinander zu prüfen sind und die Funktion WENNS nicht verfügbar ist, dann müssen Sie in solchen Fällen als *Dann_Wert* und/oder *Sonst_Wert* eine weitere WENN-Funktion einsetzen.

### Beispiel Provisionsberechnung mit verschachtelten WENN-Funktionen

Die Formel zur Provisionsberechung mit der Funktion WENN und denselben Provisionssätzen wie in Bild 8.19 , sieht dann so aus, zwecks besserem Überblick wurde hier ausnahmsweise bewußt auf feste Zellbezüge verzichtet:

    =WENN(B5>=F2;G2;WENN(B5>=F3;G3);G4)

Mit Ausnahme von B5 werden auch hier wieder feste Zellbezüge benötigt.

Am besten gehen Sie bei der Eingabe verschachtelter Funktionen systematisch vor:

**1** Markieren Sie die Zelle und fügen Sie die erste WENN-Funktion ein. Als erste Bedingung wird überprüft, ob der Umsatz über oder gleich 5.000 ist. In diesem Fall erhält der Mitarbeiter 5% (*Dann_Wert*).

**2** Im *Sonst_Teil* benötigen Sie eine zweite WENN-Funktion, mit der Sie nun weiter prüfen, ob der Umsatz größer oder gleich 3.000 ist. Klicken Sie in das Feld *Sonst_Wert* und anschließend links im Namenfeld der Bearbeitungsleiste auf die Funktion WENN.

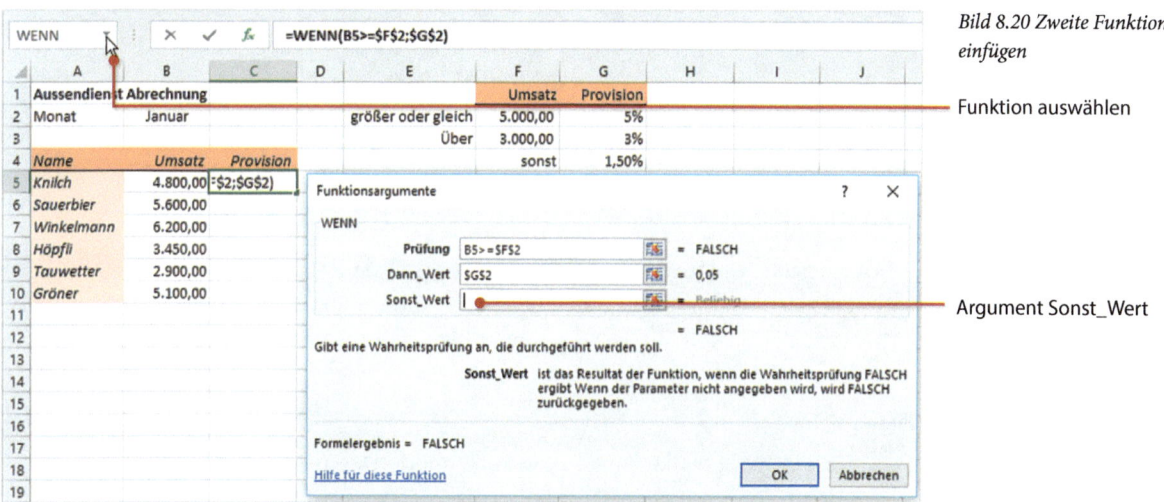

*Bild 8.20 Zweite Funktion einfügen*

Funktion auswählen

Argument Sonst_Wert

**3** Im Fenster *Funktionsargumente* geben Sie jetzt die Funktionsargumente dieser zweiten WENN-Funktion ein. Werfen Sie einen Blick in die Bearbeitungsleiste: Sie haben als *Sonst_Wert* die Funktion WENN eingefügt und bearbeiten jetzt die zweite, fett hervorgehobene Funktion.

*Bild 8.21 Die verschachtelte WENN-Funktion in der Bearbeitungsleiste*

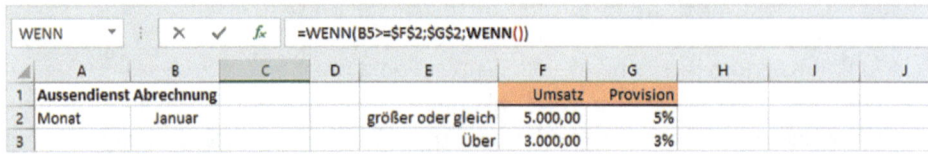

4   Als zweite Bedingung ist zu prüfen, ob der Umsatz größer oder gleich 3.000 ist. In diesem Fall erhält der Mitarbeiter eine Provision von 3% (*Dann_Wert*).

5   Trifft dies nicht zu, liegt also der Umsatz unter 3.000 (F3), erhält der Mitarbeiter 1,5% Provision (*Sonst_Wert*).

6   Um wieder zur ersten WENN-Funktion zurückzukehren, klicken Sie in der Bearbeitungsleiste mit der Maus in die erste Funktion. Damit zeigt Excel im Fenster *Funktionsargumente* wieder die Argumente der ersten WENN-Funktion an. Zum Beenden klicken Sie auf die Schaltfläche *OK*.

Die erste WENN-Funktion

Die zweite WENN-Funktion (Sonst_Wert)

Die erste WENN-Funktion wird aktuell angezeigt

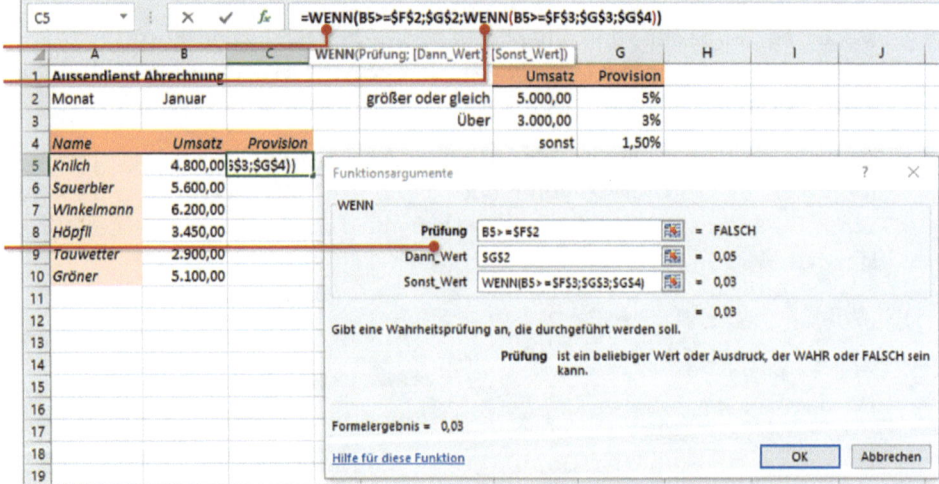

*Bild 8.22 Funktionen bearbeiten*

> Solange das Fenster *Funktionsargumente* geöffnet ist, benutzen Sie die Bearbeitungsleiste, um eine einzelne der verwendeten Funktionen anzuzeigen und zu bearbeiten. Klicken Sie hier einfach auf den Namen der Funktion.

### Hinweise

▶   Sie könnten bei diesem Beispiel auch mit den kleinsten Vergleichswert beginnen und prüfen, ob der Umsatz kleiner als 3.000 ist. Grundsätzlich gilt aber: Beginnen Sie bei verschachtelten Wenn-Funktionen immer entweder beim größten oder beim kleinsten Vergleichswert, niemals dazwischen.

▶   Mit derselben Methode können nacheinander noch mehr WENN-Funktionen ineinander verschachtelt werden. Für dieses Beispiel könnte man aber auch die Funktion SVERWEIS (siehe Seite 209) verwenden. Diese löst in vielen Fällen Berechnungen mit drei und mehr Bedingungen übersichtlicher.

**Andere Funktionen einfügen**

Auf diese Weise können auch andere Funktionen als Argument eingefügt werden. Das Feld zur Funktionsauswahl in der Bearbeitungsleiste zeigt immer die zuletzt verwendete Funktion an, im Beispiel oben WENN. Um eine andere Funktion auszuwählen, klicken Sie auf den Dropdown-Pfeil. Die Auswahl *Weitere Funk.* öffnet das Fenster *Funktion einfügen* (Funktionsassistent) und ermöglicht Zugriff auf alle, in Excel vorhandenen Funktionen.

## Mehrere Bedingungen mit Logikfunktionen verknüpfen

Mit WENNS und dem Beispiel für verschachtelte WENN-Funktionen haben wir oben stets mehrere Bedingungen nacheinander geprüft. Nicht selten müssen aber in der Praxis auch zwei oder mehr Bedingungen gleichzeitig geprüft werden. Außerdem können diese Bedingungen unterschiedlich kombiniert werden: Genügt es, wenn eine der Bedingungen erfüllt ist oder müssen beide zutreffen?

Zum Verknüpfen mehrerer Bedingungen verwenden Sie die Funktionen UND, ODER und NICHT aus der Kategorie *Logik*. Diese liefern als Ergebnis die Wahrheitswerte WAHR oder FALSCH und lassen sich daher perfekt zusammen mit der WENN-Funktion einsetzen.

| Funktion | Beschreibung |
|---|---|
| UND(Wahrheitswert1;Wahrheitswert2) | Diese Funktion liefert das Ergebnis WAHR, wenn alle Bedingungen WAHR ergeben. |
| ODER(Wahrheitswert1;Wahrheitswert2) | Diese Funktion liefert das Ergebnis WAHR, wenn mindestens eine der Bedingungen WAHR ist. |
| NICHT(Wahrheitswert) | Diese Funktion liefert das Ergebnis WAHR, wenn die Bedingung FALSCH ergibt (kehrt das Ergebnis um). |

**Beispiel:** Für alle Modelle der Produktgruppen A oder B sollen Sonderpreise mit einem Preisnachlass von 50% berechnet werden. Bei allen anderen Produktgruppen soll keine Berechnung erfolgen. Damit Sie auch hier die Berechnung nicht für jedes Modell einzeln durchführen müssen, benötigen Sie eine Formel, die zunächst überprüft, ob die jeweilige Produktgruppe A oder B enthält.

1   Fügen Sie in D5 die Funktion WENN ein. Da zwei Bedingungen gleichzeitig zu prüfen sind, benötigen Sie als erstes Argument die Funktion ODER. Klicken Sie in das Feld *Prüfung* und wählen Sie dann in der Bearbeitungsleiste über den Dropdown-Pfeil die Funktion ODER aus (Bild 8.23).

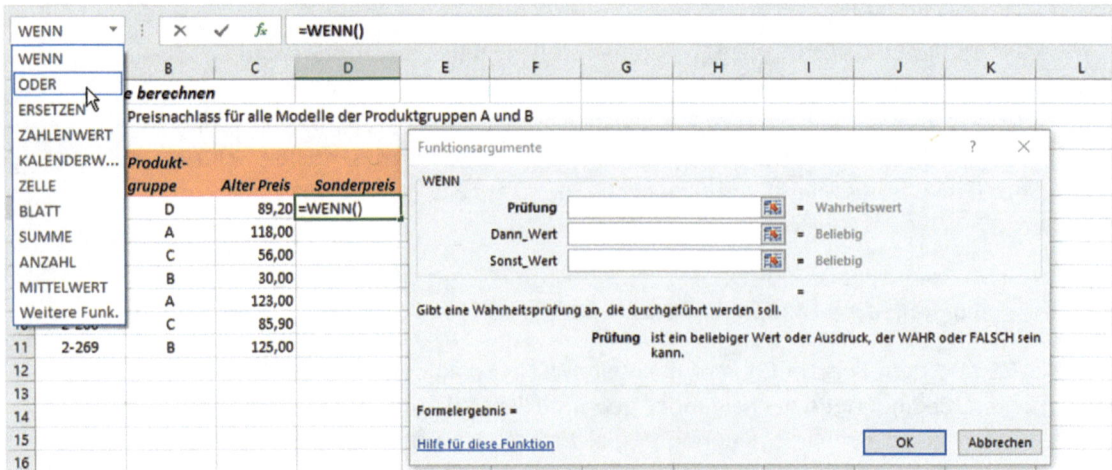

*Bild 8.23 ODER-Funktion als Argument Prüfung einfügen*

**2** Geben Sie nun die beiden zu überprüfenden Bedingungen (Bild 8.24) ein. Da es sich bei den Produktgruppen um Text handelt, müssen diese in Anführungszeichen stehen.

> Mit den Logikfunktionen UND und ODER lassen sich bis zu 30 Bedingungen abfragen. Im Fenster *Funktionsargmente* erscheint daher nach Eingabe der zweiten Bedingung (*Wahrheitswert2*) automatisch ein weiteres Feld zur Eingabe der nächsten Bedingung.

*Bild 8.24 Zwei Bedingungen mit der Funktion ODER eingeben*

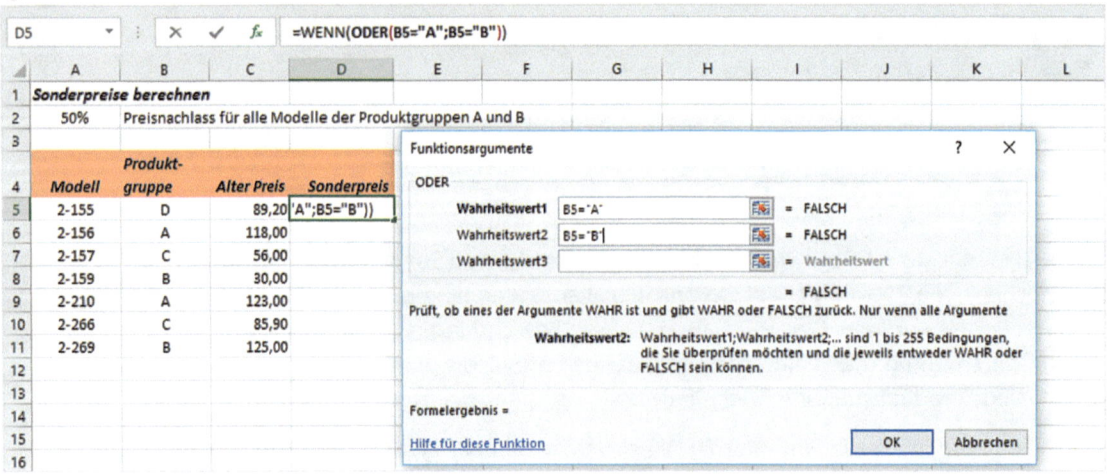

**3** Da die Funktion WENN noch nicht vollständig ist, müssen Sie anschließend in der Bearbeitungsleiste auf die Funktion WENN klicken, um hier mit der Eingabe der Argumente fortzufahren.

**4** Geben Sie als *Dann_Wert* die Formel zur Berechnung des Sonderpreises ein. Als *Sonst_Wert* geben Sie zwei Anführungszeichen "" ein, da kein weiterer Preis berechnet werden und die Zelle leer bleiben soll. Anschließend klicken Sie auf *OK*, um die fertige Funktion in das Tabellenblatt zu übernehmen.

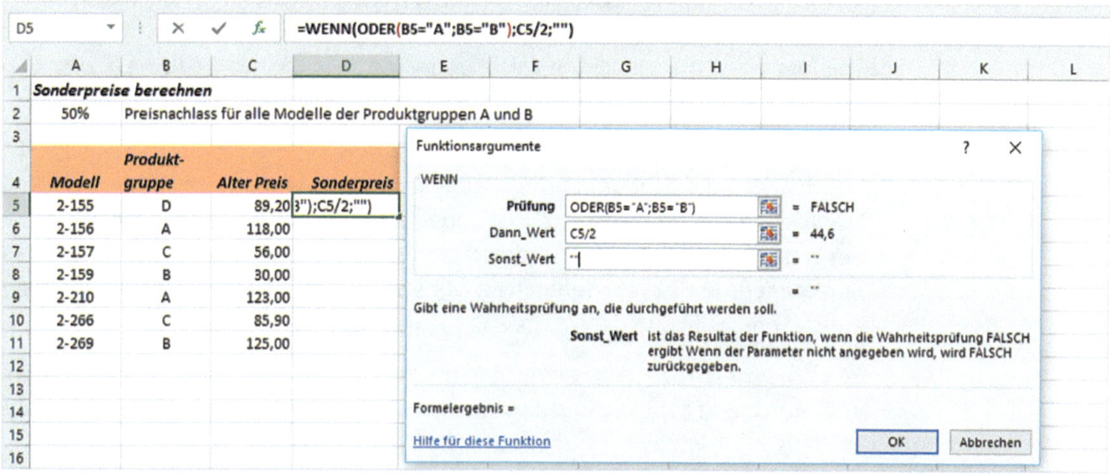

*Bild 8.25 Die vollständige Funktion WENN*

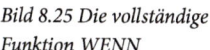

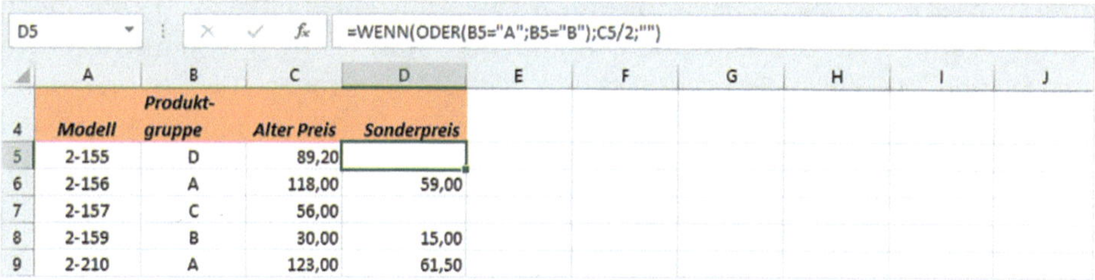

*Bild 8.26 Die Ergebnisse*

## 8.5 Werte nachschlagen mit Verweisfunktionen

### Aufbau und Funktionsweise von SVERWEIS

Die Funktion SVERWEIS (Senkrecht-Verweis) gehört zur Kategorie *Nachschlagen und Verweisen* (Register *Formeln*, *Formelbibliothek*). Sie durchsucht die erste Spalte einer Tabelle (Matrix) von oben nach unten nach einem vorgegebenen Suchkriterium und liefert bei der ersten Übereinstimmung einen Wert aus dieser Zeile und der angegebenen Spalte (Spaltenindex). Wird kein Wert gefunden, der dem Suchkriterium entspricht, zeigt Excel den Fehlerwert #NV (nicht verfügbar) an. Die Funktion besitzt folgenden Aufbau:

```
SVERWEIS(Suchkriterium;Matrix;Spaltenindex;Bereich_Verweis)
```

**Die Argumente der Funktion**

▶ *Suchkriterium*: Der Wert, nach dem die Tabelle (Matrix) durchsucht wird. Dieser muss sich unbedingt in der ersten Spalte der Tabelle befinden.

▶ *Matrix*: Geben Sie hier den gesamten zu durchsuchenden Tabellenbereich an, hierfür kann auch ein Bereichsname verwendet werden. Die Werte der ersten Spalte müssen die gesuchten Werte enthalten, dies können Zahlen, Datumswerte oder Zeichenfolgen sein. Bei Text wird nicht zwischen Groß- und Kleinbuchstaben unterschieden.

▶ Der *Spaltenindex* gibt an, in der wievielten Spalte der Matrix sich der gesuchte Wert befindet. Der Spaltenindex ist immer eine fortlaufende Zahl, beginnend mit der ersten Spalte der Matrix und darf nicht verwechselt werden mit der Spaltennummerierung des Tabellenblattes! Der Spaltenindex 3 bedeutet z. B. den Wert aus der dritten Spalte der Matrix.

▶ *Bereich_Verweis*: Legt fest, ob nur bei genauer Übereinstimmung mit dem Suchkriterium ein Ergebnis angezeigt werden soll oder ob auch der nächstliegende Wert als Ergebnis verwendet werden darf.

  ▪ Wird als *Bereich_Verweis* der Wert WAHR angegeben oder ist das Argument leer, so ist keine exakte Übereinstimmung mit dem Suchkriterium erforderlich und SVERWEIS() liefert als Ergebnis den nächstgelegenen Wert aus der darüber liegenden Zeile. Daher muss in diesem Fall die Matrix unbedingt nach der ersten Spalte sortiert sein!

  ▪ Verwenden Sie dagegen als *Bereich_Verweis* den Wert FALSCH, so erhalten Sie nur bei exakter Übereinstimmung mit dem Suchkriterium ein Ergebnis, andernfalls den Wert #NV (nicht verfügbar). Enthält die erste Spalte der Matrix zwei oder mehr übereinstimmende Werte, so wird nur der erste gefundene Wert ausgegeben.

  ▪ **Tipp**: Hilfe zu *Bereich_Verweis* erhalten Sie sowohl im Funktionsassistent als auch bei der Eingabe über die Tastatur. Hier bietet Excel sogar die Werte WAHR bzw. FALSCH zur Übernahme in die Funktion an.

## Beispiel 1: Genaue Übereinstimmung mit dem Suchkriterium

Sie können die Funktion SVERWEIS beispielsweise verwenden, um anhand des Namens aus einer Tabelle die dazugehörige Telefonnummer zu ermitteln. Als Suchkriterium dient im Beispiel unten der Name in C1, darunter in C2 soll mit der Funktion SVERWEIS die Telefonnummer ermittelt werden.

1 Fügen Sie in G2 die Funktion SVERWEIS ein und geben Sie als Suchkriterium den Inhalt von C1 an.

2 Als Matrix geben Sie den Zellbereich an, der das Suchkriterium zusammen mit der gesuchten Telefonnummer enthält, also A5:E18.

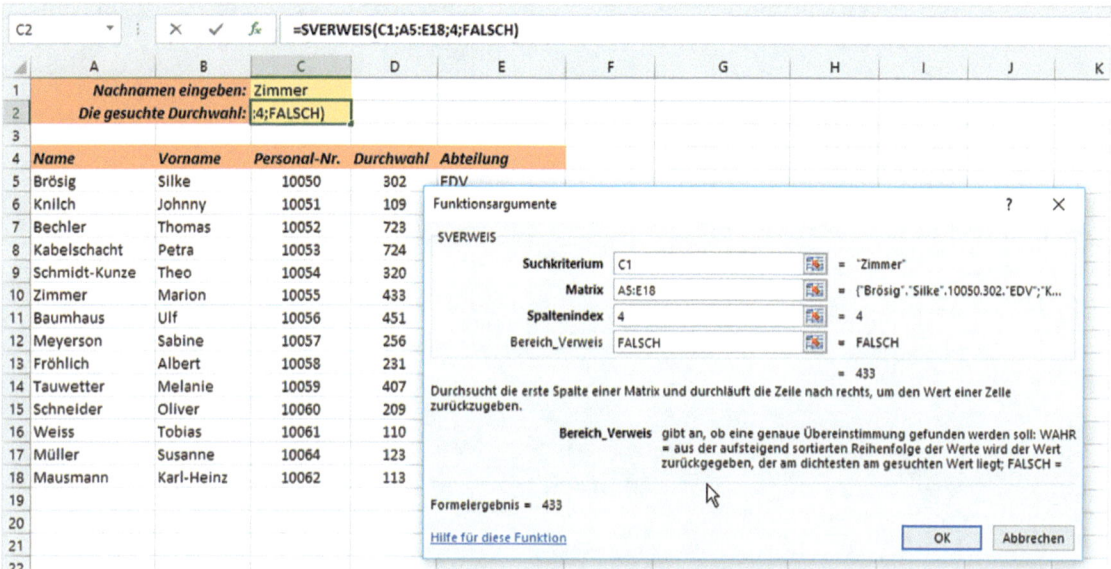

Bild 8.27 Telefonnummer
ermitteln

**3**  Da sich die gesuchte Telefonnummer in der vierten Spalte der Tabelle befindet, geben Sie als Spaltenindex 4 ein.

**4**  Was soll passieren, wenn der gesuchte Wert nicht in der Matrix gefunden wird? Da in diesem Beispiel der nächstgelegene Wert, die Telefonnummer aus der darüber liegenden Zeile nicht korrekt wäre, müssen Sie als Argument *Bereich_Verweis* Falsch eingeben. Dies bedeutet, Sie erhalten den Wert #NV (nicht verfügbar), wenn das Suchkriterium nicht in der Tabelle gefunden wird.

In diesem Beispiel ist eine exakte Übereinstimmung mit dem Suchkriterium erforderlich!

**5**  Dieses Beispiel ließe sich noch erweitern um die Suche nach Abteilung und/oder Personalnummer. Als einzigen Unterschied zu oben müssten Sie dann in der Funktion SVERWEIS den Spaltenindex 5 (Abteilung) bzw. 3 (Personalnummer) angeben.

## Beispiel 2: Den nächsthöheren/ -niedrigeren Wert ermitteln

Anders verhält es sich, wenn Sie beispielsweise anhand des Prüfungsergebnisses in Punkten die dazugehörige Note aus einer zweiten Tabelle, der Notentabelle, ermitteln möchten (Bild 8.28). Da die Notentabelle nicht jede einzelne Punktzahl, sondern Spannen enthält, muss als *Bereich_Verweis* der Wert WAHR angegeben werden, alternativ können Sie in diesem Fall das Argument auch leer lassen. Wird die genaue Punktzahl in der Notentabelle nicht gefunden, so liefert SVERWEIS die nächstgelegene Note aus der Zeile darüber. Die Notentabelle muss also außerdem nach der ersten Spalte, der Anzahl der erforderlichen Punkte, sortiert sein.

Sie benötigen dazu eine zweite Tabelle mit Punktzahlen und den dazugehörigen Noten. Als Suchkriterium verwenden Sie die jeweils erzielte Punktzahl, die Notentabelle bildet die Matrix. Die Note befindet sich in der zweiten Spalte der Matrix, daher Spaltenindex 2.

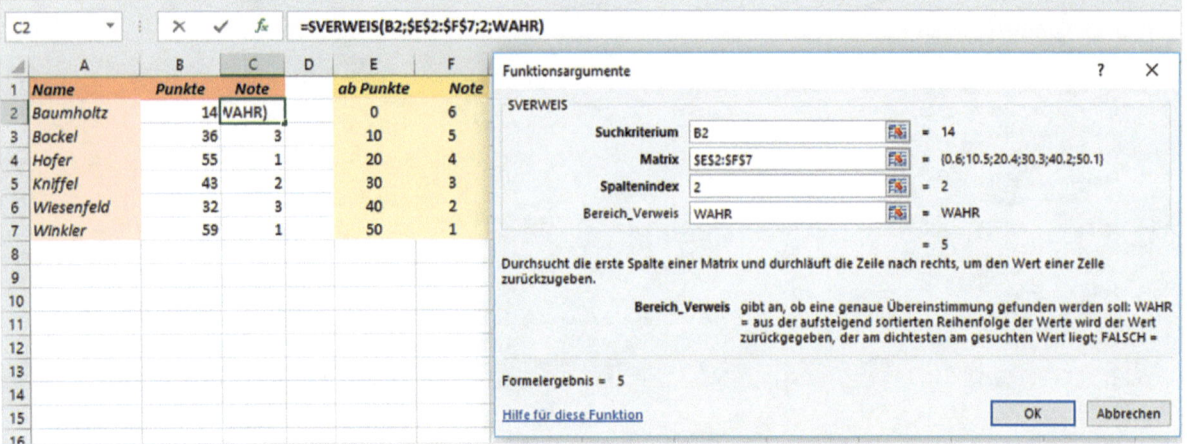

*Bild 8.28 Mit SVERWEIS anhand der Punktzahl die Note ermitteln*

**Wichtig!** Die Matrix muss für Bereichsverweise nach der ersten Spalte (Suchkriterium) sortiert sein. Da Sie die Funktion später kopieren möchten, sind für die Matrix absolute Zellbezüge erforderlich!

### Die Funktion WVERWEIS einsetzen

Die Funktion WVERWEIS (Waagrecht-Verweis) hat den gleichen Aufbau wie die Funktion SVERWEIS. Im Gegensatz zu SVERWEIS durchsucht diese Funktion waagrecht von links nach rechts die erste Zeile einer Matrix und liefert den Wert aus der angegebenen Zeile (Zeilenindex). Diese Funktion setzen Sie daher ein, wenn wie im Beispiel unten, die erste Zeile der zu durchsuchenden Tabelle das Suchkriterium enthält.

*Bild 8.29 Die Ausgangstabelle*

| | A | B | C | D | E | F | G | H | I | J |
|---|---|---|---|---|---|---|---|---|---|---|
| 1 | | Gewünschtes Hotel Zeile: | | 2 | | | | | | |
| 2 | | Gewünschter Anreisetermin: | 01.07.2016 | | | | | | | |
| 3 | | Preis pro Übernachtung: | | | | | | | | |
| 4 | Preise pro Tag (Übernachtung, Frühstück & Halbpension) | | | | | | | | | |
| 5 | | | | | ab Datum | | | | | |
| 6 | Zeile | Hotel | 01.01.2016 | 15.04.2016 | 15.06.2016 | 10.09.2016 | 01.11.2016 | 31.12.2016 | | |
| 7 | 2 | Bella Vista | 33 | 45 | 65 | 75 | 55 | 40 | | |
| 8 | 3 | Club Amigo | 42 | 48 | 69 | 80 | 55 | 50 | | |
| 9 | 4 | Sole mio | 50 | 60 | 75 | 85 | 60 | 55 | | |
| 10 | 5 | Mare Club | 63 | 75 | 105 | 110 | 95 | 85 | | |
| 11 | 6 | Casa sole | 79 | 85 | 119 | 125 | 110 | 90 | | |
| 12 | | | | | | | | | | |

In diesem Beispiel soll in D3 aus der Hotelpreisliste eines Reiseveranstalters der Preis des gewünschten Hotels zum angegebenen Datum ermittelt werden (Bild 8.29). Als Suchkriterium dient der Anreisetermin in D2. Außerdem wird hier der Zeilenindex nicht in der Formel, sondern in D1 angegeben, so dass jederzeit auch nach einem anderen Hotel gesucht werden kann. Als Matrix geben Sie den Bereich A6:H10 an und da der Anreisetermin meist zwischen den angegebenen Datumswerten liegt, benötigen Sie als *Bereich_Verweis* WAHR.

WVERWEIS(Suchkriterium;Matrix;Zeilenindex;Bereich_Verweis)

Sowohl WVERWEIS als auch SVERWEIS funktionieren auch mit Datumswerten als Such-kriterium, wie das Beispiel unten zeigt.

*Bild 8.30 Preis mit WVER-WEIS ermitteln*

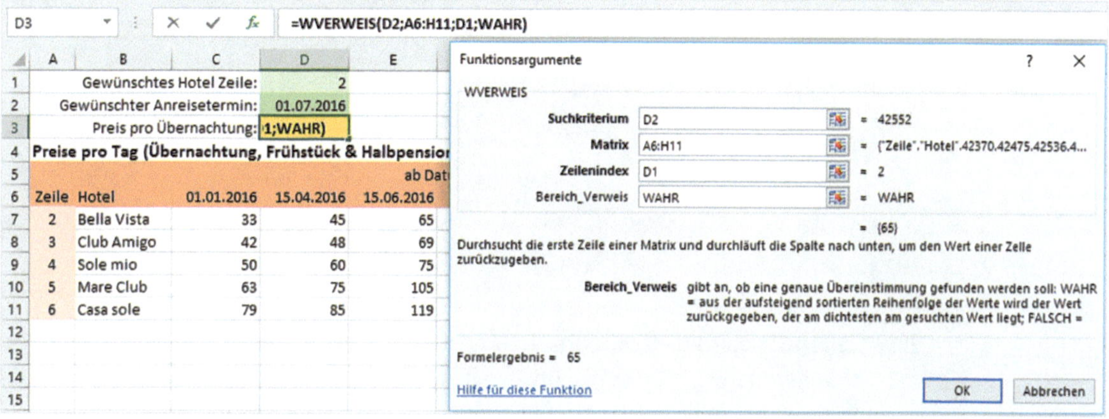

## 8.6   Einfache statistische Auswertungsfunktionen

Excel verfügt in der Kategorie *Statistik* über zahlreiche Auswertungsfunktionen und statistische Verfahren. Hier einige, häufig benötigte Funktionen.

### Anzahl der Werte mit ANZAHL und ANZAHL2 ermitteln

Sie möchten wissen, wie viele Werte ein Zellbereich umfasst, z. B. wieviele Kunden in einer Excel Tabelle gespeichert sind. Eine Möglichkeit dazu, die Funktion ANZAHL, haben Sie bereits im vorherigen Kapitel kennengelernt. Allerdings berücksichtigt diese Funktion ausschließlich numerische Werte, also Zahlen.

Was aber, wenn keine entsprechende Nummer vorhanden ist? In solchen Fällen setzen Sie die Funktion ANZAHL2 ein. Diese zählt alle nicht leeren Zellen des angegebenen Bereichs, egal ob diese Text oder Zahlen enthalten. Der Aufbau dieser Funktion unter-scheidet sich nicht von der Funktion ANZAHL.

Im folgenden Beispiel soll in C1 die Anzahl aller Kunden ermittelt werden. Die einzige Spalte mit numerischem Inhalt ist der Umsatz, da aber bei einigen Kunden kein Um-satz vorhanden ist, scheidet diese Spalte aus. Also müssen Sie die Funktion ANZAHL2 einsetzen und beispielsweise anhand der Nachnamen zählen.

1 Einfache Funktionen lassen sich am schnellsten über die Tastatur eingeben: Markieren Sie C1, geben Sie das Gleichheitszeichen und die ersten Zeichen der benötigten Funktion ein und wählen Sie ANZAHL2 aus.

*Bild 8.31 ANZAHL2 auswählen*

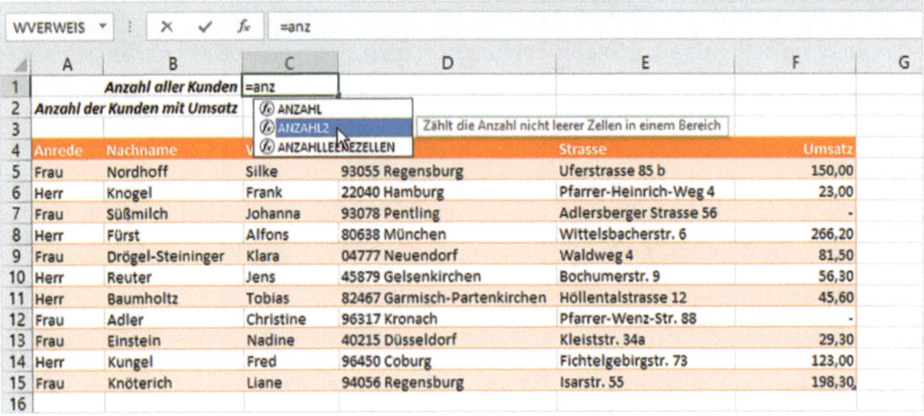

WVERWEIS =anz

| | A | B | C | D | E | F | G |
|---|---|---|---|---|---|---|---|
| 1 | | *Anzahl aller Kunden* | =anz | | | | |
| 2 | *Anzahl der Kunden mit Umsatz* | | ANZAHL | | | | |
| 3 | | | ANZAHL2 | Zählt die Anzahl nicht leerer Zellen in einem Bereich | | | |
| 4 | Anrede | Nachname | ANZAHLLEEREZELLEN | | Strasse | | Umsatz |
| 5 | Frau | Nordhoff | Silke | 93055 Regensburg | Uferstrasse 85 b | 150,00 | |
| 6 | Herr | Knogel | Frank | 22040 Hamburg | Pfarrer-Heinrich-Weg 4 | 23,00 | |
| 7 | Frau | Süßmilch | Johanna | 93078 Pentling | Adlersberger Strasse 56 | - | |
| 8 | Herr | Fürst | Alfons | 80638 München | Wittelsbacherstr. 6 | 266,20 | |
| 9 | Frau | Drögel-Steininger | Klara | 04777 Neuendorf | Waldweg 4 | 81,50 | |
| 10 | Herr | Reuter | Jens | 45879 Gelsenkirchen | Bochumerstr. 9 | 56,30 | |
| 11 | Herr | Baumholtz | Tobias | 82467 Garmisch-Partenkirchen | Höllentalstrasse 12 | 45,60 | |
| 12 | Frau | Adler | Christine | 96317 Kronach | Pfarrer-Wenz-Str. 88 | - | |
| 13 | Frau | Einstein | Nadine | 40215 Düsseldorf | Kleiststr. 34a | 29,30 | |
| 14 | Herr | Kungel | Fred | 96450 Coburg | Fichtelgebirgstr. 73 | 123,00 | |
| 15 | Frau | Knöterich | Liane | 94056 Regensburg | Isarstr. 55 | 198,30 | |
| 16 | | | | | | | |

2 Geben Sie dann den Zellbereich B5:B15 an. **Hinweis:** Da die Tabelle zuvor mit einer Formatvorlage als dynamische Tabelle formatiert wurde, erscheint in der Formel anstelle des Zellbereichs die Spaltenüberschrift in eckigen Klammern.

*Bild 8.32 Zellbereich festlegen*

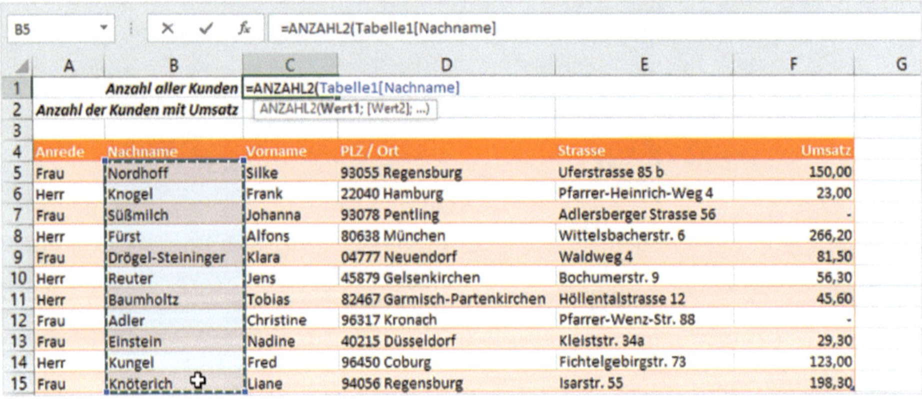

B5 =ANZAHL2(Tabelle1[Nachname]

| | A | B | C | D | E | F | G |
|---|---|---|---|---|---|---|---|
| 1 | | *Anzahl aller Kunden* | =ANZAHL2(Tabelle1[Nachname] | | | | |
| 2 | *Anzahl der Kunden mit Umsatz* | | ANZAHL2(**Wert1**; [Wert2]; ...) | | | | |
| 3 | | | | | | | |
| 4 | Anrede | Nachname | Vorname | PLZ / Ort | Strasse | Umsatz | |
| 5 | Frau | Nordhoff | Silke | 93055 Regensburg | Uferstrasse 85 b | 150,00 | |
| 6 | Herr | Knogel | Frank | 22040 Hamburg | Pfarrer-Heinrich-Weg 4 | 23,00 | |
| 7 | Frau | Süßmilch | Johanna | 93078 Pentling | Adlersberger Strasse 56 | - | |
| 8 | Herr | Fürst | Alfons | 80638 München | Wittelsbacherstr. 6 | 266,20 | |
| 9 | Frau | Drögel-Steininger | Klara | 04777 Neuendorf | Waldweg 4 | 81,50 | |
| 10 | Herr | Reuter | Jens | 45879 Gelsenkirchen | Bochumerstr. 9 | 56,30 | |
| 11 | Herr | Baumholtz | Tobias | 82467 Garmisch-Partenkirchen | Höllentalstrasse 12 | 45,60 | |
| 12 | Frau | Adler | Christine | 96317 Kronach | Pfarrer-Wenz-Str. 88 | - | |
| 13 | Frau | Einstein | Nadine | 40215 Düsseldorf | Kleiststr. 34a | 29,30 | |
| 14 | Herr | Kungel | Fred | 96450 Coburg | Fichtelgebirgstr. 73 | 123,00 | |
| 15 | Frau | Knöterich | Liane | 94056 Regensburg | Isarstr. 55 | 198,30 | |

Die Tatsache, dass ANZAHL ausschließlich Zahlen berücksichtigt, können Sie sich zunutze machen, wenn Sie in diesem Beispiel in C2 auch noch die Anzahl aller Kunden ermitteln möchten, bei denen ein Umsatz vorhanden ist.

Geben Sie in C2 ebenfalls ein Gleichheitszeichen und die ersten Zeichen der Funktion ein und wählen Sie diesmal ANZAHL. Dann markieren Sie als Zellbereich die Umsätze in F5:F15 und erhalten das Ergebnis 9. Leere Zellen oder Zellen, in denen anstatt einer Zahl ein Strich vorhanden ist, werden nicht mitgezählt.

## Nur bestimmte Werte zählen

Möchten Sie nur bestimmte Werte zählen bzw. die Berechnung der Anzahl mit einer Bedingung verknüpfen, dann verwenden Sie dazu ZÄHLENWENN. Diese Funktion ermittelt aus einem Zellbereich die Anzahl aller nichtleeren Zellen, deren Inhalt mit einem vorgegebenen Suchkriterium übereinstimmt. Das Suchkriterium kann eine Zahl oder eine Zeichenfolge sein, der Aufbau der Funktion:

ZÄHLENWENN(Bereich;Suchkriterien)

Mit ZÄHLENWENN können Sie also ermitteln, wie oft das Suchkriterium im angegebenen Zellbereich vorkommt, im Beispiel unten jeweils die Anzahl der Urlaubstage (U) und Krankheitstage (K) für jeden Mitarbeiter. Am besten geschieht dies in einer gesonderten Auswertungstabelle.

▶ Als *Bereich* verwenden Sie in der Tabelle Urlaubskalender die Spalte des jeweiligen Mitarbeiters, für den Mitarbeiter Moser ist dies B4:B22.

▶ *Suchkriterium* ist "U" (Urlaubstage) bzw. "K" für die Krankheitstage.

▶ Beginnen Sie mit der Berechnung der Urlaubs- und Krankheitstage beim ersten Mitarbeiter und kopieren Sie anschließend beide Funktionen nach rechts für die übrigen Mitarbeiter.

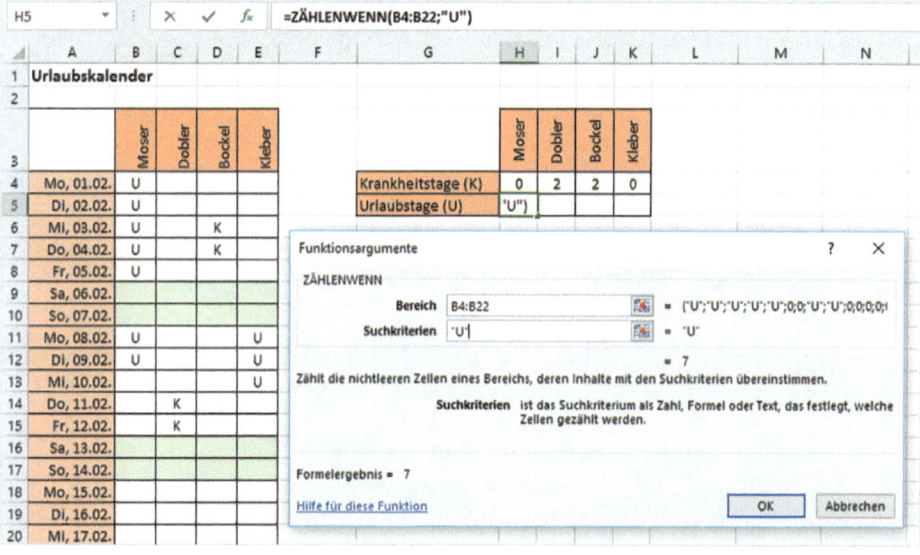

*Bild 8.33 Anzahl der Urlaubs- und Krankheitstage mit ZÄHLENWENN*

> Sie können auch Vergleichsoperatoren, z. B. ">100" als Suchkriterium verwenden. Diese werden als Text behandelt und müssen daher in Anführungszeichen angegeben werden.

## Nur bestimmte Werte addieren

Die Funktion SUMME haben Sie bereits im vorherigen Kapitel kennengelernt.

Neben der Funktion SUMME gibt es noch die Möglichkeit der bedingten Summenberechnung mit SUMMEWENN, diese Funktion finden Sie allerdings im Gegensatz zu den oben beschriebenen in der Kategorie Mathematik und Trigonometrie. Sie addiert nur dann die Werte eines Zellbereichs, wenn die Inhalte eines festgelegten Bereichs mit dem angegebenen Suchkriterium übereinstimmen. Die Funktion benötigt folgende Agrumente:

SUMMEWENN(Bereich;Suchkriterien;Summe_Bereich)

▶ *Bereich* gibt an, welcher Zellbereich auf das angegebene Suchkriterium überprüft werden soll.

▶ Als *Suchkriterien* können Zahlen, Text oder Ausdrücke angegeben werden. Text und Ausdrücke mit Vergleichsoperatoren müssen wieder in Anführungszeichen (" ") eingeschlossen sein.

▶ *Summe_Bereich* ist der Zellbereich, dessen Werte addiert werden sollen.

Als Beispiel wird im Bild unten die Umsatzsumme je Warengruppe berechnet. Wie auch bei ZÄHLENWENN geschieht dies am besten in einer gesonderten Auswertungstabelle. Als *Bereich* geben Sie die Spalte Warengruppen, B2:B7 an. *Suchkriterium* ist der Inhalt von E2 und der zu addierende Bereich (*Summe_Bereich*) ist die Spalte Umsatz bzw. C2:C7. Wenn Sie mit Ausnahme des Suchkriteriums absolute, also feste Zellbezüge verwenden, dann können Sie die Funktion anschließend problemlos nach unten kopieren.

*Bild 8.34 Umsatz je Warengruppe*

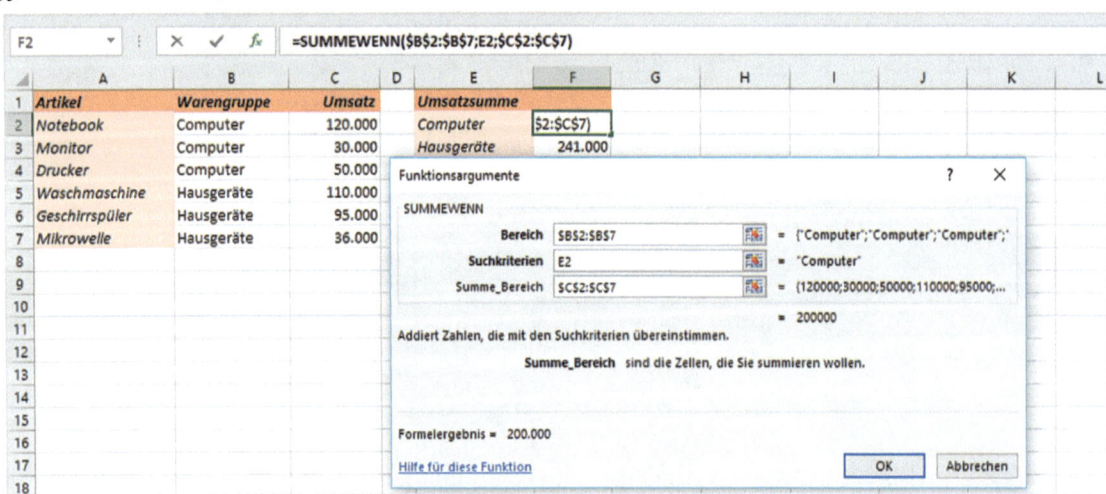

## Mittelwerte mit Bedingung berechnen

Eine weitere Funktion, MITTELWERTWENN, hat den gleichen Aufbau wie die Funktion SUMMEWENN. Mit ihrer Hilfe können Sie den Mittelwert, in Abhängigkeit von einem Suchkriterium, berechnen.

## 8.7 So vermeiden Sie Rundungsfehler

Wenn Sie eine Zahl mit einer bestimmten Anzahl Dezimalstellen formatieren, wird die Zahl kaufmännisch gerundet und mit der angegebenen Zahl Nachkommastellen angezeigt. Dies betrifft aber nur die Anzeige; verwenden Sie die Zahl für weitere Berechnungen, so erfolgen diese immer mit der gesamten Anzahl Nachkommastellen. Dies kann bei Nachberechnungen mit zwei Dezimalstellen zu Rundungsfehlern führen.

> **Achtung:** Zahlenformate mit einer bestimmten Anzahl Dezimalstellen, z. B. Währung, beziehen sich ausschließlich auf die Anzeige. Intern rechnet Excel immer mit allen Nachkommastellen!

Runden Sie dagegen Zahlen mit einer Funktion, so erfolgen alle weiteren Berechnungen mit der angegebenen Anzahl Dezimalstellen. Zu diesem Zweck finden Sie in der Kategorie *Mathematik und Trigonometrie* gleich mehrere Rundungsfunktionen, meist benötigen Sie die Funktion RUNDEN, der Aufbau dieser Funktion ist einfach:

```
RUNDEN(Zahl;Anzahl_Stellen)
```

Das Beispiel unten zeigt einen Vergleich zwischen gerundeter und nicht gerundeter Berechnung. Rechts wurden Skonto und MwSt.-Betrag mit Hilfe der Funktion RUNDEN mit zwei Nachkommastellen berechnet, links wurde die Formel ohne RUNDEN eingegeben. Der Endbetrag weicht um 0,01 voneinander ab.

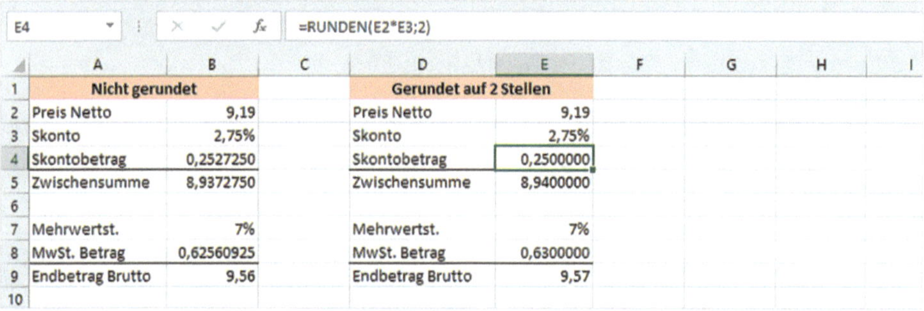
E4 =RUNDEN(E2*E3;2)

| | A | B | C | D | E | F | G | H | I |
|---|---|---|---|---|---|---|---|---|---|
| 1 | Nicht gerundet | | | Gerundet auf 2 Stellen | | | | | |
| 2 | Preis Netto | 9,19 | | Preis Netto | 9,19 | | | | |
| 3 | Skonto | 2,75% | | Skonto | 2,75% | | | | |
| 4 | Skontobetrag | 0,2527250 | | Skontobetrag | 0,2500000 | | | | |
| 5 | Zwischensumme | 8,9372750 | | Zwischensumme | 8,9400000 | | | | |
| 6 | | | | | | | | | |
| 7 | Mehrwertst. | 7% | | Mehrwertst. | 7% | | | | |
| 8 | MwSt. Betrag | 0,62560925 | | MwSt. Betrag | 0,6300000 | | | | |
| 9 | Endbetrag Brutto | 9,56 | | Endbetrag Brutto | 9,57 | | | | |
| 10 | | | | | | | | | |

*Bild 8.35 Beispiel Zahlen RUNDEN*

**Weitere Rundungsfunktionen von Excel, die Argumente sind immer gleich**

| Funktion | Beschreibung |
|---|---|
| RUNDEN | Rundet eine Zahl auf die angegebene Anzahl an Stellen kaufmännisch auf oder ab. |
| AUFRUNDEN | Rundet eine Zahl auf die angegebene Anzahl von Stellen auf. |
| ABRUNDEN | Rundet eine Zahl auf die angegebene Anzahl von Stellen ab. |
| KÜRZEN | Schneidet bis auf die angegebene Anzahl an Stellen alle weiteren Nachkommastellen ab. |

## 8.8   Wichtige Datumsfunktionen

### Aktuelles Datum bzw. aktuelle Uhrzeit

Die Klammern ( ) sind auch dann erforderlich, wenn keine Argumente benötigt werden!

Die beiden Funktionen HEUTE und JETZT benötigen keine weiteren Argumente und liefern das aktuelle Datum (Systemdatum), allerdings mit einem kleinen Unterschied:

| Funktion | Beschreibung | Beispiel Ergebnis |
|---|---|---|
| =HEUTE() | liefert das aktuelle Datum (Systemdatum) | 11.04.2016 |
| =JETZT() | liefert Datum und Uhrzeit | 11.04.2016 15:46 |

F9 aktualisiert eine Funktion

Beide Datumswerte werden beim Öffnen der Excel-Arbeitsmappe automatisch aktualisiert. Um die Uhrzeit in einer geöffneten Mappe zu aktualisieren, klicken Sie im Register *Formeln*, Gruppe Berechnung, auf die Schaltfläche *Neu berechnen* oder verwenden die Funktionstaste F9.

**Achtung**: Wenn Sie das aktuelle Datum für Datumsberechnungen oder Vergleiche benötigen, dann sollten Sie ausschließlich die Funktion HEUTE verwenden, da Sie sonst unter Umständen falsche Ergebnisse erhalten.

### Teilwerte eines Datums (Tag, Monat und Jahr als Zahl)

Die folgenden Datumsfunktionen geben einen Teil eines Datums als Zahl zurück und leisten gute Dienste, wenn es etwa darum geht, eine Tabelle, unabhängig vom Jahr, nach Monaten zu sortieren oder zu filtern.

Alle Datumsfunktionen finden Sie in der Funktionsbibliothek, Kategorie Datum u. Uhrzeit.

| Funktion | Beschreibung | Beispiel | Ergebnis |
|---|---|---|---|
| TAG(Datum) | Liefert aus einem Datum den Tag als Zahl | =TAG(23.01.2016) | 23 |
| MONAT(Datum) | Liefert aus einem Datum den Monat als Zahl | =MONAT(23.01.2016) | 1 |
| JAHR(Datum) | Liefert aus einem Datum das Jahr als Zahl | =JAHR(23.01.2016) | 2016 |

Beispielsweise lässt sich, wie im Bild unten, mit Hilfe der Funktionen TAG und MONAT und dem Geburtsdatum ein nach Tagen und Monaten sortierter Geburtstagskalender zusammenstellen, der das Jahr ignoriert.

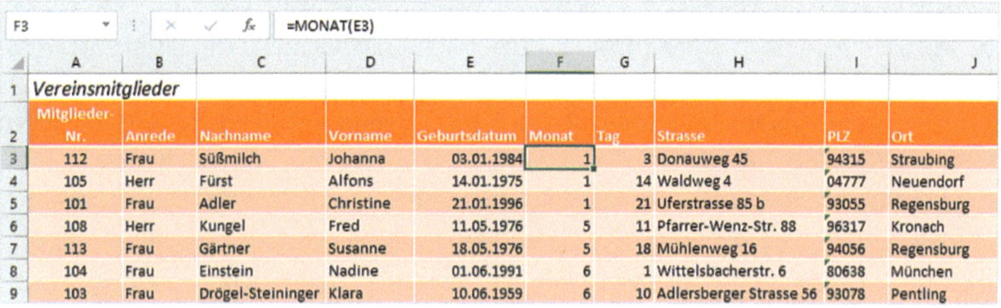

F3 =MONAT(E3)

| | A | B | C | D | E | F | G | H | I | J |
|---|---|---|---|---|---|---|---|---|---|---|
| 1 | *Vereinsmitglieder* | | | | | | | | | |
| 2 | Mitglieder-Nr. | Anrede | Nachname | Vorname | Geburtsdatum | Monat | Tag | Strasse | PLZ | Ort |
| 3 | 112 | Frau | Süßmilch | Johanna | 03.01.1984 | 1 | 3 | Donauweg 45 | 94315 | Straubing |
| 4 | 105 | Herr | Fürst | Alfons | 14.01.1975 | 1 | 14 | Waldweg 4 | 04777 | Neuendorf |
| 5 | 101 | Frau | Adler | Christine | 21.01.1996 | 1 | 21 | Uferstrasse 85 b | 93055 | Regensburg |
| 6 | 108 | Herr | Kungel | Fred | 11.05.1976 | 5 | 11 | Pfarrer-Wenz-Str. 88 | 96317 | Kronach |
| 7 | 113 | Frau | Gärtner | Susanne | 18.05.1976 | 5 | 18 | Mühlenweg 16 | 94056 | Regensburg |
| 8 | 104 | Frau | Einstein | Nadine | 01.06.1991 | 6 | 1 | Wittelsbacherstr. 6 | 80638 | München |
| 9 | 103 | Frau | Drögel-Steininger | Klara | 10.06.1959 | 6 | 10 | Adlersberger Strasse 56 | 93078 | Pentling |

*Bild 8.36 Beispiel Geburtstagskalender*

#### Datumswerte zusammensetzen

Die Funktion DATUM erlaubt es umgekehrt, ein gültiges Datum aus Zahlen zusammenzusetzen, der Aufbau:

DATUM(Jahr;Monat;Tag)

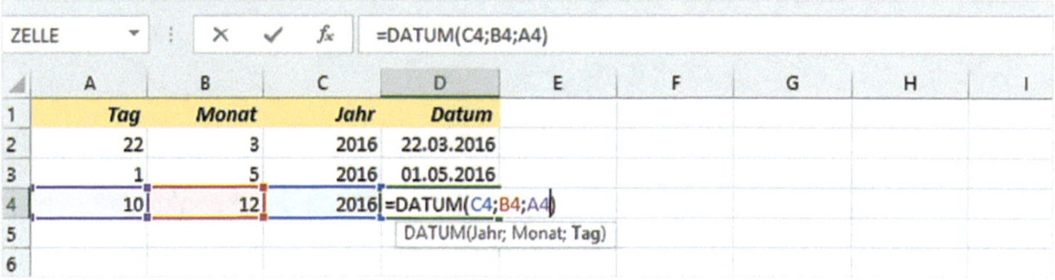

ZELLE =DATUM(C4;B4;A4)

| | A | B | C | D |
|---|---|---|---|---|
| 1 | *Tag* | *Monat* | *Jahr* | *Datum* |
| 2 | 22 | 3 | 2016 | 22.03.2016 |
| 3 | 1 | 5 | 2016 | 01.05.2016 |
| 4 | 10 | 12 | 2016 | =DATUM(C4;B4;A4) |
| 5 | | | | DATUM(Jahr; Monat; Tag) |
| 6 | | | | |

*Bild 8.37 Beispiel: Die Zahlen der Spalten A, B und C zu einem Datum zusammenfügen*

## Alter berechnen

Wie Sie die Differenz zwischen zwei Datumswerten berechnen, haben Sie bereits in Kapitel 7.5 gesehen. Leider lässt sich diese Methode nicht auf die Berechnung des Alters aus dem Geburtsdatum anwenden, da das Ergebnis in Tagen erscheint. Zwar auch interessant, aber in der Praxis nur selten benötigt.

Dazu eignet sich die Funktion BRTEILJAHRE. Diese berechnet die Differenz zwischen zwei Datumswerten in Bruchteilen von Jahren. Das Argument *Basis* ist optional und wird eigentlich nur zur Berechnung der Zinstage benötigt: Damit können Sie dann angeben, auf welcher Basis die Tage gezählt werden sollen.

Alter aus dem Geburtsdatum berechnen

BRTEILJAHRE(Anfangsdatum; Enddatum; [Basis])

Um mithilfe der Funktion BRTEILJAHRE anhand des Geburtsdatums das Alter zu berechnen, geben Sie die unten abgebildete Funktion ein.

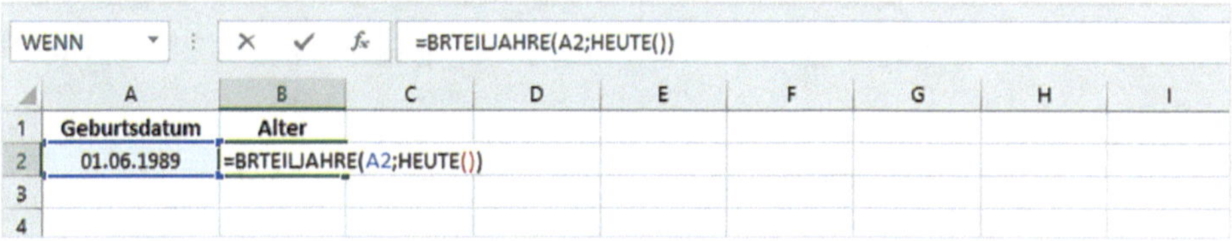

WENN =BRTEILJAHRE(A2;HEUTE())

| | A | B |
|---|---|---|
| 1 | Geburtsdatum | Alter |
| 2 | 01.06.1989 | =BRTEILJAHRE(A2;HEUTE()) |
| 3 | | |
| 4 | | |

*Bild 8.38 Alter berechnen*

Damit Sie stets das aktuelle Alter erhalten, verwenden Sie als Enddatum die Funktion HEUTE(). Allerdings erhalten Sie das Ergebnis zunächst mit Dezimalstellen, die Sie nicht einfach kaufmännisch runden dürfen, da Sie sonst unter Umständen ein falsches Alter erhalten. Sie dürfen die Zahl also nicht ohne Dezimalstellen formatieren, sondern müssen nicht benötigte Dezimalstellen mit der Funktion KÜRZEN abschneiden.

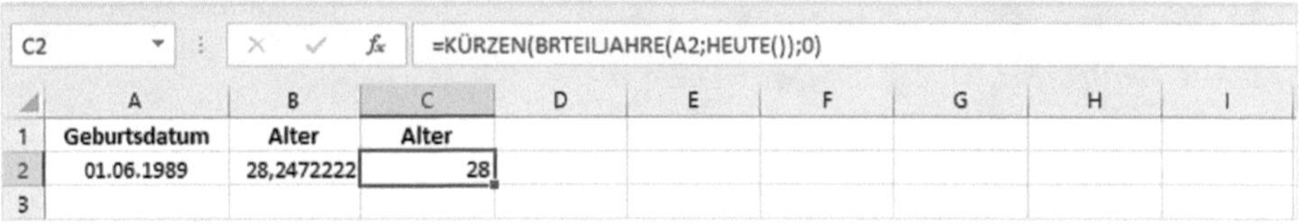

*Bild 8.39 Alter mit BRTEILJAHRE und KÜRZEN berechnen*

| C2 | ▼ | : | × | ✓ | $f_x$ | =KÜRZEN(BRTEILJAHRE(A2;HEUTE());0) | | | |
|---|---|---|---|---|---|---|---|---|---|

| ⊿ | A | B | C | D | E | F | G | H | I |
|---|---|---|---|---|---|---|---|---|---|
| 1 | Geburtsdatum | Alter | Alter | | | | | | |
| 2 | 01.06.1989 | 28,2472222 | 28 | | | | | | |
| 3 | | | | | | | | | |

# 8.9    Einfache Zinsberechnungen

Für finanzmathematische Berechnungen finden Sie in der Kategorie *Finanzmathematik* eine Vielzahl von Funktionen. Folgend eine Auswahl von häufig verwendeten Funktionen zur Zinsberechnung. Allerdings berücksichtigen diese Funktionen weder Steuern, Gebühren, noch sonstige Provisionen.

| Funktion | Beschreibung |
|---|---|
| RMZ | Ermittelt die konstante, regelmäßige Zahlung |
| ZZR | Anzahl der Zahlungsperioden einer Investition (Zahlungszeitraum) |
| ZW | Ermittelt den Endwert (Zinswert) einer Investition. |
| BW | Ermittelt den Anfangswert (Barwert) einer Investition. |

**Beispiel:** Ein Sparer möchte ermitteln, wie hoch der Endwert nach einem bestimmten Zeitraum ist, wenn regelmäßig monatlich ein bestimmter Betrag zu einem festen Zinssatz angelegt wird. Dazu verwenden Sie die Funktion ZW (Zinswert).

**Die Funktion ZW verwendet die folgenden Argumente**

| Argument | Beschreibung |
|---|---|
| Zins | Geben Sie den festen Zinssatz an. Da dieser normalerweise jährlich angegeben wird, müssen Sie bei monatlichen Zahlungen auch den Zins auf Monate umrechnen, also Zins/12 |
| Zzr | Zahlungszeitraum, bei monatlichen Zahlungen muss auch dieser Zeitraum in Monaten angegeben werden. Eine Laufzeit von 5 Jahren müssen Sie daher umrechnen: Laufzeit in Jahren*12 |

| Argument | Beschreibung |
|---|---|
| Rmz | Regelmäßige Zahlung, also der Betrag, der monatlich gespart werden soll. Von Ihnen zu zahlende Beträge müssen mit einem Minus als Vorzeichen versehen werden, da sonst das Ergebnis der Funktion als negative Zahl angezeigt wird. |
| BW | Aktueller Gesamtwert zu Beginn der Zahlungen, meist 0. |
| F | Fälligkeit, d.h. wann erfolgen die Zahlungen? 1= am Monatsanfang oder -ende = 0. |

**Beachten Sie bei der Zinsberechnung**

▶ Alle Argumente zur Zinsberechnung müssen sich auf dieselbe Zeiteinheit beziehen: Wenn die Zahlungen monatlich erfolgen, dann müssen auch Zins und Zahlungszeitraum in Monaten angegeben werden!

▶ Von Ihnen zu leistende Beträge sollten mit negativem Vorzeichen eingegeben werden, da Sie sonst ein negatives Endergebnis erhalten.

Markieren Sie die Ergebniszelle, klicken Sie in der Bearbeitungsleiste auf *Funktion einfügen*, wählen Sie die Kategorie *Finanzmathematik* aus und doppelklicken Sie auf die Funktion *ZW*. Geben Sie anschließend, wie unten abgebildet, die Argumente ein und achten Sie darauf, dass Zins und Laufzeit auf monatliche Zahlungen umgerechnet werden müssen.

*Bild 8.40 ZW gibt den zukünftigen Wert einer Investition zurück*

## 8.10 Funktionen im Umgang mit Text

### Text bzw. Zeichenfolgen aneinanderfügen

Die Inhalte aus zwei oder mehr Spalten mit einer Formel zusammenzufügen, wird in der Praxis manchmal benötigt, um z. B. Adressen platzsparend auszudrucken. Excel 2016 kennt gleich mehrere Möglichkeiten zum Aneinanderfügen von Zeichenfolgen. Auch Zahlen lassen sich auf diese Weise miteinander verketten, allerdings behandelt dann Excel das Ergebnis als Text.

Beachten Sie aber, dass in vielen Fällen noch ein zusätzliches Trennzeichen dazwischen eingefügt werden muss, zum Beispiel im Bild unten jeweils ein Leerzeichen zwischen Anrede, Vorname und Nachname. Dieses geben Sie einfach in Anführungszeichen ein.

*Bild 8.41 Beispieltabelle*

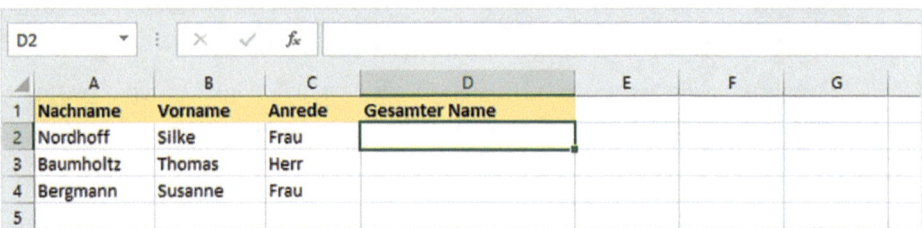

### Verketten mit dem kaufmännischen &-Zeichen

Am einfachsten fügen Sie einzelne Zeichenfolgen mit dem kaufmännischen &-Zeichen aneinander. Für das hier verwendete Beispiel muss die Formel in D2 lauten:

```
=C2&" "&B2&" "&A2
```

*Bild 8.42 Mit dem kaufmännischen &-Zeichen aneinanderfügen*

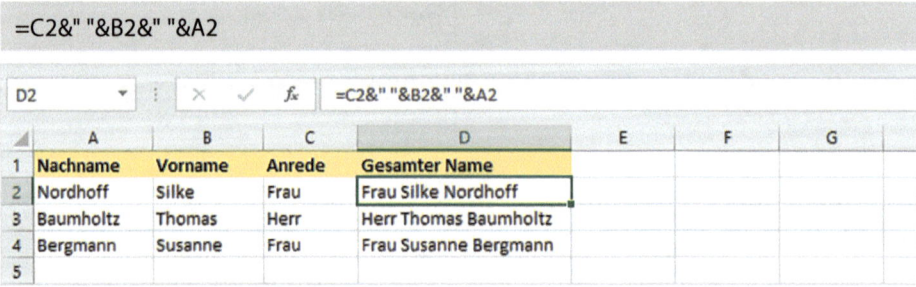

### Die Funktion VERKETTEN

Genau das gleiche Ergebnis erzielen Sie auch mit der der Funktion VERKETTEN. Diese finden Sie in der Kategorie *Text* (Register *Formeln*), die Syntax ist einfach:

```
VERKETTEN(Text1;Text2;Text3;...)
```

Bezogen auf das Beispiel muss in D2 eingegeben werden: =VERKETTEN(C2;" ";B2;" ";A2)

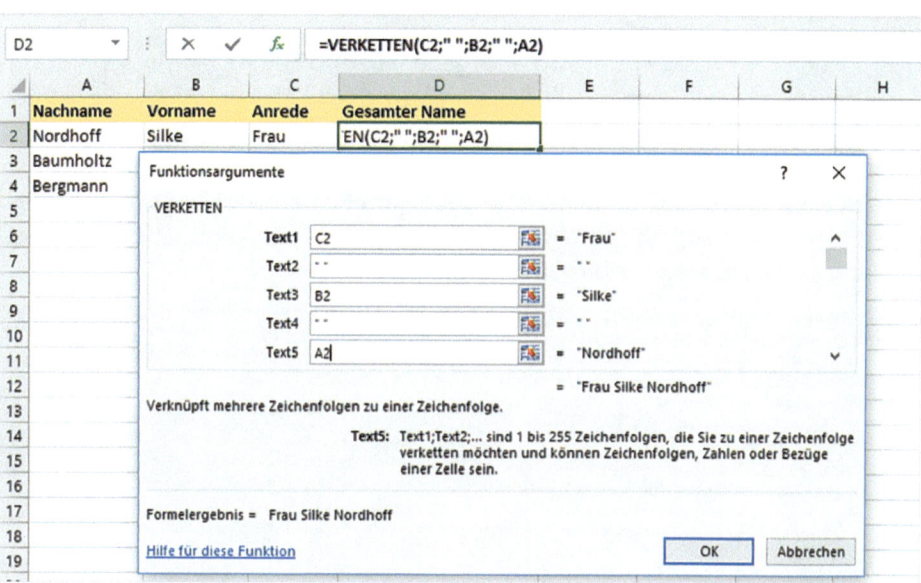

*Bild 8.43 Die Funktion VERKETTEN*

**Tipp**: Wenn Sie mehrere Zellinhalte ohne zusätzliches Zeichen dazwischen verketten möchten, dann können Sie auch die Zellen nacheinander mit gleichzeitig gedrückter Strg-Taste anklicken (Mehrfachmarkierung). Excel fügt die Semikolons zur Trennung der Argumente automatisch ein.

## TEXTKETTE

In Verbindung mit Office 365 können Sie statt VERKETTEN auch die Funktion TEXTKET-TE verwenden, die Schreibweise ist dieselbe.

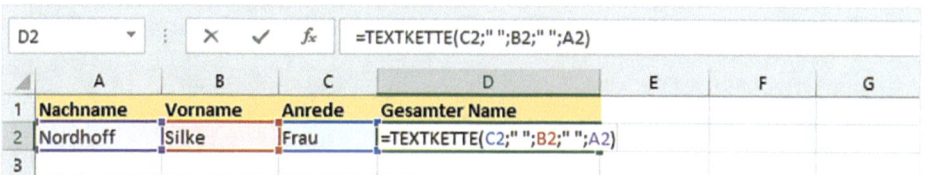

*Bild 8.44 Die Funktion TEXTKETTE*

**Tipp**: Wenn keine weiteren Zeichen dazwischen eingefügt werden sollen, dann können Sie mit dieser Funktion im Gegensatz zu VERKETTEN auch einen Zellbereich, z. B. A2:D2 wie im Bild unten, angeben und so Tipparbeit sparen.

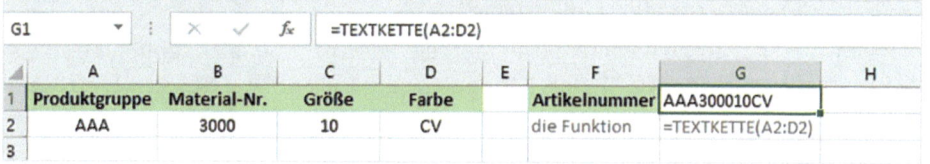

*Bild 8.45 Die Funktion TEXTKETTE erlaubt auch Bereichsangaben*

**TEXTVERKETTEN**

Die Funktion TEXTVERKETTEN verwendet gegenüber TEXTKETTE eine wesentlich kürzere Schreibweise und eignet sich, wenn mehrere Zeichenfolgen mit immer demselben Zeichen dazwischen verkettet werden sollen. Sie brauchen das Trennzeichen nur einmal eingeben und der Parameter *Leer-ignorieren* steuert, ob leere Zellen ignoriert werden sollen oder nicht. Neben der Angabe einzelner Zellen, ist auch, wie im Bild unten, eine Bereichsangabe möglich. Leider ist auch diese Funktion aktuell nur in Verbindung mit Office 365 verfügbar. Der Aufbau der Funktion:

*Bild 8.46 Die Funktion*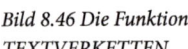
*TEXTVERKETTEN*

TEXTVERKETTEN(Trennzeichen;Leer_ignorieren;Text1;Text2;...)

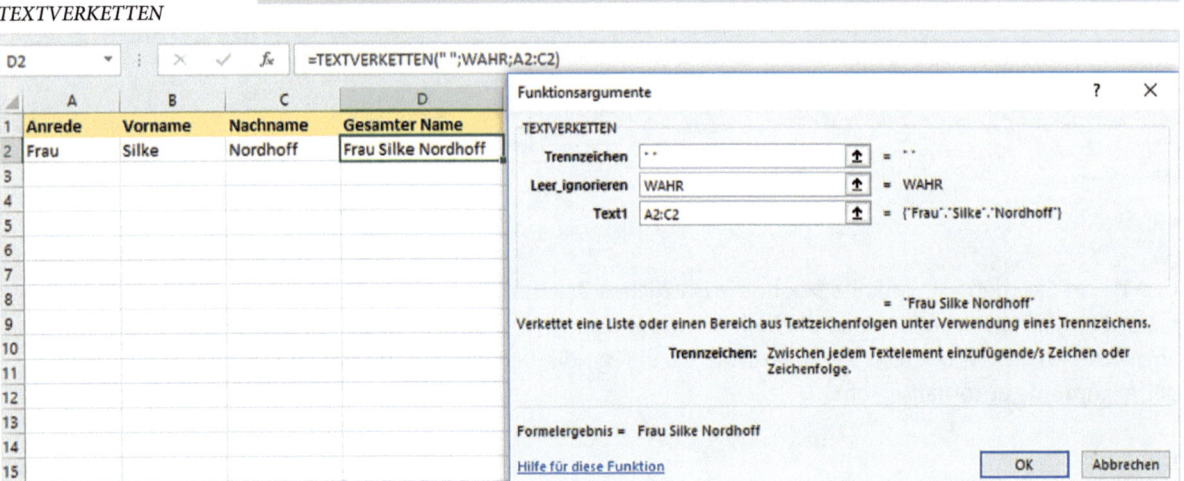

## Bestimmte Zeichenfolgen aus Text ermitteln

**Hinweis:** Dieses und auch das nachfolgende Beispiel könnten auch mit Hilfe der Blitzvorschau gelöst werden. Allerdings errät Excel nicht immer Ihre Absicht, sodass sich diese Aufgabe häufig mit Funktionen einfacher und vor allem sicherer erledigen lässt. Ein weiterer Nachteil der Blitzvorschau: Diese kopiert einfach Zellinhalte, bei späteren Änderungen erfolgt daher im Gegensatz zu Funktionen keine automatische Neuberechnung.

### Zeichenfolgen aus Text anhand ihrer Position ermitteln

Manchmal enthalten Zellinhalte gleich mehrere Informationen. So können beispielsweise Artikelnummern aus Modell, Warengruppe und Farbe zusammengesetzt sein. Damit nach einem dieser Merkmale sortiert oder gefiltert werden kann, müssen Sie die benötigten Informationen zunächst herausziehen.

Im einfachsten Fall beginnt die gesuchte Zeichenfolge an einer bestimmten Position und besitzt eine feste Länge. Für solche Fälle lassen sich die Textfunktionen LINKS, RECHTS und TEIL einsetzen.

| Funktion | Beschreibung und Syntax |
|---|---|
| LINKS | =LINKS(Text;Anzahl_Zeichen)<br>Liefert die angegebene Anzahl Zeichen, beginnend mit dem ersten **linken** Zeichen |
| RECHTS | =RECHTS(Text;Anzahl_Zeichen)<br>Liefert die angegebene Anzahl Zeichen, beginnend mit dem ersten **rechten** Zeichen |
| TEIL | =TEIL(Text;Erstes_Zeichen;Anzahl_Zeichen)<br>Liefert die angegebene Anzahl Zeichen, beginnend ab der unter Erstes_Zeichen festgelegten Position.<br>Damit erhalten Sie Zeichenfolgen, die sich innerhalb einer anderen Zeichenfolge befinden. |

**Nachteil**: Alle drei Funktionen erfordern als Argument die Anzahl der benötigten Zeichen und können daher nur eingesetzt werden, wenn die gesuchte Zeichenfolge eine feste Länge besitzt.

Im Beispiel unten wurde mit der Funktion LINKS die Warengruppe (die ersten drei Zeichen) ermittelt. Für die nächsten 5 Zeichen, die Modellnummer wurde die Funktion TEIL eingesetzt und für die letzten beiden Stellen, die Farbe, die Funktion RECHTS.

*Bild 8.47 Beispiel Zeichenfolgen ermitteln*

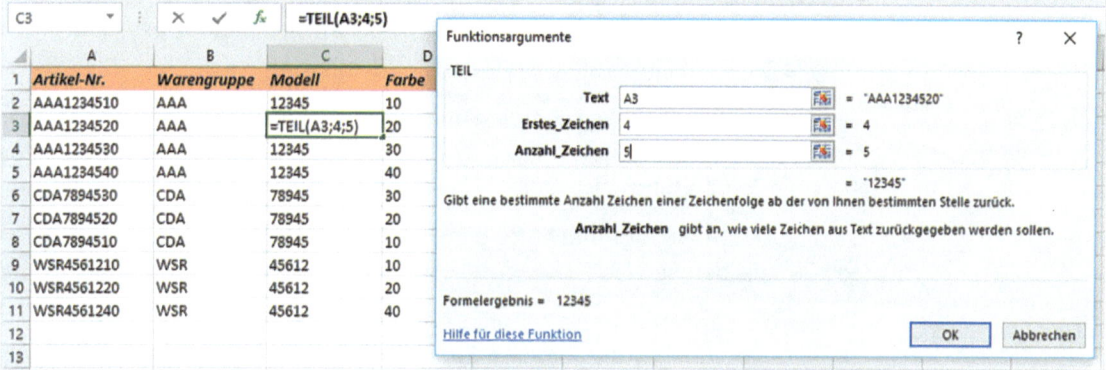

## 8.11 Fehlerwerte unterdrücken

Häufig dienen Excel-Tabellen als Vorlagen. In diese werden alle zur Berechnung erforderlichen Formeln eingegeben, sodass später nur noch die Daten erfasst werden müssen. Leider verursachen leere Zellen manchmal Fehlerwerte als Formelergebnis, diese lassen sich jedoch mit Hilfe entsprechender Funktionen vermeiden. So erscheint beispielsweise bei Berechnung des Mittelwerts #DIV/0, wenn der angegebene Zellbereich zunächst leer ist, wie im Bild unten.

*Bild 8.48 Fehler bei der Berechnung des Mittelwerts*

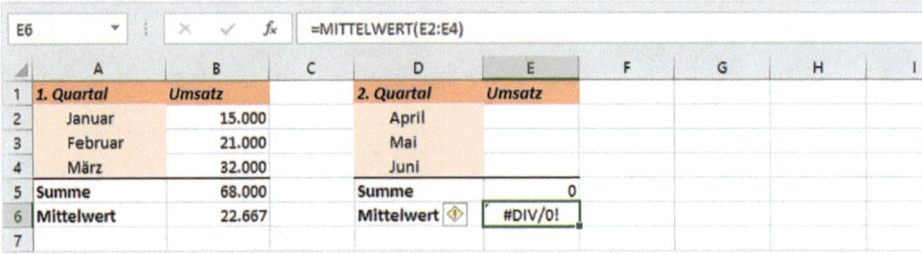

Abhilfe schafft die Funktion WENNFEHLER aus der Kategorie *Logik*. Diese prüft, ob die angegebene Formel einen Fehlerwert liefert und gibt anstelle des Fehlerwertes einen beliebigen Wert oder Text als Ergebnis aus. Berücksichtigt werden alle Fehlerwerte wie #DIV/0, #NV, #WERT, #BEZUG, die Funktion verwendet folgende Argumente:

> WENNFEHLER(Wert bzw. Formel;Wert_falls_Fehler)

Damit in unserem Beispiel bei der Berechnung des Mittelwerts anstelle des Fehlerwerts die Zelle leer bleibt, gehen Sie so vor:

**1** Markieren Sie die Zelle, in der Sie den Mittelwert für das erste Quartal berechnen möchten (B6) und klicken Sie im Register *Formeln*, *Funktionsbibliothek* auf die Kategorie *Logisch*. Wählen Sie die WENNFEHLER.

Siehe Kapitel 8.4, Verschachtelte Funktionen

**2** Als Argument *Wert* fügen Sie die Funktion MITTELWERT ein. Klicken Sie dazu im Fenster *Funktionsargumente* in das Eingabefeld und wählen Sie die Funktion über die Bearbeitungsleiste aus.

**3** Legen Sie nun die Argumente für die Funktion MITTELWERT fest, im abgebildeten Beispiel den Bereich B2:B4.

**4** Klicken Sie dann in der Bearbeitungsleiste auf die erste Funktion WENNFEHLER, da diese noch nicht vollständig ist. Geben Sie nun das Argument *Wert_falls_Fehler* ein, z. B. zwei Anführungszeichen "", wenn die Zelle leer bleiben soll.

*Bild 8.49 Fehler bei der Berechnung des Mittelwerts*

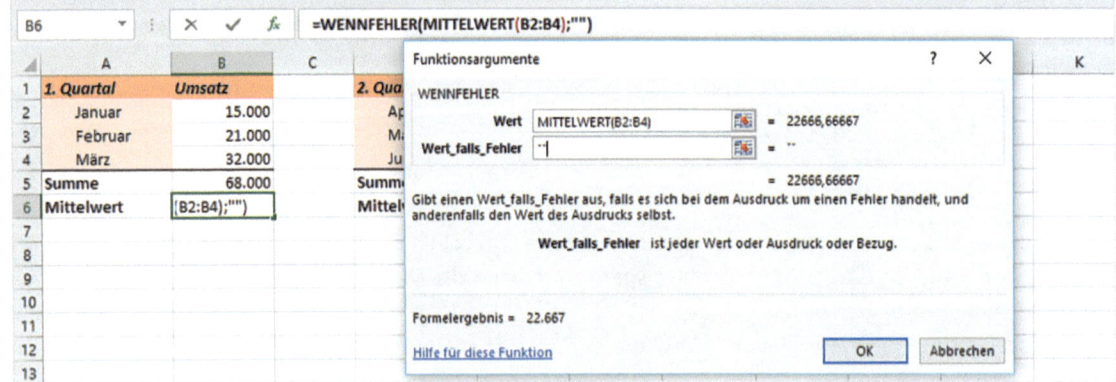

# 8.12 Übungen

### Aufgabe 1: WENN-Funktion

Öffnen Sie eine neue, leere Arbeitsmappe und speichern Sie die Mappe unter dem Namen WENN-Funktion-Übung. Geben Sie die unten abgebildete Tabelle ein und formatieren Sie sie nach Ihren Vorstellungen.

Die Höhe der Versandkosten ist abhängig vom Bestellwert:
Bei einem Bestellwert unter 75 Euro fallen 10 Euro Versandkosten an, ab 75 Euro werden 6,50 Euro und über 150 Euro Bestellwert werden keine Versandkosten berechnet.

▶ Erstellen Sie eine Formel zur Berechnung der Versandkosten, die Sie anschließend kopieren können.

▶ Berechnen Sie anschließend noch die Summe.

| | A | B | C | D | E | F | G | H |
|---|---|---|---|---|---|---|---|---|
| 1 | Bestellungen | | Berechnung der Versandkosten: | | | | | |
| 2 | | | Bestellwert ab EUR: | | 150,00 | 0,00 | | |
| 3 | | | | | 75,00 | 6,50 | | |
| 4 | | | | | sonst | 10,00 | | |
| 5 | | | | | | | | |
| 6 | Bestelldatum | Kunde | Bestellwert Netto | Versand-kosten | Summe | | | |
| 7 | 05.05.2016 | Müller GmbH | 220,00 | | | | | |
| 8 | 05.05.2016 | Höpfli | 560,00 | | | | | |
| 9 | 07.05.2016 | Hinterhuber | 21,00 | | | | | |
| 10 | 08.05.2016 | Stark | 145,00 | | | | | |
| 11 | 08.05.2016 | Klein & Moser | 96,60 | | | | | |
| 12 | 12.05.2016 | Maulwurf HochTief | 37,80 | | | | | |
| 13 | 13.05.2016 | Neumeier | 387,00 | | | | | |
| 14 | 13.05.2016 | Samstag GmbH | 150,00 | | | | | |
| 15 | 14.05.2016 | Baumhaus AG | 76,00 | | | | | |
| 16 | | | | | | | | |

### Aufgabe 2: Bedingungen verknüpfen

Als zweite Aufgabe eine Abwandlung von Aufgabe 1. Diesmal sind die Versandkosten abhängig von Bestellwert und Entfernung. Geben Sie die unten abgebildete Tabelle ein und berechnen Sie in D6 bis D9 die Versandkosten:

Bei einem Bestellwert ab 300 € oder einer Entfernung unter 75 km werden keine Versandkosten berechnet, sonst 10 €.

| | A | B | C | D | E | F | G | H |
|---|---|---|---|---|---|---|---|---|
| 1 | Bestellwert ab | 300,00 € | Versandkosten | | | | | |
| 2 | oder Entfernung unter km | 75 | 0,00 | | | | | |
| 3 | sonst | | 10,00 | | | | | |
| 4 | | | | | | | | |
| 5 | Kunde | Bestellwert | Entfernung | Versandkosten | | | | |
| 6 | Schulze | 254,00 | 56 | | | | | |
| 7 | Hinzpeter | 785,00 | 123 | | | | | |
| 8 | Wiesendörfer | 69,00 | 92 | | | | | |
| 9 | Wagerl | 348,00 | 189 | | | | | |
| 10 | | | | | | | | |

**Aufgabe 3: Verweise und Auswertungsfunktionen**

**Teil 1:** Öffnen Sie eine neue, leere Arbeitsmappe. Speichern Sie die Mappe unter dem Namen Auswertung-Übung, geben Sie die Daten wie unten ein und formatieren Sie die Tabelle nach Ihren Vorstellungen.

▶ Ermitteln Sie in E5:E11 für jeden Außendienstmitarbeiter die entsprechende Provision aus der Provisionstabelle in H3:I10.

▶ Berechnen Sie anschließend in F5:F11 den Provisionsbetrag.

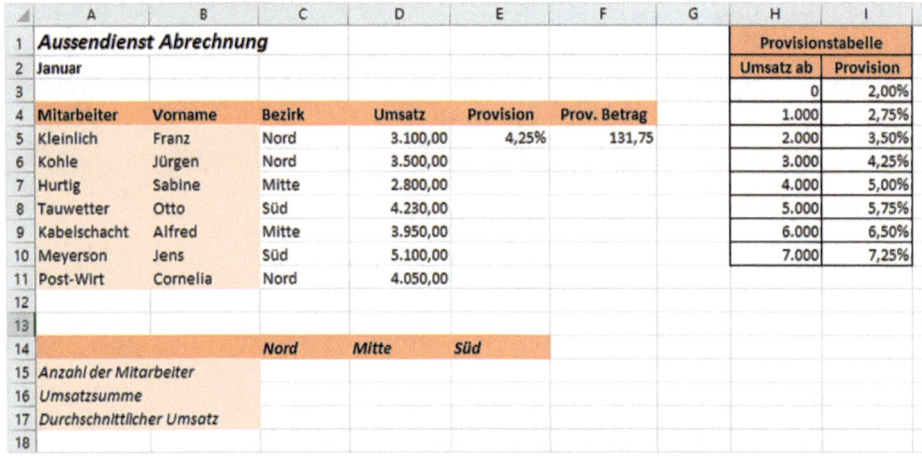

| | A | B | C | D | E | F | G | H | I |
|---|---|---|---|---|---|---|---|---|---|
| 1 | *Aussendienst Abrechnung* | | | | | | | Provisionstabelle | |
| 2 | Januar | | | | | | | Umsatz ab | Provision |
| 3 | | | | | | | | 0 | 2,00% |
| 4 | Mitarbeiter | Vorname | Bezirk | Umsatz | Provision | Prov. Betrag | | 1.000 | 2,75% |
| 5 | Kleinlich | Franz | Nord | 3.100,00 | 4,25% | 131,75 | | 2.000 | 3,50% |
| 6 | Kohle | Jürgen | Nord | 3.500,00 | | | | 3.000 | 4,25% |
| 7 | Hurtig | Sabine | Mitte | 2.800,00 | | | | 4.000 | 5,00% |
| 8 | Tauwetter | Otto | Süd | 4.230,00 | | | | 5.000 | 5,75% |
| 9 | Kabelschacht | Alfred | Mitte | 3.950,00 | | | | 6.000 | 6,50% |
| 10 | Meyerson | Jens | Süd | 5.100,00 | | | | 7.000 | 7,25% |
| 11 | Post-Wirt | Cornelia | Nord | 4.050,00 | | | | | |
| 12 | | | | | | | | | |
| 13 | | | | | | | | | |
| 14 | | | Nord | Mitte | Süd | | | | |
| 15 | *Anzahl der Mitarbeiter* | | | | | | | | |
| 16 | *Umsatzsumme* | | | | | | | | |
| 17 | *Durchschnittlicher Umsatz* | | | | | | | | |
| 18 | | | | | | | | | |

**Teil 2:** Berechnen Sie im selben Arbeitsblatt in der Auswertungstabelle unterhalb (siehe Bild oben) für jeden Bezirk:

▶ Anzahl der Mitarbeiter

▶ Umsatzsumme

▶ Durchschnittlichen Umsatz je Mitarbeiter.

# 9 Diagramme und grafische Elemente

## In diesem Kapitel lernen Sie...

- die wichtigsten Diagrammtypen einfügen
- Diagramme mit Farben und Fülleffekten gestalten
- Datenreihen und Beschriftungen festlegen
- Diagrammlayout ändern
- Daten mit Sparklines visualisieren
- Grafiken, z. B. ein Logo einfügen
- Formen und Textfelder verwenden

## Das sollten Sie bereits wissen

- Berechnungen mit Formeln und Funktionen
- Zellbezüge
- Zellen formatieren
- Tabellen drucken

## 9.1 Diagramme - Übersicht und Begriffe

kontextbezogene Register Diagrammtools

Datenbereich des Diagramms

Diagrammtitel

Schaltflächen Diagrammelemente, Diagrammformatvorlagen, Diagrammfilter

Legende

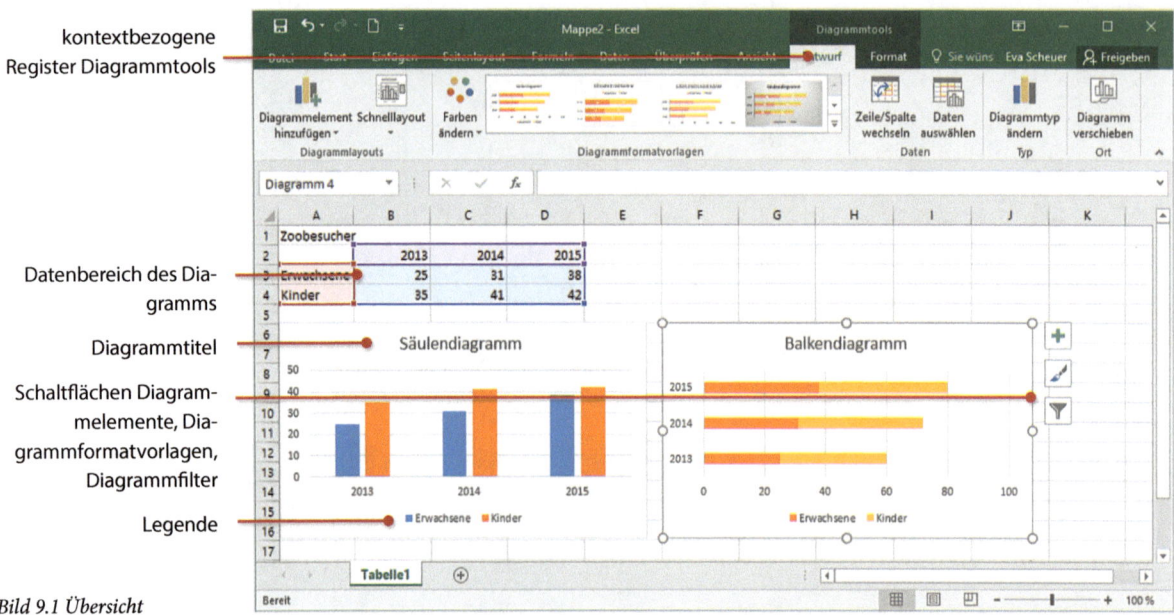

*Bild 9.1 Übersicht*

Mit Diagrammen lassen sich Zahlen und Zusammenhänge anschaulich grafisch darstellen, sie spielen daher besonders in Präsentationen eine wichtige Rolle. Excel unterstützt alle wichtigen Diagrammtypen (und sogar noch mehr) und verfügt über umfangreiche Werkzeuge zur weiteren Gestaltung.

Für Diagramme ist immer eine Tabelle mit entsprechenden Ausgangsdaten erforderlich und bei Änderung der Daten wird das Diagramm automatisch aktualisiert!

**Bei der Erstellung und Gestaltung von Diagrammen sollten Sie außerdem beachten**

▶ Nicht jeder Diagrammtyp eignet sich für jeden Einsatzzweck und alle Arten von Daten. Die Wahl des Diagrammtyps sollte sich an der gewünschten Aussage orientieren.

▶ Vermeiden Sie in Diagrammen ein Zuviel an Informationen.

▶ Verzichten Sie auf unnötige Effekte, insbesondere bei Farbzusammenstellungen und Hintergründen. Dreidimensionale Darstellungen erhöhen nicht immer automatisch die Lesbarkeit.

**Die wichtigsten Diagrammtypen im Überblick**

▶ **Säulendiagramm**
Ein Säulendiagramm zeigt die Datenreihen als nebeneinander stehende Säulen an. Damit lassen sich die Werte miteinander vergleichen.

▶ **Balkendiagramm**

Ein Balkendiagramm unterscheidet sich von einem Säulendiagramm nur dadurch, dass die Werte als waagrechte Balken dargestellt werden. Somit ist die Achsenbeschriftung im Vergleich zum Säulendiagramm besser lesbar und bietet mehr Platz.

▶ **Kreis- oder Tortendiagramm**

Kreisdiagramme eignen sich vor allem zur Darstellung von Prozentanteilen, beispielsweise Stimmenanteile von Parteien bei einer Wahl. Es kann immer nur eine einzige Datenreihe dargestellt werden.

▶ **Linien**

Liniendiagramme eignen sich am besten, wenn Sie Daten in zeitlicher Folge darstellen wollen, beispielsweise Aktienkurse oder Temperaturkurven.

▶ **Flächen**

Flächendiagramme heben den Bereich unterhalb der Linie farbig hervor. Bei mehreren Datenreihen kann dies dazu führen, dass kleinere Werte im Hintergrund verdeckt werden.

## 9.2 Ein einfaches Diagramm erstellen

### Auswahl der darzustellenden Daten

Viele Wege führen nach Rom, dies gilt auch für das Erstellen von Diagrammen mit Excel. Die optimale Methode hängt unter anderem vom Aufbau der zugrundeliegenden Datentabelle ab und welche Daten Sie im Diagramm verwenden möchten. Sie können nicht nur Zahlen, sondern auch Zeilen- und Spaltenbeschriftungen in das Diagramm einbeziehen. Die einzelnen Möglichkeiten im Überblick:

▶ **Die gesamte Tabelle einbeziehen**

Sie erstellen ein Diagramm mit allen Inhalten der Tabelle. Dazu genügt es, wenn eine Zelle innerhalb der Ausgangstabelle markiert ist. Excel erkennt den Zellbereich in der Regel automatisch, erstellt daraus ein Diagramm und fügt es im Tabellenblatt ein.

▶ **Nur bestimmte Werte verwenden**

Oder Sie markieren in der Tabelle die benötigten Daten, bevor Sie ein Diagramm einfügen. In diesem Fall enthält das Diagramm nur die markierten Werte.

▶ **Mit einem leeren Diagramm beginnen**

Als dritte Alternative fügen Sie ein leeres Diagramm ein und wählen erst im zweiten Schritt Werte und Beschriftungen aus. Diese Methode ist am flexibelsten.

### Ein Diagramm aus der markierten Tabelle erstellen

Diese Methode eignet sich vor allem für Tabellen mit einfachem Aufbau, andernfalls werden die Beschriftungen nicht immer korrekt erkannt. **Achtung**: Der Tabellenbereich sollte weder leere Zeilen noch leere Spalten enthalten, da diese im Diagramm als „Lücken" erscheinen.

**1**   Markieren Sie den Tabellenbereich; da zusammenhängende Zellbereiche von Excel meist automatisch erkannt werden, genügt es in den meisten Fällen auch, wenn eine Zelle innerhalb des Datenbereichs markiert ist.

*Bild 9.2 Ausgangstabelle bzw. Zellbereich markieren*

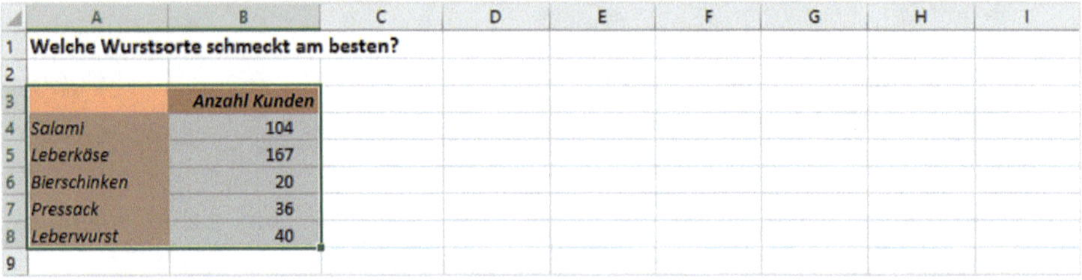

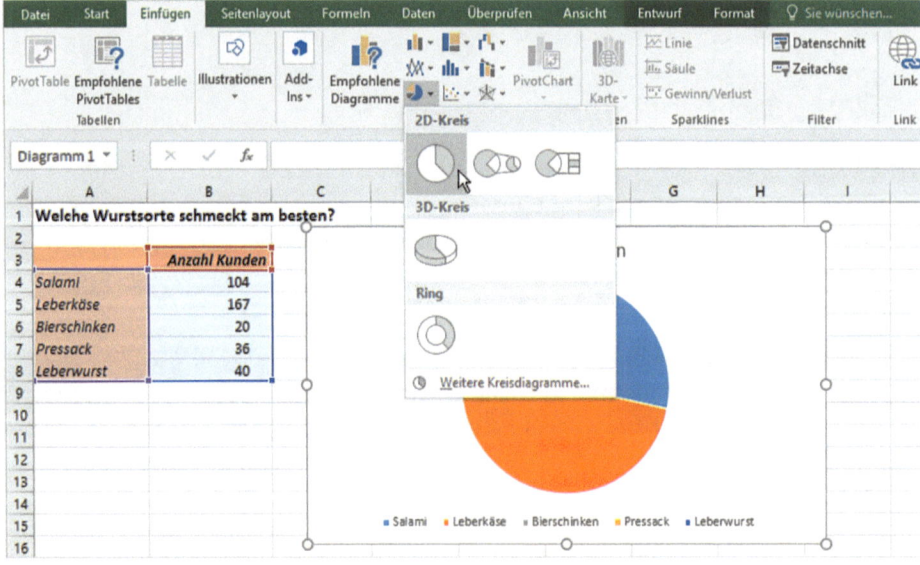

**2**   Klicken Sie im Register *Einfügen*, Gruppe *Diagramme*, auf den gewünschten Diagrammtyp, z. B. Kreisdiagramm. Die dazugehörigen Untertypen erscheinen, beispielsweise 2D und 3D-Darstellung. Beim Zeigen auf einen Typ erhalten Sie im Tabellenblatt eine Vorschau und mit einem Klick wird das Diagramm eingefügt.

*Bild 9.3 Beispiel Kreisdiagramm auswählen*

> Falls Sie bei so viel Auswahl zunächst nicht wissen, welchen Typ Sie wählen sollen, dann klicken Sie am besten auf den ersten Untertyp links oben. Dies ist der jeweilige Standardtyp. Zudem lässt sich der Diagrammtyp auch noch nachträglich in den meisten Fällen problemlos ändern.

**Alternative Schnellanalysetool**

Als Alternative klicken Sie zur Auswahl des Diagrammtyps im Tabellenblatt auf das Symbol *Schnellanalyse*, die wichtigsten Diagrammtypen finden Sie hier im Register *Diagramme*. Zeigen Sie auf einen Diagrammtyp, so erhalten Sie ebenfalls eine Vorschau, erst nach einem Klick wird das Diagramm im Tabellenblatt eingefügt.

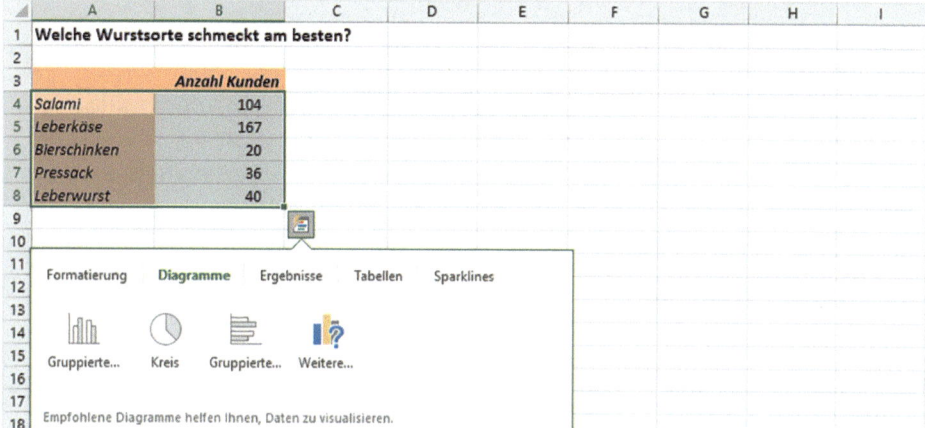

*Bild 9.4 Diagramm über die Schnellanalyse einfügen*

## Diagrammvorschläge erhalten

Wenn Sie einen Zellbereich markiert haben bzw. sich die Markierung innerhalb eines zusammenhängenden Datenbereichs befindet, dann können Sie auch auf verschiedene Vorschläge zurückgreifen, die Excel auf der Basis der markierten Daten erstellt. Diese finden Sie im Register *Einfügen*, Schaltfläche *Empfohlene Diagramme*.

**1**   Markieren Sie dazu den Datenbereich und klicken Sie im Register *Einfügen* auf *Empfohlene Diagramme* oder in der Schnellanalyse, Register *Diagramme*, auf *Weitere...*.

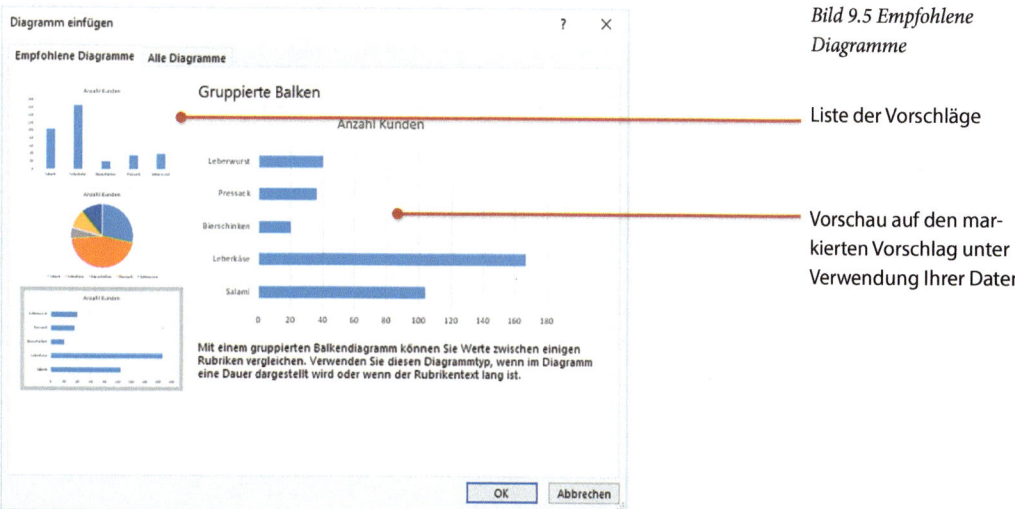

*Bild 9.5 Empfohlene Diagramme*

Liste der Vorschläge

Vorschau auf den markierten Vorschlag unter Verwendung Ihrer Daten

**2** Im Fenster *Diagramm einfügen* (Bild 9.5) erhalten Sie links eine Liste verschiedener Diagrammtypen. Klicken Sie auf einen Typ, so sehen Sie rechts daneben eine vergrößerte Vorschau unter Verwendung Ihrer Daten.

**3** Klicken Sie auf *OK*, um den markierten Diagrammtyp einzufügen.

## Ein Diagramm mit mehreren Datenreihen erstellen

Im Gegensatz zum Kreisdiagramm im ersten Beispiel können die übrigen Diagrammtypen zum Vergleich von Werten auch mehrere Datenreihen darstellen. Für das folgende Beispiel dient die unten abgebildete Auswertung der beliebtesten Reiseziele eines Reiseveranstalters als Ausgangsbasis.

*Bild 9.6 Auswertung Reiseziele*

| | A | B | C | D | E | F | G | H |
|---|---|---|---|---|---|---|---|---|
| 1 | *Tumblitz-Reisen* | | | | | | | |
| 2 | Die beliebtesten Reiseziele | | | | | | | |
| 3 | Anzahl Personen | | | | | | | |
| 4 | | | | | | | | |
| 5 | | Busreisen | Flugreisen | Sonstiges z.B. Rad | Aktuelle Saison insgesamt | Vorjahr | | |
| 6 | *Deutschland* | 4.500 | 220 | 1.480 | 6.200 | 5.800 | | |
| 7 | *Spanien* | 1.625 | 4.250 | 75 | 5.950 | 6.300 | | |
| 8 | *Türkei* | 180 | 5.420 | 0 | 5.600 | 6.500 | | |
| 9 | *Italien* | 2.640 | 1.260 | 300 | 4.200 | 3.900 | | |
| 10 | *Österreich* | 1.290 | 0 | 2.860 | 4.150 | 4.200 | | |
| 11 | *Schweiz* | 2.170 | 0 | 330 | 2.500 | 2.400 | | |
| 12 | | | | | | | | |

### Aufgabenstellung

Sie möchten in einem Diagramm gegenüberstellen, wie sich die Beliebtheit der einzelnen Länder gegenüber dem Vorjahr verändert hat. Dazu benötigen Sie die Werte aus den beiden Spalten *Aktuelle Saison* und *Vorjahr*, sowie die Länder aus der ersten Spalte als Beschriftungen. Als Diagrammtyp eignen sich Säulen und Balken gleichermaßen.

*Nicht zusammenhängende Zellbereiche markieren Sie mit gleichzeitig gedrückter Strg-Taste!*

**1** Im ersten Schritt markieren Sie die benötigten Werte. Da es sich um nicht zusammenhängende Zellbereiche handelt, geschieht dies mit gleichzeitig gedrückter Strg-Taste:

Markieren Sie den ersten Bereich, die Zellen E5 bis F11. Da Excel aus den Spaltenüberschriften automatisch eine Legende erstellt, sollten diese mit markiert werden. Drücken Sie dann die Strg-Taste und halten Sie sie gedrückt, während Sie den zweiten Zellbereich von A5 bis A11 markieren.

*Bild 9.7 Nicht zusammenhängende Zellbereiche markieren*

| | | B | C | D | E | F |
|---|---|---|---|---|---|---|
| 4 | | | | | | |
| 5 | | Busreisen | Flugreisen | Sonstiges z.B. Rad | Aktuelle Saison insgesamt | Vorjahr |
| 6 | *Deutschland* | 4.500 | 220 | 1.480 | 6.200 | 5.800 |
| 7 | *Spanien* | 1.625 | 4.250 | 75 | 5.950 | 6.300 |
| 8 | *Türkei* | 180 | 5.420 | 0 | 5.600 | 6.500 |
| 9 | *Italien* | 2.640 | 1.260 | 300 | 4.200 | 3.900 |
| 10 | *Österreich* | 1.290 | 0 | 2.860 | 4.150 | 4.200 |
| 11 | *Schweiz* | 2.170 | 0 | 330 | 2.500 | 2.400 |
| 12 | | | | | | |

**2** Klicken Sie dann im Register *Einfügen* auf *Säulen- oder Balkendiagramm einfügen* und wählen Sie einen Untertyp, z. B. *3D-Säulen gruppiert*. Das Ergebnis könnte dann so aussehen:

*Bild 9.8 Tabelle und Diagramm*

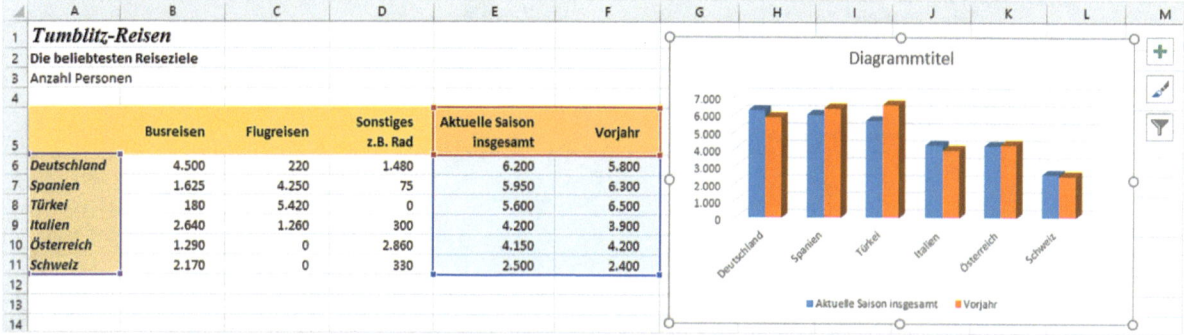

**Bei der Auswahl bzw. beim Markieren nicht zusammenhängender Zellbereiche gilt:**

Die markierten Zellbereiche bzw. die Anzahl der Spalten und Zeilen müssen exakt übereinstimmen, ansonsten erhalten Sie ein leeres Diagramm.

Es spielt also keine Rolle, wenn wie in unserem Beispiel die Zelle A5 leer ist. Da in derselben Zeile die Spaltenüberschriften in Spalte E und F markiert wurden, muss auch in der ersten Spalte die entsprechende Zelle markiert werden.

### Anordnung und Darstellung der Datenreihen

Excel bietet als Untertypen von Säulen- und Balkendiagrammen verschiedene Möglichkeiten an, um mehrere Datenreihen anzuordnen.

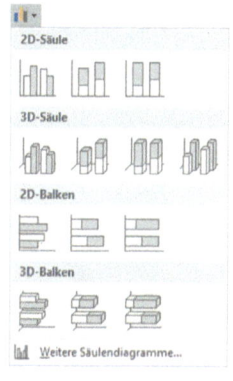

▶ Sie können die Datenreihen gruppieren, das bedeutet, dass für jede Rubrik der X-Achse eine Säulengruppe gebildet und nebeneinander platziert wird, wie im Beispiel oben.

▶ Wenn Sie die Datenreihen stapeln, dann bildet Säulenhöhe das Gesamtergebnis, dies ist allerdings nicht in jedem Fall sinnvoll.

▶ Gestapelte Säulen (100%) erlauben einen Vergleich der Prozentanteile der Einzelwerte mit dem Gesamtergebnis. Allerdings ist das absolute Gesamtergebnis nicht ersichtlich, da alle Säulen die gleiche Höhe besitzen.

▶ Bei der Anordnung als 3D-Säulen werden die Datenreihen hintereinander angeordnet. Nachteil: Kleinere Werte im Hintergrund werden verdeckt.

**Tipps:** Wenn Sie im Register *Einfügen* auf das Symbol des gewünschten Diagrammtyps klicken und auf einen Untertyp zeigen, dann blendet Excel eine kurze Beschreibung zusammen mit Empfehlungen ein. Gute Vergleichsmöglichkeiten erhalten Sie auch in Form einer Vorschau, wenn Sie den Zellbereich oder die Tabelle markieren und auf *Empfohlene Diagramme* klicken.

### Beispiel: Gestapeltes Diagramm

Als Beispiel soll aus der Tabelle in Bild 9.6 ein weiteres Diagramm erstellt werden, das die verschiedenen Verkehrsmittel je Reiseziel berücksichtigt. Dazu eignet sich am besten ein gestapeltes Säulen- oder Balkendiagramm.

*Bild 9.9 Gestapeltes Balkendiagramm einfügen*

Markieren Sie den Bereich A5 bis D11, klicken Sie im Register *Einfügen* auf *Säulen- oder Balkendiagramm einfügen* und wählen Sie den Untertyp *Gestapelte Balken*.

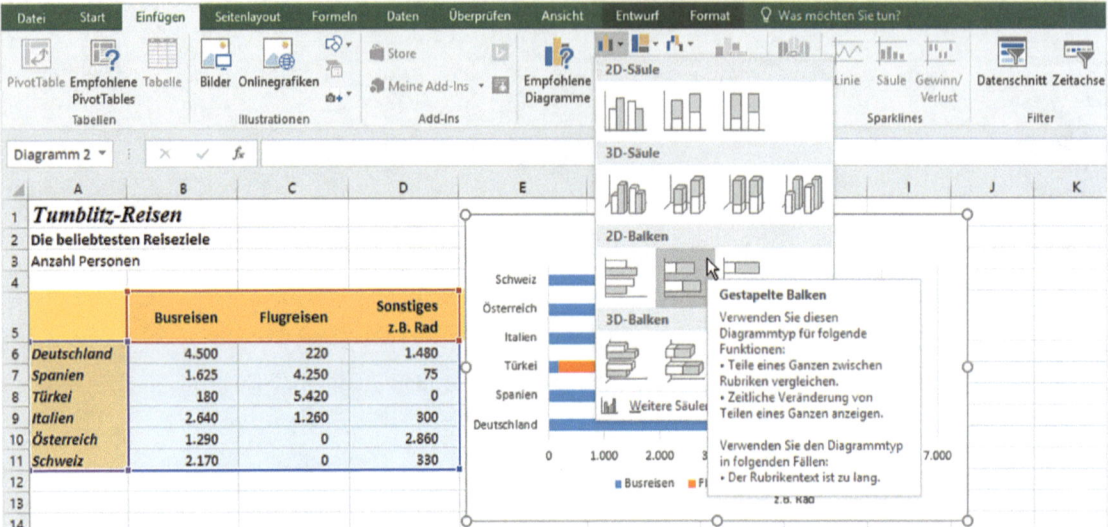

Weitere Diagrammtypen erscheinen zur Auswahl, wenn Sie im Register *Einfügen* auf *Empfohlene Diagramme* klicken und hier das Register *Alle Diagramme* wählen.

### Datenreihen aus Zeilen oder Spalten?

Wenn Sie ein Diagramm mit mehreren Datenreihen erstellen möchten, dann können die Datenreihen sowohl aus den Werten der Zeilen, als auch aus den Werten der Spalten der Tabelle gebildet werden. Die Darstellung hängt von der gewünschten Aussage des Diagramms ab. Standardmäßig bildet Excel die Datenreihen aus den Spalten, wie im Beispiel in Bild 9.9 oben und erstellt aus den Spaltenüberschriften die Legende.

1   Falls Sie die Datenreihen aus den Zeilen bilden möchten, dann finden Sie einige Vorschläge, wenn Sie im Register *Einfügen* auf *Empfohlene Diagramme* klicken und hier das Register *Alle Diagramme* wählen (Bild 9.10).

2   Klicken Sie beispielsweise auf den Grundtyp *Säule* und wählen Sie dann oberhalb der Vorschau einen Untertyp, in unserem Beispiel *Gestapelte Säulen*.

3   In der Vorschau erhalten Sie nun die Wahl zwischen Datenreihen aus Spalten und Datenreihen aus Zeilen. Eine vergrößerte Vorschau sehen Sie, wenn Sie auf eine der Varianten zeigen und mit der Schaltfläche *OK* übernehmen Sie den markierten Typ.

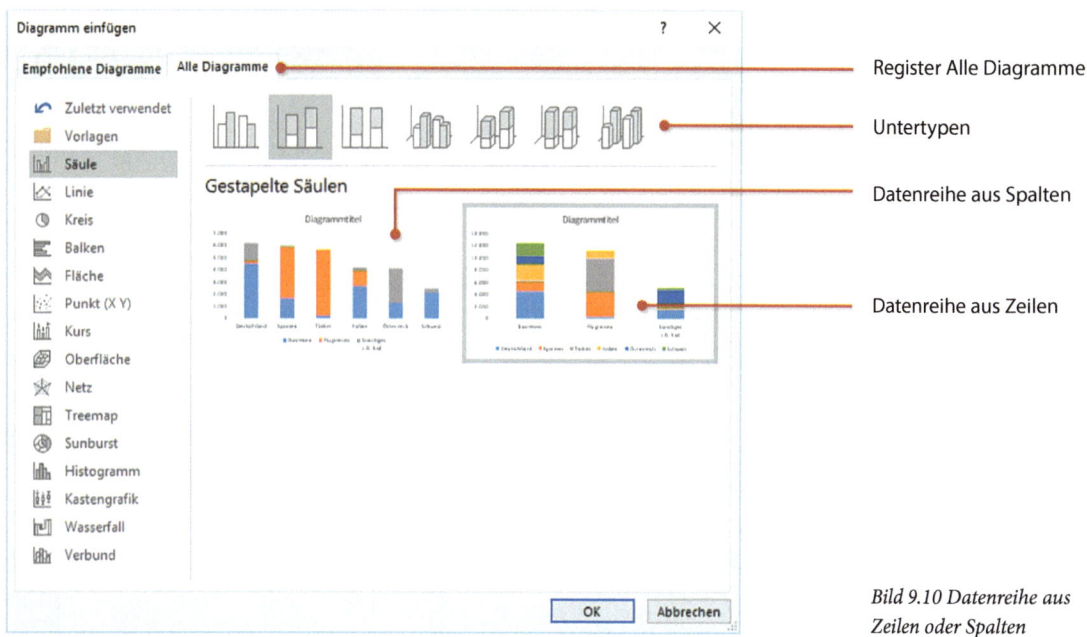

Bild 9.10 Datenreihe aus
Zeilen oder Spalten

**Hinweis:** Ein Wechsel zwischen Datenreihen aus Zeilen oder Spalten ist auch nachträglich möglich. Klicken Sie dazu in das Diagramm und im Register *Diagrammtools - Entwurf* auf *Zeile/Spalte wechseln*.

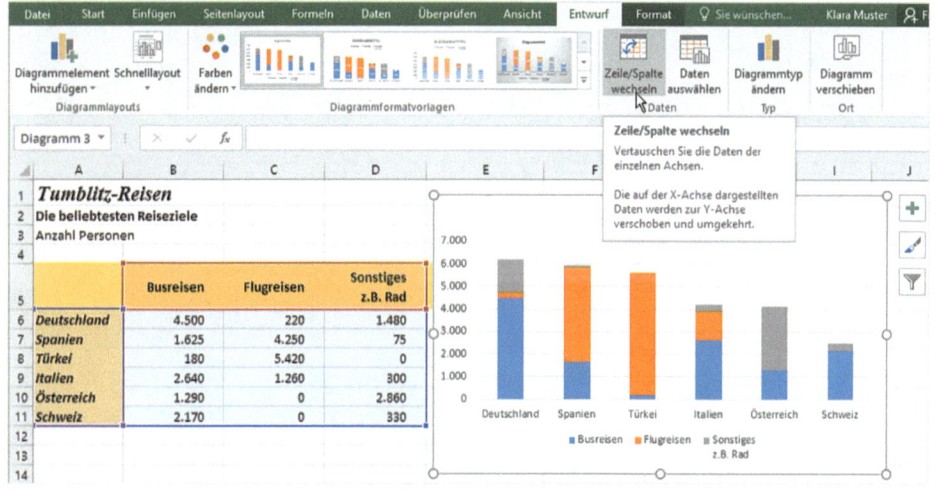

Bild 9.11 Zeile/Spalte
wechseln

## Datenreihen bearbeiten/mit einem leeren Diagramm beginnen

Ein Diagramm kann auch ohne vorheriges Markieren von Daten eingefügt werden. In diesem Fall erstellt Excel ein leeres Diagramm, dem Sie anschließend Daten und Beschriftungen hinzufügen. Diese Methode kann z. B. in sehr umfangreichen Tabellen

*Video!*

bildnerverlag.de/313_06

verwendet werden, oder wenn die im Diagramm benötigten Daten auf mehrere Tabellenblättern verteilt sind (**Achtung!** Die Datenbereiche müssen gleich aufgebaut sein) oder wenn Sie nachträglich den Datenbereich eines Diagramms verändern möchten.

> Achten Sie in diesem Fall darauf, dass kein Datenbereich markiert sein darf und die aktuell markierte Zelle muss sich außerhalb eines Tabellenbereichs befinden.

1. Wählen Sie im Register *Einfügen*, Gruppe *Diagramme*, den gewünschten Diagrammtyp aus. Dadurch wird ein leerer Diagrammbereich im Tabellenblatt eingefügt.

2. Zur weiteren Bearbeitung benötigen Sie die *Diagrammtools*-Register im Menüband. Diese erscheinen nur, wenn das Diagramm oder ein Diagrammelement markiert ist. Klicken Sie also an eine beliebige Stelle des leeren Diagramms.

3. Klicken Sie dann im Register *Entwurf* auf die Schaltfläche *Daten auswählen*.

*Bild 9.12 Daten auswählen*

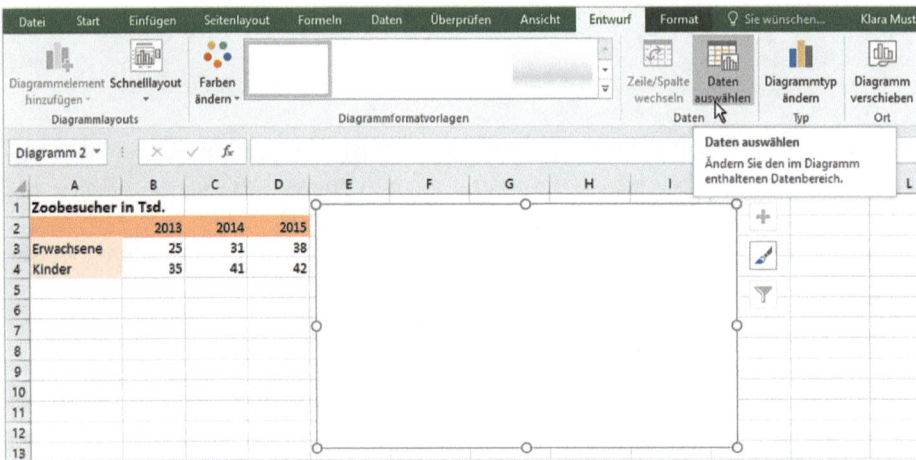

4. Das Dialogfenster *Datenquelle auswählen* wird geöffnet. Ignorieren Sie das Eingabefeld *Diagrammdatenbereich* und klicken Sie links unter *Legendeneinträge (Reihen)* auf die Schaltfläche *Hinzufügen*.

*Bild 9.13 Das Fenster Datenquelle auswählen*

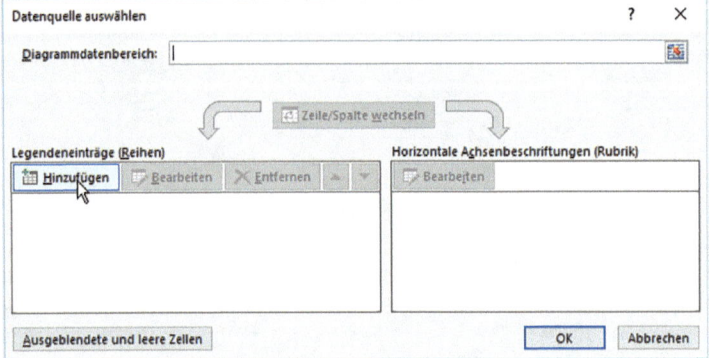

**5** Im Fenster *Datenreihe bearbeiten* legen Sie nun den Namen der Datenreihe (Legende) und die dazugehörigen Werte fest:

- Klicken Sie in das Feld *Reihenname* und anschließend auf die Zelle mit der entsprechenden Beschriftung, im Beispiel A3. Eintippen eines abweichenden Namens ist hier ebenfalls möglich.

- Klicken Sie dann in das Eingabefeld *Reihenwerte*. Löschen Sie den Inhalt und markieren Sie im Tabellenblatt den Zellbereich, der die darzustellenden Werte enthält. Nach kurzer Verzögerung können Sie Ihre Angaben im Diagramm anhand der Vorschau kontrollieren. Übernehmen Sie die Eingabe mit *OK*.

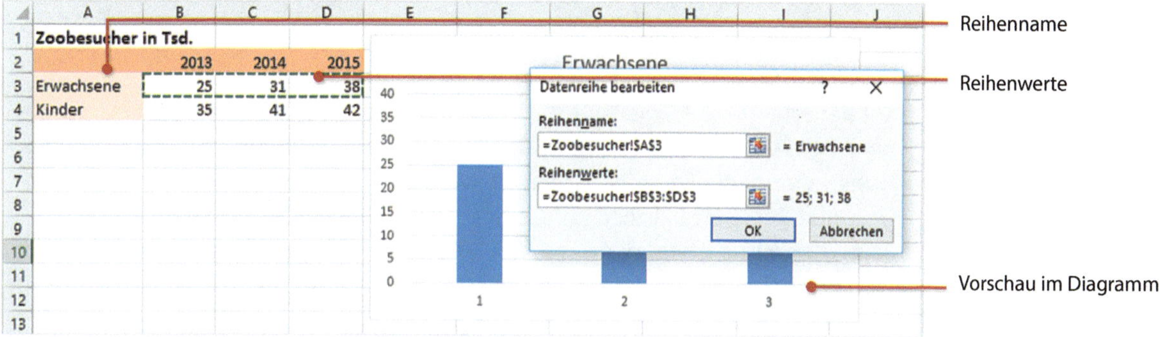

*Bild 9.14 Datenreihe bearbeiten*

Reihenname

Reihenwerte

Vorschau im Diagramm

**6** Klicken Sie anschließend im Fenster *Datenquelle auswählen* erneut auf die Schaltfläche *Hinzufügen*, um die zweite Reihe hinzuzufügen und geben Sie diesmal die Datenreihe Kinder in A4 bzw. B4:D4 an.

**7** Nun fehlen noch die Beschriftungen für die Achse. Da nichts angegeben wurde, verwendet Excel als Achsenbeschriftung eine fortlaufende Nummerierung. Klicken Sie unter *Horizontale Achsenbeschriftungen (Rubrik)* auf die Schaltfläche *Bearbeiten*.

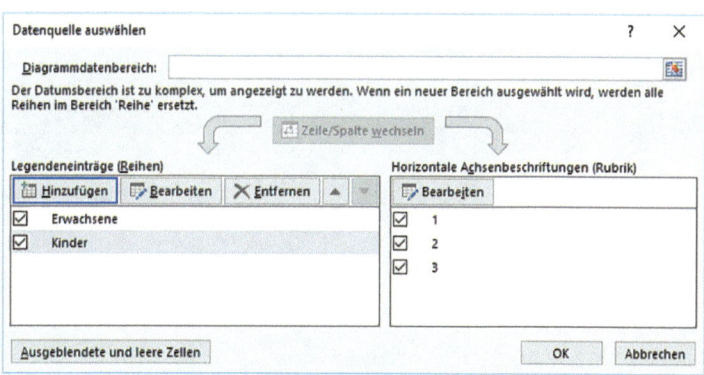

*Bild 9.15 Datenquelle auswählen - Achsenbeschriftung bearbeiten*

**8** Klicken Sie anschließend im Fenster *Achsenbeschriftungen* in das Eingabefeld *Achsenbeschriftungsbereich* und markieren Sie dann in der Tabelle den benötigten Zellbereich, im Beispiel B2 bis D2. Auch hier erhalten Sie im Diagramm eine Vorschau.

*Bild 9.16 Achsenbeschriftungen festlegen*

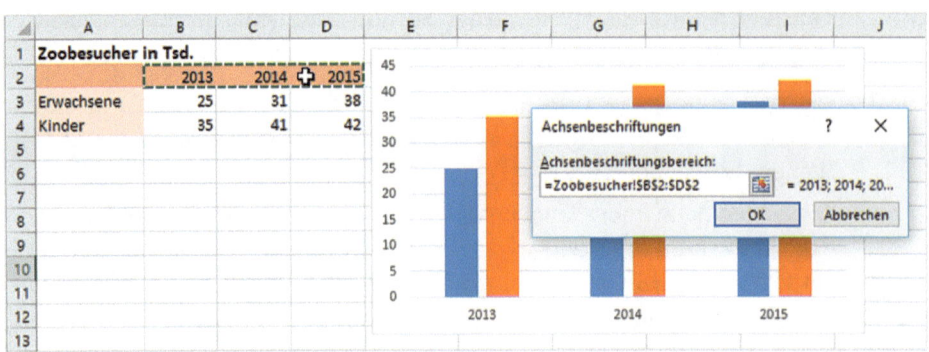

### Datenreihen bearbeiten

Mit der Schaltfläche *Daten auswählen* können Sie im Fenster *Datenquelle bearbeiten* jederzeit, also auch nachträglich, weitere Datenreihen hinzufügen oder die Reihen bearbeiten, z. B. den Reihennamen ändern. Dazu markieren Sie die betreffende Reihe und klicken auf die Schaltfläche *Bearbeiten*. Mit der Schaltfläche *Entfernen* wird die markierte Datenreihe aus dem Diagramm entfernt. Dasselbe gilt auch für die Achsenbeschriftungen.

## 9.3   Diagramme formatieren

*Bild 9.17 Das Register Entwurf*

Für alle Bearbeitungen des Diagramms stehen im Menüband die *Diagrammtools* mit den Registern *Entwurf* und *Format* zur Verfügung. Beachten Sie, dass diese Register nur sichtbar sind, wenn das Diagramm oder ein Diagrammelement markiert sind.

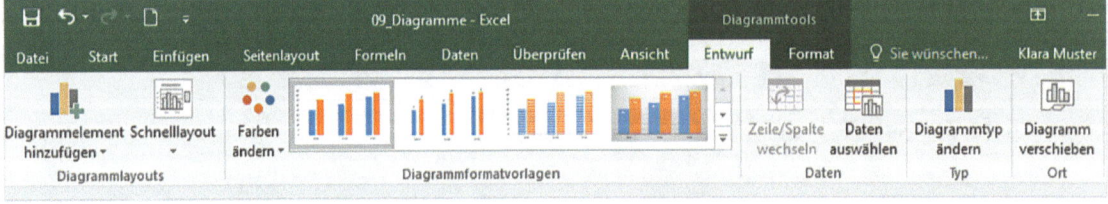

### Schnelle Diagrammgestaltung mit Vorlagen

Am schnellsten ändern Sie das Aussehen eines Diagramms mit Hilfe der Diagrammformatvorlagen im Register *Entwurf*. Klicken Sie auf den Pfeil *Weitere* ⌄, um den gesamten Katalog anzuzeigen. Dieselben Vorlagen sind auch verfügbar, wenn Sie im Arbeitsblatt auf das Symbol *Diagrammformatvorlagen* (Pinsel) klicken, das rechts vom markierten

Diagramm sichtbar ist. In beiden Fällen erhalten Sie im Arbeitsblatt eine Vorschau, erst mit Klick auf eine Vorlage wird diese übernommen.

*Bild 9.18 Symbol Diagrammfomatvorlagen*

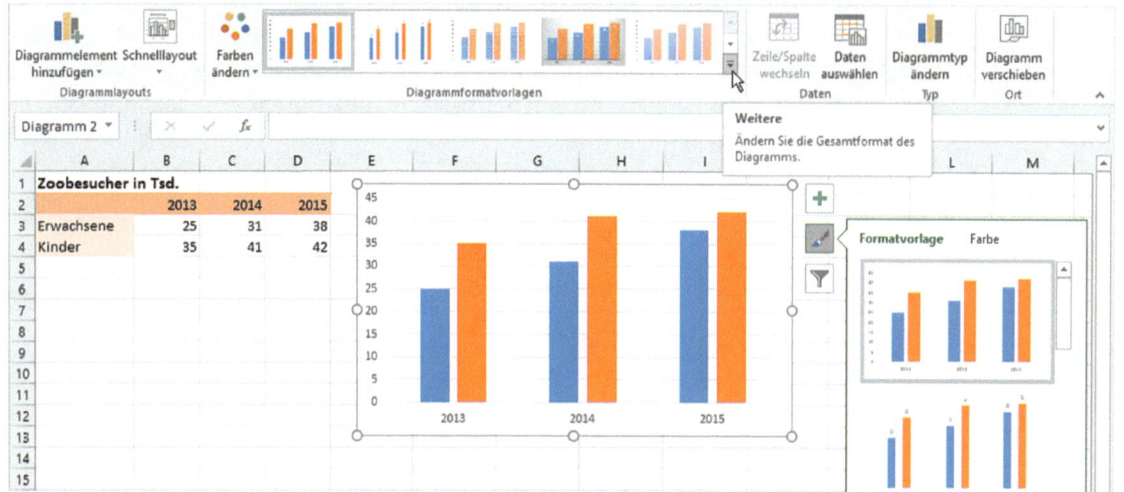

### Vorlagenfarben ändern

▶ Die Farben aller Vorlagen sind abhängig vom gewählten Design. Mit Klick auf die Schaltfläche *Farben ändern* können Sie andere Farbkombinationen oder Farbabstufungen innerhalb der Designfarben auswählen.

▶ Falls Ihnen auch hier die Farben nicht zusagen, so klicken Sie auf das Register *Seitenlayout* und wählen in der Gruppe *Designs* über die Schaltfläche *Farben* andere Designfarben aus. Über den Befehl *Farben anpassen...* lassen sich auch benutzerdefinierte Designfarben zusammenstellen und speichern.

Diese Farbkombinationen sind auch über das Pinselsymbol im Arbeitsblatt verfügbar. Klicken Sie hier auf das Register Farbe.

Siehe auch Kapitel 5.3.

> **Achtung**: Im Gegensatz zur Schaltfläche *Farben ändern*, wirkt sich eine Änderung der Designfarben automatisch auf die gesamte Excel-Arbeitsmappe aus!

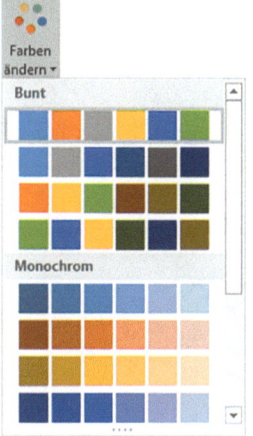

*Bild 9.19 Register Entwurf - Farben ändern*

*Bild 9.20 Designfarben ändern*

## Diagrammelemente zur Bearbeitung auswählen

Ein Excel-Diagramm setzt sich aus verschiedenen Einzelelementen zusammen, die Sie auch einzeln nach Belieben gestalten können. In allen diesen Fällen müssen Sie vor der Bearbeitung das betreffende Element durch einfaches Anklicken markieren. Das markierte Diagrammelement erkennen Sie am Rahmen und den Markierungspunkten. Zur Unterstützung blendet Excel einen kurzen Hinweistext ein, sobald Sie auf ein Element zeigen. Die wichtigsten Elemente:

▶ Der Diagrammbereich umfasst das gesamte Diagramm.

▶ Innerhalb des Diagrammbereichs bildet die Zeichnungsfläche den Hintergrund der Säulen-, Balken- oder Kreisdarstellung (Bild unten). Achtung: Nicht zu verwechseln mit dem Diagrammbereich!

▶ Die vertikale und horizontale Achse können gesondert markiert werden.

▶ Diagrammtitel und Legende (falls vorhanden).

▶ Datenreihen und Datenpunkte.

*Bild 9.21 Beispiel: Die markierte Zeichnungsfläche*

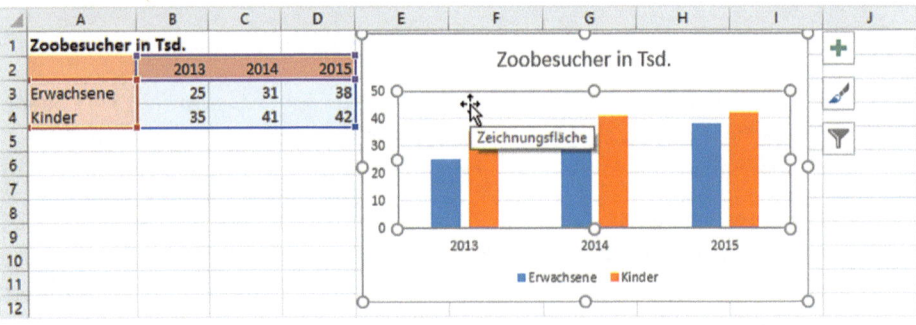

### Datenreihe auswählen

Klicken Sie einmal auf ein beliebiges Element; z. B. Säule oder Balken der Reihe. Dadurch werden automatisch alle Elemente dieser Reihe markiert, erkennbar an den Markierungspunkten, wie im Bild unten, an der Anzeige in der Bearbeitungsleiste und an den Rahmen in der Ausgangstabelle.

*Bild 9.22 Datenreihe markieren*

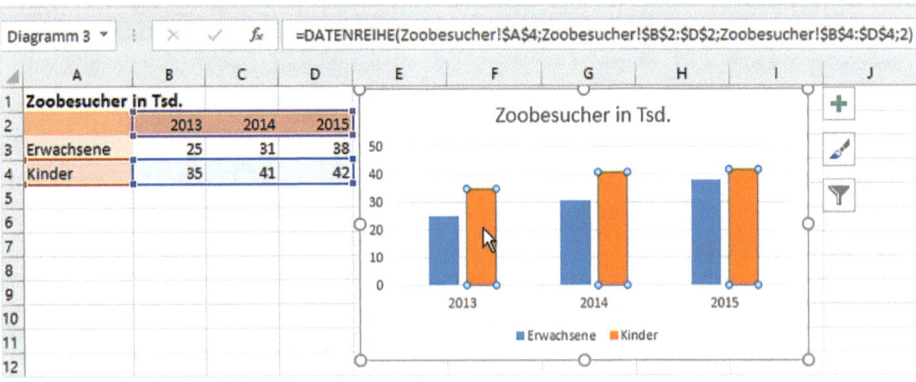

Wenn Sie nun beispielsweise eine andere Farbe auswählen, dazu klicken Sie im Register *Format*, Gruppe *Formenarten*, auf den Dropdown-Pfeil der Schaltfläche *Fülleffekt*, dann wirkt sich diese Änderung auf die gesamte Datenreihe aus. Die Legende wird ebenfalls entsprechend angepasst.

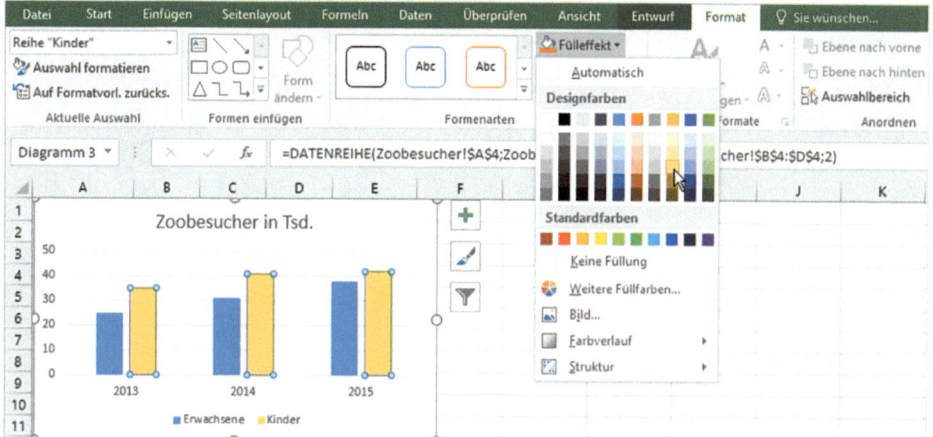

*Bild 9.23 Markierte Datenreihe formatieren*

### Datenpunkt markieren

Wenn Sie dagegen einen Datenpunkt markieren möchten, in unserem Beispiel eine einzelne Säule der Datenreihe, dann markieren Sie mit dem ersten Mausklick die gesamte Reihe und klicken anschließend nochmals auf die gewünschte Säule. Nun ist ausschließlich diese markiert und eine Änderung der Farbe bezieht sich nur auf die markierte Säule. Achtung: Die Legende ändert sich dadurch nicht!

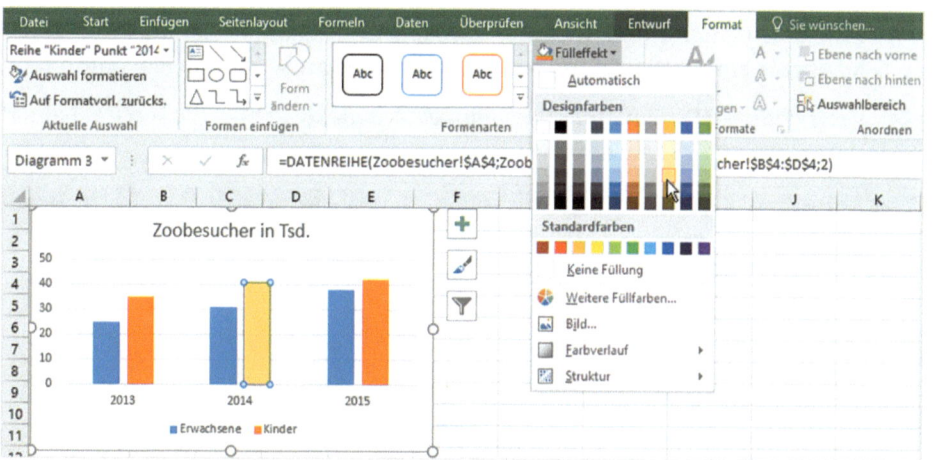

*Bild 9.24 Markierten Datenpunkt formatieren*

Beim Markieren von Datenreihen müssen Sie unterscheiden zwischen der gesamten Datenreihe und einem einzelnen Datenpunkt. Der erste Mausklick markiert die Datenreihe und ein zweiter Klick einen Datenpunkt der markierten Datenreihe.

Als Alternative können Sie ein Diagrammelement auch mit Klick auf den Drop-down-Pfeil in der Gruppe *Aktuelle Auswahl* im Register *Diagrammtools - Format* auswählen bzw. markieren.

*Bild 9.25 Diagrammelement auswählen*

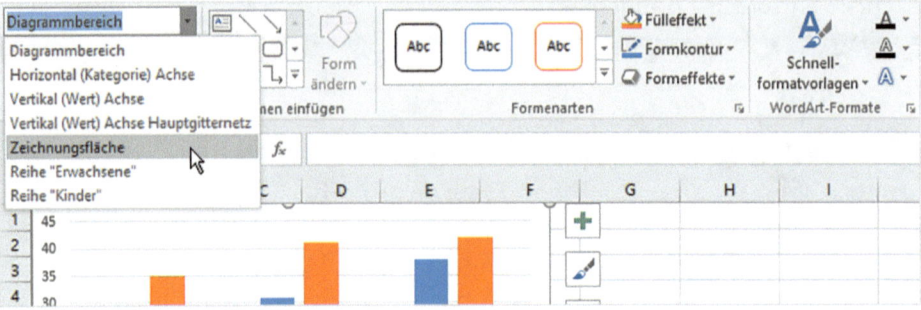

Oder klicken Sie mit der rechten Maustaste an eine beliebige Stelle im Diagramm und benutzen Sie das Auswahlfeld oberhalb des Kontextmenüs.

## Diagrammelemente formatieren

Im Register *Diagrammtools - Format* finden Sie in der Gruppe *Formenarten* verschiedene Werkzeuge zur Gestaltung von Diagrammelementen. Grundsätzlich lässt sich fast jede Formatierung auf fast jedes zuvor markierte Diagrammelement anwenden, sodass die nachfolgend beschriebenen Möglichkeiten beispielsweise auch für Diagrammbereich, Zeichnungsfläche, Diagrammtitel und Legende gelten.

▶ Zur schnellen Gestaltung ist auch hier ein Katalog von Vorlagen verfügbar, den Sie mit Klick auf den Pfeil *Weitere* ⬛ öffnen. Beim Zeigen erhalten Sie im Diagramm eine Vorschau, um die Wirkung besser beurteilen zu können.

▶ Individuelle Formatierungen nehmen Sie über die Schaltflächen *Fülleffekt* und *Formkontur* (Rahmen) vor. Beide erscheinen auch, wenn Sie mit der rechten Maustaste auf ein Diagrammelement klicken, wie im Beispiel im Bild unten.

▶ Verschiedene 3D-, Schatten- und Spiegelungseffekte können über die Schaltfläche *Formeffekte* zugewiesen werden.

*Bild 9.26 Füllung und Rahmen*

Vorlagenkatalog öffnen

Fülleffekt

Formkontur

Element auswählen

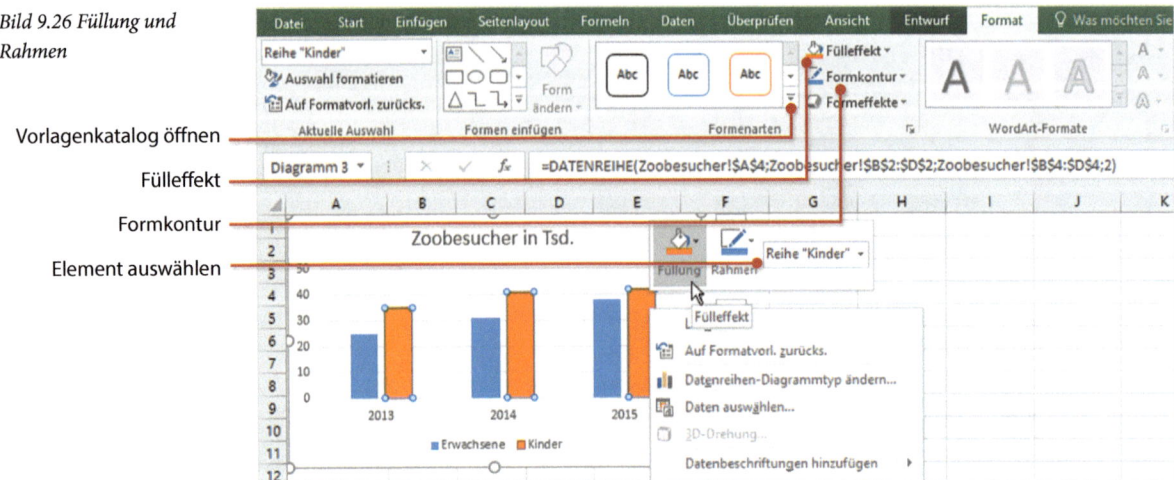

Über die Schaltfläche *Fülleffekt* besteht auch die Möglichkeit, einen Verlaufseffekt oder ein Bild auszuwählen, z. B. als Hintergrund für das gesamte Diagramm (Auswahl *Diagrammbereich*) oder die Zeichnungsfläche.

*Bild 9.27 Farbverlauf auswählen*

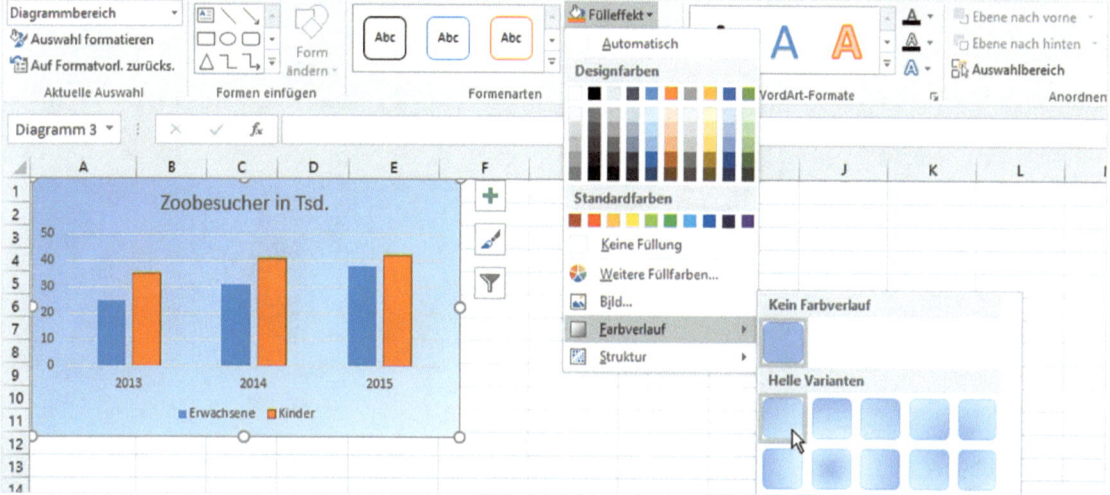

**Beispiel: Eine Grafik als Diagrammhintergrund einfügen**

Wenn Sie eine Grafik als Diagrammhintergrund verwenden möchten, dann sollten Sie bei der Auswahl des Bildes darauf achten, dass die Aussagefähigkeit des eigentlichen Diagramms dadurch nicht beeinträchtigt wird. So gehen Sie vor:

**1** Markieren Sie den Diagrammbereich, klicken Sie im Register *Format* auf *Fülleffekt* und wählen Sie hier *Bild...*.

**2** Wählen Sie dann, woher Sie die Grafik beziehen möchten. Ist diese auf der Festplatte Ihres Computers gespeichert, so klicken Sie bei *Aus einer Datei* auf *Durchsuchen*, markieren die gewünschte Grafik und klicken auf *Einfügen*.

**3** In den meisten Fällen drängt sich das Bild zu sehr in der Vordergrund, dem lässt sich mit etwas Transparenz abhelfen. Markieren Sie den Diagrammbereich, falls nicht bereits geschehen und klicken Sie auf den kleinen Pfeil ⌐ der Gruppe *Formenarten* (Bild 9.28).

Oder wählen Sie den Diagrammbereich, klicken mit der rechten Maustaste und anschließend auf den Befehl *Diagrammbereich formatieren...*.

**4** Am rechten Bildschirmrand öffnet sich der Aufgabenbereich *Diagrammbereich formatieren*. Unter *Füllung* ist die Option *Bild - oder Texturfüllung* bereits aktiviert und etwas unterhalb können Sie nun mit Hilfe eines Schiebereglers die Transparenz erhöhen (Bild 9.28).

Bei Bedarf können Sie auch hier unter *Bild einfügen aus* mit Klick auf die Schaltflächen *Datei...* oder *Online...* ein anderes Bild auswählen. Wenn der Aufgabenbereich nicht mehr benötigt wird, dann klicken Sie zum Schließen auf das x-Symbol.

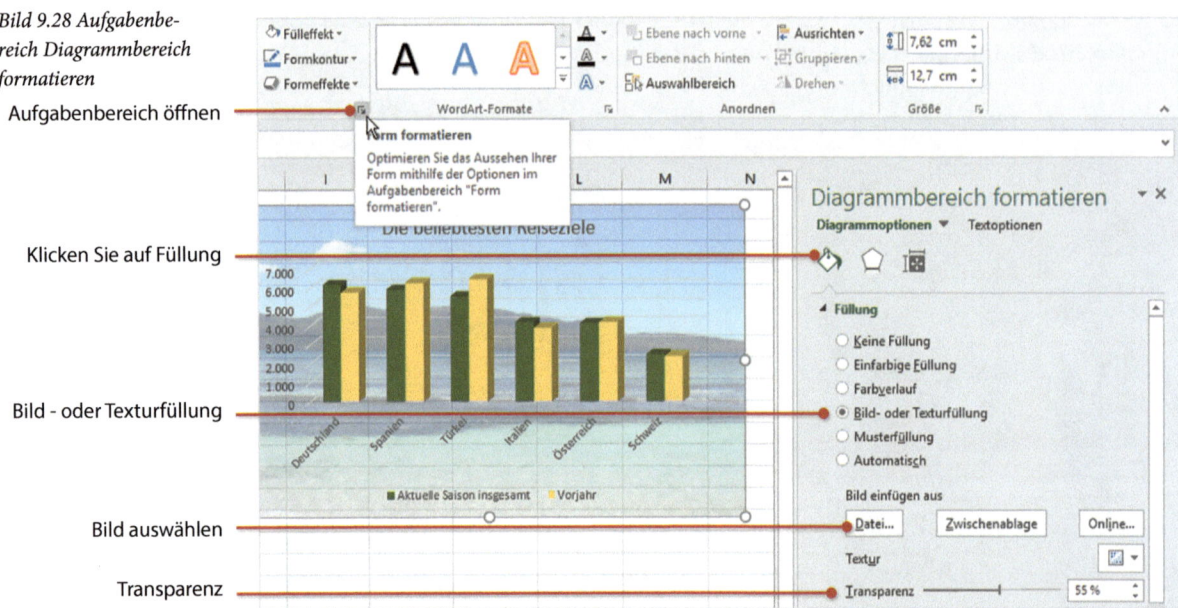

*Bild 9.28 Aufgabenbereich Diagrammbereich formatieren*

Aufgabenbereich öffnen

Klicken Sie auf Füllung

Bild - oder Texturfüllung

Bild auswählen

Transparenz

### Schrift ändern

Um die Beschriftungselemente eines Diagramms zu formatieren, markieren Sie das Element und verwenden im Register *Start* die Schaltflächen der Gruppen *Schriftart* und *Ausrichtung*. Auf diese Weise können Sie z. B. Schriftgröße und -farbe des Diagrammtitels, der Legende oder der Achsenbeschriftungen ändern.

> Beachten Sie: Wenn Sie die Schrift des Diagrammtitels vergrößern oder verkleinern, dann passt sich die Größe der Zeichnungsfläche automatisch entsprechend an. Es ist also in der Regel nicht erforderlich, einzelne Diagrammelemente durch Ziehen mit der Maus zu vergrößern bzw. verkleinern.

*Bild 9.29 Beispiel: Schriftgröße Diagrammtitel*

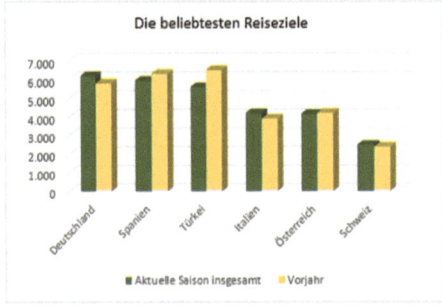

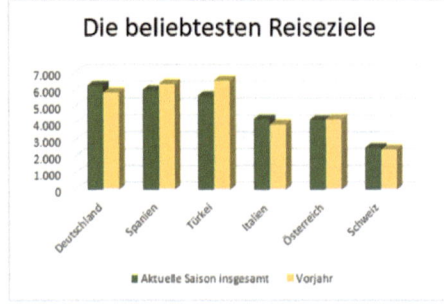

## Sonderfall Kreisdiagramme

Da Kreisdiagramme nur eine einzige Datenreihe darstellen können, ergeben sich etwas abweichende Möglichkeiten der Formatierung.

▶ So hat es beispielsweise wenig Sinn, die gesamte Datenreihe mit einer einzigen Farbe zu versehen, in diesem Fall müssen Sie die Kreissegmente bzw. Datenpunkte nacheinander markieren und jeweils die Farbe einzeln ändern. Die Farben der Legende passen sich automatisch an.

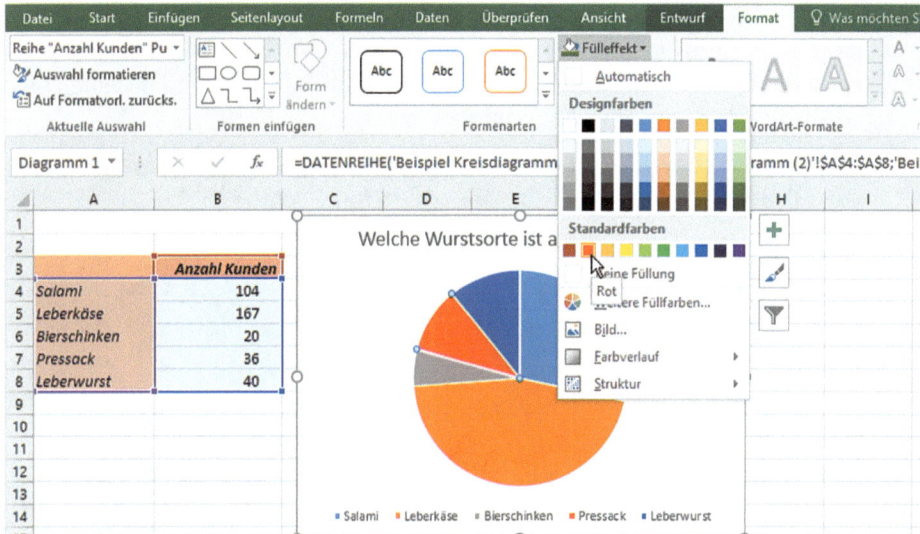

*Bild 9.30 Farbe Datenpunkt ändern*

▶ Einzelne Segmente eines Kreisdiagramms lassen sich auch durch Herausziehen optisch hervorheben. Markieren Sie dazu den Datenpunkt und ziehen Sie ihn mit gedrückter linker Maustaste etwas nach außen.

Mit derselben Methode befördern Sie ein Kreissegment auch wieder zurück an die ursprüngliche Stelle.

*Bild 9.31 Datenpunkt mit der Maus ziehen*

## Diagramme drehen

### Kreisdiagramm drehen

Die Datenpunkte eines Kreisdiagramms werden automatisch entsprechend ihrer Reihenfolge in der Tabelle im Uhrzeigersinn angeordnet. Sie können die Anordnung im Diagramm entweder dadurch ändern, dass Sie die Werte in der Ausgangstabelle entsprechend sortieren oder durch Drehen des Diagramms. Durch Drehen können auch beispielsweise bei 3D-Darstellung kleinere Segmente in den Vordergrund gerückt werden. So gehen Sie vor:

Siehe Seite 245.

**1** Klicken Sie mit der rechten Maustaste in den Kreis und auf *Datenreihen formatieren*. Oder markieren Sie die gesamte Datenreihe und klicken auf den kleinen Pfeil ⬎ der Gruppe *Formenarten* (Register *Format*).

*Bild 9.32 Datenreihen drehen*

**2** Am rechten Bildschirmrand erscheint der Aufgabenbereich *Datenreihen formatieren*. Legen Sie hier den Winkel des ersten Segments fest.

### 3D-Säulendiagramm drehen

Auch 3D-Säulendiagramme lassen sich beliebig drehen. Dazu klicken Sie mit der rechten Maustaste an eine beliebige Stelle des Diagramms und wählen *3D-Drehung....*

*Bild 9.33 3D-Drehung Säulendiagramm*

Beliebig drehen

Perspektivisch darstellen

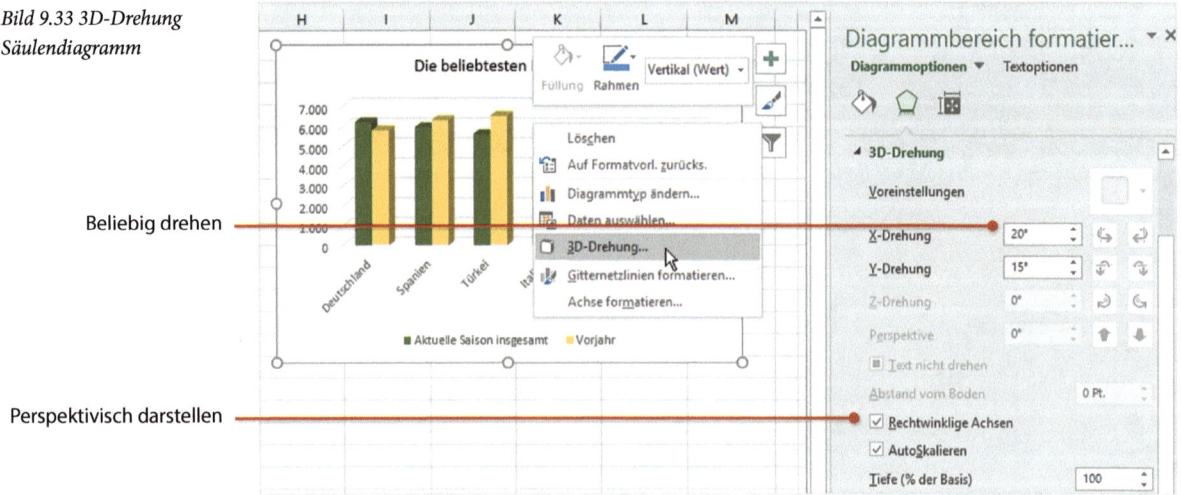

Im Aufgabenbereich am rechten Rand können Sie nun das Diagramm über die Felder *X-Drehung* und *Y-Drehung* beliebig drehen und wenden.

**Tipp:** Für eine einfache perspektivische Darstellung genügt es, wenn Sie das Kontrollkästchen *Rechtwinklige Achsen* deaktivieren. Um das ursprüngliche Aussehen schnell wiederherzustellen, brauchen Sie nur das Kontrollkästchen erneut aktivieren.

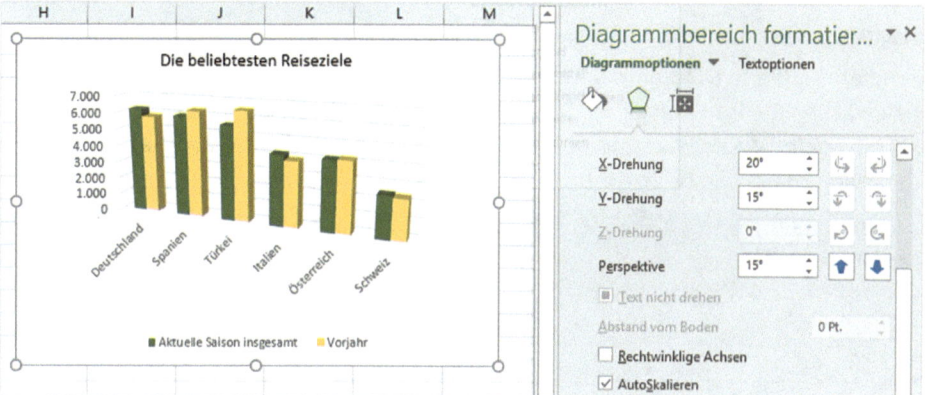

*Bild 9.34 3D-Darstellung ohne rechtwinklige Achsen*

## 9.4 Weitere Diagrammbearbeitungsmöglichkeiten

### Größe und Position des Diagramms ändern

#### Diagramm verschieben

Ein Diagramm wird zunächst in demselben Arbeitsblatt wie die Ausgangsdaten eingefügt und überlagert häufig sogar einen Teil der Tabelle. Zum Verschieben benutzen Sie den Diagrammbereich. Zeigen Sie mit der Maus an eine freie Stelle des Diagramms und nach kurzer Verzögerung erscheint ein kurzer Infotext zur ausgewählten Stelle. Gleichzeitig erscheinen am Mauszeiger vier Richtungspfeile und Sie können nun mit gedrückter linker Maustaste das Diagramm an eine beliebige Stelle verschieben.

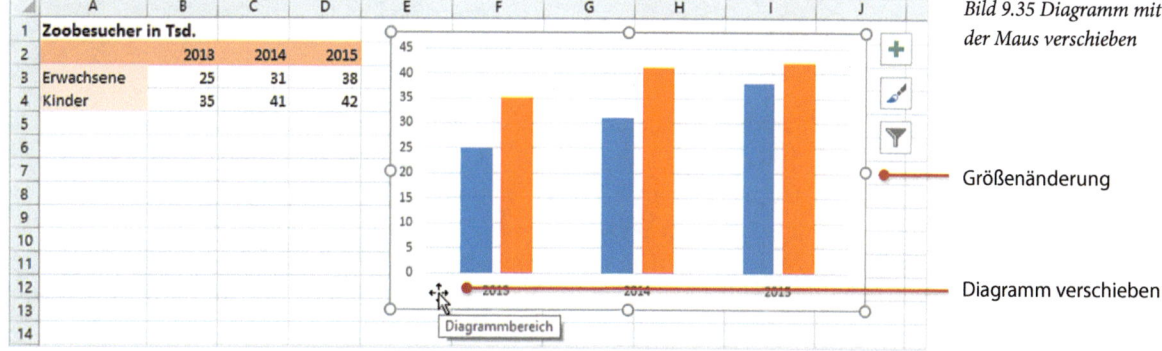

*Bild 9.35 Diagramm mit der Maus verschieben*

Größenänderung

Diagramm verschieben

Achten Sie beim Verschieben unbedingt darauf, dass der *Diagrammbereich* ausgewählt wird! Andernfalls verschieben Sie möglicherweise innerhalb des Diagramms die Zeichnungsfläche.

### Diagramm als gesondertes Blatt einfügen

Um das markierte Diagramm in ein gesondertes Blatt der Arbeitsmappe zu verschieben, klicken Sie im Register *Entwurf*, Gruppe *Ort*, auf *Diagramm verschieben*. Wählen Sie die Option *Neues Blatt* und geben Sie dem Blatt auch gleich einen Namen. Ändern der Diagrammgröße ist im gesonderten Diagrammblatt nicht möglich!

*Bild 9.36 Diagramm in ein gesondertes Blatt verschieben*

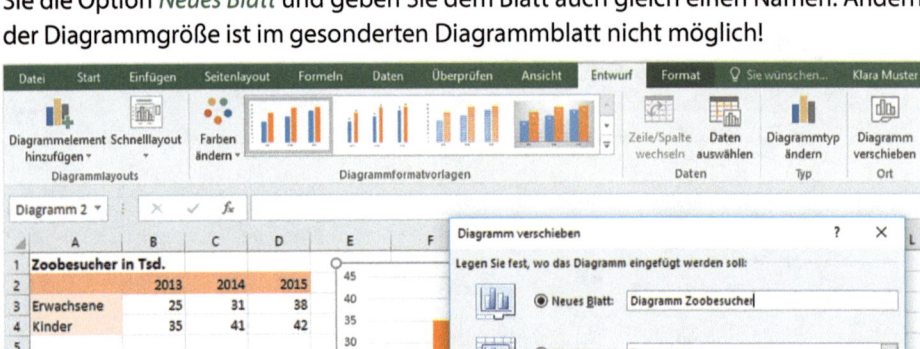

Die zweite Option *Als Objekt in* erlaubt das Verschieben des Diagramms in das andere Arbeitsblatt der Arbeitsmappe. Benutzen Sie zur Auswahl den Dropdown-Pfeil.

### Diagrammgröße ändern

Zur Größenänderung des gesamten Diagramms zeigen Sie mit der Maus auf einen der Ziehpunkte in den Ecken oder der Mitte jeder Seite des Diagrammrahmens (Bild 9.35), als Mauszeiger erscheint ein Doppelpfeil. Ziehen Sie nun das Diagramm mit gedrückter Maustaste in die gewünschte Größe.

## Diagrammtyp nachträglich ändern

Um den Diagrammtyp nachträglich zu ändern, markieren Sie das Diagramm und klicken im Register *Entwurf*, Gruppe *Typ*, auf die Schaltfläche *Diagrammtyp ändern*. Es öffnet sich das gleichnamige Fenster mit dem Register *Alle Diagramme*. Dieses Fenster unterscheidet sich nicht vom Fenster *Diagramm einfügen* (siehe Seite 237). Wählen Sie den gewünschten Typ und Untertyp aus und übernehmen Sie den geänderten Typ mit Klick auf *OK*. Alle bereits vorgenommenen Formatänderungen bleiben erhalten.

Den Befehl *Diagrammtyp ändern…* erhalten Sie auch, wenn Sie mit der rechten Maustaste an eine beliebige Stelle des Diagramms klicken.

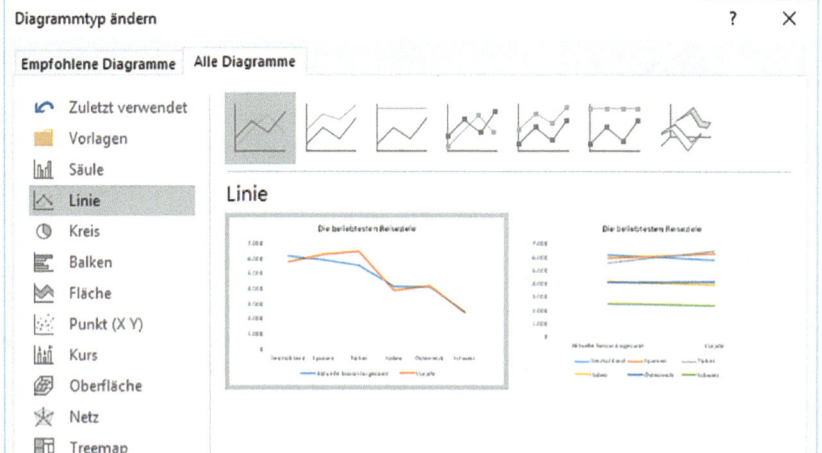

Bild 9.37 *Diagrammtyp ändern*

## Diagramm und Diagrammelemente beschriften

Aussagekräftige Beschriftungen sind wichtiger Bestandteil eines Diagramms. Die Beschriftungen der Achsen sowie der Legende werden von Excel aus der Tabelle übernommen, weitere Beschriftungselemente können beliebig hinzugefügt werden. Für die meisten Beschriftungselemente stehen gleich mehrere Positionen zur Auswahl.

### Schnelllayouts einsetzen

Eilige können auf ein Angebot verschiedener vorgefertigter Layouts zurückgreifen. Dazu klicken Sie im Register *Entwurf*, Gruppe *Diagrammlayouts*, auf die Schaltfläche *Schnelllayout*. Es öffnet sich ein Katalog verschiedener Layouts und Sie erhalten beim Zeigen im Diagramm eine Vorschau.

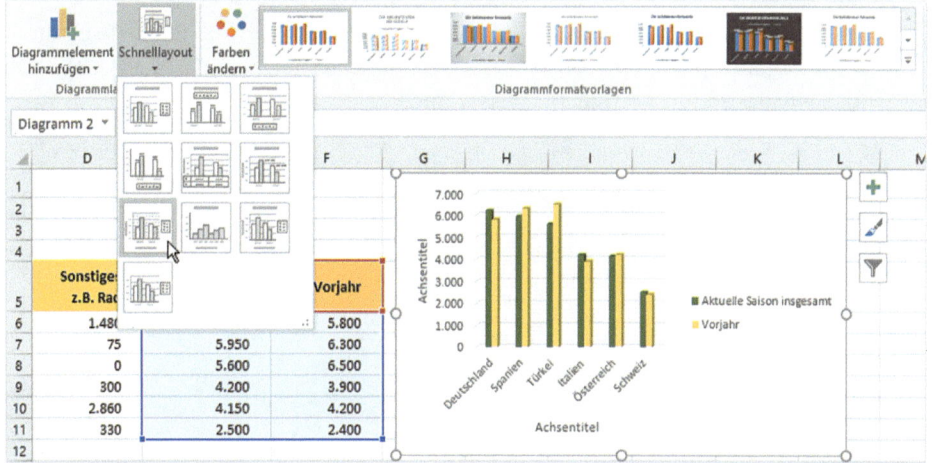

Bild 9.38 *Schnelllayout wählen*

Leider bietet diese Methode wenig Flexibilität; sollte keine der Vorlagen Ihren Vorstellungen entsprechen, dann fügen Sie besser die benötigten Beschriftungselemente einzeln hinzu und wählen die gewünschte Position aus.

### Beschriftungselemente hinzufügen

Zum Hinzufügen von Diagrammbeschriftungen stehen zwei Alternativen zur Auswahl. Bei bereits vorhandenen Beschriftungen können Sie auf diese Weise die Platzierung ändern. Außerdem lässt sich hier bei Säulen- und Balkendiagrammen die Anzeige der Gitternetzlinien in der Zeichnungsfläche steuern.

▶ Klicken Sie im Register *Diagrammtools - Entwurf* auf die Schaltfläche *Diagrammelement hinzufügen*. Beim Zeigen auf die einzelnen Einträge erhalten Sie verschiedene Optionen zur Platzierung und sehen im Diagramm eine Vorschau. Im Bild unten als Beispiel das Einfügen eines vertikalen Achsentitels.

*Bild 9.39 Beispiel horizontaler und vertikaler Achsentitel*

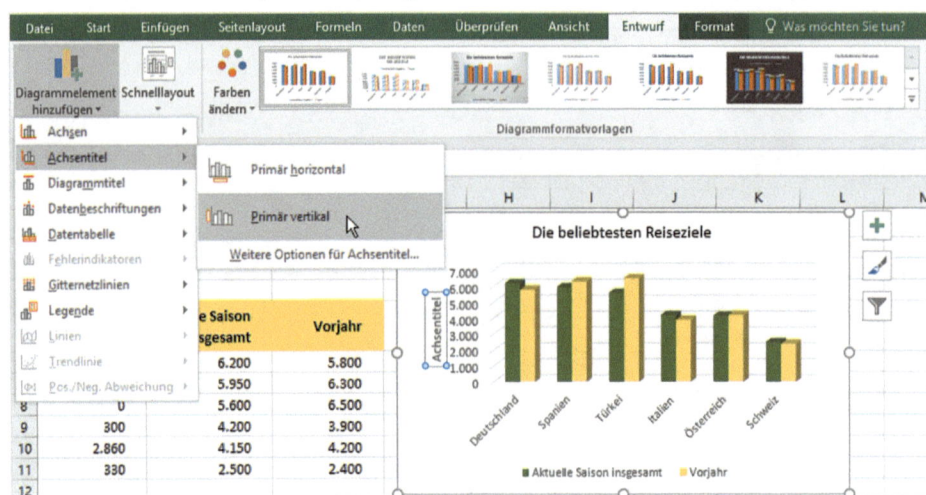

Häufig benötigen Sie in Diagrammen noch weitere Beschriftungsmöglichkeiten, z. B. zur Quellenangabe. Da diese von Excel nicht vorgesehen sind, müssen Sie ein Textfeld in den Diagrammbereich einfügen. Näheres dazu lesen Sie auf Seite 260.

▶ Dieselben Möglichkeiten sind auch über das Symbol *Diagrammelemente* verfügbar, das an der rechten oberen Ecke des markierten Diagramms im Tabellenblatt erscheint. Mit einem Klick in das Kontrollkästchen wird das ausgewählte Element an der Standardposition eingefügt bzw. wieder entfernt. Für weitere Optionen klicken Sie auf den nach rechts weisenden Pfeil.

*Bild 9.40 Symbol Diagrammelemente*

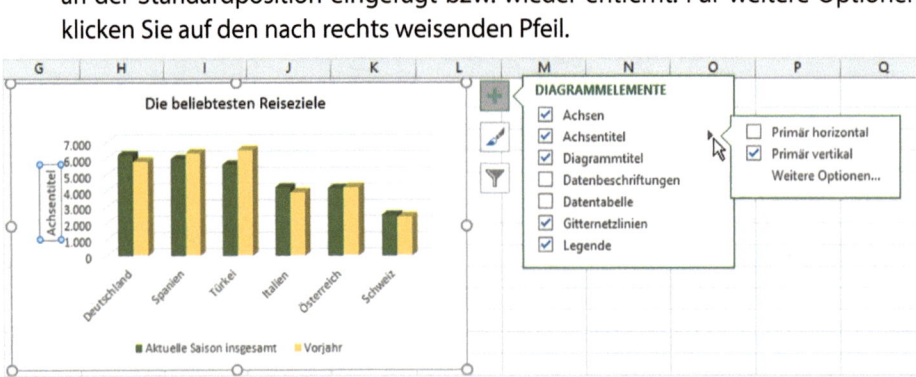

**Text eingeben**

Diagrammtitel und Achsentitel werden zunächst mit ihrer Bezeichnung im Diagramm eingefügt und gleichzeitig markiert, Sie können also sofort den gewünschten Text eingeben. Sobald Sie mit der Texteingabe beginnen, erscheint der Text in der Bearbeitungsleiste, nach dem Drücken der Enter-Taste wird der Text in das Diagramm übernommen. Auch nachträgliche Änderungen der Beschriftung sind auf diese Weise möglich.

| Sie möchten... | Vorgehensweise |
|---|---|
| Inhalt überschreiben | Markieren Sie das Beschriftungselement. Geben Sie in der Bearbeitungsleiste den neuen Text ein und übernehmen Sie Ihre Eingabe durch Drücken der Enter-Taste. |
| Inhalt korrigieren | Markieren Sie das Beschriftungselement. Klicken Sie anschließend im Diagramm in den Text, der Cursor erscheint und Sie können Ihre Korrekturen vornehmen. |

**Beispiel: Diagrammtitel hinzufügen bzw. positionieren**

Für die Position des Diagrammtitels stehen zwei Möglichkeiten zu Auswahl:

▶ *Über Diagramm* bedeutet, der Titel wird oberhalb der Zeichnungsfläche zentriert und diese passt sich bei Änderungen der Schriftgröße des Titels automatisch an.

▶ Wählen Sie dagegen *Zentrierte Überlagerung*, so überlagert der Titel die Zeichnungsfläche und es erfolgt keine automatische Anpassung der Zeichnungsfläche. Wählen Sie diese Möglichkeit, wenn die Zeichnungsfläche ausreichend Platz für den Diagrammtitel bietet.

In beiden Fällen kann anschließend der markierte Diagrammtitel mit der Maus verschoben und beliebig platziert werden. Im Bild unten wurde für den Diagrammtitel *Zentriert überlagert* ausgewählt, anschließend wurde er mit der Maus verschoben.

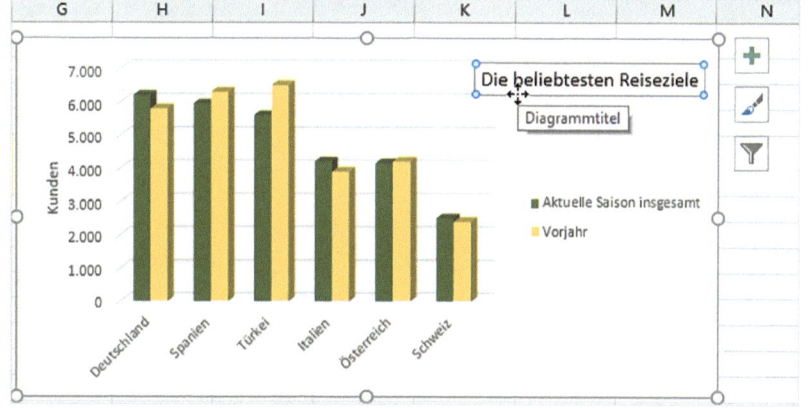

*Bild 9.41 Beispiel Diagrammtitel*

Achtung: Wenn Sie die Position über die Schaltfläche oder das Symbol Diagrammelemente auswählen, dann passt sich die Zeichnungsfläche automatisch an. Nicht aber beim Verschieben mit der Maus!

Diese Vorgehensweise gilt auch für alle übrigen Beschriftungen, z. B. die Legende. Wählen Sie eine grundlegende Position, anschließend können Sie die weitere Platzierung mit der Maus vornehmen. Vergrößern und Verkleinern ist ebenfalls möglich.

### Datenbeschriftungen einfügen

Die Anzeige der Werte im Diagramm ist über die Auswahl *Datenbeschriftungen* ebenfalls möglich. Hier unterscheidet Excel zwischen den Diagrammtypen:

▶ Bei Kreisdiagrammen erhalten Sie nicht nur verschiedene Positionen zur Auswahl, sondern können mit *Datenlegende* die prozentualen Anteile zusammen mit dem dazugehörigen Text anzeigen. Eine gesonderte Legende erübrigt sich in diesem Fall.

*Bild 9.42 Kreisdiagramm: Datenlegende als Datenbeschriftung*

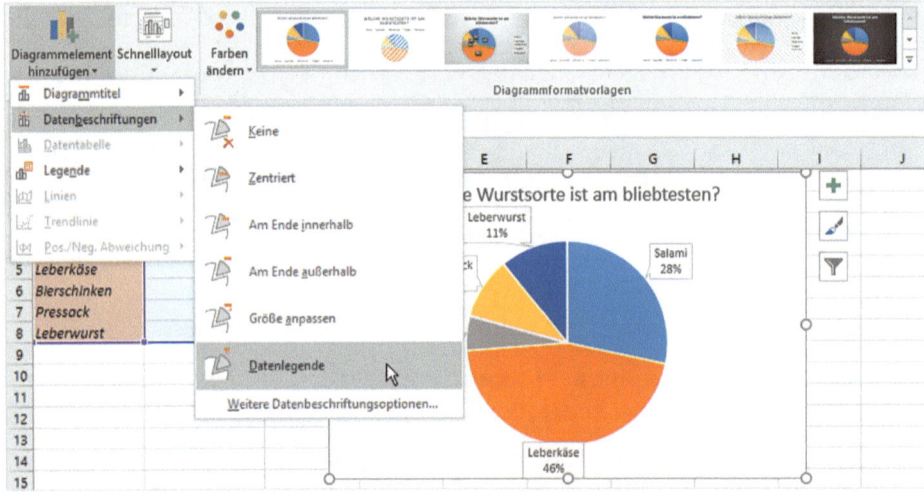

▶ Ähnliche Möglichkeiten erhalten Sie auch für 2D-Säulen- und Balkendiagramme.

*Bild 9.43 Datenbeschriftungen in Säulendiagrammen*

Beachten Sie, dass die abgebildete Auswahl nur für 2D-Säulen gilt, bei 3D-Säulen ist nur Datenlegende verfügbar!

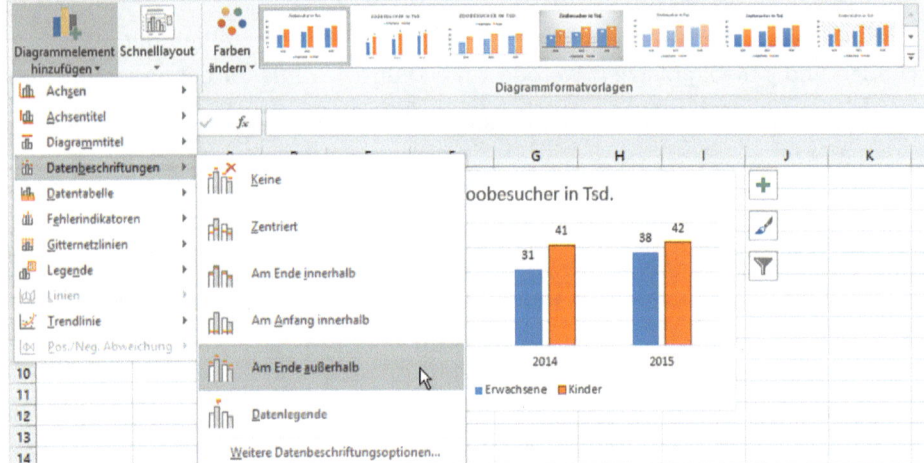

### Beschriftungselemente löschen

Nicht mehr benötigte Beschriftungselemente löschen Sie am einfachsten, indem Sie diese markieren und anschließend mit der Entf-Taste löschen. Oder klicken Sie auf die Schaltfläche *Diagrammelement einfügen* und wählen hier *Keine* aus. Alternativ klicken

Sie im Arbeitsblatt auf das Symbol *Diagrammelemente* und deaktivieren das entsprechende Kontrollkästchen.

## Diagramm drucken

Wurde ein Diagramm als eigenes Blatt in die Mappe eingefügt, dann passt Excel das Diagramm beim Drucken automatisch an eine Druckseite im ausgewählten Papierformat, standardmäßig A4, an. Weitere Druckeinstellungen, wie beispielsweise Kopf- und Fußzeile hinzufügen, erfolgen wie beim Druck von Tabellen.

Befindet sich ein Diagramm dagegen als Objekt zusammen mit der Tabelle in einem Arbeitsblatt, dann hängt die Druckausgabe von der aktuellen Markierung ab. Kontrollieren Sie daher die Druckvorschau!

> **Beim Drucken von Diagrammen richtet sich Excel nach der Markierung:**
>
> ▷ Sind das Diagramm oder ein beliebiges Diagrammelement markiert, dann wird ausschließlich das Diagramm gedruckt.
>
> ▷ Markieren Sie dagegen eine beliebige Zelle des Arbeitsblattes, dann druckt Excel das Diagramm zusammen mit den übrigen Daten.

## Datenbereich ändern

Werte oder Beschriftungen, die dem aktuellen Diagramm zugrunde liegen, können jederzeit geändert werden. Die Änderungen werden in das Diagramm automatisch übernommen. Wenn dagegen der Ausgangstabelle neue Zeilen oder Spalten hinzugefügt werden, hat dies zunächst im Diagramm keine Auswirkungen. Am einfachsten passen Sie den Datenbereich einer Datenreihe mit der Maus an:

**1** Klicken Sie in den Diagrammbereich; in der dazugehörigen Tabelle werden die dazugehörigen Werte durch Rahmen hervorgehoben.

**2** Zeigen Sie mit der Maus an einen der Eckpunkte, so erscheint als Mauszeiger ein Doppelpfeil. Erweitern Sie nun den Datenbereich durch Ziehen nach unten bzw. rechts. Das Diagramm passt sich automatisch an.

*Bild 9.44 Datenbereich erweitern*

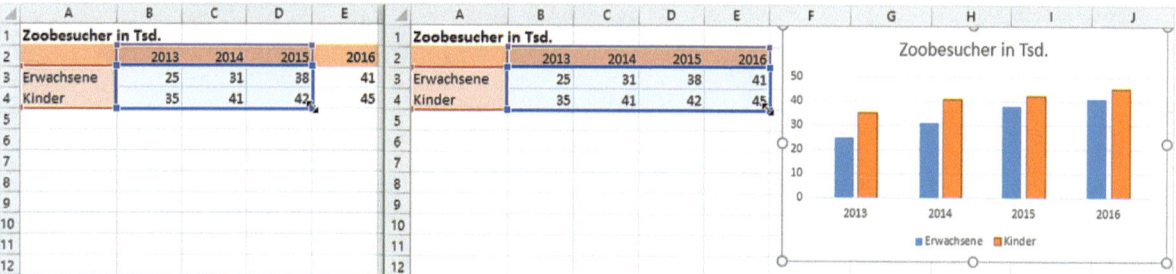

Dies funktioniert auch, wenn Sie dem Diagramm eine neue Datenreihe hinzufügen möchten.

*Bild 9.45 Datenreihe hinzufügen*

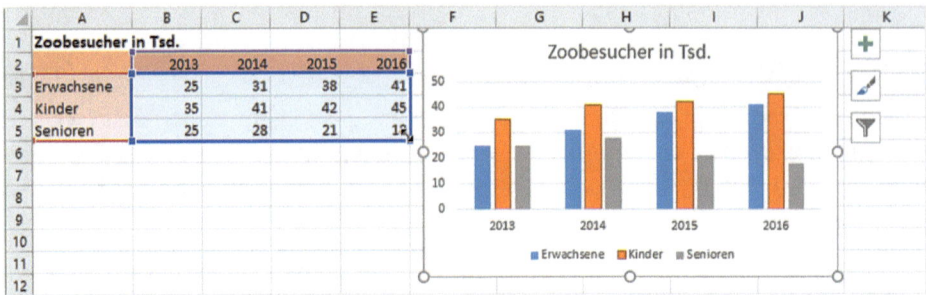

Siehe „Datenreihen bearbeiten/mit einem leeren Diagramm beginnen" auf Seite 237.

Umgekehrt können Sie mit dieser Methode natürlich auch Datenreihen aus dem Diagramm entfernen. Als Alternative klicken Sie im Register *Entwurf* auf die Schaltfläche *Daten auswählen*. Das Dialogfenster *Datenquelle auswählen* wird geöffnet und Sie können weitere Datenreihen hinzufügen bzw. aus dem Diagramm entfernen. Wie Sie dabei vorgehen, wurde bereits zusammen mit der Diagrammerstellung beschrieben.

### Diagramm filtern

Im Gegensatz zum Entfernen können Datenreihen mit dem Diagrammfilter schnell vorübergehend aus- und wieder eingeblendet werden. Markieren Sie das Diagramm und klicken Sie auf das Symbol *Diagrammfilter*. Um ein Element auszublenden, entfernen Sie das Häkchen und klicken auf *Anwenden*. Im Beispiel unten wurde die Datenreihe Kinder ausgeblendet. Falls gewünscht, lassen sich auch einzelne Kategorien, in diesem Fall Jahre, ausblenden.

*Bild 9.46 Diagramm filtern*

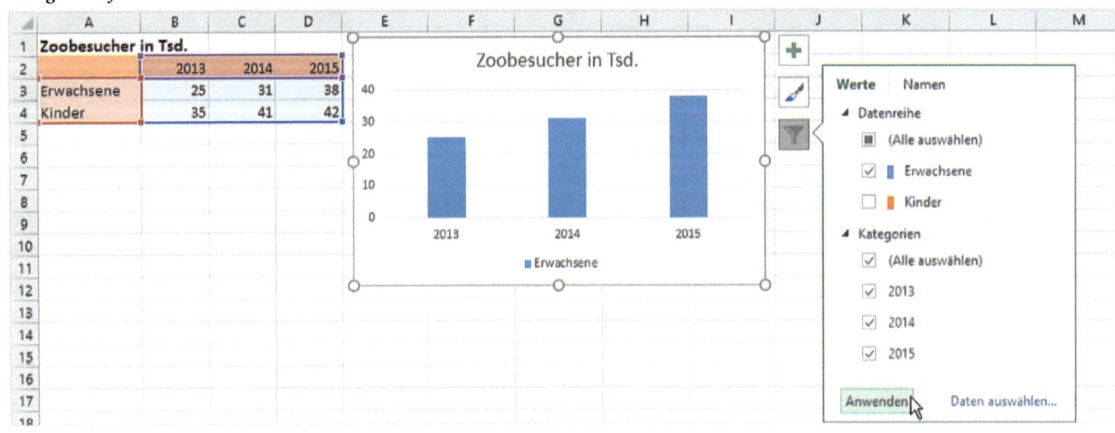

Um den Filter wieder aufzuheben, klicken Sie erneut auf *Diagrammfilter*, aktivieren entweder einzelne Kontrollkästchen oder gleich *(Alle auswählen)* und klicken wieder auf *Anwenden*.

## 9.5 Grafiken und Formen einfügen

In Excel ist das Einfügen von Grafiken eher von nachgeordneter Bedeutung. Dennoch möchten Sie vielleicht ein Firmenlogo dem Tabellenblatt hinzufügen, mit einem Pfeil auf eine wichtige Zahl hinweisen oder mittels Textfeld weitere Informationen zu einem Diagramm oder ähnlichem hinzufügen. Diese Optionen finden Sie im Register *Einfügen*, Gruppe *Illustrationen*.

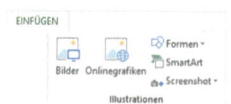

### Grafik einfügen und bearbeiten

**Bilder aus Datei einfügen**

Die Schaltfläche *Bilder* öffnet das Fenster *Grafik einfügen*. Hier können Sie ein Bild von der Festplatte oder von OneDrive auswählen und durch Anklicken der Schaltfläche *Einfügen* dem Tabellenblatt hinzufügen.

Bilder sind in Excel nicht an eine bestimmte Zelle gebunden, sondern können auf dem Tabellenblatt frei verschoben werden. Dadurch ist es natürlich auch möglich, dass das Bild Daten verdeckt. Zusammen mit dem markierten Bild wird das kontextbezogene Register *Bildtools - Format* angezeigt. Hier finden Sie alle Optionen, die zur Bearbeitung eines Bilds zur Verfügung stehen.

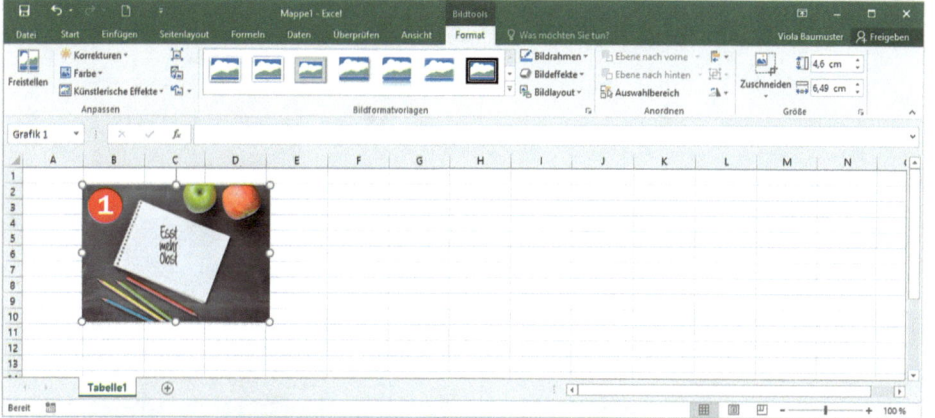

*Bild 9.47 markierte Grafik*

**Grafik bearbeiten**

▷ Klicken Sie das Bild an, um es zu markieren. Eine markierte Grafik ❶ erkennen Sie an den Markierungspunkten.

▷ Zum **Verschieben** zeigen Sie auf eine beliebige Stelle innerhalb der Grafik. Am Mauszeiger werden vier Richtungspfeile ❷ sichtbar (Bild 9.48). Ziehen Sie die Grafik mit gedrückter linker Maustaste an die gewünschte Position.

▷ Zum **Vergrößern** oder **Verkleinern** zeigen Sie mit der Maus auf einen der Eckpunkte der markierten Grafik. Sobald als Mauszeiger ein Doppelpfeil ❸ sichtbar wird, können Sie mit gedrückter Maustaste die Grafik auf die gewünschte Größe ziehen (Bild 9.49). Über *Bildtools - Format* ▶ Gruppe *Größe* können Sie bei Bedarf auch exakte Maße für Höhe und Breite der Grafik festlegen.

*Bild 9.48 Grafik verschieben*

*Bild 9.49 Größe der Grafik ändern*

▶ Grafiken können auch gedreht werden. Markieren Sie die Grafik und zeigen Sie mit der Maus auf den gebogenen Pfeil oberhalb. Jetzt können Sie die Grafik bei gedrückter linker Maustaste drehen.

▶ Zum **Löschen** markieren Sie die Grafik und drücken die Entf-Taste.

▶ Zur schnellen Formatierung der Grafik mit einem Rahmen, Schatten oder einer Spiegelung wählen Sie eine Vorlage im Register *Bildtools-Format* ▶ Gruppe *Bildformatvorlagen*. Zur Anzeige aller Bildformatvorlagen klicken Sie auf die Schaltfläche *Weitere* ⊽.

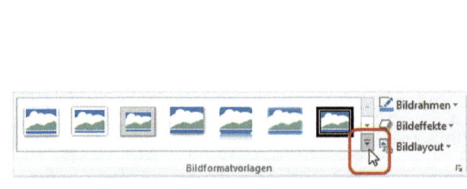
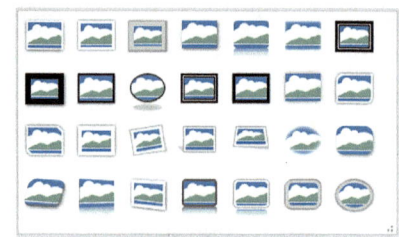

▶ Über Schaltflächen der Gruppe *Anpassen* können Sie Helligkeit, Kontrast und Farben der Grafik ändern.

*Bild 9.50 Beispiel: Farben ändern*

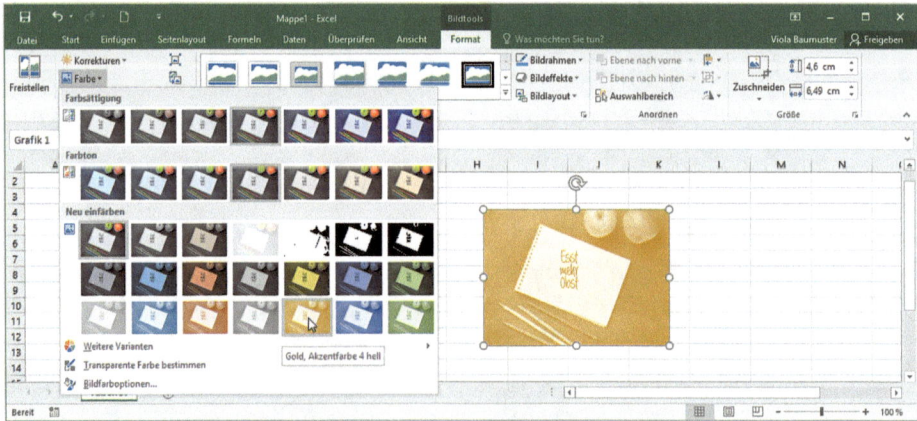

## Formen einfügen

Mit der Schaltfläche *Formen* (Register *Einfügen*) lassen sich schnell Zeichnungselemente, wie Pfeile, Rechtecke oder geschweifte Klammern in ein Arbeitsblatt einfügen.

**1** Wählen Sie mit einem Mausklick das gewünschte Element aus.

**2** Klicken Sie nun mit der Maus im Arbeitsblatt an die Stelle, an der das Element eingefügt werden soll oder zeichnen Sie durch Ziehen mit gedrückter linker Maustaste das Element in der gewünschten Größe.

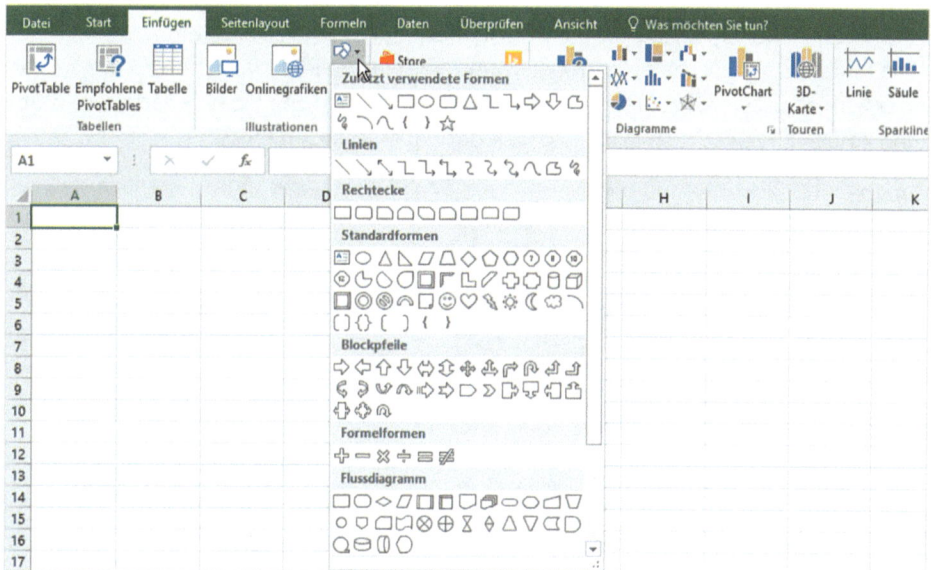

*Bild 9.51 Form einfügen*

Formen lassen sich im Tabellenblatt anschließend auf die gleiche Weise wie Grafiken nachträglich verschieben, vergrößern, verkleinern oder drehen. Sobald Sie ein Zeichnungselement markieren, stehen Ihnen mit dem Register *Zeichentools - Format* Werkzeuge zur Formatierung zur Verfügung. In der Gruppe *Formenarten* öffnen Sie mit Klick auf die Schaltfläche *Weitere* ⩴ einen Katalog von Vorlagen zur schnellen Formatierung. Alternativ benutzen Sie die Schaltflächen *Fülleffekt*, *Formkontur* und *Formeffekte*.

*Bild 9.52 Form formatieren*

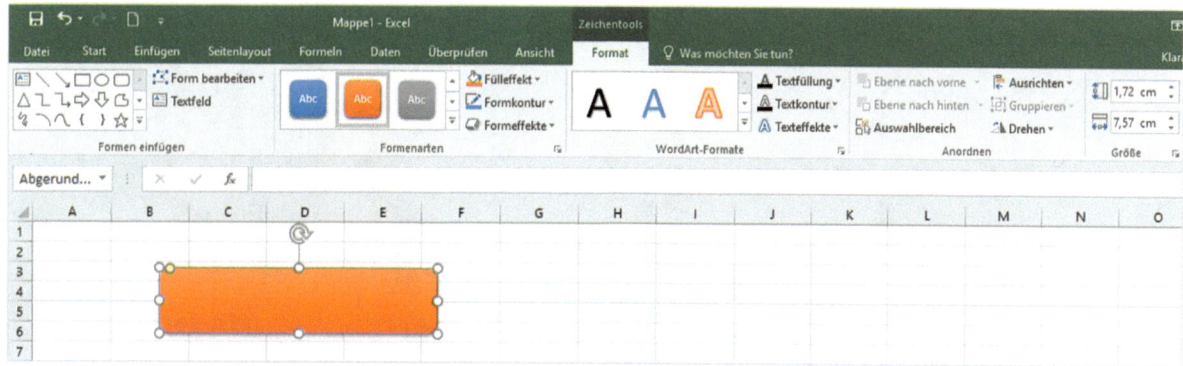

Drücken Sie die Umschalt- (Shift) Taste der Tastatur und halten Sie die Taste während des Zeichnens gedrückt, um exakt waagrechte oder senkrechte Linien, bzw. einen Kreis oder ein Quadrat zu zeichnen.

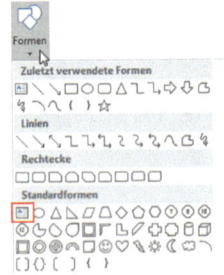

## Mit Textfeldern und Legenden Textinformationen einfügen

Über die Schaltfläche *Formen* erhalten Sie mit der Auswahl *Textfeld* oder einer Legende auch Möglichkeiten, zusätzliche Textformationen im Tabellenblatt einzufügen. Beide sind unabhängig von einzelnen Zellen und können beliebig verschoben, vergrößert oder verkleinert werden. Praktisch ist ein Textfeld auch, wenn Sie ein Diagramm durch eine zusätzliche Beschriftung, z. B. Quellenangabe ergänzen möchten.

**1** Wählen Sie unter *Standardformen* das *Textfeld* aus oder unter *Legenden* den gewünschten Typ und zeichnen Sie zum Einfügen mit der Maus ein Rechteck in der gewünschten Größe.

*Bild 9.53 Formen: Textfeld einfügen*

**2** Anschließend geben Sie den Text ein. **Achtung**: Wurde das Textfeld in ein zuvor markiertes Diagramm eingefügt, so müssen Sie unmittelbar nach dem Einfügen Text eingeben, da sonst das Textfeld wieder verschwindet.

*Bild 9.54 Textfeld in Diagramm einfügen*

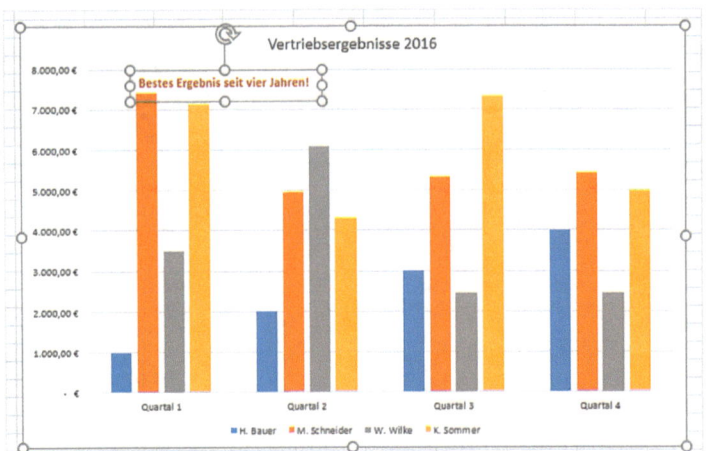

Im Prinzip kann jede beliebige Form, also auch Pfeile, Dreiecke, Ellipsen usw. beschriftet werden. Dazu genügt es, wenn die Form markiert ist, anschließend tippen Sie einfach den Text ein. Oder klicken Sie die Form mit der rechten Maustaste an und wählen Sie *Text bearbeiten*. Der Text kann anschließend markiert und mit den Schaltflächen der Minisymbolleiste oder im Register *Start* formatiert werden.

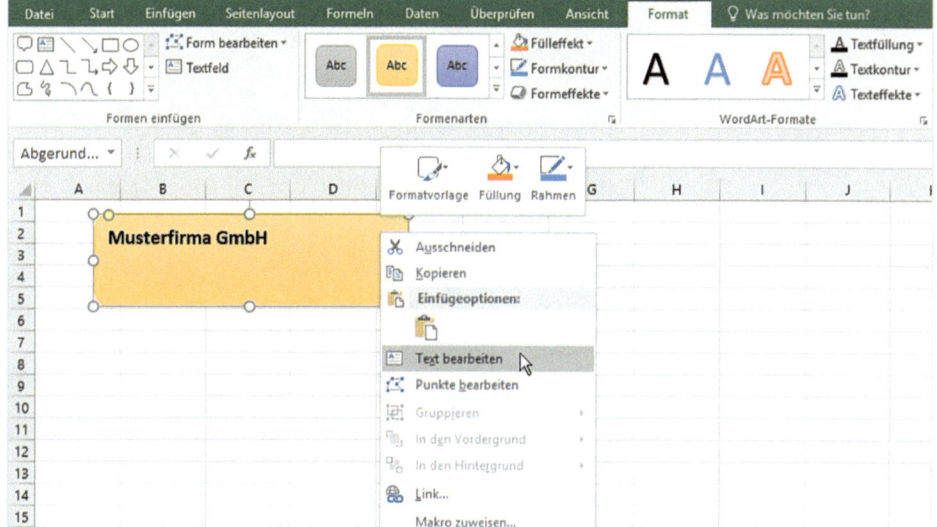

*Bild 9.55 Form: Text bearbeiten*

Umgekehrt lässt sich ein Textfeld genau wie jede andere Form formatieren, z. B. mit einer Vorlage.

## 9.6    Datenreihen mit Sparklines visualisieren

Eine besondere Diagrammvariante sind die Sparklines, Minidiagramme ohne Beschriftungen, die in einer einzigen Zelle Platz finden und schnell einen grafischen Überblick oder Vergleich, z. B. mehrerer Messwerte, erlauben. Im Beispiel unten dienen sie zum Temperaturvergleich.

**1**    Zum Einfügen klicken Sie im Register *Einfügen*, Gruppe *Sparklines*, auf die gewünschte Darstellung.

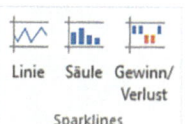

**2**    Wählen Sie anschließend den Datenbereich aus sowie die Zelle, in die die Sparkline eingefügt werden soll (*Positionsbereich*).

**Tipp:** Sparklines lassen sich wie Formeln in angrenzende Zellen kopieren.

*Bild 9.56 Sparklines einfügen*

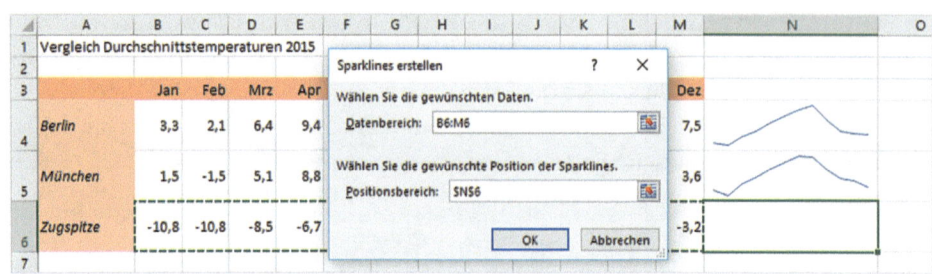

**3**  Verändern Sie Spaltenbreite und Zeilenhöhe der Zelle, bis die Anzeige Ihren Wünschen entspricht.

### Sparklines formatieren

*Bild 9.57 Datenpunkte hervorheben*

Sobald eine Zelle mit einer Sparkline markiert ist, stehen Ihnen im Register *Sparkline-tools - Entwurf* verschiedene Werkzeuge zur weiteren Bearbeitung zur Verfügung. Wie bei der Formatierung müssen Sie zuerst die betreffenden Zellen markieren.

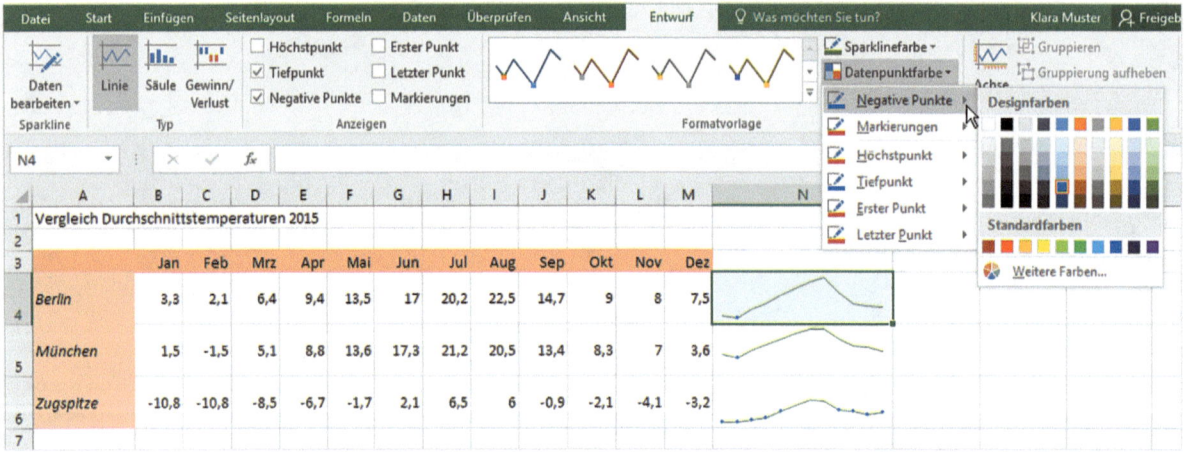

Sie können beispielsweise über die Kontrollkästchen der Gruppe *Anzeigen* bestimmte Punkte hervorheben, im Bild oben die Tiefstwerte (*Tiefpunkt*) und Minustemperaturen (*Negative Punkte*). Außerdem können Sie eine Sparklinefarbe wählen und ausgewählten Datenpunkten eine gesonderte Farbe zuweisen. Im Beispiel wurde für die Minustemperaturen (*Negative Punkte*) die Farbe blau gewählt.

### Achseneinteilung wählen

Wenn die Werte vergleichbar sein sollen, wie in unserem Beispiel beim Temperaturvergleich deutscher Großstädte mit der Zugspitze, dann empfiehlt es sich, eine einheitliche Achseneinteilung zu wählen. Klicken Sie dazu auf *Achse* und wählen Sie für Minimalwert und Höchstwert jeweils die Option *Identisch für alle Sparklines*.

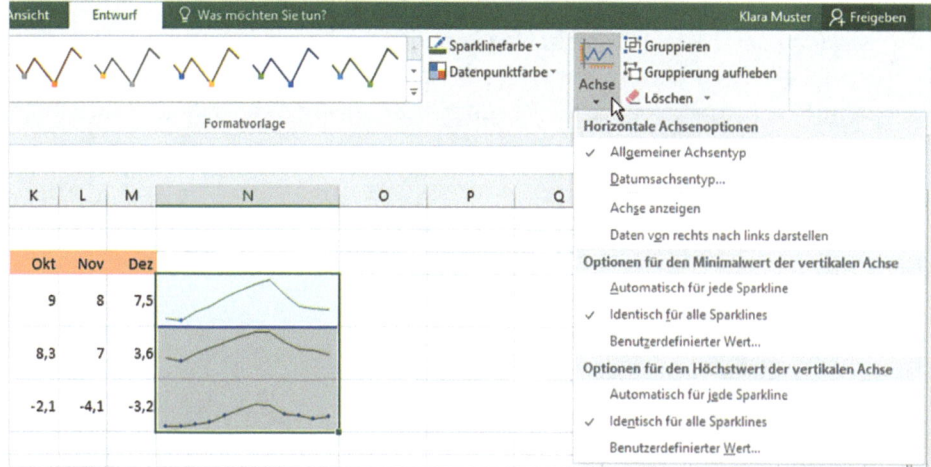

### Sparklines löschen

Zum Entfernen einer Sparkline markieren Sie die Zelle und klicken im Register *Entwurf*, Gruppe *Gruppieren*, auf die Schaltfläche *Löschen*. Alternativ können Sie auch die Schaltfläche *Löschen* und die Auswahl *Alle Löschen* im Register *Start* benutzen.

## 9.7 Übung

Ein aufstrebender Ferienort möchte eine Übersicht über die Entwicklung der Übernachtungszahlen der letzten Jahre. Geben Sie in einer neuen, leeren Arbeitsmappe die nachfolgenden Werte ein und formatieren Sie die Tabelle nach Ihren Vorstellungen.

| | A | B | C | D | E | F | G | H |
|---|---|---|---|---|---|---|---|---|
| 1 | Bad Hinterhausen - Übernachtungszahlen | | | | | | | |
| 2 | | | | | | | | |
| 3 | | | Jahr | | | | | |
| 4 | Aufenthaltsdauer | 2014 | 2015 | 2016 | 2017 | | | |
| 5 | *bis 3 Tage* | 800 | 1.500 | 4.000 | 5.000 | | | |
| 6 | *bis 7 tage* | 500 | 1.200 | 2.000 | 2.500 | | | |
| 7 | *bis 14 tage* | 800 | 1.400 | 1.000 | 700 | | | |
| 8 | *länger* | 300 | 500 | 300 | 500 | | | |
| 9 | Gesamt | | | | | | | |
| 10 | | | | | | | | |

### Aufgabe 1

▶ Berechnen Sie in B9 bis E9 für jedes Jahr die Summe der Übernachtungszahlen.

▶ Erstellen Sie ein 2D-Balkendiagramm, das für die Jahre 2009 bis 2012 die Entwicklung der Übernachtungszahlen anzeigt. Fügen Sie das Diagramm unterhalb der Tabelle ein und versehen es mit den erforderlichen Beschriftungen, Beispiel siehe Bild. Formatieren Sie die Balken mit Farben und Grafikeffekten nach Ihren Vorstellungen.

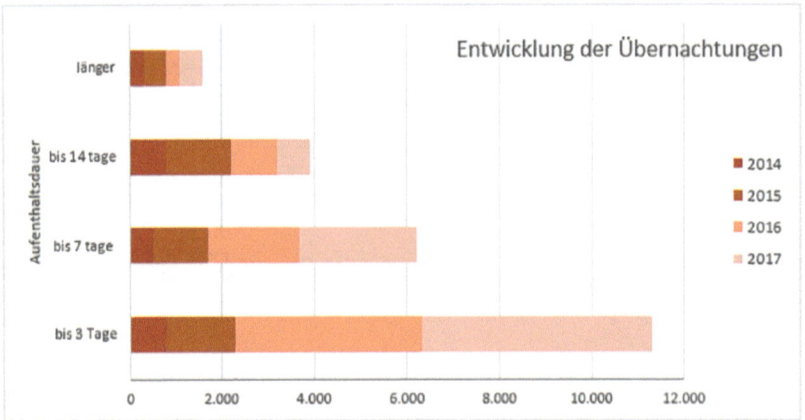

## Aufgabe 2

Erstellen Sie ein zweites Diagramm, das für das Jahr 2017 in Form eines Kreisdiagramms die prozentuale Aufteilung der Übernachtungen nach Aufenthaltsdauer anzeigt. Verschieben Sie das Diagramm in ein gesondertes Blatt unter dem Namen „Übernachtungen-2017". Ändern Sie das Diagramm so, dass es etwa der Abbildung unten entspricht. Achten Sie auf gute Lesbarkeit!

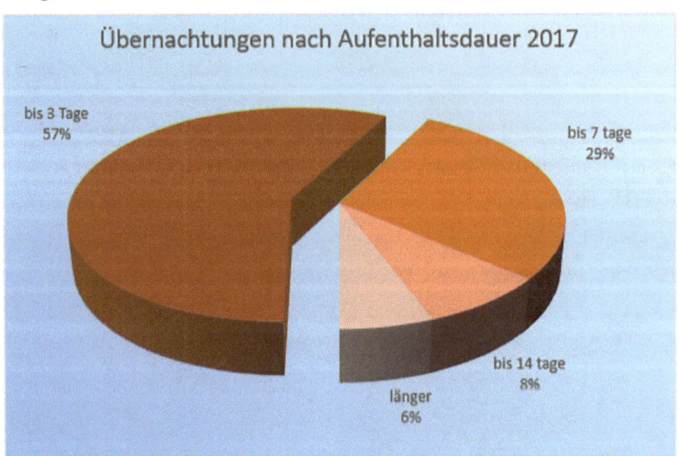

# 10 Umfangreiche Tabellen verwalten

**In diesem Kapitel lernen Sie...**

- wie Sie eine kleine Datenbank in Excel anlegen
- sich in umfangreichen Tabellen bewegen
- Zeichenfolgen suchen und ersetzen
- Dynamische Tabellen erzeugen
- Tabellen sortieren
- verschiedene Filtermöglichkeiten einsetzen

**Das sollten Sie bereits wissen**

- Daten eingeben und formatieren
- einfache Formeln und Funktionen
- Tabellen formatieren
- Umgang mit der Zwischenablage

## 10.1 Übersicht und Begriffe

Register *Daten*

*Sortieren* und *Filtern*

Adresstabelle mit Filter-schaltfächen

*Suchen und Ersetzen*

Datenschnitt zur Filte-rung der Tabelle

Postleitzahlen als Text
Grund: Führende 0

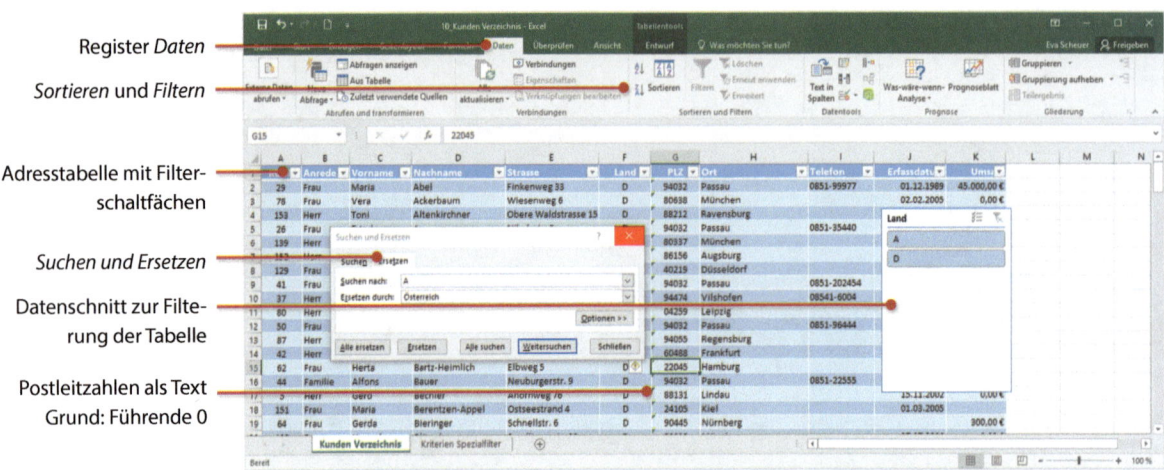

Excel verfügt über grundlegende Datenbankfunktionen wie Filtern und Sortieren, sowie über verschiedene Auswertungsmöglichkeiten und kann daher auch zur Verwaltung größerer Datenmengen eingesetzt werden. Im Gegensatz zu Datenbankprogrammen, wie beispielsweise Microsoft Access, unterstützt Excel aber keinerlei Schutzmechanismen gegen unbeabsichtigtes Ändern und Löschen von Daten. Für sehr große Datenmengen sollte daher besser ein Datenbankprogramm verwendet werden.

## 10.2 Was ist eine Datenbank?

Eine Datenbank speichert und verwaltet Daten in strukturierter Form in einer Tabelle. Relationale Datenbanken (dazu gehört auch Microsoft Access) verwalten die Daten zur Vermeidung von Mehrfachspeicherung verteilt in mehreren Tabellen. Mit Excel ist dies nur in einer einzigen Tabelle möglich. Außer Sie setzen Verweisfunktionen, z. B. SVER-WEIS ein oder nutzen die umfangreichen Möglichkeiten von Power Query und Power Pivot. Auf diese einzugehen, würde den Rahmen eines Grundlagenbuchs sprengen. Eine ausführliche Beschreibung finden Sie in den Büchern für Excel Anwender bzw. Profis des BILDNER Verlags.

„Professionelle Daten-analyse mit Excel", ISBN 978-3-8328-0270-7

Größere zusammenhängende Datenbereiche werden von Excel normalerweise automatisch erkannt. Daher ist es auch für die meisten Befehle zur Datenverwaltung nicht erforderlich, dass Sie die gesamte Tabelle markieren. Es genügt normalerweise, wenn Sie eine einzelne beliebige Zelle innerhalb der Tabelle markieren.

Zeilen = Datensätze

Spalten = Datenfelder

In einer Datenbank werden die Zeilen einer Tabelle, mit Ausnahme der Überschriftzei-le, als Datensätze bezeichnet. Die Spalten bezeichnet man als Datenfelder.

**Was Sie beim Anlegen einer Datenbanktabelle beachten sollten**

▶ Die erste Zeile einer Tabelle enthält die Spaltenüberschriften, diese werden auch als Feldnamen bezeichnet.

▶ Eine Datenbank sollte keine Leerzeilen oder leeren Spalten enthalten, auch nicht zwischen Überschriftzeile und den folgenden Datensätzen. Achten Sie also beim Löschen darauf, dass keine Leerzeilen zurückbleiben! Einzelne leere Zellen sind dagegen kein Problem.

▶ Ein Datensatz darf sich nicht über mehrere Zeilen erstrecken.

▶ Vermeiden Sie die mehrfache Eingabe und Speicherung von Daten (Datenredundanz). So kann beispielsweise das Alter aus dem Geburtsdatum berechnet werden, eine zusätzliche Speicherung ist daher nicht sinnvoll.

▶ Der Inhalt einer Spalte sollte nicht weiter zerlegbar sein. Damit können Sie später Ihre Datensätze einfacher sortieren und filtern. Speichern Sie etwa Vorname und Nachname zusammen in einer einzigen Spalte, beispielsweise Xaver Hintermoser, dann ist später keine Sortierung der Datenbank nach Nachnamen möglich.

▶ Wenn Sie die Daten als Datenquelle für einen Seriendruck mit Word verwenden möchten, dann sollte die Tabelle in der ersten Zeile des Arbeitsblattes beginnen.

Nachträgliches Zusammenfügen von Inhalten aus zwei oder mehr Spalten ist mit Hilfe von Funktionen kein Problem. Das spätere Aufteilen ist dagegen meist mit größerem Aufwand verbunden.

# 10.3 In großen Tabellen bewegen

## Schnell Zellen und Zellbereiche markieren

Die folgenden Tastenkombinationen verwenden Sie, um sich in einer umfangreichen Tabelle zu bewegen bzw. um Zellbereiche zu markieren.

| Tasten | Beschreibung |
|---|---|
| Strg+Pfeil ab | Markiert in der aktuellen Spalte die Zelle in der letzten Zeile einer Liste. |
| Strg+Pfeil auf | Markiert in der aktuellen Spalte die Zelle in der ersten Zeile einer Liste. |
| Strg+Pfeil rechts | Markiert in der aktuellen Zeile die Zelle in der letzten Spalte einer Liste. |
| Strg+Pfeil links | Markiert in der aktuellen Zeile die Zelle in der ersten Spalte einer Liste. |
| Strg+Umschalt+Pfeil ab | Markiert ab der aktuellen Position die gesamte Spalte einer Liste. |
| Strg+Umschalt+Pfeil rechts | Markiert ab der aktuellen Position die gesamte Zeile einer Liste. |

Zum Bewegen in Spalten können Sie auch mit der Taste **Ende** den Ende-Modus aktivieren und anschließend die Pfeiltaste nach unten betätigen. Zum Markieren verwenden Sie im Ende-Modus die Pfeiltaste zusammen mit der Umschalt-Taste.

| Tasten | Beschreibung |
|---|---|
| Strg + A oder Strg + Umschalt + * | Markiert die gesamte, zusammenhängende Liste; eine Zelle innerhalb der Liste muss markiert sein. |
| Strg+Pos1 | Markiert die Zelle A1. |

Achtung! Verwenden Sie dazu nicht den Stern (Multiplikation) * des Ziffernblocks.

### Übersichtliches Scrollen mit fixierten Spalten- und Zeilenüberschriften

Beim Bearbeiten von umfangreichen Tabellen verschwinden beim Verschieben des Bildschirmausschnitts (Scrollen) die Spaltenüberschriften. Um dies zu vermeiden, fixieren Sie die Position von Zeilen und/oder Spalten im Fenster, d.h. diese bleiben auch dann sichtbar, wenn Sie den Bildschirmausschnitt verschieben. So gehen Sie vor:

**1** Sorgen Sie dafür, dass die Spaltenüberschriften in der ersten Zeile des Fensters sichtbar sind und klicken Sie im Register *Ansicht*, Gruppe *Fenster*, auf die Schaltfläche *Fenster fixieren*.

**2** Wählen Sie aus, ob Sie die erste Zeile und/ oder die erste Spalte fixieren möchten. Über dieselbe Schaltfläche können Sie die Fixierung auch wieder aufheben.

| Oberste Zeile fixieren | Die erste Zeile des Arbeitsblattes bleibt sichtbar. |
|---|---|
| Erste Spalte fixieren | Die erste Spalte des Arbeitsblattes bleibt sichtbar. |
| Fenster fixieren | Alle Zeilen über und Spalten links neben der markierten Zelle werden fixiert. |

> **Achtung!** Die beiden ersten Befehle fixieren die erste, im Fenster sichtbare, Zeile/ Spalte. Die Zeile mit den Spaltenüberschriften muss daher als erste Zeile im Fenster sichtbar sein. Gleiches gilt für die Spalte.

*Bild 10.1 Oberste Zeile fixieren*

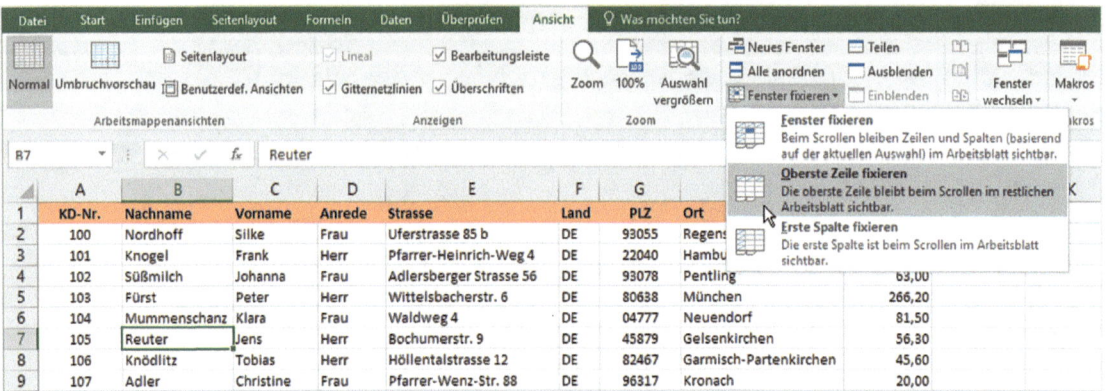

Das Ergebnis sehen Sie unten. An der Zeilennummerierung ist zu erkennen, dass die Zeile 1 fixiert wurde.

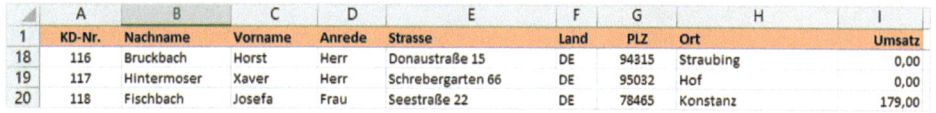

| | A | B | C | D | E | F | G | H | I |
|---|---|---|---|---|---|---|---|---|---|
| 1 | KD-Nr. | Nachname | Vorname | Anrede | Strasse | Land | PLZ | Ort | Umsatz |
| 18 | 116 | Bruckbach | Horst | Herr | Donaustraße 15 | DE | 94315 | Straubing | 0,00 |
| 19 | 117 | Hintermoser | Xaver | Herr | Schrebergarten 66 | DE | 95032 | Hof | 0,00 |
| 20 | 118 | Fischbach | Josefa | Frau | Seestraße 22 | DE | 78465 | Konstanz | 179,00 |

*Bild 10.2 Die erste Zeile wurde fixiert*

> Aus diesem Grund sollten Sie beim Öffnen einer Arbeitsmappe mit umfangreichen Tabellen zunächst anhand der Zeilen- und Spaltennummerierung kontrollieren, ob *Fenster fixieren* angewendet wurde. Möglicherweise sehen Sie sonst nur einen Teil der Datensätze.

### Fixierung aufheben

Zum Aufheben der Fixierung klicken Sie im Register *Ansicht*, Gruppe *Fenster* auf die Schaltfläche *Fenster fixieren* und wählen den Befehl *Fixierung aufheben*.

### Fenster fixieren

Während die beiden Befehle *Oberste Zeile fixieren* und *Erste Spalte fixieren* grundsätzlich die erste Zeile/Spalte im Fenster fixieren, ist der Befehl *Fenster fixieren* wesentlich flexibler. Er fixiert eine beliebige Anzahl Zeilen und Spalten und orientiert sich dabei an der markierten Zelle.

▶ Alle im Fenster links von der Markierung sichtbaren Spalten werden fixiert sowie

▶ alle im Fenster sichtbaren Zeilen oberhalb der Markierung.

Beispiel: Die Zeilen 1 bis 4 und die Spalten A und B sollen dauerhaft sichtbar bleiben.

**1** Sorgen Sie dafür, dass die Zeilen 1 bis 4 und die Spalte A und B auf dem Bildschirm sichtbar sind und markieren Sie die Zelle C5 (Bild 10.3).

**2** Klicken Sie auf die Schaltfläche *Fenster fixieren* und wählen Sie *Fenster fixieren*. Die Linien im Arbeitsblatt zeigen an, wo das Fenster fixiert wurde.

*Bild 10.3 Fenster fixieren*

| | A | B | C | D | E | F | G | H | I | J | K |
|---|---|---|---|---|---|---|---|---|---|---|---|
| 1 | Lagerliste | | | | | | | | | | |
| 2 | Stand: | 01.01.2016 | | | | | | | | | |
| 3 | | | | | | | | | | | |
| 4 | Bestell-Nr. | Text | | Einzelpreis | Lagerbestand | Herstelle | | | | | |
| 5 | 10050 | Gummistiefel | | 8,99 | 300 | Flix&Hoh | | | | | |
| 6 | 10051 | Gartenschuhe | | 5,99 | 150 | Flix&Hoh | | | | | |
| 7 | 10060 | Rasendünger 3 kg | | 4,59 | 1200 | SAGWAS | | | | | |
| 8 | 10066 | Meisenknödel 10 Stck. | | 2,66 | 800 | Compura | | | | | |
| 9 | 10074 | Rosenschere | | 18,20 | 280 | SAGWAS | | | | | |
| 10 | 10076 | Schaufel extra stark | | 79,00 | 1000 | SAGWAS | | | | | |
| 11 | 10089 | Vogelfutter 1 kg | | 3,40 | 65 | Compura | | | | | |

| | A | B | E | F | G |
|---|---|---|---|---|---|
| 1 | Lagerliste | | | | |
| 2 | Stand: | 01.01.2016 | | | |
| 3 | | | | | |
| 4 | Bestell-Nr. | Text | Hersteller | | |
| 9 | 10074 | Rosenschere | SAGWAS GmbH | | |
| 10 | 10076 | Schaufel extra stark | SAGWAS GmbH | | |
| 11 | 10089 | Vogelfutter 1 kg | Compura | | |
| 12 | | | | | |

## **10.4** Inhalte suchen und ersetzen

Mit den Befehlen *Suchen* bzw. *Suchen und Ersetzen* können Sie den markierten Zellbereich oder die gesamte Tabelle nach einem Suchbegriff durchsuchen und bei Bedarf auch gleich durch eine andere Zeichenfolge ersetzen lassen. Die Befehlsschaltfläche dazu finden Sie im Register *Start*, Gruppe *Bearbeiten*.

Beachten Sie: Im Gegensatz zu Filtern werden die übrigen Datensätze nicht ausgeblendet, sondern die gefundenen Inhalte der Reihe nach markiert.

### Suchen

Oder verwenden Sie die Tastenkombination Strg + F

So gehen Sie vor, wenn Sie nach einer bestimmten Zeichenfolge suchen möchten. Soll die Suche ausschließlich innerhalb einer Spalte erfolgen, dann müssen Sie zuvor diese Spalte markieren. Möchten Sie dagegen den gesamten Tabellenbereich durchsuchen, dann genügt es, wenn innerhalb einer zusammenhängenden Tabelle eine einzige Zelle markiert ist.

*Bild 10.4 Markierte Spalte durchsuchen*

**1**   Klicken Sie im Register *Start*, Gruppe *Bearbeiten*, auf *Suchen und Auswählen* und auf *Suchen....*

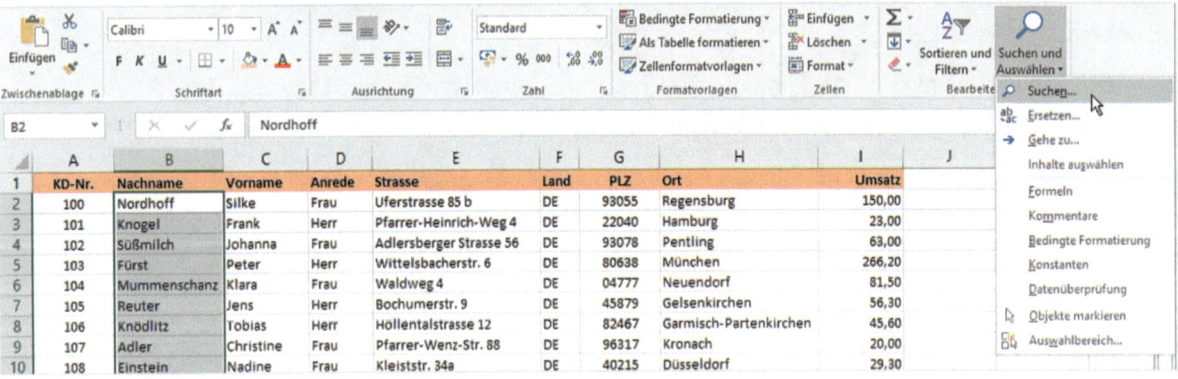

\* ersetzt an der angegebenen Stelle beliebige und beliebig viele Zeichen.

? steht für genau 1 Zeichen an dieser Stelle.

**2**   Das Dialogfenster *Suchen und Ersetzen* wird geöffnet. Geben Sie im Feld *Suchen nach* das gewünschte Suchkriterium ein (Bild 10.5). Sie können bei der Suche auch die Platzhalterzeichen \* und ? verwenden.

**3**   Klicken Sie außerdem auf die Schaltfläche *Optionen>>*, um weitere Möglichkeiten zum Verfeinern der Suche einzublenden.

   ▪ Suchen Sie einen bestimmten Namen, wie in der Abbildung, dann sollten Sie das Kontrolkästchen *Gesamten Zellinhalt vergleichen* aktivieren, da sonst beispielsweise bei der Suche nach „Eiche" auch Inhalte wie „Speicher" und „Bereiche" markiert werden.

- Über ein zweites Kontrollkästchen lässt sich bei Bedarf auch Groß- und Klein-schreibung bei der Suche berücksichtigen.

- Sie können auch zusätzlich oder ausschließlich nach einem bestimmten For-mat suchen, das Sie über die Schaltfläche *Format* näher definieren.

**4**  Mit Klick auf *Weitersuchen* markiert Excel die erste Fundstelle in der Tabelle. Ein erneuter Mausklick auf *Weitersuchen* setzt die Suche fort. Die Schaltfläche *Alle suchen* listet die gefundenen Werte unten in einem gesonderten Bereich des Su-chen-Fensters auf.

**5**  Wenn die Suche beendet ist, dann klicken Sie zuletzt auf *Schließen*.

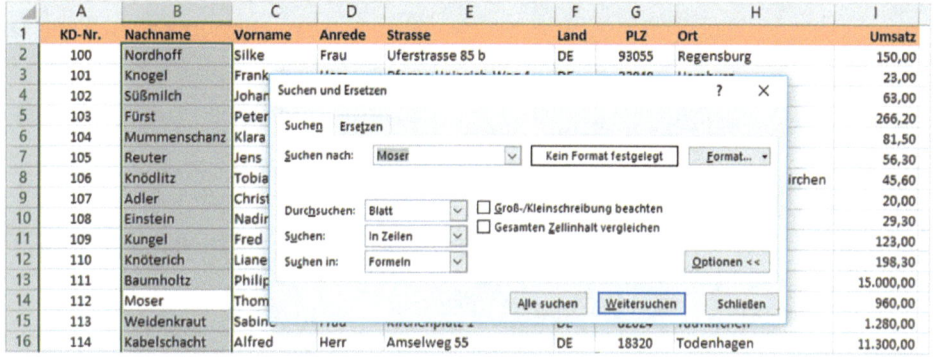

*Bild 10.5 Nach Zeichenfol-ge suchen*

## Zeichenfolgen ersetzen

Soll die gesuchte Zeichenfolge gleichzeitig durch eine andere ersetzt werden, dann klicken Sie im Register *Start*, Gruppe *Bearbeiten*, auf die Schaltfläche *Suchen und Aus-wählen* und auf *Ersetzen…*. Verwenden Sie die gleichen Suchoptionen wie unter *Su-chen* beschrieben und geben Sie zusätzlich an, durch welche Zeichenfolge die gefun-denen Inhalte ersetzt werden sollen.

Oder klicken Sie im ge-öffneten Fenster Suchen und Ersetzen auf das Register Ersetzen.

*Bild 10.6 Zeichenfolge suchen und ersetzen*

▶ Mit *Weitersuchen* starten Sie die Suche. Mit dieser Schaltfläche können Sie auch eine Fundstelle ohne Ersetzung übergehen.

▶ Die Schaltfläche *Ersetzen* ersetzt die Zeichenfolge der Fundstelle und markiert automatisch die nächste Stelle.

▶ Mit der Schaltfläche *Alle ersetzen* werden alle vorkommenden Zeichenfolgen automatisch und ohne vorherige Rückfrage ersetzt. Sie erhalten eine abschließende Meldung, wieviele Ersetzungen vorgenommen wurden.

▶ Mit der Schaltfläche *Alle suchen* werden zunächst alle gefundenen Inhalte mit ihrer Zelladresse in einem gesonderten Bereich des Fensters *Suchen und Ersetzen* aufgelistet. Wenn Sie hier auf eine Zelladresse klicken, so markiert Excel die dazugehörige Zelle in der Tabelle und mit der Schaltfläche *Ersetzen* können Sie nun ebenfalls den Inhalt der markierten Zelle ersetzen.

*Bild 10.7 Alle suchen*

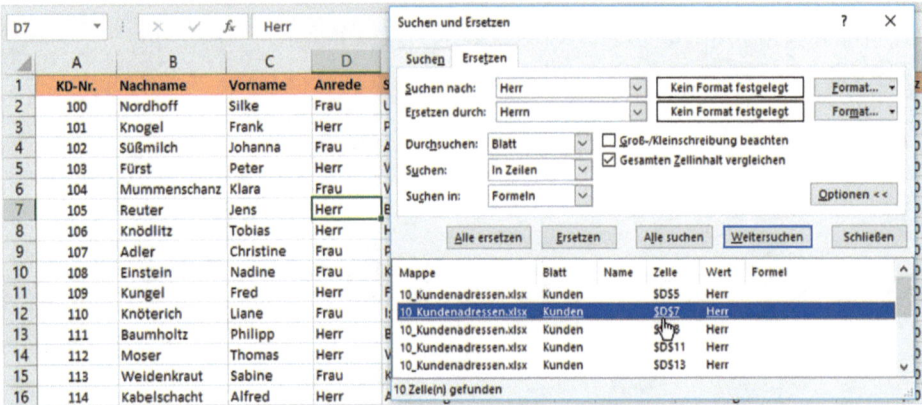

## 10.5   Zellbereich als intelligente Tabelle formatieren

Wie Sie eine Tabelle schnell mit Hilfe von Tabellenformatvorlagen formatieren, haben Sie in einem früheren Kapitel bereits in Verbindung mit der Formatierung von Zellen und Tabellen kennengelernt. Allerdings ist die Gestaltung der Tabelle beispielsweise mit abwechselnden Zeilenfarben, Linien und Hervorhebung der Überschriftenzeile nicht das einzige Ergebnis, sondern Sie erhalten eine Reihe weiterer Vorteile.

> Sie erzeugen dadurch eine dynamische oder „intelligente" Tabelle, in früheren Excel-Versionen auch als Liste bezeichnet.
>
> ▶ Beim Anfügen weiterer Zeilen und/oder Spalten wird auch der Tabellenbereich automatisch angepasst, dies gilt auch für das Löschen.
>
> ▶ Sämtliche Formatierungen und Formeln werden in neu hinzugefügte Zeilen übernommen.
>
> ▶ Zum schnellen Sortieren und Filtern erscheinen in den Spaltenüberschriften Filterschaltflächen.

## Tabelle erstellen

▶ Wenn Sie eine bereits bestehende Tabelle umwandeln möchten, dann genügt es meist, wenn Sie zuvor auf eine beliebige Zelle innerhalb des Tabellenbereichs klicken.

▶ Möchten Sie dagegen eine Tabelle vor Eingabe der ersten Daten erstellen, dann sollten Sie zumindest die erste Spaltenüberschrift eingeben und anschließend diese Zelle markieren.

### Es gibt zwei Möglichkeiten, wie Sie eine dynamische Tabelle erzeugen

▶ Über das Register *Start*, Gruppe *Formatvorlagen* und die Schaltfläche *Als Tabelle formatieren*. Excel öffnet einen Katalog verschiedener Vorlagen und Sie brauchen nur auf die gewünschte Vorlage klicken.

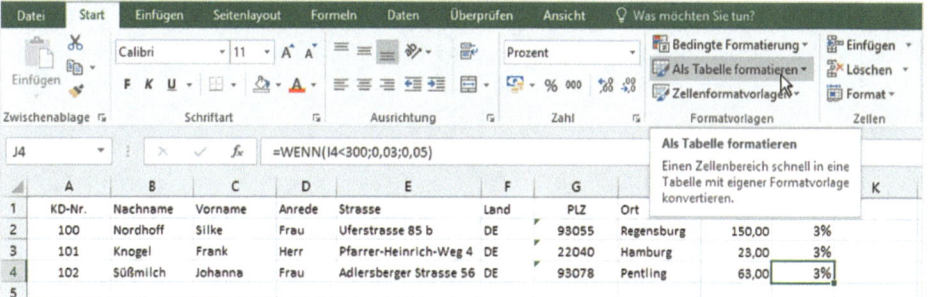

*Bild 10.8 Register Start - Als Tabelle formatieren*

Alternativ verwenden Sie die Tastenkombination Strg+L

▶ Als zweite Möglichkeit benutzen Sie im Register *Einfügen*, Gruppe *Tabellen*, die Schaltfläche *Tabelle*. Im Gegensatz zum Register *Start* erscheint hier kein Vorlagenkatalog, sondern die Tabelle wird zunächst mit der Standardvorlage formatiert. Diese lässt sich jedoch nachträglich jederzeit ändern.

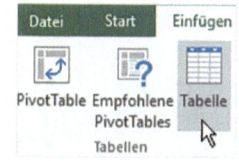

In beiden Fällen öffnet sich anschließend das Fenster *Tabelle erstellen* und fordert Sie auf, den Datenbereich für die Tabelle anzugeben. Dieser wird in den meisten Fällen automatisch erkannt. Im Gegensatz dazu wird eine vorhandene Überschriftzeile nicht immer korrekt erkannt, kontrollieren und aktivieren Sie daher unbedingt das Kontrollkästchen *Tabelle hat Überschriften*.

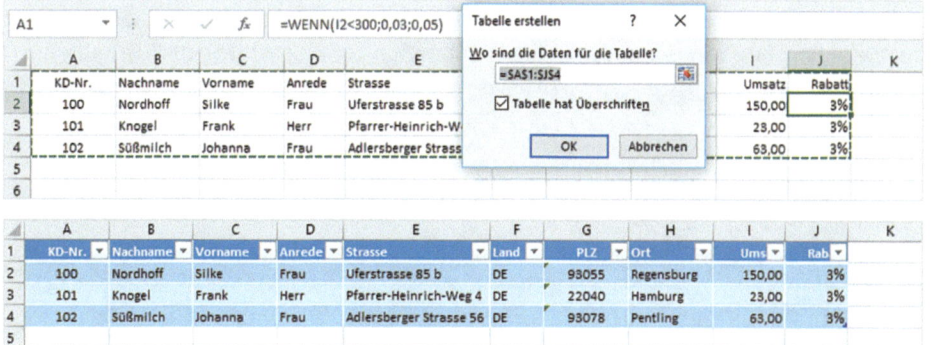

*Bild 10.9 Datenbereich festlegen*

*Bild 10.10 Das Ergebnis*

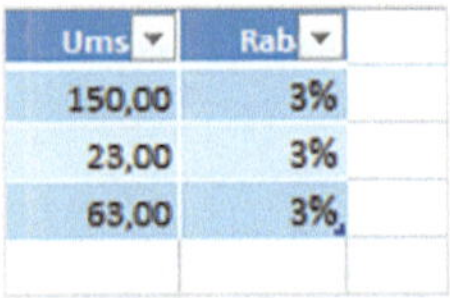

| Ums ▼ | Rab ▼ |
|---|---|
| 150,00 | 3% |
| 23,00 | 3% |
| 63,00 | 3% |

### Zeilen und Spalten anfügen

Der Tabellenbereich einer solchen Tabelle ist leicht an der kleinen blauen Marke in der rechten unteren Ecke der Tabelle zu erkennen. Sobald Sie darauf zeigen, erscheint als Mauszeiger ein Doppelpfeil und Sie können auch durch Ziehen mit gedrückter Maustaste den Bereich beliebig vergrößern oder verkleinern. Dies dürfte allerdings in der Regel nicht erforderlich sein, da sich der Bereich bei der Eingabe automatisch anpasst.

**1** Klicken Sie in die nächste freie Zeile unterhalb des Tabellenbereichs und beginnen Sie mit der Eingabe eines neuen Datensatzes.

**2** Sobald Sie die Eingabe in die erste Zelle mit der Tab-Taste abgeschlossen haben, wird der Tabellenbereich automatisch erweitert und Formatierungen und Formeln (im Bild unten in der Spalte Rabatt) übernommen.

*Bild 10.11 Neue Zeile eingeben*

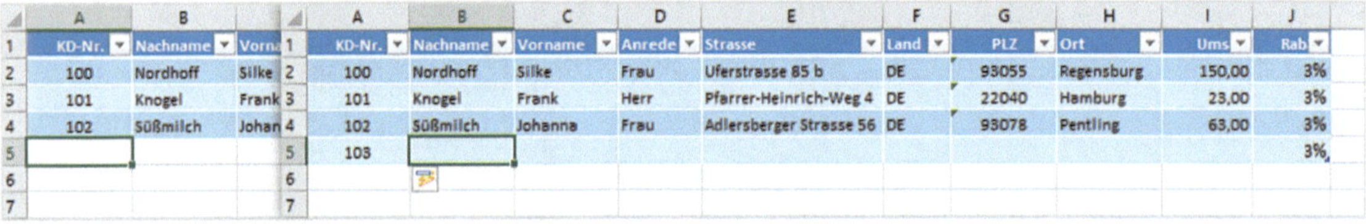

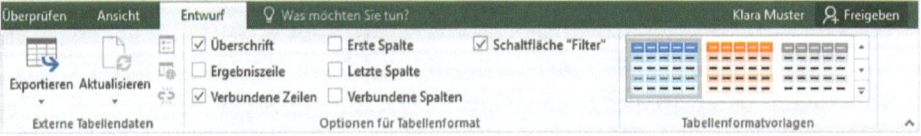

### Tabelle mit Vorlagen formatieren

Zusammen mit einer dynamischen Tabelle steht Ihnen im Menüband das Register *Tabellentools - Entwurf* zur Verfügung, allerdings nur, wenn eine Zelle dieser Tabelle markiert ist. Wenn Sie die Formatierung der Tabelle ändern möchten, dann benutzen Sie am besten die Tabellenvorlagen dieses Registers. Im selben Register können Sie über die Kontrollkästchen der Gruppe *Optionen für Tabellenformat* die Übernahme von Spezialformaten, z. B. für Überschriften, steuern.

*Bild 10.12 Tabellentools - Entwurf*

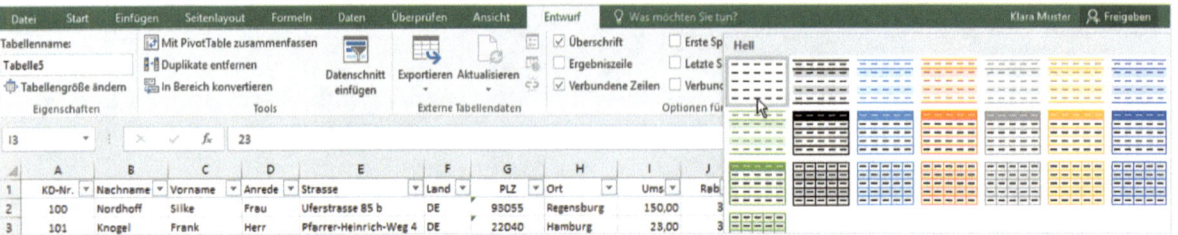

Kleiner Tipp für alle, denen die Formatvorlagen zu „bunt" sind: Im Katalog *Tabellenformatvorlagen* finden Sie in der linken oberen Ecke die Vorlage *Keine*. Diese entfernt zwar alle Formate, der dynamische Tabellenbereich bleibt aber trotzdem erhalten.

*Bild 10.13 Vorlage Keine*

## Tabelle wieder in normalen Zellbereich umwandeln

Falls Sie einen solchen Tabellenbereich nachträglich wieder in einen normalen Zellbereich umwandeln möchten, dann sollten Sie wissen, dass alle Inhalte und Formatierungen der Tabelle erhalten bleiben. Wenn auch die Formatierung entfernt werden soll, dann sollten Sie vor der Konvertierung die Formatvorlage *Keine* (siehe oben) zuweisen.

Klicken Sie dazu in eine beliebige Zelle der Tabelle und benutzen Sie im Register *Tabellentools - Entwurf* die Schaltfläche *In Bereich konvertieren*. Denselben Befehl erhalten Sie auch über die rechte Maustaste, wenn Sie im Kontextmenü auf *Tabelle* zeigen.

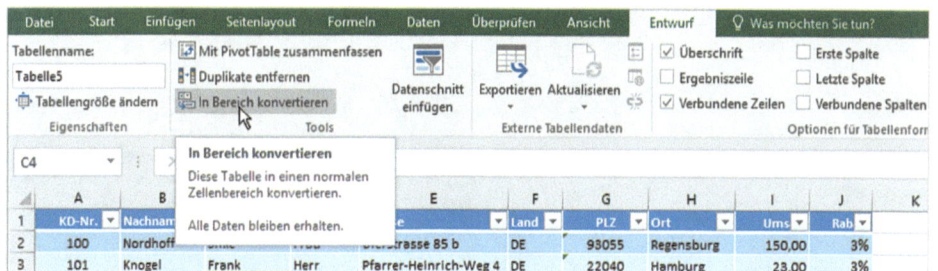

*Bild 10.14 In Bereich konvertieren*

# 10.6 Tabellen sortieren

## Einfaches Sortieren

Eine Tabelle kann nach Texteinträgen, Zahlen, Datum und Uhrzeit sortiert werden; auch die gleichzeitige Verwendung mehrerer Kriterien ist möglich. Wenn Sie nur nach einer einzigen Spalte sortieren möchten, dann benutzen Sie dazu am einfachsten die Filterschaltflächen:

▶ Haben Sie die Tabelle als intelligente Tabelle formatiert (siehe Punkt 10.5), dann sind die Filterschaltflächen in den Spaltenüberschriften automatisch sichtbar.

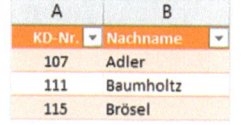

▶ Ist dies nicht der Fall, dann können Sie diese einblenden, indem Sie im Register *Daten* auf die Schaltfläche *Filtern* klicken (Bild 10.15).

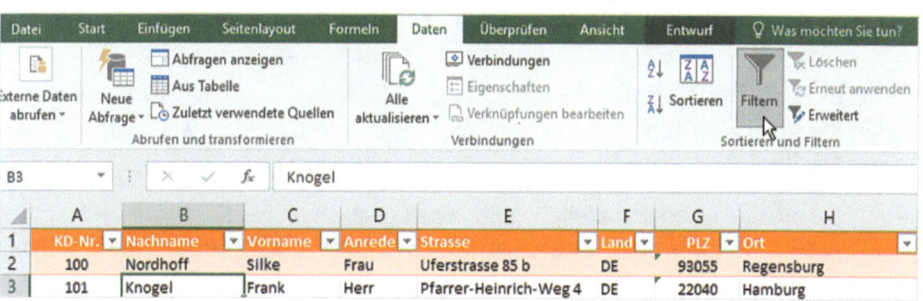

*Bild 10.15 Filter ein- und ausblenden*

Die Filterschaltflächen werden manchmal auch als AutoFilter bezeichnet.

Mit derselben Schaltfläche blenden Sie die Filterschaltflächen auch wieder aus, wenn diese nicht mehr benötigt werden.

Zum Sortieren klicken Sie einfach auf die Filterschaltfläche in der Überschrift der betreffenden Spalte und wählen zwischen *Von A bis Z sortieren* (aufsteigend) und *Von Z bis A sortieren* (absteigend). Nach welcher Spalte sortiert wurde, ist am kleinen Pfeil auf der Filterschaltfläche leicht zu erkennen.

*Bild 10.16 Sortierung wählen*

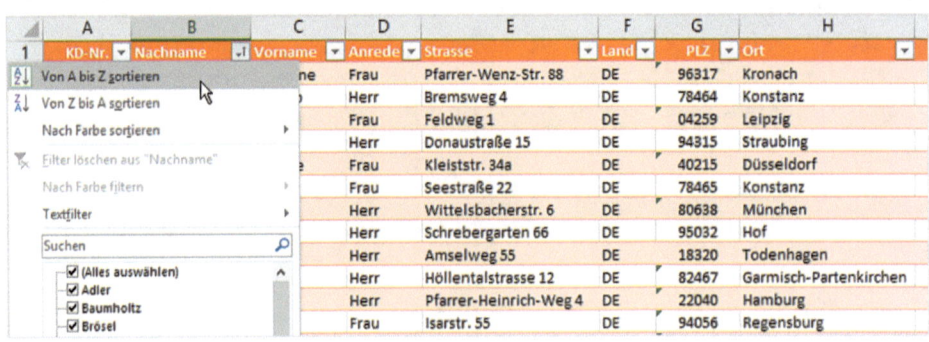

### Weitere Sortiermöglichkeiten

Im Register *Daten* finden Sie ebenfalls zwei Schaltflächen zum Sortieren. Wenn Sie diese statt der Filterschaltflächen benutzen möchten, dann klicken Sie auf eine beliebige Zelle der Spalte, nach der Sie sortieren möchten und benutzen die Symbole *Aufsteigend sortieren* oder *Absteigend sortieren*.

*Bild 10.17 Über Symbole sortieren*

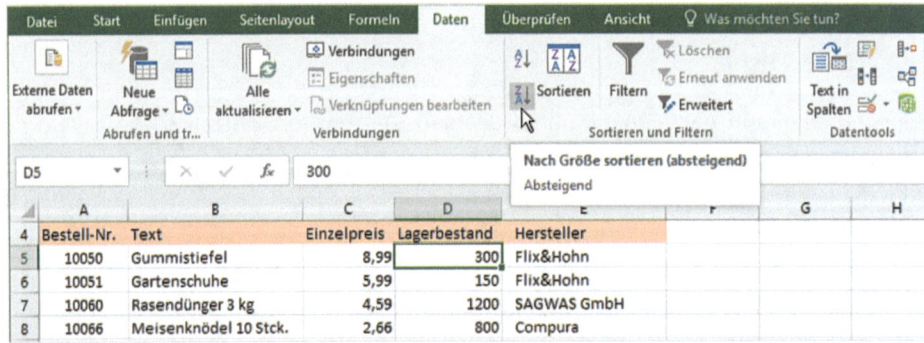

Dieselben Befehle bzw. Symbole finden Sie auch im Register *Start*, Gruppe *Bearbeiten*, wenn Sie auf die Schaltfläche *Sortieren und Filtern* klicken.

### Was Sie beim Sortieren beachten sollten

Wenn die Tabelle nicht als intelligente Tabelle formatiert wurde, dann sollten Sie bei dieser Methode der Sortierung folgende Punkte unbedingt beachten:

▶ Eine einzige Überschriftzeile wird normalerweise von Excel erkannt und nicht in die Sortierung einbezogen. Enthält Ihre Tabelle dagegen mehrere Überschriftzeilen oder Summen am Ende der Tabelle, dann verwenden Sie besser die benutzerdefinierte Sortierung (siehe weiter unten).

▶ Zwischen Überschrift und Datensätzen sollte keine leere Zeile vorhanden sein, da sonst entweder nicht sortiert wird oder die Überschrift in die Sortierung einbezogen wird.

▶ Markieren Sie zum Sortieren niemals eine einzige Spalte der Tabelle. In diesem Fall erfolgt die Sortierung ausschließlich innerhalb der markierten Spalte und die Datensätze (Zeilen) werden nicht vollständig sortiert! Excel macht Sie mit einer Sortierwarnung darauf aufmerksam, wählen Sie in solchen Fällen entweder die Option *Markierung erweitern* oder brechen Sie die Sortierung ab.

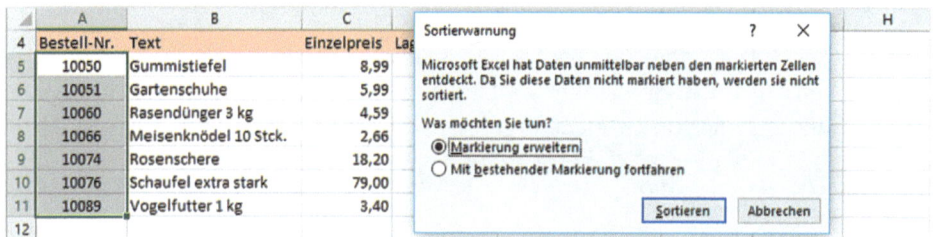

*Bild 10.18 Sortierwarnung*

## So setzen Sie mehrere Sortierkriterien ein

Wollen Sie die Liste nach mehreren Kriterien sortieren, beispielsweise wie in einem Telefonbuch nach Nachname und bei gleichen Nachnamen auch nach Vornamen, dann verwenden Sie die benutzerdefinierte Sortierung.

**1** Markieren Sie eine beliebige Zelle innerhalb der Tabelle und klicken Sie im Register *Daten* auf die Schaltfläche *Sortieren*. Enthält Ihre Tabelle mehrere Überschriftzeilen, die nicht in die Sortierung einbezogen werden sollen, dann müssen Sie zuvor den zu sortierenden Tabellenbereich markieren.

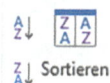

**2** Im Dialogfenster *Sortieren* kontrollieren Sie zunächst, ob die Überschriftzeile erkannt wurde. Dazu befindet sich in der oberen rechten Ecke das Kontrollkästchen *Daten haben Überschriften* (Bild 10.19). Bei einer dynamischen Tabelle erübrigt sich dies, dann ist das Kästchen inaktiv.

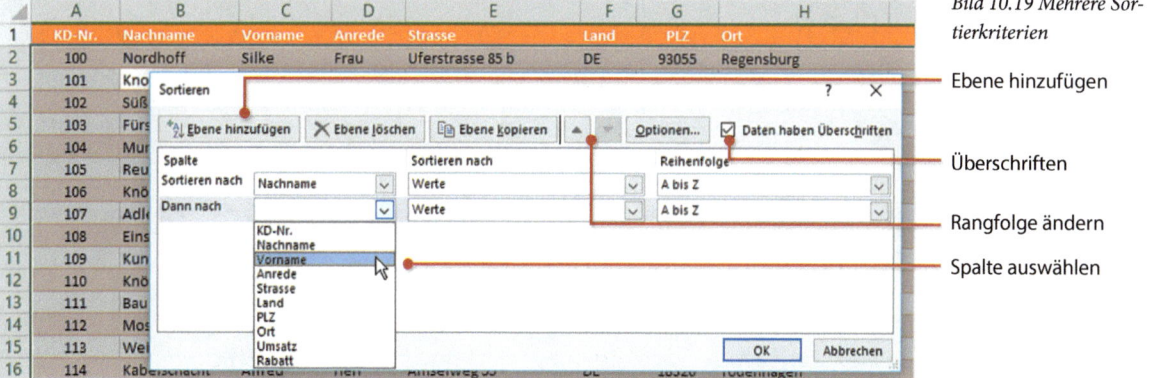

*Bild 10.19 Mehrere Sortierkriterien*

Ebene hinzufügen

Überschriften

Rangfolge ändern

Spalte auswählen

**3** Klicken Sie im Feld *Sortieren nach* auf den Dropdown-Pfeil und wählen Sie das Hauptsortierkriterium. Daneben legen Sie die Reihenfolge (aufsteigend oder absteigend) fest.

**4** Möchten Sie nach einem weiteren Feld sortieren, so klicken Sie auf die Schaltfläche *Ebene hinzufügen* und wählen unterhalb das zweite Sortierkriterium.

**5** Bei Bedarf verwenden Sie die Pfeile, um die Rangfolge der Sortierkriterien zu ändern.

**6** Mit *Ebene löschen* entfernen Sie die markierte Sortierung.

Über die Schaltfläche *Optionen* können Sie außerdem festlegen, ob Groß- und Kleinschreibung berücksichtigt werden soll. Eine andere Möglichkeit stellt die Sortierung nach Spalten anstelle von Zeilen dar.

### Nach Farben sortieren

In der Regel werden Listen nach ihren Werten sortiert. Es kann aber auch nach Zellenfarbe, Schriftfarbe oder Zellensymbolen sortiert werden. Beispielsweise ist es so möglich, nach Zellen, die Sie durch eine bedingte Formatierung hervorgehoben haben, zu sortieren. Als Beispiel wurden im Bild unten alle Lagerbestände unter 500 mit roter Farbe formatiert und alle Lagerbestände darüber mit blauer Farbe. Diese Tabelle soll nun nach den Farben der Spalte Lagerbestand sortiert werden.

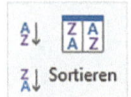

**1** Klicken Sie dazu im Register *Daten* auf die Schaltfläche *Sortieren*.

**2** Im Dialogfenster *Sortieren* wählen Sie zunächst die Spalte Lagerbestand und anschließend daneben anstelle von Werte *Zellenfarbe*.

**3** Unter *Reihenfolge* können Sie nun mit Klick auf den Dropdown-Pfeil angeben, welche Farbe zuerst kommt (*Oben*).

*Bild 10.20 Beispiel Sortieren nach Farben*

Haben Sie mehr als zwei Farben verwendet, so fügen Sie für dieses Feld weitere Ebenen hinzu, denen Sie unter *Reihenfolge* jeweils die nächste Farbe zuweisen.

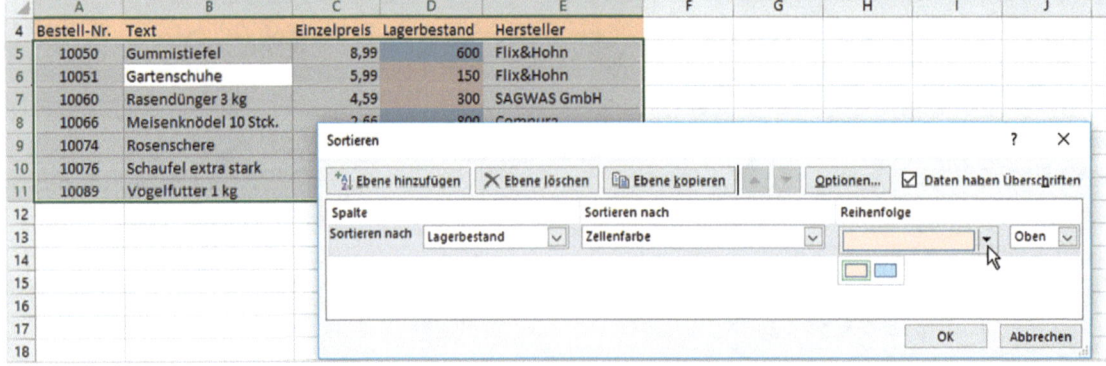

## 10.7 Tabellen filtern

Siehe Punkt 10.6.

Filtern bedeutet, es werden nur bestimmte Datensätze angezeigt, alle übrigen sind vorübergehend ausgeblendet. Am einfachsten und schnellsten verwenden Sie dazu die Filterschaltflächen der Spaltenüberschriften, auch als AutoFilter bezeichnet. Diese sind automatisch vorhanden, wenn der Zellbereich als Tabelle formatiert wurde; andernfalls klicken Sie zum Einblenden im Register *Daten* auf die Schaltfläche *Filtern*.

### Einfache Filter anwenden

#### Filterkriterien auswählen

**1**   Klicken Sie auf die Filterschaltfläche der Spalte, die Ihre Filterkriterien enthält.

**2**   Deaktivieren Sie dann zunächst das Kontrollkästchen *(Alles auswählen)* und aktivieren Sie nur die Kästchen der gewünschten Filterkriterien. Im Beispiel unten in der Spalte Ort die Städte Düsseldorf und Gelsenkirchen.

**3**   Zum Anwenden des Filters klicken Sie auf *OK*.

*Bild 10.21 Kriterien auswählen*

| | A | B | C | D | E | F | G | H | I | J |
|---|---|---|---|---|---|---|---|---|---|---|
| 1 | KD-Nr. | Nachname | Vorname | Anrede | Strasse | Land | PLZ | Ort | Umsa | Rabatt |
| 2 | 100 | Nordhoff | Silke | Frau | Uferstrasse 85 b | DE | | Von A bis Z sortieren | 150,00 | 3% |
| 3 | 101 | Knogel | Frank | Herr | Pfarrer-Heinrich-Weg 4 | DE | | Von Z bis A sortieren | 23,00 | 3% |
| 4 | 102 | Süßmilch | Johanna | Frau | Adlersberger Strasse 56 | DE | | Nach Farbe sortieren | 63,00 | 3% |
| 5 | 103 | Fürst | Peter | Herr | Wittelsbacherstr. 6 | DE | | | 266,20 | 3% |
| 6 | 104 | Mummenschanz | Klara | Frau | Waldweg 4 | DE | | Filter löschen aus "Ort" | 81,50 | 3% |
| 7 | 105 | Reuter | Jens | Herr | Bochumerstr. 9 | DE | | Nach Farbe filtern | 56,30 | 3% |
| 8 | 106 | Knödlitz | Tobias | Herr | Höllentalstrasse 12 | DE | | Textfilter | 45,60 | 3% |
| 9 | 107 | Adler | Christine | Frau | Pfarrer-Wenz-Str. 88 | DE | | | 20,00 | 3% |
| 10 | 108 | Einstein | Nadine | Frau | Kleiststr. 34a | DE | | Suchen | 29,30 | 3% |
| 11 | 109 | Kungel | Fred | Herr | Fichtelgebirgstr. 73 | DE | | ■ (Alles auswählen) | 123,00 | 3% |
| 12 | 110 | Knöterich | Liane | Frau | Isarstr. 55 | DE | | ☐ Coburg | 198,30 | 3% |
| 13 | 111 | Baumholtz | Philipp | Herr | Bremsweg 4 | DE | | ☑ Düsseldorf | 15.000,00 | 5% |
| 14 | 112 | Moser | Thomas | Herr | Wiesenweg 17 | DE | | ☐ Garmisch-Partenkirchen | 960,00 | 5% |
| 15 | 113 | Weidenkraut | Sabine | Frau | Kirchenplatz 1 | DE | | ☑ Gelsenkirchen | 1.280,00 | 5% |
| 16 | 114 | Kabelschacht | Alfred | Herr | Amselweg 55 | DE | | ☐ Hamburg | 11.300,00 | 5% |
| 17 | 115 | Brösel | Sandra | Frau | Feldweg 1 | DE | | ☐ Hof | 5.600,00 | 5% |
| 18 | 116 | Bruckbach | Horst | Herr | Donaustraße 15 | DE | | ☐ Konstanz | 0,00 | 3% |
| 19 | 117 | Hintermoser | Xaver | Herr | Schrebergarten 66 | DE | | ☐ Kronach | 0,00 | 3% |
| 20 | 118 | Fischbach | Josefa | Frau | Seestraße 22 | DE | | ☐ Leipzig | 179,00 | 3% |
| 21 | | | | | | | | OK   Abbrechen | | |

Eine gefilterte Tabelle erkennen Sie an der unterbrochenen Zeilennummerierung und am Filtersymbol in der Überschrift der betreffenden Spalte. Beim Zeigen wird eine Kurzinfo mit den verwendeten Filterkriterien sichtbar.

*Bild 10.22 Die gefilterte Tabelle*

| | A | B | C | D | E | F | G | H | I | J | K | L |
|---|---|---|---|---|---|---|---|---|---|---|---|---|
| 1 | KD-Nr. | Nachname | Vorname | Anrede | Strasse | Land | PLZ | Ort | | Umsa | Rabatt | | |
| 7 | 105 | Reuter | Jens | Herr | Bochumerstr. 9 | DE | 45879 | Gelsenkirchen | | 56,30 | 3% | | |
| 10 | 108 | Einstein | Nadine | Frau | Kleiststr. 34a | DE | 40215 | Düsseldorf | | | | | |
| 21 | | | | | | | | | Ort: | | | | |
| 22 | | | | | | | | | Ist gleich "Düsseldorf" oder Ist gleich "Gelsenkirchen" | | | | |

### Filter entfernen

Zum Entfernen eines Filters klicken Sie entweder im Register *Daten* neben der Schaltfläche *Filter* auf das Symbol *Löschen*. Oder klicken Sie auf die Filterschaltfläche der Spaltenüberschrift und wählen hier *Filter löschen* aus. Vorsicht dagegen mit der Schaltfläche *Filtern*: Wenn Sie diese deaktivieren, dann entfernen Sie nicht nur alle Filter, sondern blenden gleichzeitig die Filterschaltflächen aus.

*Bild 10.23 Filter löschen*

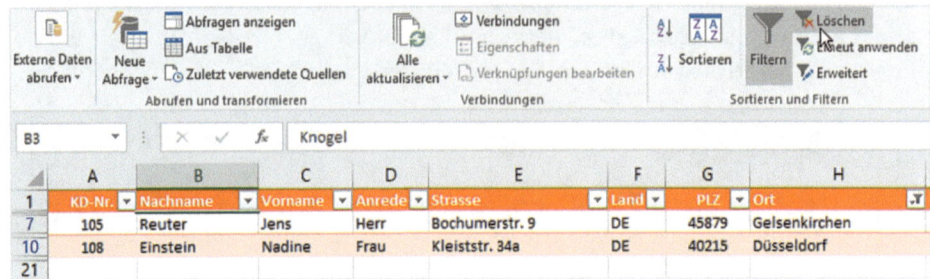

## Filterkriterien definieren

Die oben genannte Methode eignet sich nicht für alle Inhalte. Bei Zahlenwerten benötigen Sie meist Vergleichskriterien, dann ist es sinnvoller, die Filterkriterien selbst zu definieren. Möchten Sie zum Beispiel alle Kunden mit einem Umsatz von 100 € oder mehr herausfiltern, dann klicken Sie auf den Dropdown-Pfeil der Umsatzspalte. Zeigen Sie auf den Eintrag *Zahlenfilter*, wählen Sie *Größer oder gleich…* und geben Sie im Fenster *Benutzerdefinierter AutoFilter* den Vergleichswert ein.

*Bild 10.24 Beispiel Zahlenfilter*

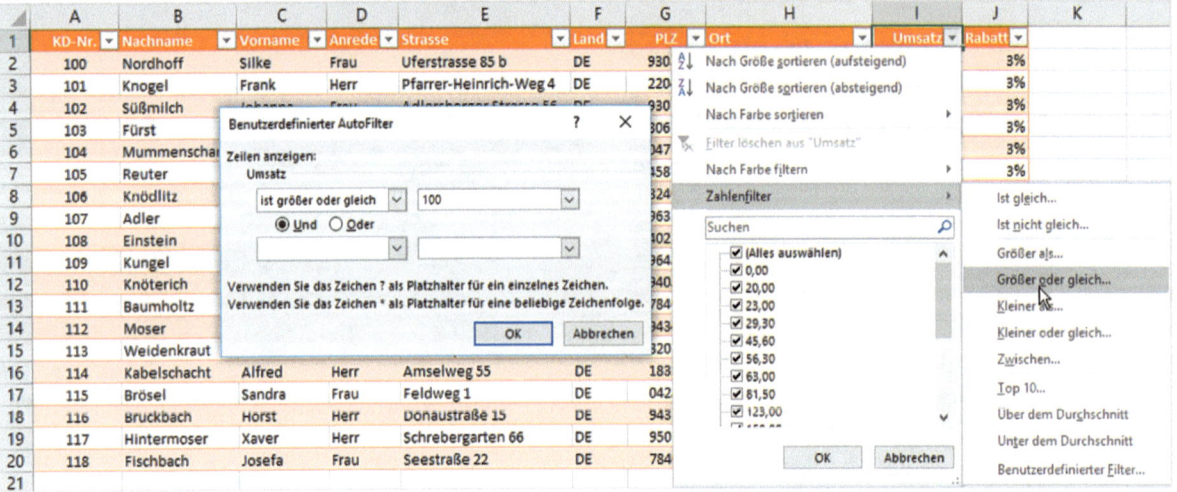

**Beispiel Postleitzahlenbereich filtern**

Sie möchten aus der oben abgebildeten Tabelle für ein Mailing alle Adressen der Postleitzahlenbereiche 8 und 9 filtern. Klicken Sie dazu auf die Filterschaltfläche der Spalte PLZ, zeigen Sie auf *Textfilter* und wählen Sie *Benutzerdefinierter Filter...*.

**1** Im Fenster *Benutzerdefinierter Autofilter* legen Sie nun die Filterkriterien fest. Klicken Sie auf den Dropdown-Pfeil, wählen Sie *beginnt mit* und geben Sie im Feld daneben 8 ein.

**2** Für den zweiten Postleitzahlenbereich aktivieren Sie unterhalb die Option *Oder*. Wählen Sie dann im Feld darunter nochmals *beginnt mit* aus, geben Sie daneben 9 ein und klicken Sie auf *OK*.

*Bild 10.25 Benutzerdefinierter AutoFilter*

**Hinweis:** Postleitzahlen werden häufig als Text formatiert eingegeben, damit auch eine führende 0 angezeigt wird. Wurden dagegen die Postleitzahlen als Zahlen unter Verwendung eines geeigneten Zahlenformats eingegeben, so müssen Sie als Zahlenfilter die Kriterien *ist größer als* und *ist kleiner oder gleich* mit den entsprechenden Vergleichswerten verwenden.

**Achtung:** Problematisch wird es, wenn ein Teil der Postleitzahlen als Text und der andere als Zahl formatiert ist. Dann sortiert Excel zuerst alle Zahlen und danach Text.

In solchen Fällen gibt es nur eine Abhilfe: nämlich der gesamten Spalte zunächst ein einheitliches Format zuweisen.

Auch für Datumswerte stehen entsprechende Filter zur Verfügung, mit ihrer Hilfe können Sie beispielsweise nach bestimmten Monaten filtern.

> **Tipp:** In Filterkriterien können auch die Platzhalterzeichen * und ? verwendet werden, wenn Sie beispielsweise alle Kunden, deren Nachname mit dem Buchstaben M beginnt, herausfiltern möchten.

| Zeichen | Beschreibung | Beispiel |
|---------|--------------|----------|
| * | Steht für eine beliebige Anzahl von Zeichen | M* liefert Maier, Müller-Lüdenscheid |
| ? | Steht für genau ein Zeichen | M???? liefert Maier, aber nicht Müller-Lüdenscheid |

### Erweiterte oder Spezialfilter einsetzen

Der Spezialfilter erlaubt das Filtern einer Tabelle unter Verwendung eines gesonderten Kriterienbereichs. Dieser kann sich oberhalb oder unterhalb der eigentlichen Tabelle, oder aber in einem weiteren Arbeitsblatt befinden. Auf diese Weise lassen sich Filterkriterien, im Gegensatz zum AutoFilter auch zusammen mit der Arbeitsmappe speichern und später schnell wieder nutzen.

> Als Kriterienbereich legen Sie eine zweite Tabelle an, deren Spaltenüberschriften müssen mit den Spaltenüberschriften der Tabelle exakt übereinstimmen. Ab der zweiten Zeile geben Sie dann die Kriterien ein.

Als Beispiel sollen alle Adressen der Postleitzahlenbereiche 8 und 9 mit einem Umsatz ab 100 € herausgefiltert werden.

1 Im ersten Schritt kopieren Sie am einfachsten die Überschriften der Tabelle. Es genügt, wenn nur die Überschriften der benötigten Spalten kopiert werden.

2 Geben Sie die beiden Orte zusammen mit dem Umsatz unterhalb der jeweiligen Spaltenüberschriften ein. Da nur Kunden aus Deutschland gefiltert werden sollen, müssen Sie auch noch das Land angeben (Bild 10.26).

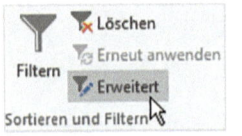

*Bild 10.26 Tabelle mit Kriterienbereich*

3 Klicken Sie anschließend im Register *Daten*, Gruppe *Sortieren und Filtern*, auf *Erweitert*.

4 Im Fenster *Spezialfilter* legen Sie nun die Bereiche fest. Der Listenbereich wird normalerweise von Excel automatisch erkannt, als Kriterienbereich geben Sie den Zellbereich einschließlich der Überschrift an, der Ihre Kriterien enthält.

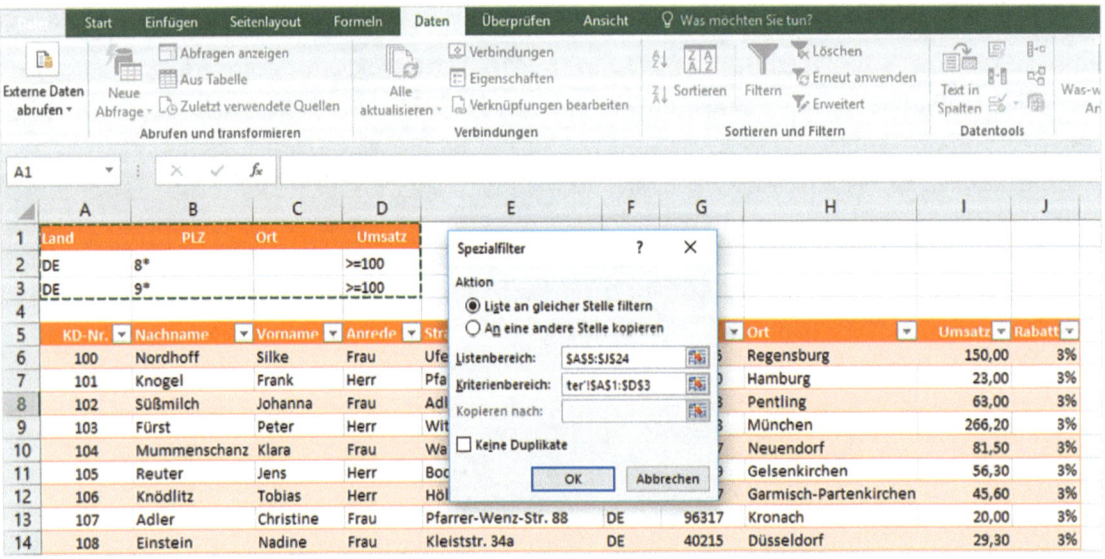

**Vorsicht**: Excel bietet hier unter *Aktion* mit der Option *An eine andere Stelle kopieren* die Möglichkeit, eine Kopie der gefilterten Liste an anderer Stelle einzufügen. Dies funktioniert allerdings nur, wenn die Liste im selben Tabellenblatt wieder eingefügt wird.

Wenn Sie die gefilterte Liste in einem anderen Tabellenblatt benötigen, z. B. für den Seriendruck mit Microsoft Word, dann sollten Sie die Option *Liste an gleicher Stelle filtern* beibehalten, die gefilterte Liste anschließend markieren und auf dem Weg über die Zwischenablage in einem gesonderten Tabellenblatt wieder einfügen.

**Tipp**: Wenn Sie eine gefilterte Tabelle in die Zwischenablage kopieren und anschließend an in einem anderen Tabellenblatt oder in einer anderen Mappe einfügen (Kopieren mit Strg+C und Einfügen mit Strg+V), dann werden ausschließlich die gefilterten Daten kopiert.

> Zur Weiterverwendung müssen Sie die gefilterten Daten in ein gesondertes Tabellenblatt kopieren, da Word trotz Filterung alle Datensätze für den Seriendruck verwendet. Kopieren und Einfügen berücksichtigt dagegen ausschließlich die angezeigten, also gefilterten Zeilen.

*Bild 10.27 Gefilterte Liste kopieren*

| | KD-Nr. | Nachname | Vorname | Anrede | Strasse | Land | PLZ | Ort | Umsatz | Rabatt |
|---|---|---|---|---|---|---|---|---|---|---|
| 6 | 100 | Nordhoff | Silke | Frau | Uferstrasse 85 b | DE | 93055 | Regensburg | 150,00 | 3% |
| 9 | 103 | Fürst | Peter | Herr | Wittelsbacherstr. 6 | DE | 80638 | München | 266,20 | 3% |
| 15 | 109 | Kungel | Fred | Herr | Fichtelgebirgstr. 73 | DE | 96450 | Coburg | 123,00 | 3% |
| 16 | 110 | Knöterich | Liane | Frau | Isarstr. 55 | DE | 94056 | Regensburg | 198,30 | 3% |
| 18 | 112 | Moser | Thomas | Herr | Wiesenweg 17 | DE | 94342 | Straßkirchen | 960,00 | 5% |
| 19 | 113 | Weidenkraut | Sabine | Frau | Kirchenplatz 1 | DE | 82024 | Taufkirchen | 1.280,00 | 5% |

### Tipp: Duplikate ausschließen

Möchten Sie dabei Duplikate, also mehrfach vorkommende Datensätze, ausschließen, dann aktivieren Sie das Kontrollkästchen *Keine Duplikate*.

## Mit Datenschnitten filtern

Eine weitere Filtermöglichkeit stellen Datenschnitte dar. Sie lassen auf den ersten Blick und auch für ungeübte Nutzer erkennen, welche Filter gerade aktiv sind und eignen sich außerdem hervorragend für Fingerbedienung. Nachteil: Sie sind nur verfügbar, wenn die Tabelle als dynamische Tabelle formatiert wurde und sind nur für einfache Filter geeignet.

**1** Markieren Sie eine beliebige Zelle der Tabelle und klicken Sie im *Tabellentools*-Register *Entwurf* auf *Datenschnitt einfügen*.

**2** Wählen Sie anhand der Kontrollkästchen, welche Spalten zum Filtern verwendet werden sollen.

*Bild 10.28 Datenschnitt auswählen*

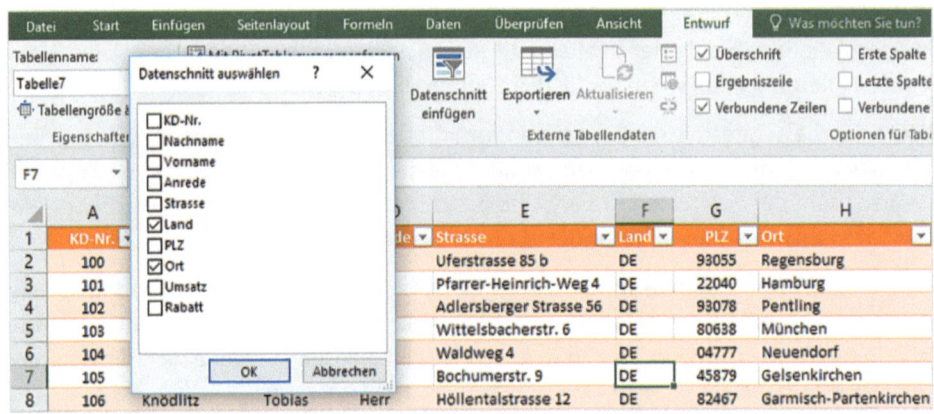

Für jede ausgewählte Spaltenüberschrift erscheint anschließend im Tabellenblatt ein Datenschnitt in Form eines Feldes. Die Datenschnitte können durch Ziehen mit der Maus beliebig verschoben und z. B. am Rand der Tabelle platziert werden. Auch Vergrößern und Verkleinern mit gedrückter Maustaste ist möglich.

### Filter anwenden

Zum Filtern klicken Sie im Datenschnitt einfach auf den gewünschten Inhalt, z. B. ein Land. Die Tabelle passt sich sofort entsprechend an. Wenn Sie mehrere Filterkriterien, z. B. Deutschland und Österreich, kombinieren möchten, dann halten Sie beim Anklicken die Strg-Taste gedrückt (Mehrfachmarkierung).

### Filter entfernen

*Bild 10.29 Mit Datenschnitt filtern*

Um den Filter wieder zu entfernen, klicken Sie in der rechten oberen Ecke eines Datenschnitts auf das Symbol *Filter löschen*.

| KD-Nr. | Nachname | Vorname | Anrede | Strasse | Land | PLZ | Ort | Umsatz | Rabatt |
|---|---|---|---|---|---|---|---|---|---|
| 100 | Nordhoff | Silke | Frau | Uferstrasse 85 b | DE | 93055 | Regensburg | 150,00 | 3% |
| 101 | Knogel | Frank | Herr | Pfarrer-Heinrich-Weg 4 | DE | 22040 | Hamburg | 23,00 | 3% |
| 102 | Süßmilch | Johanna | Frau | Adlersberger Strasse 56 | DE | 93078 | Pentling | 63,00 | 3% |
| 103 | Fürst | Peter | Herr | Wittelsbacherstr. 6 | DE | 80638 | München | 266,20 | 3% |
| 104 | Mummenschanz | Klara | Frau | Waldweg 4 | DE | 04777 | Neuendorf | 81,50 | 3% |
| 105 | Reuter | Jens | Herr | Bochumerstr. 9 | DE | 45879 | Gelsenkirchen | 56,30 | 3% |
| 106 | Knödlitz | Tobias | Herr | Höllentalstrasse 12 | DE | 82467 | Garmisch-Partenkirchen | 45,60 | 3% |
| 107 | Adler | Christine | Frau | Pfarrer-Wenz-Str. 88 | DE | 96317 | Kronach | 20,00 | 3% |
| 108 | Einstein | Nadine | Frau | Kleisstr. 34a | DE | 40215 | Düsseldorf | 29,30 | 3% |
| 109 | Kungel | Fred | Herr | Fichtelgebirgstr. 73 | DE | 96450 | Coburg | 123,00 | 3% |
| 110 | Knöterich | Liane | Frau | Isarstr. 55 | DE | 94056 | Regensburg | 198,30 | 3% |
| 111 | Baumholtz | Philipp | Herr | Bremsweg 4 | DE | 78464 | Konstanz | 15.000,00 | 5% |
| 112 | Moser | Thomas | Herr | Wiesenweg 17 | DE | 94342 | Straßkirchen | 960,00 | 5% |
| 113 | Weidenkraut | Sabine | Frau | Kirchenplatz 1 | DE | 82024 | Taufkirchen | 1.280,00 | 5% |
| 114 | Kabelschacht | Alfred | Herr | Amselweg 55 | DE | 18320 | Todenhagen | 11.300,00 | 5% |
| 115 | Brösel | Sandra | Frau | Feldweg 1 | DE | 04259 | Leipzig | 5.600,00 | 5% |
| 116 | Bruckbach | Horst | Herr | Donaustraße 15 | DE | 94315 | Straubing | 0,00 | 3% |

Land: AT, DE

Ort: Coburg, Düsseldorf, Garmisch-Partenkirc..., Gelsenkirchen, Hamburg, Hof

**Datenschnitte formatieren**

Im Register *Datenschnitttools - Optionen* finden Sie eine Reihe von Formatvorlagen, mit denen sich die Datenschnitte farblich anpassen lassen, außerdem können Sie überlagert angeordnete Datenschnitte nach vorne bzw. nach hinten rücken.

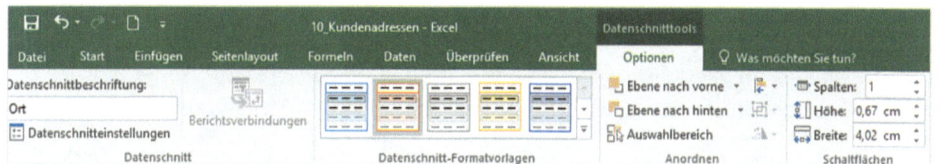

*Bild 10.30 Register Optionen*

**Datenschnitt entfernen**

Zum Entfernen eines Datenschnitts aus dem Tabellenblatt klicken Sie in den Datenschnitt, dieser ist markiert und kann anschließend mit der Entf-Taste gelöscht werden. Oder Sie verwenden den Befehl *... entfernen* aus dem Kontextmenü. Achtung: Zuvor sollten Sie alle Filter löschen, da diese nicht automatisch mit dem Entfernen des Datenschnitts aufgehoben werden. Allerdings lassen sich die Filter nachträglich auch über die Filterschaltflächen entfernen.

# 10.8 Übung

Erstellen Sie eine kleine Datenbank zur Adressenverwaltung, beispielsweise für die Verwaltung der Mitglieder eines Vereins.

▶ Sie benötigen die folgenden Felder bzw. Spaltenüberschriften: Mitgliedsnummer, Anrede, Nachname, Vorname, Land, Postleitzahl, Ort, Straße, Telefon, Geburtsdatum und Eintrittsdatum.

**Tipps**

▪ Damit Sie auch in einer größeren Tabelle bei der Eingabe die Übersicht behalten, sollten Sie die Spaltenüberschriften fixieren.

▪ Um Probleme bei der Eingabe von Postleitzahlen mit einer führenden 0 zu vermeiden, sollten Sie entweder alle Postleitzahlen als Text formatieren oder ein entsprechendes Sonderformat verwenden.

▪ Wenn Sie die Adressen später für Word-Serienbriefe verwenden wollen, dann sollten die Spaltenüberschriften in der ersten Zeile beginnen.

▶ Geben Sie mindestens 20 beliebige Adressen ein und formatieren Sie die Liste als dynamische Tabelle, verwenden Sie eine Formatvorlage nach Ihren Vorstellungen.

▶ Sortieren Sie die Tabelle nach Nachname und Vorname.

▶ Filtern Sie alle Mitglieder, die im aktuellen Monat Geburtstag haben.
**Tipp:** Klicken Sie auf die Filterschaltfläche, zeigen Sie im Datumsfilter auf *Alle Datumswerte im Zeitraum* und wählen Sie den aktuellen Monat aus, z. B. August.

▶ Kopieren Sie die gefilterte Liste in ein neues Tabellenblatt und geben Sie diesem den Namen *Aktuelle Geburtstagsliste*.

▶ Heben Sie den Filter wieder auf und sortieren Sie die Adressentabelle nach Eintrittsdatum (zuletzt eingetretene Mitglieder zuerst).

# 11 Vorlagen und Weitergabe von Arbeitsmappen

## 11.1 Übersicht

Wenn Sie immer wieder Arbeitsmappen desselben Aufbaus benötigen, dann sollten Sie in Betracht ziehen, eine Vorlage zu erstellen. Vorlagen sind vergleichbar mit Vordrucken für neue Tabellenblätter, die Sie beliebig oft verwenden können. Vorlagen können nicht nur Text und Formatierungen, sondern auch Formeln und Funktionen enthalten. Ob Vorlagen oder Arbeitsmappen, die Sie weitergeben möchten; manchmal ist es wichtig, bestimmte Zellen vor Änderungen zu schützen, damit Formeln nicht versehentlich gelöscht oder überschrieben werden. Mit Kommentaren helfen Sie sich und anderen Bearbeitern, bestimmte Rechenschritte besser nachzuvollziehen.

Oft ist es sinnvoll, bestimmte Inhalte auch Kollegen, Freunden oder einem anderen Vereinsmitglied zur Verfügung zu stellen. Hier erfahren Sie, wie Sie eine Arbeitsmappe via E-Mail versenden oder zur gemeinsamen Bearbeitung über OneDrive freigeben.

Die nachfolgenden Techniken werden meist in Verbindung mit Vorlagen benötigt, können aber selbstverständlich auch in jeder anderen Excel-Arbeitsmappe eingesetzt werden.

## 11.2 So erstellen Sie Ihre eigene Vorlage

Die von Microsoft zur Verfügung gestellten Vorlagen haben Sie bereits im Kapitel 1 kennengelernt. Diese Vorlagen sind fertig gestaltet und enthalten die notwendigen Formeln für eventuelle Berechnungen, wie z. B. die Vorlage *Fahrtenbuch und Spesenvergütungsformular*. Passt die Vorlage zu Ihrem Anliegen, dann müssen Sie nur noch die neuen Werte eingeben, im Beispiel unten Datum, Ausgangsort, Ziel, Anmerkungen und die Kilometerstände und schon berechnet Excel die Gesamtkilometer und die Vergütung.

*Bild 11.1 Beispiel Fahrtenbuch als Vorlage*

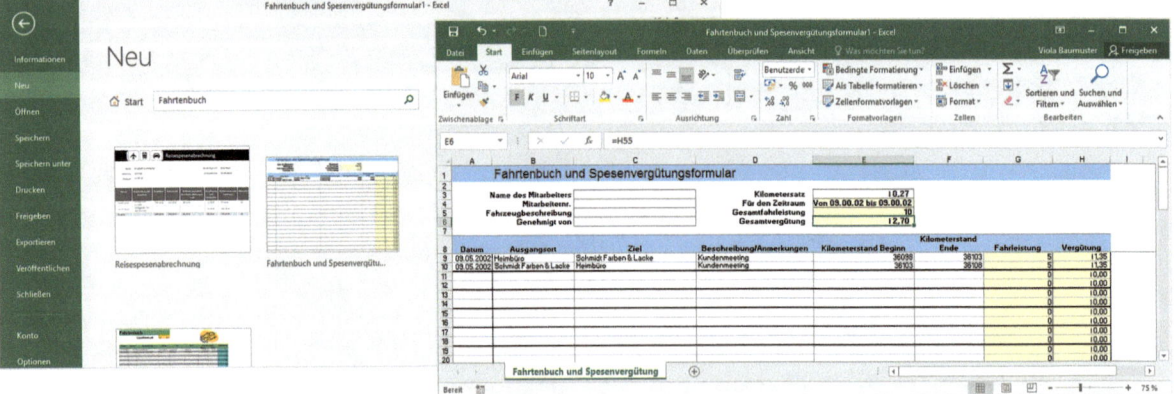

## Vorüberlegungen

Nicht immer findet sich eine passende Vorlage. Nun stehen Sie vor folgenden Ausgangsmöglichkeiten:

▶ Suchen Sie eine Excel-Vorlage und ändern Sie diese nach Ihren Vorstellungen ab.

▶ Beginnen Sie mit einer leeren Arbeitsmappe.

▶ Falls Sie schon eine Excel-Arbeitsmappe erstellt haben, die viele der benötigten Komponenten enthält, dann sollten Sie die Arbeitsmappe kopieren und antsprechend ändern.

Egal für welche Option Sie sich entscheiden, beachten Sie folgende Schritte bzw. beantworten Sie für sich folgende Fragen.

▶ Welche Eingaben und Formatierungen werden benötigt?

  ▪ Haben alle Zellen das richtige Format, z. B. Buchhaltung, Datum etc.?

  ▪ Sind alle Spalten ausreichend breit? So vermeiden Sie, dass Sie später ständig die Spaltenbreite verändern müssen.

  ▪ Sollen die Informationen später auch gedruckt werden? Passt der Text auf eine Druckseite? Ist es sinnvoll einen Druckbereich festzulegen?

  ▪ Ist es sinnvoll, Kopf- und Fußzeilen mit Informationen zu füllen, z.B. Seitenzahl, Name der Person, die das Dokument erstellt hat etc. ?

▶ Geben Sie einige Beispielwerte und Formeln ein und testen Sie diese. Vergessen Sie aber später nicht, diese Testzahlen auch wieder zu entfernen.

▶ Löschen Sie alle nicht benötigten Elemente, z. B. leere Tabellenblätter.

▶ Unter Umständen ist es sinnvoll, einzelne Zellen vor Veränderungen zu schützen. In welchen Zellen muss die Eingabe möglich sein und welche Zellen müssen geschützt werden, z. B. Formeln?

Dazu lesen Sie mehr auf Seite 291.

> Geben Sie nur Text ein, der später in jeder Arbeitsmappe, die auf dieser Vorlage basiert, erscheinen soll.

## Beispiel Rechnungsvordruck

Als Beispiel ein einfacher Rechnungsvordruck (Bild 11.2 auf der nächsten Seite). Die Informationen zum Unternehmen, das Logo und die Bankverbindung befinden sich in den Kopf- und Fußzeilen. Die Rechnung passt auf eine Druckseite.

▶ Die Zellen in den Spalten *Einzelpreis*, *Anzahl* und *Gesamt* wurden mit dem Format *Buchhaltung* formatiert. Die Anzahl wird ohne Nachkommastellen angezeigt.

▶ Auf den ersten Blick ist es verlockend, das aktuelle Datum in E4 mit der Funktion =HEUTE automatisch anzuzeigen. Jedoch zeigt diese Funktion auch beim späteren Öffnen einer fertigen und gespeicherten Rechnung das aktuelle und nicht das Rechnungsdatum an. Aus diesem Grund sollte das Rechnungsdatum besser per Tastatur oder mit Strg+ Punkt (.) eingegeben werden.

▶ Außerdem befinden sich die Formeln zur Berechnung der Gesamtbeträge, Zwischensumme, Mehrwertsteuer und des Rechnungsbetrags ebenfalls schon auf dem Tabellenblatt.

*Bild 11.2 Beispiel für eine Rechnungsvorlage*

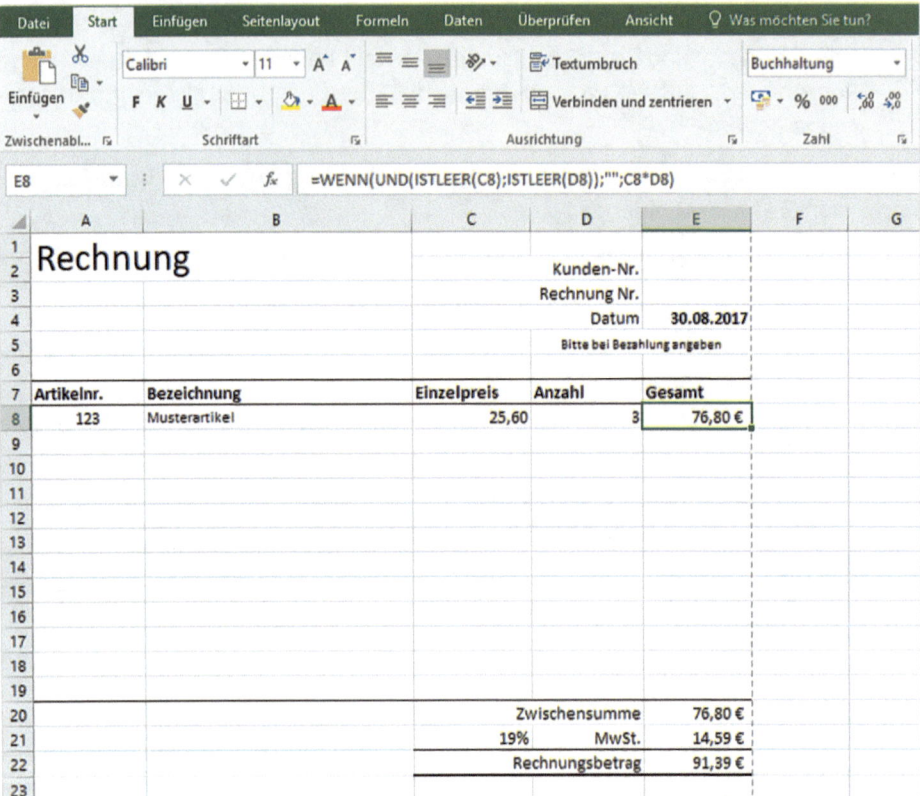

**Gesamtpreise in Spalte E berechnen**

Damit der Gesamtpreis später beim Ausfüllen der Rechnung automatisch berechnet wird, wurde die Formel in der Spalte *Gesamt* bereits vorab in den Bereich E9 bis E19 kopiert. Leider hat die einfache Formel C8*D8 einen kleinen Schönheitsfehler zur Folge: Wenn Einzelpreis und Anzahl fehlen, dann wird das Formelergebnis mit 0,00 oder - € angezeigt. Wenn Sie dies verhindern und in diesem Fall die Zelle leer lassen möchten, dann verwenden Sie zur Berechnung des Gesamtpreises die Funktion WENN.

Die zusätzliche Funktion ISTLEER prüft, ob die angegebene Zelle leer ist und liefert das Ergebnis WAHR, wenn dies zutrifft. Da außerdem der Gesamtpreis nur berechnet werden soll, wenn die Einzelpreis und Anzahl eingegeben wurden, müssen die beiden Bedingungen mit UND verknüpft werden. Die Funktion in E8 lautet daher:

```
=WENN(UND(ISTLEER(C8);ISTLEER(D8));"";C8*D8)
```

## Teile des Tabellenblatts vor Änderungen schützen

Inhalte von Arbeitsmappen oder Excel-Vorlagen können vor versehentlichem Löschen oder Überschreiben geschützt werden. Das ist vor allem dann praktisch, wenn Sie die Vorlage anderen zur Verfügung stellen und verhindern möchten, dass diese aus Unkenntnis des Aufbaus der Arbeitsmappe wichtige Inhalte, z. B. Formeln verändern.

In einem geschützten Tabellenblatt sind alle Zellen gesperrt, es sind also keine Eingaben oder Änderungen möglich. In den meisten Fällen ist aber eine Eingabe in bestimmten Zellen erforderlich. Von diesen Zellen müssen Sie zuerst die Sperrung entfernen, bevor Sie das Blatt schützen.

### Sperrung von Zellen entfernen

In der Standardeinstellung sind alle Zellen gesperrt, die Sperrung wird aber nur wirksam, wenn das Blatt geschützt ist. Im ersten Schritt müssen Sie die Sperrung von denjenigen Zellen entfernen, in denen später eine Eingabe erforderlich ist. Beim Beispiel der Rechnungsvorlagen sind dies die Zellen E2 bis E4 und A8 bis D19.

1   Markieren Sie alle Zellen im Tabellenblatt, in denen später eine Eingabe möglich sein soll ❶ (Bild 11.3)

2   Klicken Sie im Register *Start* ▸ Gruppe *Zellen* ▸ *Format* auf *Zelle sperren* ❷. Die markierten Zellen sind standardmäßig gesperrt, dies erkennen Sie am hervorgehobenen Schlosssymbol ❸. Durch Anklicken von *Zelle sperren* heben Sie die Sperrung auf.

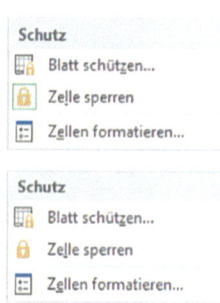

*Bild 11.3 Die markierten Zellen entsperren*

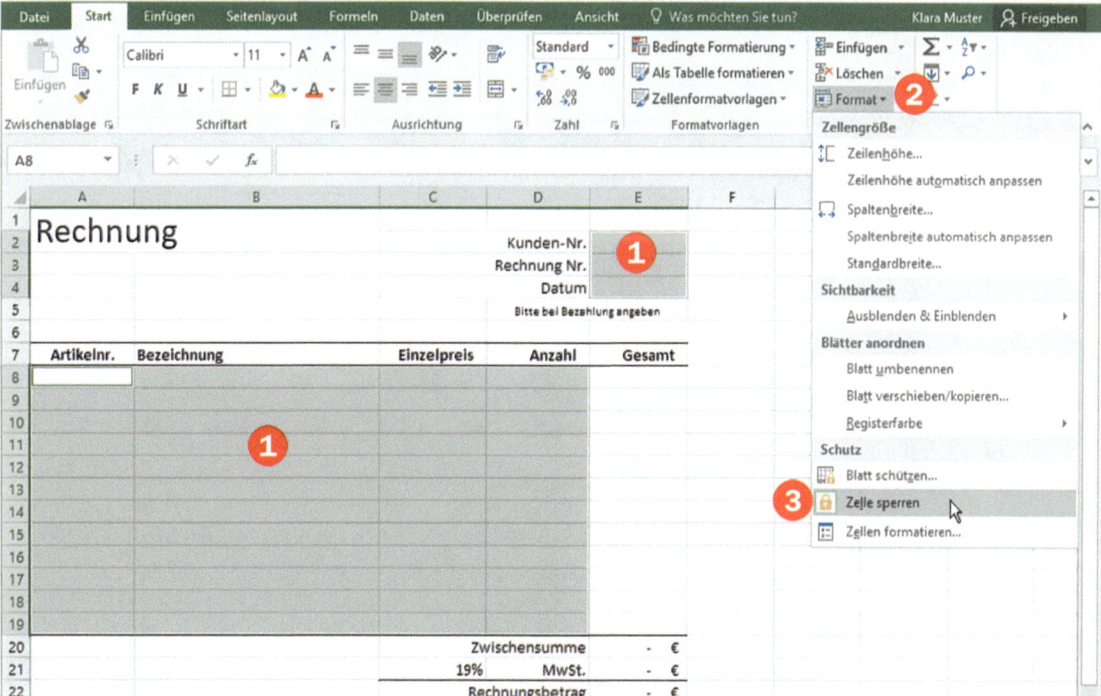

### Tabellenblatt schützen

**1**  Anschließend können Sie das Tabellenblatt schützen: Klicken Sie auf das Register *Überprüfen* und hier in der Gruppe *Änderungen* auf die Schaltfläche *Blatt schützen*.

*Bild 11.4 Blatt schützen*

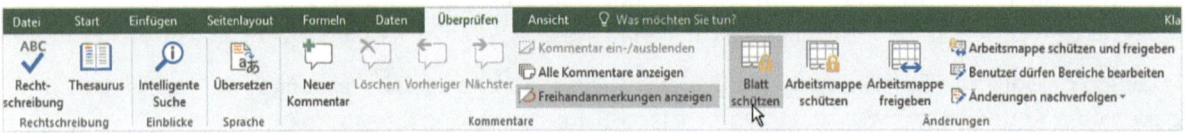

**2**  Es öffnet sich das gleichnamige Fenster. Achten Sie darauf, dass das Kontrollkästchen *Arbeitsblatt und Inhalte gesperrter Zellen schützen* aktiviert ist (Bild 11.5).

**3**  **Kennwort**
Wenn Sie ein Kennwort (optional) vereinbaren, dann ist ein Aufheben des Schutzes nur nach Kennworteingabe möglich. So stellen Sie sicher, dass Personen, denen Sie Mappe zur Verfügung stellen, nicht einfach den Blattschutz aufheben.

**4**  **Zulässige Aktionen**
Falls erforderlich, können Sie über Kontrollkästchen genauer definieren, welche Aktionen von Benutzern des Blattes ausgeführt werden dürfen. *Gesperrte Zellen auswählen* und *Nicht gesperrte Zellen auswählen* sind in der Voreinstellung bereits aktiviert.

*Gesperrte Zellen auswählen* wird eigentlich nicht benötigt und kann deaktiviert werden. Die Option *Nicht gesperrte Zellen auswählen* muss dagegen aktiviert sein.

*Bild 11.5 Kennwort festlegen und zulässige Aktionen wählen*

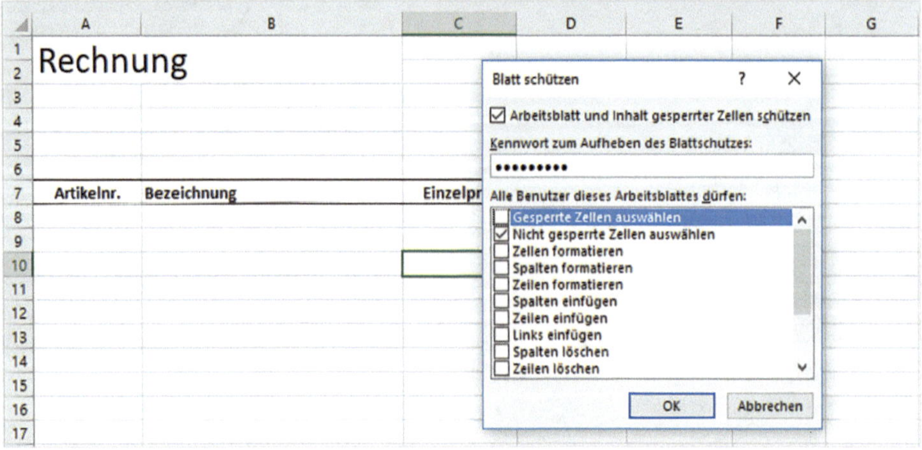

> **Tipp:** Wenn Sie bei der Eingabe in geschützten Arbeitsblättern die Tab-Taste verwenden, so markiert Excel automatisch die nächste nicht gesperrte Zelle.

**Blattschutz aufheben**

Zum Aufheben des Blattschutzes klicken Sie im Register *Überprüfen* ▶ Gruppe *Ände-rungen* auf die Schaltfläche *Blattschutz aufheben* und geben ggf. das Kennwort ein.

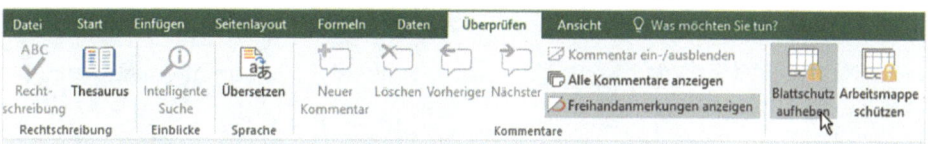

## Kommentare hinzufügen

Für Hinweise zur Eingabe können einzelne Zellen mit Kommentaren versehen werden. Das kann nützlich sein, um sich selbst an Ausnahmen etc. zu erinnern oder Kollegen, die ebenfalls mit der Mappe arbeiten, Hilfestellungen zu geben. Alle Befehle zur Verwaltung von Kommentaren finden Sie im Register *Überprüfen*, Gruppe *Kommentare*.

Um eine Zelle mit einem Kommentar zu versehen, markieren Sie die Zelle und klicken auf die Schaltfläche *Neuer Kommentar*. Geben Sie anschließend Ihren Text ein. Kommentare werden automatisch mit Ihrem Benutzernamen versehen. Wenn Sie nach der Eingabe auf eine andere Zelle klicken, wird der Kommentar standardmäßig ausgeblendet.

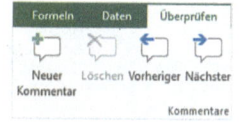

*Bild 11.6 Kommentare einfügen*

Zellen mit Kommentaren erkennen Sie am roten Dreieck in der oberen rechten Ecke. Der dazugehörige Kommentar erscheint automatisch, sobald Sie mit der Maus auf die Zelle zeigen oder klicken.

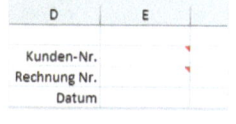

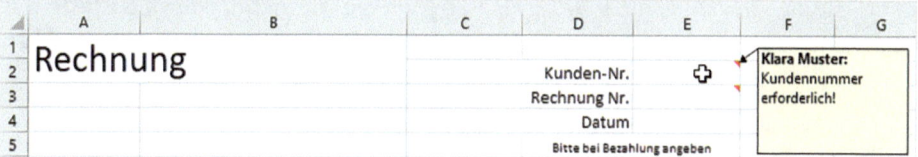

*Bild 11.7 Kommentar anzeigen*

▶ Bereits vorhandene Kommentare ändern Sie, indem Sie die Zelle markieren und auf die Schaltfläche *Kommentar bearbeiten* klicken, zum Löschen verwenden Sie die Schaltfläche *Löschen*.

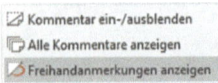

▶ Die Schaltflächen *Vorheriger/ Nächster* verwenden Sie, um innerhalb der Arbeitsmappe den nächsten, bzw. vorherigen Kommentar anzuzeigen.

▶ Mit der Schaltfläche *Kommentar ein-/ausblenden* können Sie den Kommentar der
markierten Zelle dauerhaft ein- und auch wieder ausblenden.

▶ Die Schaltfläche *Alle Kommentare anzeigen* blendet alle Kommentare dauerhaft
im Arbeitsblatt ein.

### Kommentare drucken

Kommentare können optional zusammen mit dem Arbeitsblatt ausgedruckt werden.
Um diese Einstellung festzulegen, klicken Sie im Register *Seitenlayout* ▶ Gruppe *Seite
einrichten* auf *Drucktitel*. Dadurch werden die Blattoptionen angezeigt. Wählen Sie aus,
wie Ihre Kommentare auf dem Ausdruck erscheinen sollen (Bild unten).

> **Achtung:** Wenn Sie die Option *Wie auf dem Blatt angezeigt* wählen, dann müssen
> die Kommentare dauerhaft eingeblendet sein!

*Bild 11.8 Kommentare
drucken*

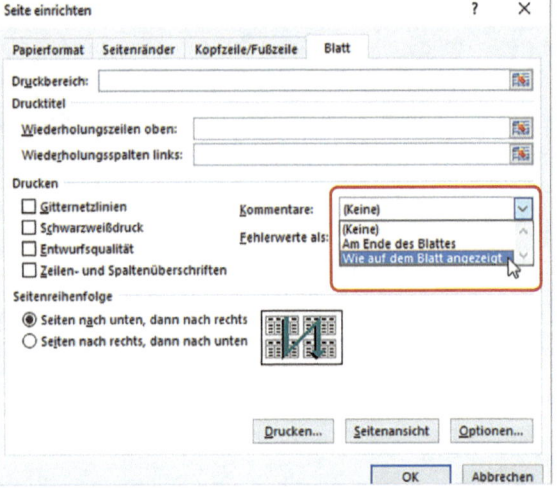

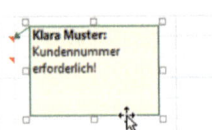

**Tipp!** Sollten durch Kommentare andere Zellen verdeckt werden, so klicken Sie auf die
Schaltfläche *Kommentar bearbeiten*. Zeigen Sie auf den Rahmen, bis der Mauszeiger
mit Richtungspfeilen sichtbar wird. Nun können Sie mit gedrückter Maustaste den
Kommentar verschieben sowie vergrößern und verkleinern.

## Vorlage speichern

> Excel-Vorlagen werden als eigener Dateityp mit der Dateinamenerweiterung *.xltx* gespeichert. Falls die Vorlage auch noch Makros enthält, muss der Dateityp *.xlsm* gewählt werden.

Wählen Sie *Datei* ▶ *Speichern unter* ▶ *Dieser PC* und klicken Sie auf *Durchsuchen*. Das Dialogfenster *Speichern unter* wird angezeigt. Geben Sie einen Dateinamen ein und wählen Sie bei *Dateityp* die Option *Excel-Vorlage (*.xltx)*. Vorlagen werden automatisch in einem eigenen Ordner mit dem Namen *Benutzerdefinierte Office-Vorlagen* auf der Festplatte gespeichert. Der Name und genaue Ort des Ordners sind abhängig vom jeweiligen Betriebssystem.

Wenn die Vorlage auch mit Excel 2003 oder einer älteren Version verwendet werden soll, dann müssen Sie *Excel 97-2003-Vorlage* auswählen.

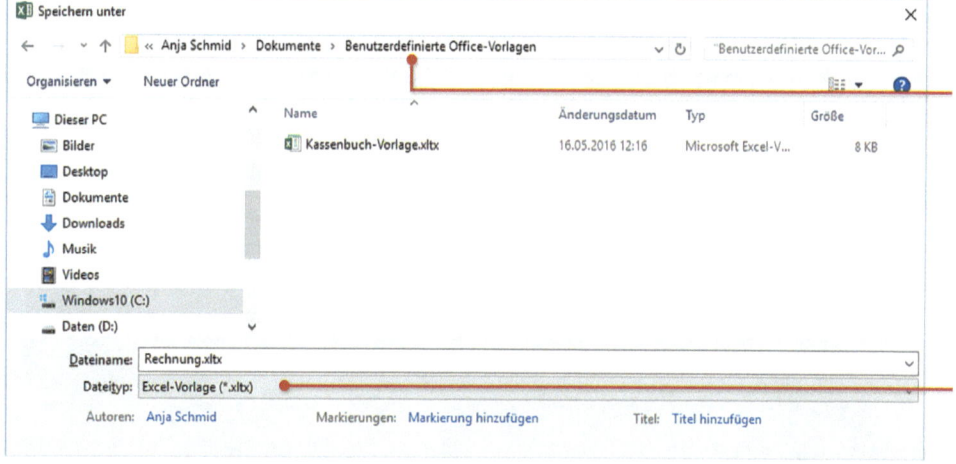

*Bild 11.9 Dialogfenster Speichern unter*

Speicherort kontrollieren bzw. ggf. anderen auswählen

Dateityp Excel-Vorlage

Der Ordner *Benutzerdefinierte Office-Vorlagen* wurde bei der Installation von Microsoft Office automatisch erstellt und befindet sich unter Windows 10 im Ordner *Dokumente*. Alle Microsoft Office Anwendungen speichern die Vorlagen in diesem Ordner.

Eine Vorlage kann natürlich auch an anderen Orten gespeichert werden, z. B. in einem freigegebenen Ordner, der von mehreren Personen in einem Netzwerk verwendet werden kann. Dadurch ergeben sich nur Unterschiede beim Erstellen einer neuen Arbeitsmappe auf Grundlage dieser Vorlage.

### Standardspeicherort für Vorlagen ändern

Der Ordner *Benutzerdefinierte Office-Vorlagen* ist gleichzeitig der Standardordner für Ihre selbst erstellten Vorlagen. Falls Sie einen anderen Standardspeicherort für Ihre Vorlagen dauerhaft festlegen wollen, wählen Sie *Datei* ▶ *Optionen* ▶ *Speichern* und tragen einen anderen Pfad bei *Speicherort für persönliche Vorlagen* ein.

*Bild 11.10 Standardspeich-
erort für Vorlagen*

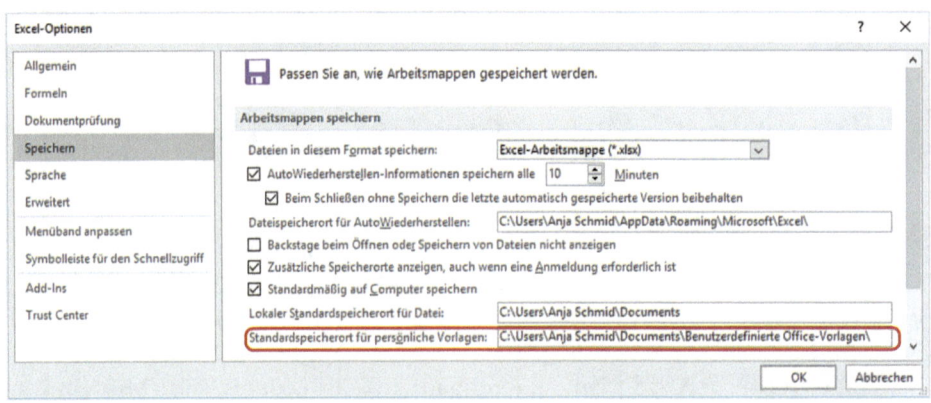

## Eine benutzerdefinierte Vorlage für eine neue Arbeitsmappe verwenden

Wo Sie Ihre benutzerdefinierten Vorlagen finden und wie Sie diese zur Erstellung einer neuen Arbeitsmappe verwenden, hängt vom Speicherort der Vorlage ab.

▶ Wenn die Vorlage im Ordner *Benutzerdefinierte Vorlagen* gespeichert wurde, dann steht die Vorlage auf der Excel-Startseite oder wenn Sie im Register *Datei* auf *Neu* klicken, unter *PERSÖNLICH* zur Verfügung. Klicken Sie einfach auf die gewünschte Vorlage.

*Bild 11.11 Vorlage verwenden: Register Datei - Neu*

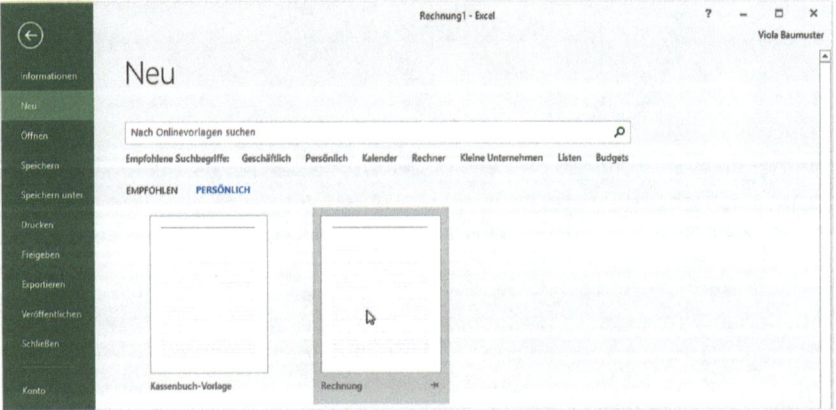

▶ Wenn Ihre Vorlage in einem anderen Ordner gespeichert wurde, beispielsweise auf einem, für die Mitarbeiter eines Unternehmens zugänglichen Server, dann erscheint diese Vorlage nicht im Bereich *PERSÖNLICH*.

In diesem Fall zeigen Sie den Speicherort im Datei-Explorer von Windows an. Es genügt ein Doppelklick auf die Datei, um eine neue Arbeitsmappe auf Basis der Vorlage zu erstellen. Hier unterscheiden sich Vorlagen durch ihr Symbol von normalen Excel-Arbeitsmappen. Die Vorlage selbst wird auf Doppelklick nicht geöffnet.

In beiden Fällen wird eine Kopie der Vorlage erzeugt und geöffnet. Diese muss anschließend wie eine normale Excel-Arbeitsmappe gespeichert werden.

**Tipp:** Wenn eine Vorlage nur aus einem einzigen Tabellenblatt besteht und im Standardordner für benutzerdefinierte Vorlagen gespeichert wurde, dann können Sie die Vorlage auch als Tabellenblatt in eine bestehende Mappe einfügen. Dazu klicken Sie im Blattregister mit der rechten Maustaste auf ein beliebiges Blatt und im Kontextmenü auf *Einfügen....* Es öffnet sich ein Fenster, das neben einigen integrierten Vorlagen auch Ihre benutzerdefinierten Vorlagen anzeigt. Klicken Sie zum Einfügen auf die gewünschte Vorlage und anschließend auf *OK*.

*Eine benutzerdefinierte Vorlage als Tabellenblatt einfügen.*

## Excel-Vorlage nachträglich ändern

Nachträgliche Änderungen an der Excel-Vorlage können jederzeit vorgenommen werden. Wie Sie oben gesehen haben, erzeugt allerdings im Datei-Explorer ein Doppelklick auf eine Vorlage lediglich eine Kopie. Um die Vorlage im Original zu öffnen, verwenden Sie eine der beiden folgenden Methoden:

▶ Aus Excel heraus klicken Sie im Register *Datei* auf *Öffnen* und dann auf *Durchsuchen*. Wählen Sie dann den Speicherort, z. B. *Benutzerdefinierte Office-Vorlagen* ❶, markieren Sie die Vorlage ❷ und klicken Sie auf *Öffnen*. Standardmäßig zeigt das *Öffnen*-Dialogfenster alle Excel-Dateitypen an, also auch Vorlagen. Sollte dies einmal nicht der Fall sein, so klicken Sie auf den Pfeil ❸ und wählen *Alle Excel-Dateien* aus.

*Bild 11.12 Vorlage öffnen*

▶ Wenn Sie die Vorlage stattdessen im Datei-Explorer öffnen möchten, dann navigieren Sie ebenfalls zum Speicherort der Vorlage, klicken mit der rechten Maustaste auf die Datei und wählen im Kontextmenü *Öffnen* aus.

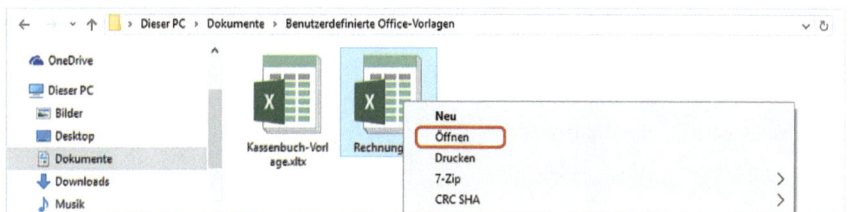

*Bild 11.13 Vorlage bearbeiten*

## 11.3 Arbeitsmappe weitergeben und gemeinsam bearbeiten

Es kommt vor, dass mehrere Personen Inhalte zu einer Arbeitsmappe beitragen. Eine Person erstellt die Mappe, andere Personen kontrollieren diese oder ergänzen Inhalte oder benötigen Informationen aus der Mappe. Zu diesem Zweck können Sie die Datei via E-Mail versenden oder die Vorteile der Speicherung in der Cloud nutzen.

### Datei per E-Mail senden

Wählen Sie Register *Datei* ▶ *Freigeben* ▶ *E-Mail*. Klicken Sie dann auf eine der folgenden Optionen.

▶ *Als PDF senden*: Die Excel-Arbeitsmappe wird in ein PDF umgewandelt. Die Datei kann dann auf jedem PC mit einem PDF-Reader (z. B. Adobe Reader) geöffnet, der Inhalt aber nicht ohne weiteres verändert werden.

▶ *Als Anlage senden*: Jeder Empfänger erhält eine Kopie der Excel Arbeitsmappe im Anhang der E-Mail und kann diese bearbeiten.

In beiden Fällen wird anschließend das Standard E-Mail Programm, z. B. Outlook mit der angefügten Datei geöffnet und es müssen nur noch die Empfängeradressen eingetragen werden.

*Bild 11.14 Arbeitsmappe via E-Mail versenden*

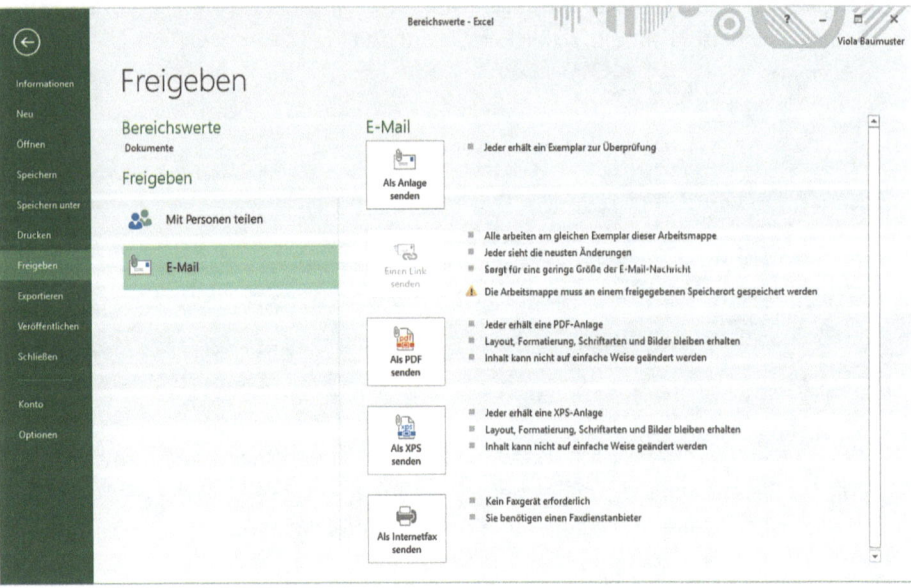

## Arbeitsmappe in der Cloud freigeben

Die Freigabe und unter Umständen das gemeinsame Bearbeiten einer Excel-Arbeitsmappe in der Cloud setzt voraus, dass die Datei auf OneDrive bzw. Office 365 SharePoint gespeichert ist. Darüber hinaus müssen Sie natürlich mit einem Microsoft-Konto angemeldet sein.

OneDrive siehe Kapitel 2

Die Freigabe kann entweder über einen Freigabelink, den Sie anschließend beliebig weitergeben oder durch Versenden einer Einladung per E-Mail erfolgen.

### Freigabe via E-Mail versenden

Alternativ können Sie auch auf *Freigeben* rechts oben im Excel-Fenster klicken.

▶ Wählen Sie *Datei* ▶ *Freigeben* ▶ *Personen einladen*.

Falls das Dokument noch nicht in der Cloud gespeichert wurde, klicken Sie auf *In der Cloud speichern* ❶ und wählen einen Speicherort auf OneDrive aus. Nach erfolgreicher Speicherung wird wieder der Bereich *Freigeben* angezeigt.

▶ Entscheiden Sie nun, für wen Sie das Dokument freigeben möchten und klicken Sie auf *Für Personen Freigeben* ❷.

*Bild 11.15 In OneDrive gespeicherte Arbeitsmappe freigeben*

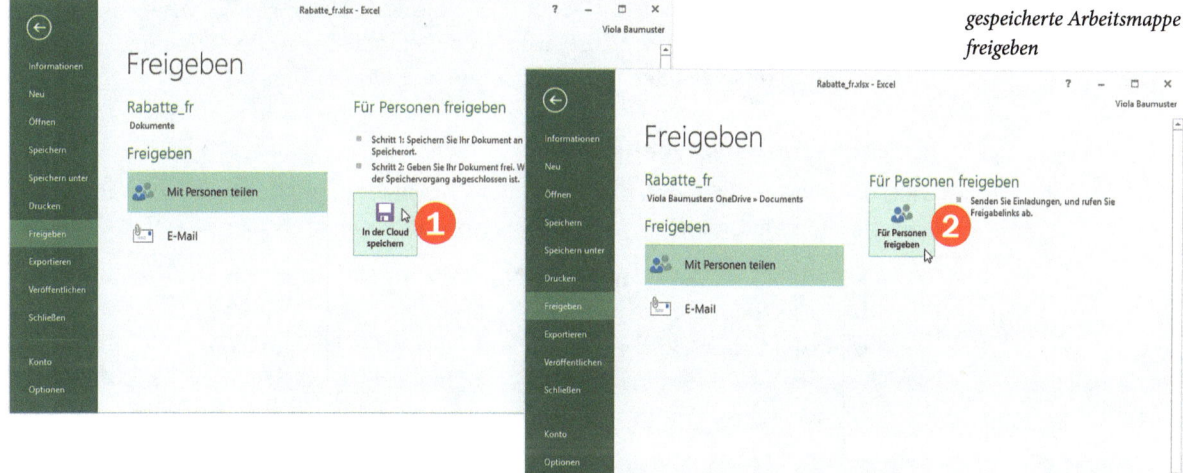

▶ Damit verlassen Sie den Backstage-Bereich. Die weiteren Einstellungen nehmen Sie im Aufgabenbereich ❸ an der rechten Seite des Excel-Fenster vor (siehe Bild unten):

▪ Geben Sie im Feld *Personen einladen* die E-Mail-Adressen der Personen ein, denen Sie die Excel-Arbeitsmappe freigeben möchten. Mehrere E-Mail-Adressen trennen Sie durch Semikolon (;).

▪ Im Feld darunter entscheiden Sie, ob die Person die Datei nur betrachten darf - *Kann anzeigen*, oder ob die Person auch Änderungen an den Inhalten vornehmen darf - *Kann bearbeiten*.

*Bild 11.16 Personen*
*einladen*

- Wenn Sie möchten, können Sie noch eine kurze Erklärung beifügen und klicken dann auf *Freigeben*.

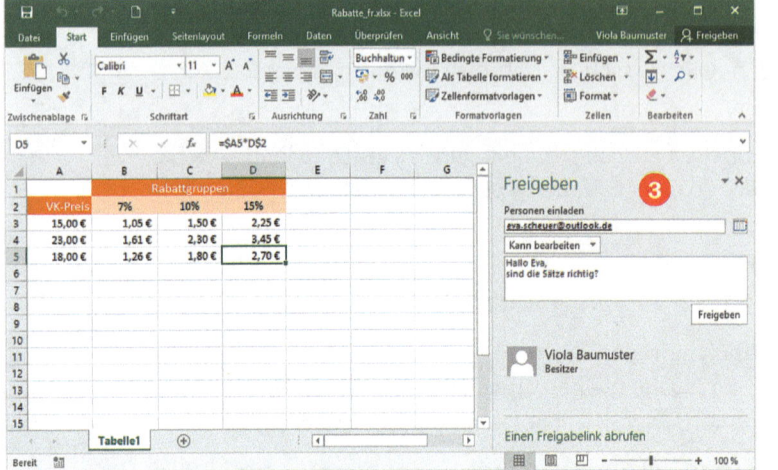
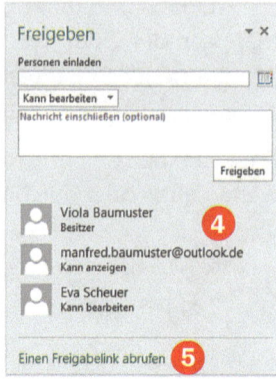

Falls Sie eine weitere Person mit anderer Berechtigung einladen möchten, kann der Vorgang wiederholt werden. Nachdem Sie die Freigabe-E-Mail(s) versendet haben, wird die eingeladene Person bzw. werden die eingeladenen Personen im Aufgabenbereich mit ihren jeweiligen Berechtigungen aufgeführt ❹.

### Freigabelink erzeugen und weitergeben

Falls derartige Einladungen nicht von Ihrem E-Mail-Programm unterstützt werden, können Sie alternativ einen Freigabelink abrufen und diesen selbst in eine E-Mail kopieren.

▶ Klicken Sie im Excel-Fenster rechts oben auf *Freigeben*, um ggf. den Aufgabenbereich erneut anzuzeigen. Wählen Sie dann unten *Einen Freigabelink abrufen* ❺ (siehe Bild oben). Klicken Sie auf eine der beiden Schaltflächen.

*Bild 11.17 Freigabelink*
*erstellen*

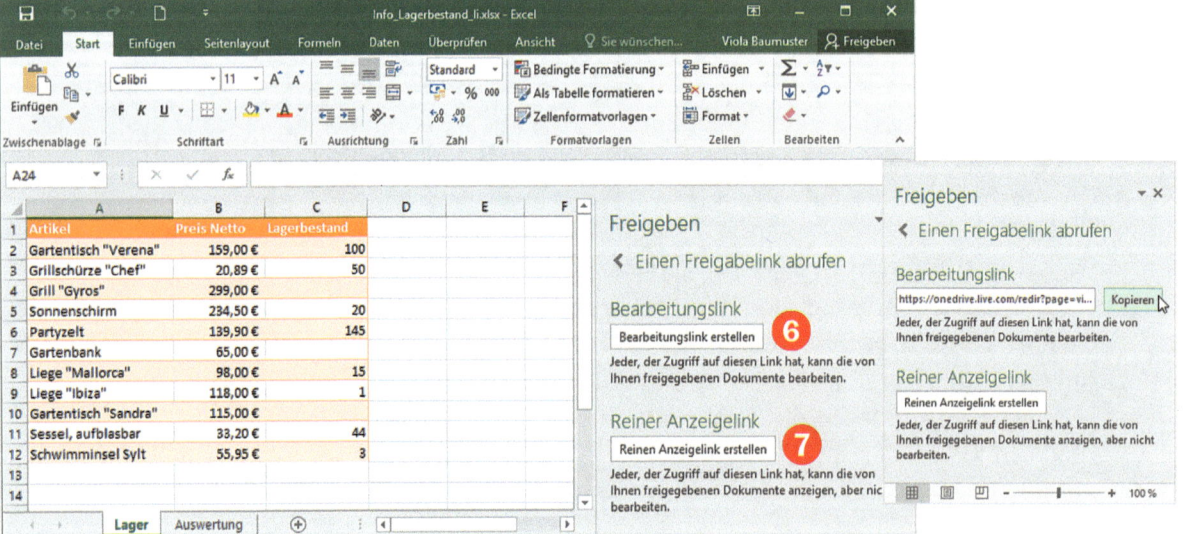

- Ein *Bearbeitungslink* ❻ erlaubt die Änderung der Datei.
- Mit einem *Anzeigelink* ❼ kann der Inhalt nur betrachtet werden.

▶ Nun kann durch Anklicken von *Kopieren* der Link in die Zwischenablage kopiert und dann in eine E-Mail eingefügt werden.

### Freigaben ändern und aufheben

Öffnen Sie die Arbeitsmappe (nicht vergessen, die freigegebene Datei wurde in einem Ordner auf OneDrive gespeichert) und klicken Sie rechts oben zur Anzeige des Aufgabenbereichs auf *Freigeben*. Wenn Sie nur einen Freigabelink versendet haben, kann die Person hier nicht namentlich aufgeführt werden.

Um den Freigabestatus zu verändern klicken Sie mit der rechten Maustaste auf die Person bzw. den Freigabelink.

▶ Ein Freigabelink kann nur deaktiviert ❽ werden.

▶ Ein eingeladener Benutzer ❾ kann entfernt bzw. dessen Berechtigung verändert werden.

*Bild 11.18 Berechtigungen ändern*

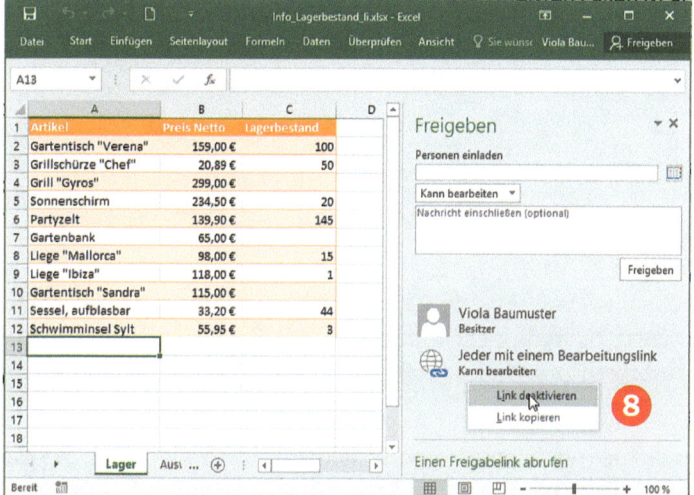

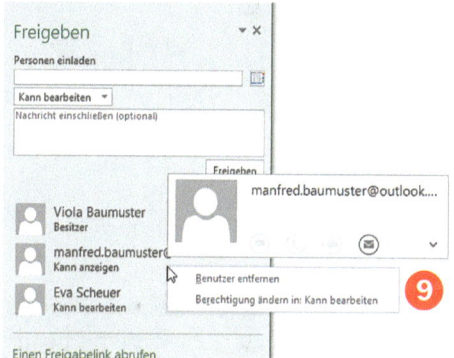

### Freigegebene Arbeitsmappen bearbeiten

Personen, die eine Freigabe für die Arbeitsmappe erhalten haben, müssen jetzt nur noch in der E-Mail den Freigabelink anklicken oder auf die freigegebene Datei klicken. In beiden Fällen wird der Inhalt der Datei unter Verwendung von Excel Online im Browser angezeigt. Für umfangreichere Bearbeitungsmöglichkeiten klicken Sie auf *Arbeitsmappe bearbeiten* und wählen (sofern Excel auf Ihrem Rechner installiert ist) *In Excel bearbeiten* aus.

Nach Bestätigung einer Sicherheitswarnung wird die Arbeitsmappe in Excel angezeigt. Zur Bearbeitung muss jetzt noch rechts oben auf *Bearbeitung aktivieren* geklickt werden. Jetzt können Sie alle Änderungen vornehmen. Sobald Sie Excel speichern, wird die geänderte Datei automatisch hochgeladen und die Änderungen stehen jetzt auch dem Besitzer der Arbeitsmappe zur Verfügung.

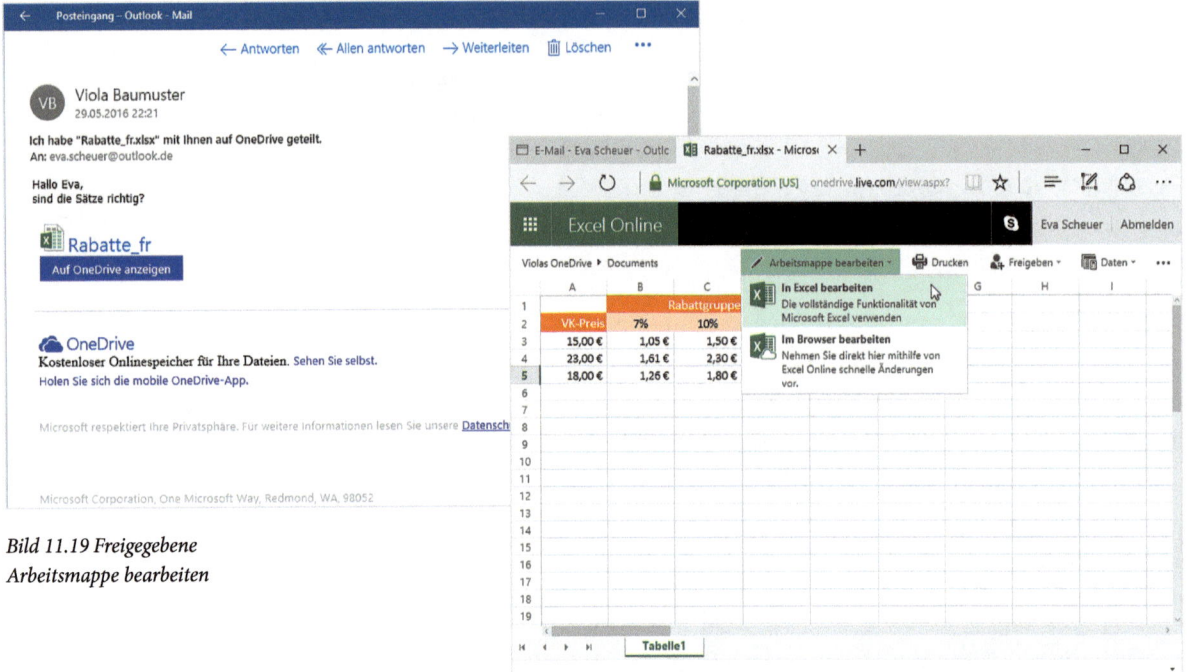

*Bild 11.19 Freigegebene*
*Arbeitsmappe bearbeiten*

Eine Excel Arbeitsmappe kann zwar von mehreren Personen gemeinsam, aber nicht gleichzeitig bearbeitet werden. Wenn der Besitzer oder ein Bearbeiter die Datei geöffnet hat, können die übrigen nur eine schreibgeschützte Kopie betrachten - eine Bearbeitung ist nicht möglich.

In diesem Fall erhalten Sie beim Öffnen eine entsprechende Meldung. Wenn Sie die Option *Eine Benachrichtigung erhalten, wenn die Serverdatei verfügbar ist* aktivieren, er erhalten Sie automatisch eine Benachrichtigung, sobald die Datei bearbeitet werden kann.

Hiervon gibt es eine Ausnahme: Sofern alle Beteiligten - Besitzer und Bearbeiter - die Datei nur im Browser und nicht im Programm anzeigen, kann die Datei gleichzeitig bearbeitet werden.

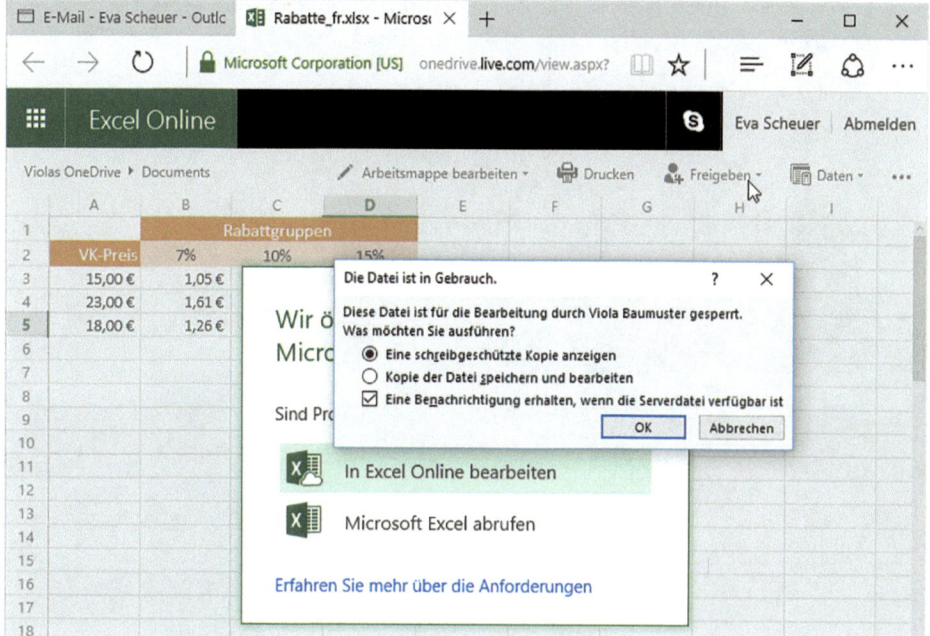

Bild 11.20 Hinweis auf gesperrte Arbeitsmappe

# 11.4 Übung

**Aufgabe**

▶ Erstellen Sie in einer neuen Arbeitsmappe ein Formular für ein Kassenbuch nach dem unten abgebildeten Muster.

▶ Die Zahlen in den Spalten C und D erhalten das Format Währung mit zwei Dezimalstellen, ebenso die Summen.

▶ Gestalten Sie das Blatt mit Farben, Linien und Schriften nach Ihren Vorstellungen und geben Sie alle erforderlichen Formeln ein.

▶ Die Formel zur Berechnung des Saldos sollte so eingegeben werden, dass Sie die Formel auch im leeren Kassenbuch in alle Zeilen kopieren können, eine Berechnung aber erst dann erfolgt, wenn eine Einnahme oder Ausgabe eingegeben wurde. Testen Sie mit beliebigen Zahlenwerten.

▶ Ändern Sie das Formular so, dass nur noch in den Zellen ohne Füllfarbe eine Eingabe möglich ist.

▶ Löschen Sie anschließend alle nicht benötigten Daten und Arbeitsblätter und schützen Sie das Arbeitsblatt ohne Kennwortangabe.

▶ Zuletzt speichern Sie das Formular als Vorlage ab.

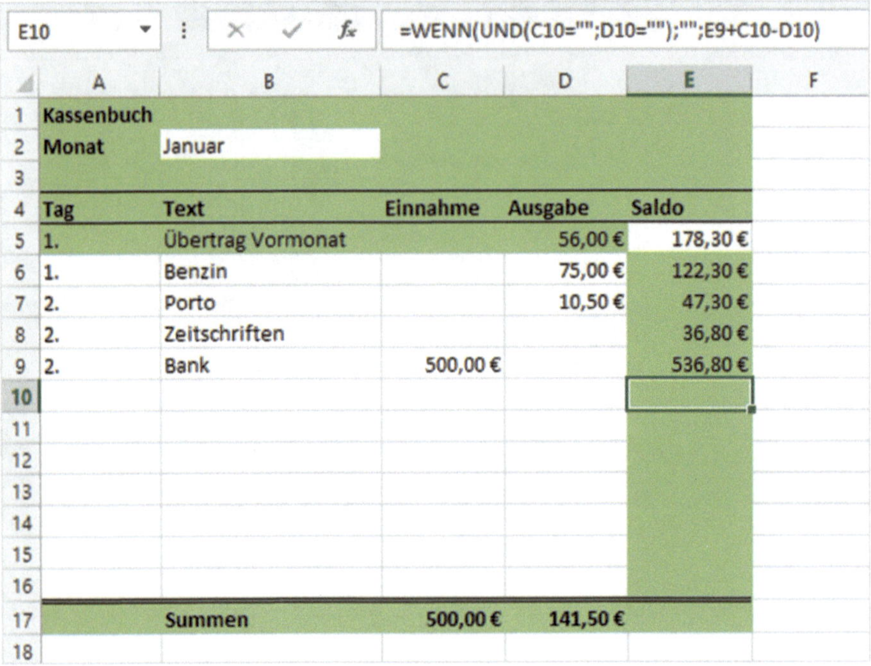

*Bild 11.21 Beispiel Kassen-buch als Vorlage*

| E10 | ▼ | ⋮ | ✕ | ✓ | *fx* | =WENN(UND(C10="";D10="");"";E9+C10-D10) |

| ◢ | A | B | C | D | E | F |
|---|---|---|---|---|---|---|
| 1 | Kassenbuch | | | | | |
| 2 | Monat | Januar | | | | |
| 3 | | | | | | |
| 4 | Tag | Text | Einnahme | Ausgabe | Saldo | |
| 5 | 1. | Übertrag Vormonat | | 56,00 € | 178,30 € | |
| 6 | 1. | Benzin | | 75,00 € | 122,30 € | |
| 7 | 2. | Porto | | 10,50 € | 47,30 € | |
| 8 | 2. | Zeitschriften | | | 36,80 € | |
| 9 | 2. | Bank | 500,00 € | | 536,80 € | |
| 10 | | | | | | |
| 11 | | | | | | |
| 12 | | | | | | |
| 13 | | | | | | |
| 14 | | | | | | |
| 15 | | | | | | |
| 16 | | | | | | |
| 17 | | Summen | 500,00 € | 141,50 € | | |
| 18 | | | | | | |

# Tastenkombinationen

## Allgemein

| | |
|---|---|
| Eine Bildschirmseite nach oben bzw. unten | Bild-Auf bzw. Bild-Ab |
| Eine Bildschirmseite nach rechts bzw. links | Alt + Bild-Ab bzw. Bild-Auf |
| Wiederholen des letzten Arbeitsschrittes (nicht bei Formeleingabe und -bearbeitung!) | F4 |
| Wechsel zwischen Arbeitsblatt, Menüband, Aufgabenbereich und Statusleiste | F6 |
| Wechsel zwischen Arbeitsblatt, Menüband, Aufgabenbereich und Statusleiste (in umgekehrter Reihenfolge) | Alt + F6 |
| Erweitern oder Reduzieren des Menübands | Strg + F1 |
| Kontextmenü zur markierten Zelle anzeigen | Umschalt + F10 |

## Arbeitsmappen verwalten

| | |
|---|---|
| Neue Arbeitsmappe | Strg + N |
| Arbeitsmappe öffnen | Strg + O |
| Arbeitsmappe speichern | Strg + S |
| Arbeitsmappe schließen | Strg + W oder Strg + F4 |
| Arbeitsmappe drucken (Register DATEI - Drucken) | Strg + P |
| Anwendung beenden / Fenster schließen | Alt + F4 |
| Fenster maximieren bzw Wiederherstellen der vorherigen Größe | Strg + F10 |

## Daten eingeben

| | |
|---|---|
| Eingabe in Zelle abschließen (Zelle unterhalb wird markiert) | Enter |
| Eingabe in Zelle abschließen (Zelle oberhalb wird markiert) | Umschalt + Enter |
| Eingabe in Zelle abschließen (Zelle rechts wird markiert) | Tab (Tabulator-Taste) |
| Eingabe in Zelle abschließen (Zelle links wird markiert) | Umschalt + Tab (Tabulator-Taste) |
| Eingabe in Zelle abbrechen | Esc |
| Neue Zeile in Zelle beginnen | Alt + Enter |
| Eingabe in den gesamten markierten Zellbereich übernehmen | Strg + Umschalt + Enter |
| Aktuelles Datum einfügen | Strg + . (Punkt) |
| Aktuelle Uhrzeit einfügen | Strg + Umschalt + : (Dppelpunkt) |
| Markierte Zelle bearbeiten (Cursor erscheint in der Zelle) | F2 |
| Bearbeiten-Modus: Cursor an den Anfang | Pos1 |
| Bearbeiten-Modus: Cursor an das Ende | Ende |
| Löschen eines Zeichens links vom Cursor oder des gesamten Zelleninhaltes (wenn markiert) | RÜCKSCHRITT |
| Löschen eines Zeichens rechts vom Cursor oder des Zelleninhaltes (wenn markiert) | ENTF |

## Navigation im Tabellenblatt

| | |
|---|---|
| Navigieren zum jeweiligen Rand des Datenbereichs | Strg + Pfeiltaste |
| Durchführung eines Bildlaufs, um die aktive Zelle anzuzeigen | Strg + Rückschritt |

| | |
|---|---|
| Nächste Zelle rechts / links markieren | Nach-Rechts / Nach-Links |
| Nächste Zelle oben / unten markieren | Nach-Oben / Nach-Unten |
| Markierung nach rechts / links erweitern | Umschalt + Nach-Rechts / Umschalt + Nach-Links |
| Markierung nach oben / unten erweitern | Umschalt + Nach-Oben / Umschalt + Nach-Unten |
| Erste Zelle in Zeile markieren | Pos1 |
| Erste Zelle im Arbeitsblatt (A1) markieren | Strg + Pos1 |
| Letzte Zelle (in zusammenhängendem Tabellenbereich) markieren | Strg + Ende |
| Zellen einfügen (Dialogfenster) anzeigen | Strg + + (Pluszeichen) |
| Zellen löschen (Dialogfenster) anzeigen | Strg + - (Minuszeichen) |
| Neues Arbeitsblatt einfügen | Umschalt + F11 |
| Zum nächsten / vorherigen Arbeitsblatt | Strg + Bild-Ab / Strg + Bild-Auf |
| Auswahl aktives und nächstes Arbeitsblatt | Umschalt + Strg + Bild-Ab |
| Auswahl aktives und vorheriges Arbeitsblatt | Umschalt + Strg + Bild-Auf |
| Dialogfenster *Gehe zu* öffnen | F5 |
| Suchen im Dialogfenster *Suchen und Ersetzen* öffnen | Strg + F |
| Ersetzen im Dialogfenster *Suchen und Ersetzen* öffnen | Strg + H |
| Weitersuchen (ohne Dialogfenster *Suchen und Ersetzen*) | F4 |
| Aktuelle Spalte ausblenden | Strg + 8 (nicht Ziffernblock) |

| | |
|---|---|
| Aktuelle Spalte einblenden | Strg + Umschalt + 8 |
| Aktuelle Zeile ausblenden | Strg + 9 (nicht Ziffernblock) |
| Aktuelle Zeile einblenden | Strg + Umschalt + 9 |
| Auswählen nicht gesperrter Zellen in einem geschützen Tabellenblatt | Tab |
| Kontextmenü zur markierten Zelle anzeigen | Umschalt + F10 |

## Zellbereiche markieren

| | |
|---|---|
| Erste Zelle in Zeile markieren | Pos1 |
| Gesamtes Arbeitsblatt markieren (Wenn eine Zelle innerhalb eines Datenblocks markiert ist, dann zweimal Strg + A) | Strg + A |
| Aktuelle Spalte markieren | Strg + Leertaste |
| Aktuelle Zeile markieren | Umschalt + Leertaste |

## Zellinhalte verschieben und kopieren

| | |
|---|---|
| Kopieren des markierten Textes oder Objekts | Strg + C |
| Ausschneiden des markierten Textes oder Objekts | Strg + X |
| Einfügen aus Zwischenablage (Text oder Objekt) | Strg + V |
| Rückgängigmachen der letzten Aktion | Strg + Z |
| Wiederholen der letzten Aktion | Strg + Y oder F4 |

## Formeleingabe

| | |
|---|---|
| Dialogfenster *Funktion einfügen* öffnen | Umschalt + F3 |
| Zwischen relativen, festen (absoluten) und gemischten Zellbezügen wechseln (Cursor befindet sich in der Formel unmittelbar in oder nach einem Zellbezug) | F4 |
| Auto-Summenformel eingeben (SUMME-Funktion) | Alt + Umschalt + = |
| Kopieren eines Wertes aus der Zelle über der aktiven Zelle | Strg + Umschalt + , (Komma) |
| Kopieren einer Formel aus der Zelle über der aktiven Zelle | Strg + , (Komma) |
| Namen für Formel, Zelle oder markierten Bereich eingeben (*Namens-Manager* wird geöffnet) | Strg + F3 |
| Bereichsnamen aus markierten Beschriftungen übernehmen (öffnet das Dialogfenster *Namen aus Auswahl erstellen*) | Strg + Umschalt + F3 |
| Das Fenster *Funktionsargumente* öffnen. Der Cursor muss sich in der Formel unmittelbar hinter dem Funktionsnamen befinden! | Strg + A |
| Nach Eingabe des Funktionsnamens Klammern und Funktionsargumente einfügen. Der Cursor muss sich in der Formel unmittelbar hinter dem Funktionsnamen befinden! | Strg + Umschalt + A |
| Formeln anstelle der Ergebnisse im Tabellenblatt anzeigen | Alt + M O (Tasten nacheinander betätigen!) |
| Neu berechnen (gesamte Arbeitsmappe) | F9 |
| Neu berechnen (aktuelles Arbeitsblatt) | Umschalt + F9 |

## Zellen formatieren

| | |
|---|---|
| Dialogfenster *Zellen formatieren* öffnen | Strg + 1 (nicht im Ziffernblock) |
| Mit 2 Dezimalstellen formatieren (einschl. Tausenderzeichen) | Strg + Umschalt + ! |
| Währungsformat zuweisen | Strg + Umschalt + $ |
| Prozentformat (ohne Dezimalstellen) | Strg + Umschalt + % |
| Exponentialschreibweise | Strg + Umschalt + " |

| | |
|---|---|
| Standardzahlenformat | Strg + Umschalt + & |
| Zahl als Datum formatieren (TT. MMM JJ) | Strg + # |
| Zahl mit Datum und Uhrzeit formatieren | Strg + ° |
| Fett | Strg + Umschalt + F |
| Kursiv | Strg + Umschalt + K |
| Unterstrichen | Strg + Umschalt + U |
| Durchgestrichen | Strg + 5 (nicht im Ziffernblock!) |
| Äußere Rahmenlinie um markierten Bereich | Strg + Umschalt + - (Bindestrich) |
| Alle Rahmenlinien des markierten Bereichs löschen | Strg + Umschalt + > |
| Neuen Kommentar einfügen bzw. Kommentar bearbeiten | Umschalt + F2 |

# Glossar

| | |
|---|---|
| **Absolute Zellbezüge** | Absolute oder feste Zellbezüge benötigen Sie in Formeln, wenn Sie verhindern wollen, dass beim Kopieren der Formel der Zellbezug automatisch angepasst wird. Absolute Zellbezüge sind durch das $ Zeichen vor der Spalten- und/oder Zeilenangabe gekennzeichnet. Mit der Funktionstaste F4 können Sie schnell relative Zellbezüge in absolute Zellbezüge umwandeln. |
| **Arbeitsmappe** | Eine Excel-Datei bezeichnet man auch als Arbeitsmappe. Sie enthält einzelne Arbeitsblätter, die Tabellen. Arbeitsblätter können bei Bedarf hinzugefügt oder gelöscht werden. Alle Arbeitsblätter einer Mappe werden unter einem gemeinsamen Dateinamen mit der Erweiterung .xlsx gespeichert. |
| **Argumente** | Als Argumente bezeichnet man notwendige Angaben für die Berechnung mit Excel-Funktionen. Argumente können Zellbezüge, Bereichsangaben, Text, Zahlen, Formeln oder Funktionen sein. Texte als Argumente müssen in Anführungszeichen („„) eingeschlossen werden. |
| **AutoAusfüllen** | Das Kästchen AutoAusfüllen befindet sich in der unteren, rechten Ecke des Markierungsrahmens. Damit können entweder Formeln in angrenzende Zellen kopiert, oder Reihen ausgefüllt werden. |
| **Bearbeiten-Modus** | Während der Eingabe oder nachträglichen Bearbeitung eines Zellinhalts befindet sich Excel im Bearbeiten-Modus. Sie müssen erst die Eingabe abschließen, damit Sie mit der weiteren Tabellenbearbeitung fortfahren können. |
| **Blitzvorschau** | Die Blitzvorschau erlaubt das Trennen von Inhalten, die sich in einer einzigen Spalte befinden, zum Beispiel Vorname und Nachname. Sie ist verfügbar über die Auto-Ausfülloptionen, die nach dem Ausfüllen von Reihen im Tabellenblatt erscheinen. Ebenso können damit auch Inhalte aus zwei Spalten zusammengefügt werden. |
| **Datenbank** | Datenbanken speichern und verwalten Daten in strukturierter Form als Tabelle. Die Zeilen einer Datenbank bezeichnet man als Datensätze, die Spalten als Datenfelder. |
| **Datenfeld** | In einer Datenbank speichert eine Spalte immer die gleichen Informationen, beispielsweise den Namen. Jede Spalte benötigt in der ersten Zeile einer Tabelle einen eindeutigen Namen und wird als Datenfeld bezeichnet. |
| **Datenpunkt** | In einem Diagramm bezeichnet man einen einzelnen Wert innerhalb einer Datenreihe als Datenpunkt. |

| | |
|---|---|
| **Datenredundanz** | Mehrfachspeicherung von Daten. |
| **Datenreihe** | Ein Diagramm stellt immer mehrere Werte aus einer Tabelle dar. Diese Werte bezeichnet man auch als Datenreihe. Eine Datenreihe kann entweder aus den Zeilen oder den Spalten der Tabelle gebildet werden. |
| **Datensatz** | In einer Datenbank stellt ein Datensatz ein vollständiges Element einer Tabelle dar. Speichert eine Datenbank beispielsweise Kunden, so wird für jeden Kunden ein Datensatz gebildet. Ein Datensatz entspricht gleichzeitig einer Zeile der Datenbank-Tabelle. |
| **DropDown-Pfeil** | Kleine, nach unten weisende Dreiecke, die auf Mausklick eine Auswahl von Optionen oder Befehlen anzeigen, auch als Auswahlpfeil bezeichnet. |
| **Druckbereich** | Der Druckbereich legt denjenigen Ausschnitt eines Arbeitsblattes fest, der auf dem Ausdruck erscheinen soll. Standardmäßig legt Excel den Druckbereich so fest, dass alle Inhalte gedruckt werden. |
| **Druckvorschau** | Die Druckvorschau zeigt eine Excel-Tabelle so, wie sie später gedruckt wird. Damit können Sie Tabellen vor dem Drucken kontrollieren. In dieser Ansicht können Sie Seitenränder, sowie die Spaltenbreiten ggf. anpassen. |
| **Duplikate** | Als Duplikate werden in Datenbanken mehrfach vorkommende, identische Datensätze bezeichnet. |
| **Editieren** | Als Editieren bezeichnet man die nachträgliche Bearbeitung von Zellinhalten, entweder in der Bearbeitungsleiste oder mit Doppelklick auf die Zelle. |
| **Fixeren** | Überschriftzeilen und Spaltenbeschriftungen können in großen Tabellen zur besseren Übersicht fixiert werden. Damit bleiben auch beim Scrollen die Überschriften immer im Fenster sichtbar. |
| **Funktion** | Funktionen sind in Excel vordefinierte Formeln, einschließlich dem Gleichheitszeichen (=). Sie werden für komplexe Berechnungen eingesetzt und erfordern nur noch die Eingabe der Funktionsargumente. |
| **Funktionen verschachteln** | In einer Funktion können als Argumente auch weitere Formeln oder Funktionen verwendet werden. |
| **Gemischte Zellbezüge** | Gemischte Zellbezüge setzen sich zusammen aus einem relativen Bezug und einem absoluten Bezug. So bedeutet beispielsweise $A5 einen absoluten Spaltenbezug und einen relativen Zeilenbezug. |

| | |
|---|---|
| **Gruppieren** | Sie können mehrere Arbeitsblätter markieren und zu einer Gruppe zusammenfassen. Dazu klicken Sie mit gedrückter Umschalt-Taste auf die Blattregister. Die Bearbeitung und Eingabe erfolgt in allen gruppierten Blättern gleichzeitig. |
| **Kommentare** | Kommentare bieten eine Möglichkeit, Zellen mit zusätzlicher Beschriftung zu versehen. Sie erscheinen nur dann, wenn Sie die Maus über die Zelle bewegen. |
| **Kompatibilitätsmodus** | Excel-Arbeitsmappen, die mit Excel 2003 oder älter gespeichert wurden, werden von Excel 2016 im Kompatibilitätsmodus geöffnet. In diesem Modus stehen nicht alle Möglichkeiten von Excel 2016 zur Verfügung. |
| **Matrix** | Excel bezeichnet einen Tabellenbereich aus mehreren Zeilen und Spalten auch als Matrix. |
| **Mehrfachmarkierung** | Nicht zusammenhängende Zellbereiche mit gedrückter Strg-Taste markieren. Dazu markieren Sie den ersten Zellbereich. Drücken Sie dann die Strg-Taste der Tastatur und halten Sie die Taste gedrückt, während Sie weitere Zellbereiche markieren. |
| **Mustervorlage** | Eine Mustervorlage verwenden Sie in Excel als Vorlage für neue Arbeitsmappen, sie werden als eigener Dateityp gespeichert. Im Windows-Explorer wird mit Doppelklick auf eine Mustervorlage automatisch eine Kopie dieser Vorlage geöffnet. |
| **Namen** | Anstelle der Verwendung von absoluten bzw. festen Zellbezügen können Sie für Zellen oder Zellbereiche auch Namen vergeben. |
| **Namenfeld** | Das Namenfeld befindet sich am linken Rand der Bearbeitungsleiste und zeigt entweder die Adresse oder den Namen der markierten Zelle an. |
| **OneDrive** | Unter der Bezeichnung OneDrive (früher SkyDrive) steht in Verbindung mit einem Microsoft-Konto kostenloser Speicherplatz in der Cloud im Umfang von 7 GB (Standard) zur Verfügung. Vorteil: Sie haben von jedem PC aus Zugriff auf die hier gespeicherten Daten, vorausgesetzt Sie sind mit dem Konto angemeldet. |
| **PDF** | Portable Document Format, ein Dateiformat in dem alle Formatierungen beibehalten werden und das unabhängig vom Betriebssystem auf jedem Computer gelesen werden kann. Voraussetzung ist ein Leseprogramm, beispielsweise der kostenlose Adobe Reader. Nachträgliche Änderungen können dagegen nicht ohne weiteres vorgenommen werden. |
| **Platzhalterzeichen** | Zum Filtern in Tabellen können Sie die Zeichen * und ? als Platzhalter verwenden. * steht für beliebig viele Zeichen, ? für genau 1 Zeichen. |
| **Register** | Das Menüband von Excel fasst Befehlsschaltflächen für verschiedene Aufgaben in Gruppen zusammen. Jede Gruppe kann schnell über Register (vergleichbar einer Kartei) durch Anklicken mit der Maus aufgerufen werden. |

| | |
|---|---|
| **Relative Zellbezüge** | Relative Zellbezüge in Formeln werden beim Kopieren automatisch angepasst. |
| **Runden** | Beim Formatieren einer Zahl mit einer bestimmten Anzahl Nachkommastellen wird kaufmännisch gerundet. Dies betrifft aber nur die Anzeige, für weitere Berechnungen werden alle Dezimalstellen verwendet. Um eine Zahl dauerhaft mit einer festen Anzahl Dezimalstellen zu versehen, müssen Sie die Funktion Runden verwenden. |
| **Seitenumbruch** | Ein Seitenumbruch, der Wechsel zwischen zwei Druckseiten wird automatisch eingefügt, wenn Sie eine Tabelle drucken oder in der Druckvorschau kontrollieren. In der Ansicht Seitenumbruchvorschau können Sie einen Umbruch verschieben. |
| **Skalierung** | Mit der Skalierung können Sie eine Excel-Tabelle beim Drucken verkleinern oder vergrößern, um sie an eine Druckseite anzupassen. |
| **Spaltenkopf** | Der Bereich der Spaltennummerierung am oberen Rand eines Tabellenblattes wird auch als Spaltenkopf bezeichnet. |
| **Sparklines** | Sparklines sind Minidiagramme ohne Beschriftungselemente, die in eine Zelle eingefügt werden können. Sie lassen sich wie Formeln kopieren. |
| **Statusleiste** | Die Statusleiste befindet sich am unteren Rand des Excel-Fensters und zeigt den aktuellen Bearbeitungsstatus zusammen mit weiteren Informationen, z. B. Summe über den markierten Zellbereich an. |
| **XLSX** | Office 2016 verwendet seit der Version 2007 als Dateiformat das Office Open XML Format. Dieses Format benötigt weniger Speicherplatz und erleichtert die Anpassung an externe Datenquellen. Das XML-basierte Dateiformat erkennen Sie an der Dateinamenserweiterung .xlsx (im Gegensatz zum früheren Dateiformat .xls). |
| **XML** | Extensible Markup Language, eine Auszeichnungssprache zur Darstellung hierarchisch strukturierter Daten in Form von Textdateien. |
| **Zwischenablage** | Die Zwischenablage speichert ausgeschnittene oder kopierte Elemente. |

# Stichwortverzeichnis